最新土地纠纷实务问答

张庆华 著

中国建筑工业出版社

图书在版编目(CIP)数据

最新土地纠纷实务问答 / 张庆华著 . —北京：中国建筑工业出版社，2020.4
ISBN 978-7-112-25177-3

Ⅰ. ①最… Ⅱ. ①张… Ⅲ. ①土地—民事纠纷—中国—问题解答 Ⅳ. ①D922.305

中国版本图书馆 CIP 数据核字（2020）第 082751 号

责任编辑：封 毅 张智芊
责任校对：李欣慰

最新土地纠纷实务问答
张庆华 著
*
中国建筑工业出版社出版、发行（北京海淀三里河路 9 号）
各地新华书店、建筑书店经销
逸品书装设计制版
北京建筑工业印刷厂印刷
*
开本：787 × 1092 毫米 1/16 印张：29 字数：518 千字
2020 年 6 月第一版 2020 年 6 月第一次印刷
定价：**78.00** 元
ISBN 978-7-112-25177-3
（35651）

序

读到张庆华律师的书稿《最新土地纠纷实务问答》，让我想起了23年前的那一幕。

那是全国律师协会1994年换届之后，各个专业委员会也跟着换届，我参加了其中的民事专业委员会。开始只有十几个委员，一个省市还没有均摊到一个人，显然不符合律师行业发展的需要。

在时任主任曹星老师的主持和上海、浙江两地律师的推动下，征得全国律协同意后民委会开始增补委员。虽然当时的条件是先要作为研讨员参加两次委员会组织的活动之后才转为委员，但毕竟有了一个正常的进入程序。到1997年年初，委员会就已经有将近30个委员了，曹星老师就想开一个专门的委员会会议，来研究下一步民委会活动方向。张庆华律师建议这次会议到青岛去开并承担这次会议的会务筹备工作，于是就有了民委会二十几位委员的青岛之行。

在这一次民委会的青岛会议上，确立了专委会的活动模式，即在专委会年会的同时举办专业论坛如建筑与房地产法实务论坛、人身权与财产权论坛等；委员们内部再分工，分别担任论坛的主任和副主任；鼓励委员们着重选择1～2个专业研究方向，并把工作中的所有经验写成著作尽快出成果。会议充分肯定了上海朱树英律师专业从事建筑与房地产领域的经验，提出了律师走专业化道路的建议，这一建议得到了全国律师协会的肯定。此后，国内律师界学习蔚然成风，专业化进度很快。由全国律协与国家级出版社合作推荐，并由民委会审定出版律师的专著也成为当时支持律师专业化的一种方式。我也受益于这次会议，确定了自己的专业方向，在房屋征收拆迁领域深耕至今。十年后，我离开了民委会去参加全国律协行政法委员会的重建工作，民委会也拆分为多个专业委员会，但民委会老委员们还一直保留着互相学习交流的传统。

从这次会议开始至今，张庆华律师多次在全国性的律师活动中介绍他从事土地法律与实务研究的经验与成果，期间，张庆华律师出版了多部有关土地法律与实务研究的专著。这次土地管理法修改后，张庆华律师根据当前土地纠纷的特点和法律的调整适时出版了这本书。这本书的出版是对普及土地管理法知识和正确处理与化解土地纠纷引起的社会矛盾是一个贡献。

正因为上述情节，我和几位原全国律协民委会的老委员也是国内相关专业的大咖们，如上海的朱树英、广东的王亚和、广西的刘晰、辽宁的潘公明、陕西的陈贞学等律师一直关心张庆华律师的专业发展和这本书的写作、出版，并愿意向读者推荐。受几位兄长的委托，我写了上述的文字，以为代序。

王才亮

中国建设管理与房地产法研究中心执行主任

北京市才良律师事务所主任

2020 年 5 月 11 日

前　言

中国城市的房价已经持续增长了近二十年。谈起房子，中国人没有不后悔的，没买房的，当然后悔；买了房的，又后悔自己买少了，买晚了。全民炒房，大量资金涌入房地产市场，严重影响了中国实体经济的发展。暴涨的房价，既刺激了房地产的投机炒作，也鼓励了地方政府的征地、卖地热情。与此同时，因征地、卖地、房屋买卖等引发的纠纷也是层出不穷。

许多学者提出，我国房价的持续暴涨和种种市场现象，根源还在于土地。因此，要想遏制房价，必须对我国的土地制度进行必要的改革。这些年，中央出台了许多文件，旨在激活农村土地市场，适当放开农村土地流转空间。根据中央的相关文件，在许多地方进行了土地制度改革试点。2018年，《农村土地承包法》进行了第二次较大的修改，首次将农村集体土地承包经营权的“三权分置”以立法方式加以确定。《土地管理法》也进行了多轮的修改，并两次向社会公布该法修正案征求意见稿，在此基础上，2019年8月26日，全国人大常委会审议并通过了修订后的《土地管理法》。这次修改，对中国土地制度和未来土地市场必将产生深远的影响。比如是否允许集体经营性建设用地上市流转的问题，已经过多年争论，阻力重重。修改后的《土地管理法》，明确规定集体经营性建设用地可以通过出让、出租等方式上市流转。这一规定，标志着我国土地一级市场二元化格局的初步建立，这必将打破长期以来地方政府对土地一级市场的垄断，并对土地供应方式、土地和房屋价格、土地有关的相关法律实务等产生一系列连锁反应。

本书写作之前，笔者一直关注着相关法律的修改过程，也曾在网上发表过一些修改意见。这次成书，以修改后的相关法律为依据，以问答的形式对涉及土地方面的常见纠纷加以解读。在问题的选择上，尽量选择那些具有普遍性、多发性的问题。内容涵盖了农村土地征收补偿、承包、建设用地流转以及国有土地使用权的出让、转让、抵押、合作开发，以及国有土地上房屋的征收与补偿等热点问题。此外，诸如矿业用地、海域使用权、墓地使用权、土地登记、土地储备等方面，也精选了一些最基本、最常见的问题加以解答。

在解答问题时，笔者以现有法律、法规、司法解释等为依据，结合自己的实务经验，希望尽可能给读者以准确、直接、有针对性的答案。由于笔者才疏学浅，所列问题难免挂一漏万，给出的解答也一定会有谬误之处。

真诚希望广大读者对本书中的不当或者错误之处提出宝贵的批评、建议。笔者也愿意与广大读者就中国土地共同感兴趣的问题作进一步的交流、探讨。

张庆华

2020 年 5 月于青岛

目 录

第一章 农村集体土地征收（征用）及补偿纠纷

第二章 农村土地承包及经营权流转纠纷

第四章 国有土地使用权划拨纠纷

第五章 国有土地使用权出让纠纷

第六章 国有土地使用权转让纠纷

第七章 国有土地上房屋征收与补偿纠纷

第九章 土地使用权抵押纠纷

第十章 其他土地纠纷

第一章

农村集体土地征收（征用）及补偿纠纷

1. 新修订的《土地管理法》对土地征收制度进行了哪些改革？有何变化？

问 2019年8月26日，全国人大常委会对《土地管理法》进行了很多修改，2020年1月1日，修订的法律就要开始施行。请问该法就农村集体土地征收补偿方面做了哪些修改？有何变化？

答：对《土地管理法》的修改已经进行了多年。2014年12月，中央全面深化改革领导小组第七次会议和中央政治局常委会议，审议通过《关于农村土地征收、集体经营性建设用地入市、宅基地制度改革试点工作的意见》(以下简称《意见》)。该《意见》在农村土地征收制度改革方面主要提出：要探索缩小土地征收范围，规范制定征收目录，健全矛盾纠纷调处机制，全面公开土地征收信息；完善被征地农民合理、规范、多元保障机制等。此后根据该《意见》在部分地区开展试点工作。在经过近五年的试点之后，2018年12月23日，国务院向全国人大常委会提交了《关于农村土地征收、集体经营性建设用地入市、宅基地制度改革试点情况的总结报告》。随后，全国人大将《土地管理法修正案草案》向社会公布，征求意见。在试点和广泛征求意见的基础上，2019年8月26日，十三届全国人大常委会第十二次会议表决通过关于修改《土地管理法》《城市房地产管理法》的决定。修订后的法律，对于土地征收制度，主要作了如下三个方面的修改：

一是对土地征收的公共利益范围进行明确界定。《土地管理法》第45条规定："为了公共利益的需要，有下列情形之一，确需征收农民集体所有的土地的，可以依法实施征收：(一)军事和外交需要用地的；(二)由政府组织实施的能源、交通、水利、通信、邮政等基础设施建设需要用地的；(三)由政府组织实施的科技、教育、文化、卫生、体育、生态环境和资源保护、防灾减灾、文物保护、社区综合服务、社会福利、市政公用、优抚安置、英烈保护等公共事业需要用地的；(四)由政府组织实施的扶贫搬迁、保障性安居工程建设需要用地的；(五)在土地利用总体规划确定的城镇建设用地范围内，经省级以上人民政府批准由县级以上地方人民政府组织实施的成片开发建设需要用地的；（六）法律规定为公共利益需要可以征收农民集体所有的土地的其他情形。前款规定的建设活动，应当符合国民经济和社会发展规划、土地利用总体规划、城乡规划和专项规划；第（四）项、第（五）项规定的建设活动，还应当纳入国民经济和社会发展年度计划；第（五）项规定的成片开发并应当符合国务院自然资源主管部门规定的标准。”这是首次在立法上，以列举的方式对征收土地的公共利益范围作出规定。这样的规定有利于缩小征地范围，限制政府滥用征地权。

二是明确征收补偿的基本原则是保证被征地农民原有生活水平不降低，长远生计有保障。《土地管理法》第48条规定：“征收土地应当给予公平、合理的补偿，保障被征地农民原有生活水平不降低、长远生计有保障。征收土地应当依法及时足额支付土地补偿费、安置补助费以及农村村民住宅、其他地上附着物和青苗等的补偿费用，并安排被征地农民的社会保障费用。征收农用地的土地补偿费、安置补助费标准由省、自治区、直辖市通过制定公布区片综合地价确定。制定区片综合地价应当综合考虑土地原用途、土地资源条件、土地产值、土地区位、土地供求关系、人口以及经济社会发展水平等因素，并至少每三年调整或者重新公布一次。征收农用地以外的其他土地、地上附着物和青苗等的补偿标准，由省、自治区、直辖市制定。对其中的农村村民住宅，应当按照先补偿后搬迁、居住条件有改善的原则，尊重农村村民意愿，采取重新安排宅基地建房、提供安置房或者货币补偿等方式给予公平、合理的补偿，并对因征收造成的搬迁、临时安置等费用予以补偿，保障农村村民居住的权利和合法的住房财产权益。县级以上地方人民政府应当将被征地农民纳入相应的养老等社会保障体系。被征地农民的社会保障费用主要用于符合条件的被征地农民的养老保险等社会保险缴费补贴。被征地农民社会保障费用的筹集、管理和使用办法，由省、自治区、直辖市制定。”与原《土地管理法》相比，修改后的法律采用“区片综合地价”取代原来的产值倍数法，在原来的土地补偿费、安置补助费、地上附着物和青苗补偿费的基础上增加农村村民住宅补偿费用和被征地农民社会保障费用的规定。按照修改后的补偿标准，今后被征地农民获得的补偿款应有所提高。

三是改革了土地征收程序。《土地管理法》第47条规定：“国家征收土地的，依照法定程序批准后，由县级以上地方人民政府予以公告并组织实施。县级以上地方人民政府拟申请征收土地的，应当开展拟征收土地现状调查和社会稳定风险评估，并将征收范围、土地现状、征收目的、补偿标准、安置方式和社会保障等在拟征收土地所在的乡（镇）和村、村民小组范围内公告至少三十日，听取被征地的农村集体经济组织及其成员、村民委员会和其他利害关系人的意见。多数被征地的农村集体经济组织成员认为征地补偿安置方案不符合法律、法规规定的，县级以上地方人民政府应当组织召开听证会，并根据法律、法规的规定和听证会情况修改方案。拟征收土地的所有权人、使用权人应当在公告规定期限内，持不动产权属证明材料办理补偿登记。县级以上地方人民政府应当组织有关部门测算并落实有关费用，保证足额到位，与拟征收土地的所有权人、使用权人就补偿、安置等签订协议；个别确实难以达成协议的，应当在申请征收土地时如实说明。相关前期工作完成后，县级以上地方人民政府方可申请征收土地。"这一规定改变了原来先征地后公告的模式，即必须先公告，听取被征地的农村集体经济组织及其成员、村民委员会和其他利害关系人的意见，且与拟征收土地的所有权人、使用权人就补偿、安置等签订协议（个别确实难以达成协议的，应当在申请征收土地时如实说明）后，方可申请征收土地。

2. 什么叫农村集体土地的征收、征用？二者有何区别？

问 "征收""征用"是一个概念吗？现在国家因建设需要征地，有时称为征收，有时称为征用，这二者有什么区别吗？

答：以前国家因建设需要使用农村集体土地，无论是将农村集体土地所有权收归国有，还是短期使用，一直统称为"征用"。2004 年 3 月，全国人大对《宪法》作了修改，将《宪法》原第十条"国家为了公共利益需要，可以依照法律规定对土地实行征用。"修改为："国家为了公共利益的需要，可以依照法律规定对土地实行征收或者征用并给予补偿。"根据宪法修正案，同年十届人大常委会第十一次会议对《中华人民共和国土地管理法》的相关条款也进行了相应的修正。但对于"征收"和"征用"的概念，宪法和土地管理法并未加以界定，只是在第十届全国人民代表大会第二次会议上王兆国副委员长所做的关于《中华人民共和国宪法修正案（草案）》第十条修改说明中提到："这样修改，主要的考虑是：征收和征用既有共同之处，又有不同之处。共同之处在于，都是为了公共利益需要，都要经过法定程序，都要依法给予补偿。不同之处在于，征收主要是所有权的改变，征用只是使用权的改变。宪法第十条第三款关于土地征用的规定，以及依据这一规定制定的土地管理法，没有区分上述两种不同情形，统称'征用'。从实际内容看，土地管理法既规定了农村集体所有的土地转为国有土地的情形，实质上是征收；又规定了临时用地的情形，实质上是征用。为了理顺市场经济条件下因征收、征用而发生的不同的财产关系，区分征收和征用两种不同情形是必要的。”

2007年10月1日开始施行的《物权法》第42条规定：“为了公共利益的需要，依照法律规定的权限和程序可以征收集体所有的土地和单位、个人的房屋及其他不动产。”同时该法第44条规定：“因抢险、救灾等紧急需要，依照法律规定的权限和程序可以征用单位、个人的不动产或者动产。被征用的不动产或者动产使用后，应当返还被征用人。”物权法的规定虽然不是直接的定义性规定，但从征收和征用二者具体适用的不同情形可以看出，征收是永久性地取得被征收人的土地或者其他不动产的所有权；而征用则是临时性（短期）取得被征收人不动产或者动产的使用权，使用完毕后应当返还原产权人。

3.“公共利益”由谁界定、如何界定？认为政府征地事项不符合公共利益可以提起诉讼吗？

问 无论是建工厂还是修道路、建商品房，政府都是打着“公共利益”的旗号征地，但我们认为有很多项目根本不是为了公共利益，而是为了政府的利益、开发商或者个别投资者的利益。那么，建设项目是否是为了“公共利益需要”，由谁说了算？如何界定？如果农民认为政府的征地事项不是为了公共利益需要，可以通过诉讼阻止政府的征地行为吗？

答：什么是“公共利益”？由谁来认定“公共利益”？这个问题已经争论许多年了，但一直没有得到很好的解决。我国《宪法》规定，国家为了公共利益的需要可以对土地实行征收或者征用并给予补偿。修改前的《土地管理法》也有类似规定。但何为“公共利益”，如何界定“公共利益”，立法上一直没有明确规定。2011年国务院制定的《国有土地上房屋征收与补偿条例》，首次以列举的方式对公共利益作出界定。这次新修订的《土地管理法》也采用了列举的方式对公共利益进行了界定。该法第45条规定：“为了公共利益的需要，有下列情形之一，确需征收农民集体所有的土地的，可以依法实施征收：（一）军事和外交需要用地的；（二）由政府组织实施的能源、交通、水利、通信、邮政等基础设施建设需要用地的；（三）由政府组织实施的科技、教育、文化、卫生、体育、生态环境和资源保护、防灾减灾、文物保护、社区综合服务、社会福利、市政公用、优抚安置、英烈保护等公共事业需要用地的；（四）由政府组织实施的扶贫搬迁、保障性安居工程建设需要用地的；（五）在土地利用总体规划确定的城镇建设用地范围内，经省级以上人民政府批准由县级以上地方人民政府组织实施的成片开发建设需要用地的；（六）法律规定为公共利益需要可以征收农民集体所有的土地的其他情形。”有了列举式规定，当然是一个进步，但这并不意味着面对具体征地项目时，对于是否属于公共利益范围就一目了然，没有争议了。公共利益的界定在全世界都是个法学和实务难点，比如道路建设用地，有些可能属于“为了公共利益需要”，而有些主要就是为了少数人牟利。同样的建设项目，由于使用人、使用方式等的不同，其建设目的也会存在差异。有些可能是“为了公共利益需要”，有些可能就不是。然而，问题的关键不在于法律是否能够对“公共利益”项目作出足够详细的列举，或者对“公共利益”概念作出什么样的定义，而在于是否有一种公平合理的对于是否属于“公共利益”项目的认定程序。虽然根据最高人民法院2011年发布的《关于涉及农村集体土地行政案件若干问题的规定》，对政府的征地行为已纳入行政案件受案范围，但实际受理情况并不乐观。目前在全国范围内也未见法院以“非属公共利益需要”为由撤销政府征地行为的案例。不过，显而易见的是，由居间中立的司法机构对利益冲突进行最终裁决是法治文明的必然选择。当就征地项目因是否属于所列举的公共利益范围而发生争议时，应由中立的第三方裁决。无论如何不能由决定征地的一方——地方政府说了算，否则就是当事人做自己的法官并裁决争议。

4. 征收集体土地应当由哪一级人民政府审批？基本程序是如何规定的？

问 最近我们村子又贴出公告，因国家建设需要征收我村数百亩土地，其中还有基本农田。但公告落款处的公章却是县国土局的。请问，一个县的国土局就有权征收数百亩集体土地吗？

答：1998年修改《土地管理法》时，上收了征地审批权，将以前征收集体土地的多级限额审批改为由国务院和省级人民政府审批，征收基本农田或者基本农田以外的耕地超过35公顷的，或者其他土地超过70公顷的，由国务院批准。征收基本农田以外的耕地在35公顷以下，其他土地70公顷以下的，由省、自治区、直辖市人民政府批准，并报国务院备案。2019年新修订的《土地管理法》仍然维持了征收土地由国务院和省级人民政府审批的内容，只是取消了省级人民政府批准后报国务院备案的规定。即无论旧法、新法，省级以下人民政府均无征地审批权。

关于土地征收程序，主要体现在《土地管理法》第 47 条规定："国家征收土地的，依照法定程序批准后，由县级以上地方人民政府予以公告并组织实施。县级以上地方人民政府拟申请征收土地的，应当开展拟征收土地现状调查和社会稳定风险评估，并将征收范围、土地现状、征收目的、补偿标准、安置方式和社会保障等在拟征收土地所在的乡（镇）和村、村民小组范围内公告至少三十日，听取被征地的农村集体经济组织及其成员、村民委员会和其他利害关系人的意见。多数被征地的农村集体经济组织成员认为征地补偿安置方案不符合法律、法规规定的，县级以上地方人民政府应当组织召开听证会，并根据法律、法规的规定和听证会情况修改方案。拟征收土地的所有权人、使用权人应当在公告规定期限内，持不动产权属证明材料办理补偿登记。县级以上地方人民政府应当组织有关部门测算并落实有关费用，保证足额到位，与拟征收土地的所有权人、使用权人就补偿、安置等签订协议；个别确实难以达成协议的，应当在申请征收土地时如实说明。相关前期工作完成后，县级以上地方人民政府方可申请征收土地。"这一规定与修订前的《土地管理法》相比，最大的变化就是将原来的征地审批后公告改为征地审批前公告，这样的修改对于保证被征地农民的知情权、参与权、监督权意义重大。公告后如多数被征地农民有异议的，则应当组织听证会，并根据法律、法规的规定和听证会情况修改征地补偿安置方案。

此外，征地程序还有一个重大变化就是，县级以上地方人民政府在申请征收土地前，应当组织有关部门测算并落实有关费用，保证足额到位，并与拟征收土地的所有权人、使用权人就补偿、安置等签订协议。只有这些前期工作完成之后，县级人民政府方可按照审批权限申请征收土地。

这样的立法变化意义重大。按照修订前的法律，地方人民政府是先拿到省级人民政府或者国务院批准征收土地的文件之后，再进行公告，并与被征地集体经济组织签订协议（并不与被征地农民签订协议），这样的制度安排，使得被征地农民对于土地征收及补偿基本没有发言权，只能被动服从，因为在征地审批已获批准的情况下，无论被征地农民有无意见，都不会影响征地决定的实施。而地方政府的公告、听证也大多是走走过场。在征地、动迁过程中地方政府更倾向于压低补偿安置标准，并采取偏激的征地措施。

但是需要注意的是，按照《土地管理法》第 47 条的规定："国家征收土地的，依照法定程序批准后，由县级以上地方人民政府予以公告并组织实施。"即经省级人民政府或者国务院批准征地后，具体组织实施的可以是县级以上人民政府。

通常情况下，征地公告中应包含省级人民政府或者国务院的征地批准文号，并加盖县级以上人民政府印章。一个县的国土局是没有权力征收土地的，征地文件也不能加盖国土局的公章。

5.“以租代征”可以规避征地审批手续吗？

问 前两年，县级政府与我们村委会签订了租赁合同，租赁我村300余亩土地建厂房，租期50年，补偿费都是按照征地标准给的，但他们拿不出省级人民政府的征地审批文件。工作人员告诉我们，租赁土地不必办理审批手续，因为50年以后土地还会还给村里。他们的说法有根据吗？

答：没有根据。

所谓“以租代征”，就是通过租赁的形式使用农村集体土地进行非农业建设。其目的主要就是为了规避《土地管理法》关于土地征收、征用的审批权限和程序性规定，从而使一些通过正常征地程序不可能获得批准的建设项目得以实施。这种情况在全国各地普遍存在。这样的行为有些是地方政府主导的，有些则是企业直接与村民委员会签订租赁合同。最初的时候，采用这种方法除了为了规避征地审批权限和程序规定外，还有一个目的就是为了逃避税费和减少支付给农民的补偿费用。这些年有些新的变化，为了稳定农民，使租赁合同得以顺利履行，有些地方甚至宁愿多支付一些补偿费用给农民。

但是，这种“以租代征”方式是违法的。

首先，“以租代征”违反了法律关于征收、征用农村集体土地的审批权限和程序性规定，其实质是以合法形式掩盖违法使用土地的目的。这样的行为在法律上是无效的。

其次，这种做法违反了土地用途管制制度。《土地管理法》第44条第一款规定：“建设占用土地，涉及农用地转为建设用地的，应当办理农用地转用审批手续。”据此规定，只要改变农村集体土地的农业用途，就必须办理“农转用”审批手续，其审批权限与土地征收无异。即无论是土地征收，还是租赁都必须办理农地转用的审批手续，这个程序不因取得土地的方式是征收或者租赁，是取得土地所有权还是取得使用权而省略。

最后，《合同法》第214条规定：“租赁期限不得超过二十年。超过二十年的，超过部分无效。”根据这一规定，即便是农村的非农建设用地，其租赁期限也不能超过二十年。

事实上，国家有关部门已经注意到“以租代征”这种违法现象，早在2005年，国土资源部就发出《关于坚决制止以租代征违法违规用地行为的紧急通知》（国土资发〔2005〕166号），严肃指出“以租代征”行为的违法性和危害性，要求“严禁‘以租代征’擅自将农用地转为建设用地”，并要求“依法严肃查处以租代征”违法违规用地行为。次年，国务院又发出《关于加强土地调控有关问题的通知》（国发〔2006〕31号），再次强调“禁止通过‘以租代征’等方式使用农民集体所有农用地进行非农业建设，擅自扩大建设用地规模”。“单位和个人擅自通过‘以租代征’方式占地建设的，属非法占地行为，要依法追究有关人员的法律责任。”这些规定出台后，“以租代征”等违法用地行为虽有所收敛，但并未禁绝，只不过有些地方做得更隐蔽了，其中多给农民一些好处，封住农民的嘴巴是经常采用的对策之一。

但是，这种“以租代征”非法用地方式不仅违反国家土地制度，危害严重，而且对用地单位来说也存在极大风险。由于所签订的用地合同违反国家强制性规定，因此自始无效。

6. 征收集体土地都有哪些补偿？其具体标准是如何确定的？

问 我们发现，政府在征收集体土地时所支付的补偿款项弹性极大，有时同一个村子的两块土地，被征时间相差也就一两年，补偿价格却相差悬殊。请问征地补偿费是怎样构成的？其具体标准如何确定？

答：长期以来，征收农村集体土地的补偿标准是根据被征收土地的原用途，按照年产值倍数确定土地补偿费和安置补助费。如原《土地管理法》第47条规定：“……征用耕地的土地补偿费，为该耕地被征用前三年平均年产值的六至十倍。征用耕地的安置补助费……为该耕地被征用前三年平均年产值的四至六倍……土地补偿费和安置补助费的总和不得超过土地被征用前三年平均年产值的三十倍。”这种按土地原用途和年产值确定补偿费用的方法，使得补偿标准偏低，因为长期以来，我国农产品价格一直偏低，以农产品产值倍数计算补偿费用，无论如何也高不到哪里去。补偿标准低，也是引发征迁矛盾的主因。新修订的《土地管理法》在补偿原则、补偿标准的确定，以及补偿内容上作了较大的修改。该法第48条规定：“征收土地应当给予公平、合理的补偿，保障被征地农民原有生活水平不降低、长远生计有保障。征收土地应当依法及时足额支付土地补偿费、安置补助费以及农村村民住宅、其他地上附着物和青苗等的补偿费用，并安排被征地农民的社会保障费用。征收农用地的上地补偿费、安置补助费标准由省、自治区、直辖市通过制定公布区片综合地价确定。制定区片综合地价应当综合考虑土地原用途、土地资源条件、土地产值、土地区位、土地供求关系、人口以及经济社会发展水平等因素，并至少每三年调整或者重新公布一次。征收农用地以外的其他土地、地上附着物和青苗等的补偿标准，由省、自治区、直辖市制定。对其中的农村村民住宅，应当按照先补偿后搬迁、居住条件有改善的原则，尊重农村村民意愿，采取重新安排宅基地建房、提供安置房或者货币补偿等方式给予公平、合理的补偿，并对因征收造成的搬迁、临时安置等费用予以补偿，保障农村村民居住的权利和合法的住房财产权益。县级以上地方人民政府应当将被征地农民纳入相应的养老等社会保障体系。被征地农民的社会保障费用主要用于符合条件的被征地农民的养老保险等社会保险缴费补贴。被征地农民社会保障费用的筹集、管理和使用办法，由省、自治区、直辖市制定。”与原《土地管理法》相比，新修订的法律在土地征收补偿方面有如下三大变化：

一是补偿原则的变化。原《土地管理法》第47条：“……支付土地补偿费和安置补助费，尚不能使需要安置的农民保持原有生活水平的，经省、自治区、直辖市人民政府批准，可以增加安置补助费。但是，土地补偿费和安置补助费的总和不得超过土地被征用前三年平均年产值的三十倍。”这一表达体现的是，使需要安置的农民保持原有生活水平，是补偿的上限。即无论如何，补偿标准不会高于农民现有生活水平。修订后的《土地管理法》则表述为：“征收土地应当给予公平、合理的补偿，保障被征地农民原有生活水平不降低、长远生计有保障。”这一表述，与前者相比是个巨大的变化：即保障被征地农民原有生活水平不降低，是征地补偿的底线，实际补偿时只能高于不能低于这一标准。

二是确定补偿标准的变化。原《土地管理法》采用的是按被征收土地的原用途和产值倍数的方法确定补偿标准。修订后的《土地管理法》则规定，土地补偿费、安置补助费标准由省级人民政府制定公布的区片综合地价确定。制定区片综合地价时，不仅要考虑土地原用途、土地产值等因素，还要考虑土地资源条件、土地区位、土地供求关系、人口以及经济社会发展等因素。以这样的标准确定征地补偿费用，肯定要高于原来的产值倍数法。

三是补偿内容的变化。原《土地管理法》规定的征地补偿费用有四项：即①土地补偿费；②安置补助费；③地上附着物补偿费；④青苗补偿费。修订后的《土地管理法》在以上四项补偿的基础上又增加了被征地农民的社会保障费用。

该项内容在2007年制定的《物权法》第42条中已有规定，但这次修改的《土地管理法》对该项内容作了细化，该法第48条第五款规定："县级以上地方人民政府应当将被征地农民纳入相应的养老等社会保障体系。被征地农民的社会保障费用主要用于符合条件的被征地农民的养老保险等社会保险缴费补贴。被征地农民社会保障费用的筹集、管理和使用办法，由省、自治区、直辖市制定。"

此外，对于征收农村村民的住宅的补偿，也作了特别规定，该法第48条第四款规定："……对其中农村村民住宅，应当按照先补偿后搬迁、居住条件有改善的原则，尊重农村村民意愿，采取重新安排宅基地建房、提供安置房或者货币补偿等方式给予公平、合理的补偿，并对因征收造成的搬迁、临时安置等费用予以补偿，保障农村村民居住的权利和合法的住房财产权益。"即征收农民住宅，应遵循先补偿后搬迁、居住条件有改善的原则，可采取三种安置补偿方式：①重新安排宅基地建房；②提供安置房；③货币补偿。无论采取哪种方式，还应对因征收造成的搬迁、临时安置等费用予以补偿。

7. 什么叫"区片综合地价"？

问 近日，政府发布了公告，将我村部分土地列入征收范围，但公布的征收补偿费用仍然是按照土地的原用途和产值倍数计算的。听说2020年就要生效的新修改的《土地管理法》已经废止了产值倍数法，而采用市场化的区片综合地价计算补偿安置费用，请问是这样吗？

答：2019年《土地管理法》修改的亮点之一就是，以"区片综合地价"取代实行了三十多年的"产值倍数法"。该法第48条第三款规定："征收农用地的土地补偿费、安置补助费标准由省、自治区、直辖市通过制定公布区片综合地价确定。制定区片综合地价应当综合考虑土地原用途、土地资源条件、土地产值、土地区位、土地供求关系、人口以及经济社会发展水平等因素，并至少每三年调整或者重新公布一次。"按照这一规定，制定区片综合地价考虑的因素包括：①土地原用途；②土地资源条件；③土地产值；④土地区位；⑤土地供求关系；⑥人口以及经营社会发展水平等因素。所谓"区片综合地价"，就是在一定区域内，以土地条件相近的地块为单位，综合考虑以上因素所确定的该区域征地价格的平均水平。以前的产值倍数法只考虑土地的原用途和年产值水平，并在此基础上按照土地被征收前三年平均产值的一定倍数确定补偿标准，由于我国农产品价格一直偏低，以这样的方法计算补偿安置费用，无论如何也高不到哪里去。制定区片综合地价考虑的因素更多，包括土地的供求关系等，根据这些因素制定的区片综合地价肯定要高于按产值倍数法计算的补偿标准。但是要注意，区片综合地价虽然考虑因素中包括供求关系，但这仍然不是完全意义上的市场价格。所谓市场价格，应当是自由交易的产物，即由供需双方通过自由谈判确定价格。显然，区片综合地价并非自由协商的产物，充其量只是一个政府指导价格。但必须肯定，以区片综合地价确定征地补偿标准，是立法上的一个重大进步，今后被征地农民获得的补偿安置费用一定会有明显提高。

8. 对于政府的征地补偿安置方案农民有无发言权和否决权？

问 近日，县政府在我村贴出公告，要在近期征收我村的土地修建高速公路。但我们认为公告中的补偿安置方案不合理、不公平。请问，农民对政府的征地补偿安置方案有不同意见怎么办？农民有否决权吗？

答：农民可以提出不同意见，且多数农民事实上拥有否决权。

按照原《土地管理法》的规定，被征地农民虽然可以对征地补偿安置方案提出不同意见，但并不拥有否决权。即使多数被征地农民不同意政府公布的征地补偿方案，也只能被动服从。政府依然可以强制推进征地程序。一是因为征地补偿方案是在得到有权批准的人民政府批准后才公告，此时，征求意见只具有象征意义，上级政府的征地批文，就是征地实施部门的尚方宝剑，地方政府很难接受农民的不同意见；二是征地安置补偿协议只与被征地的集体经济组织签订，而不与被征地农民签订，且征地审批在前，签约在后，不签订协议也不会影响征地申请和审批，也不影响征地的实施；三是对补偿标准有争议的，批准用地的人民政府有最终裁决权，且征地补偿、安置争议不影响征地方案的实施（《土地管理法实施条例》第25条）。由批准用地的人民政府裁决否定自己已经批准的征地安置补偿方案，几乎没有可能。

修订后的《土地管理法》在征地程序上作出了重大修改。该法第47条规定："国家征收土地的，依照法定程序批准后，由县级以上地方人民政府予以公告并组织实施。县级以上地方人民政府拟申请征收土地的，应当开展拟征收土地现状调查和社会稳定风险评估，并将征收范围、土地现状、征收目的、补偿标准、安置方式和社会保障等在拟征收土地所在的乡（镇）和村、村民小组范围内公告至少三十日，听取被征地的农村集体经济组织及其成员、村民委员会和其他利害关系人的意见。多数被征地的农村集体经济组织成员认为征地补偿安置方案不符合法律、法规规定的，县级以上地方人民政府应当组织召开听证会，并根据法律、法规的规定和听证会情况修改方案。拟征收土地的所有权人、使用权人应当在公告规定期限内，持不动产权属证明材料办理补偿登记。县级以上地方人民政府应当组织有关部门测算并落实有关费用，保证足额到位，与拟征收土地的所有权人、使用权人就补偿、安置等签订协议；个别确实难以达成协议的，应当在申请征收土地时如实说明。相关前期工作完成后，县级以上地方人民政府方可申请征收土地。”这一规定的最大变化是将以前的“征地批后公告”，改为“征地批前公告”，将“先审批后签协议”，改为“先签协议后审批”。且签约主体既包括土地所有权人——集体经济组织，也包括使用权人——被征地农民。这样的修改事实上赋予了多数被征地农民对征地安置补偿方案的否决权。即多数农民认为征地补偿方案不符合法律、行政法规规定的，县级以上人民政府应当组织听证会，并根据法律、法规的规定和听证会情况修改方案。如果多数被征地农民拒绝签订安置补偿协议，则意味着征地的前期工作没有完成，征地机关不能申请征收土地，土地征收补偿安置方案自然也不能得以实施。

但，只是个别被征地农民反对征地安置补偿方案，则不能阻止人民政府征地的申请和审批以及征地安置补偿方案的实施。

至于多大比例的反对意见才能构成对征地安置补偿方案有效的否决，实践中并不一定非要达到 50% 以上的简单多数。现在，无论是征收城市居民的房屋，还是征收农村集体土地，政府征收单位都要进行“社会稳定风险评估”，如果有相当比例的被征收人反对征收，拒签协议，则被认为存在社会稳定风险，征收工作将会暂停。在征收城市房屋时，有些地方政府要求同意签约率要达到 90%，甚至 100% 才可实施动迁。[①][②]

① 如《上海市国有土地上房屋征收与补偿实施细则》第 12 条规定：“因旧城区改建房屋征收范围确定后，房屋征收部门应当组织征询被征收人、公有房屋承租人的改建意愿；有 90% 以上的被征收人、公有房屋承租人同意的，方可进行旧城区改建。”第 21 条规定：“因旧城区改建需要征收房屋的，房屋征收部门应当在征收决定作出后，组织被征收人、公有房屋承租人根据征收补偿方案签订附生效条件的补偿协议。在签约期限内达到规定签约比例的，补偿协议生效；在签约期限内未达到规定签约比例的，征收决定终止执行。签约比例由区（县）人民政府规定，但不得低于 80%。”

② 青岛市市南区西部棚户区征收改造公告中，要求被征收人签订预征收补偿协议的比例必须达到百分之百，否则协议不生效，并且中止该楼院的房屋征收工作。

9. 农民不同意政府征地或者不同意政府公布的补偿安置方案可否向人民法院提起诉讼？

问 县政府最近又要征地，但我们认为建设项目根本不是为了公共利益需要，我们全村大部分人都不同意征地，更不同意政府公布的补偿安置方案。虽然多次提出意见，但都被政府拒绝，并强行推进征地方案的实施。请问，我们可不可以向人民法院起诉县政府？

答：这个问题的实质就是政府的征地行为是否属于司法管辖范围？农民在征地过程中受到不公平对待，是否可以寻求司法救济？长期以来，对于涉及农村集体土地征收的纠纷，当事人立案比较困难。这也是为什么因征地纠纷而集体上访的案件一直居高不下的主要原因。农民在被强制征收土地的过程中受到了不公平对待，但又无法通过司法程序讨回公道，便常常会选择费时、费力又难见效果的层层上访途径。

2011 年，最高人民法院出台《关于审理涉及农村集体土地行政案件若干问题的规定》(以下简称《规定》)，明确将政府征地行为纳入行政案件受案范围。该《规定》第 1 条规定："农村集体土地的权利人或者利害关系人（以下简称土地权利人）认为行政机关作出的涉及农村集体土地的行政行为侵犯其合法权益，提起诉讼的，属于人民法院行政诉讼的受案范围。"同时还对多数村民以及土地使用权人或者实际使用人个人的诉权作出明确规定。《规定》第 3 条规定："村民委员会或者农村集体经济组织对涉及农村集体土地的行政行为不起诉的，过半数的村民可以以集体经济组织名义提起诉讼。农村集体经济组织成员全部转为城镇居民后，对涉及农村集体土地的行政行为不服的，过半数的原集体经济组织成员可以提起诉讼。"《规定》第 4 条："土地使用权人或者实际使用人对行政机关作出涉及其使用或实际使用的集体土地的行政行为不服的，可以以自己的名义提起诉讼。"《规定》第 10 条："土地权利人对土地管理部门组织实施过程中确定的土地补偿有异议，直接向人民法院提起诉讼的，人民法院不予受理，但应当告知土地权利人先申请行政机关裁决。"依据以上规定，如果农村集体经济组织或者多数村民认为征地行为违法，比如征地项目建设不符合公共利益需要，补偿安置方案不公，征地程序违法或者土地使用权人（实际使用人）认为政府征地行为侵害其合法权益的，均可向人民法院提起诉讼（对土地补偿有异议的，应先申请行政机关裁决之后，方可向人民法院起诉）。

不过，《规定》出台后，由于各种原因受理此类案件仍较为困难，“立案难”的问题尚未得到根本改观。不予立案受理的理由是，根据《土地管理法实施条例》第 25 条规定，征地补偿争议属于人民政府最终裁决的事项，因此按照《行政诉讼法》第 12 条规定，此类争议不属人民法院受理范围。这样的理解显然是错误的。一是法律并未赋予政府处理该类纠纷的最终裁决权。《土地管理法实施条例》是行政法规而非法律。对此最高人民法院《关于执行行政诉讼法若干问题的解释》第 5 条规定：“行政诉讼法第十二条第（四）项规定的‘法律规定由行政机关最终裁决的具体行政行为’中的‘法律’，是指全国人民代表大会及其常务委员会制定、通过的规范性文件。”二是 2011 年最高人民法院的《规定》已经作出明确的司法解释，基层人民法院不予立案的解释明显与之相悖。

10. 集体土地征收补偿安置协议应当与谁签订？协议包括哪些主要内容？

问 我承包的一块林地被县政府列入征收范围，我要求政府与我签订征收补偿协议，但遭到拒绝，政府工作人员称，他们只与我村村委会签协议，不与承包者个人签协议，我应得的补偿应由村委会向我支付。他们的答复对吗？

答：在 2019 年《土地管理法》修改之前，关于政府征收土地时征收补偿协议应当与谁签订，相关法律并未作出规定，实际做法是，政府只与集体经济组织，比如村民委员会或者村民小组等签订补偿协议，并将所有的补偿款项捆绑在一起，在该协议中一揽子加以约定。之后，政府将所有补偿费用统一支付给农村集体经济组织，农民个人应得的补偿则由农村集体经济组织给付[①]。即农民个人不能成为安置补偿协议的签约主体。征收农民的财产和生产资料，但就如何安置补偿却不能给农民一个书面承诺，这表明在以前土地征收时，在实务操作中并未把个体农民作为独立的、平等的权利主体看待。这也是导致某些地方暴力强征土地，农民暴力维权的主要原因之一。这种不合理、不公平的做法，在 2020 年新修订的《土地管理法》中已经做出改变。该法第 47 条第四款规定：“拟征收土地

① 许多地方人民政府都已出台了相应的规定，基本思路和做法一致，就是只与集体经济组织签订征地补偿协议。比如《山东省土地征收管理办法》（山东省人民政府令第 226 号）第 12 条规定：“农村集体经济组织、农民或者其他权利人对补偿标准和安置方式没有异议的，由市、县人民政府国土资源行政主管部门和财政部门与农村集体经济组织签订土地征收补偿安置协议。”

的所有权人、使用权人应当在公告规定期限内，持不动产权属证明材料办理补偿登记。县级以上地方人民政府应当组织有关部门测算并落实有关费用，保证足额到位，与拟征收土地的所有权人、使用权人就补偿、安置等签订协议；个别确实难以达成协议的，应当在申请征收土地时如实说明。”根据这一规定，农村集体土地所有权人——农村集体经济组织，使用权人——个体农民，均是补偿、安置协议的主体，政府征收土地，应当分别与集体经济组织和农民个人签订协议。协议的主要内容应当包括：拟征收土地的位置、数量、种类、补偿标准、补偿数额、补偿方式、安置方式、费用的拨付时间、土地及地面附着物等的交接时间等。

11. 认为政府征地行为侵犯合法权益应提起行政诉讼还是民事诉讼？

问 我承包的土地被政府列入征收范围，征地补偿安置方案公告后，我认为补偿标准很不合理，而且也没有看到省政府的征地批文，便拒绝在土地测绘图和地上附着物清单上签字。但是村委会已经与政府土地管理部门签订了征地补偿安置协议，之后便在我的承包地上强行施工。请问，我可以起诉吗？应该起诉谁？是提起行政诉讼还是民事诉讼？

答：你有权提起诉讼。根据你所提问题的具体情况，应当以实施征地行为的政府为被告提起行政诉讼。

最高人民法院2011年公布的《审理涉及农村集体土地行政案件若干问题的规定》(以下简称《规定》)第1条规定：“农村集体土地的权利人或者利害关系人(以下简称土地权利人)认为行政机关作出的涉及农村集体土地的行政行为侵犯其合法权益，提起诉讼的，属于人民法院行政诉讼的受案范围。”同时第4条规定：“土地使用权人或者实际使用人对行政机关作出涉及其使用或实际使用的集体土地的行政行为不服的，可以以自己的名义提起诉讼。”根据以上规定，若认为政府征地行为违法，比如未经省级以上人民政府批准同意，拟建设项目不符合征地条件，征地程序不合法等，农村集体经济组织或者征地范围内的土地使用权人或者实际使用人均可向人民法院提起行政诉讼。但是需要注意《规定》的第10条规定：“土地权利人对土地管理部门组织实施过程中确定的土地补偿有异议，直接向人民法院提起诉讼的，人民法院不予受理，但应当告知土地权利人先申请行政机关裁决。”根据该条规定，如果只是对土地管理部门组织实施过程中确定的土地补偿有异议，而不主张征地行政行为本身违法的，则应先申请行政机关裁决，经行政裁决后，对裁决不服的方可向人民法院提起行政诉讼。

12. 如何认定征地安置补偿协议的效力？

问 2012年底，我村村委会在大部分村民不知情的情况下与县土地管理部门签订了征地补偿协议，将村内一处建设用地征归国有，但我们认为补偿费过低。请问村民可不可以要求废止这份协议？

答：征收农村集体土地，不论是农用地还是建设用地，都必须进行公告，公告内容应当包括征地范围、补偿标准、安置方案等。公告之后应当听取农村集体经济组织和农民的意见。因此，如果大多数农民对征地及补偿情况根本就不知情，则说明政府土地行政主管部门没有公告，这是严重违反征地程序的，仅凭这一点，农民就可以要求撤销政府的征地行为。

根据《村民组织法》的规定，“村民会议有权撤销村民委员会不适当的决定”，即“村民会议”才是农村集体经济组织的最高权力机构，如果大多数村民对征地及补偿情况不知情，或者不同意征地补偿安置方案，则村委会就不应该与政府主管部门签订征地补偿安置协议。

但是，如果村民委员会已经与政府土地主管部门签订了协议，即便协议内容大多数村民不同意，也无权单方废止协议，而只能通过诉讼程序解决。由于在这种情况下，村民委员会一般不会同意以原告身份主动向人民法院起诉，则根据最高人民法院《关于审理涉及农村集体土地行政案件若干问题的规定》第3条规定，过半数的村民可以集体经济组织的名义向人民法院提起行政诉讼。从合同效力认定的一般原则而论，只要合同签订程序或者内容严重违反法律规定，都有可能被认定无效。但行政诉讼的特点是，法院不会对合同本身的效力加以认定，而是对政府行政行为的合法性作出认定。认定政府行为违法，则判决撤销，政府的行为被撤销，其作为行政行为组成部分的征地补偿协议当然也应一并撤销。

13. 政府或者村委会逾期支付征地补偿款项农民怎么办？

问 2011年政府征收了我村100多亩土地，其中包括由我家承包的10余亩农地，但时至今日，除了支付我1万余元的青苗补偿费外，其余补偿款分文未付，找村委会交涉，被告知是政府补偿款没有足额到位，与村委无关。请问，我该向谁讨要其余的补偿款项？

答：拖欠、挪用征地补偿款的情况在全国并非个别现象，但农民若想维护自己的合法权益往往困难重重。原因之一就是地方政府在征地时只与村民委员会等集体经济组织签订征地补偿安置协议，而不与农民个人签订任何协议，最多只是让农民在有关土地位置、数量以及地上附着物、青苗的清点清单上签字后作为协议附件[①]。

农民不能成为合同主体，不能有一份书面协议，所以起诉立案都很难。2005年，最高人民法院出台《关于审理涉及农村土地承包纠纷案件适用法律问题的解释》（以下简称《解释》），根据该《解释》规定，农民因"承包地征收补偿费用分配纠纷"向人民法院提起诉讼，人民法院应当受理。而且，被征地个人是否有与政府土地主管部门签订的书面征地补偿安置协议，不应影响农民行使诉权。作为"给付之诉"，农民只要证明自己具有本集体经济组织成员资格，或者是被征土地的承包人、地上附着物或者青苗的产权人，并且已经发生征地行为，就完成了自己的基本举证义务。

提起诉讼时，建议将村民委员会和与村民委员会签订征地补偿安置协议的政府土地管理部门作为共同被告一并起诉。对于是否履行了支付补偿费的义务，他们负有举证责任，法庭查明事实后可判决没有履行给付义务的一方承担责任。

在2019年《土地管理法》修订之后，类似问题的解决可能会相对简单。因为根据修订后的法律，征收农村集体土地时，就补偿、安置问题也应与被征收土地的使用权人——农民个人签订协议。按照这样的规定，如果征地一方不按协议履行义务，另一方即可以其为被告提起诉讼。

在起诉前，也可考虑向征地主管机关的上级机关反映情况。因为根据最近几年国务院及有关部委和一些地方政府出台的规定，均加强了征地补偿的管理，要求征地补偿安置不落实的，不得强行使用被征土地，不予办理用地手续。为防止

① 国家在立法时就没有将农民作为土地征收行为中的独立民事主体，自然也没有与农民个人签订协议的程序性规定，而一些地方性规定则只是要求农民在有关土地丈量、测绘表或者地面附着物、青苗清单上签字确认即可，比如《山东省土地征收管理办法》（山东省人民政府令第226号）第9条规定："市、县人民政府国土资源行政主管部门应当依据本级人民政府发布的征收土地公告，组织勘测定界，并会同财政等有关部门、乡（镇）人民政府或者街道办事处及用地单位，与村民委员会、承包户对拟征收土地的权属、地类、面积以及地面附着物的权属、种类、数量等进行现场调查、清点、核实，填写土地征收勘测调查清单。土地征收勘测调查清单应当由参与现场调查、清点、核实的各方共同确认。农村集体经济组织和农民对调查结果有异议的，应当当场提出，市、县人民政府国土资源行政主管部门应当当场复核。"

截留、挪用、拖欠农民补偿款，要求应当支付给农民的补偿安置费用，要直接支付给农民个人[①]。因此，若能通过这种方式引起有关部门的重视，单纯的给付补偿款的问题，通过行政途径解决起来一般比诉讼程序要快。

14. 土地补偿费是否可以分配给农户？如何分配？

问 我们村的土地大部分已被征为国有，但是多年来政府支付的土地补偿费村委会却一直不给农户分配，村主任说这部分补偿费归村集体经济组织所有，不能分配。村主任的说法对吗？如允许分配，应该怎么分？

答：国家征收农民集体土地应当支付的补偿主要有五大项：土地补偿费、安置补助费、地上附着物补偿费、青苗补偿费和社会保障费用。其中“土地补偿费”所占比例较高，按照《土地管理法实施条例》第26条规定，该补偿费用归农村集体经济组织所有。但是，归集体经济组织所有并非不允许在集体经济组织成员中进行分配，法律对此并无禁止性的规定。事实上，在许多地方，土地补偿费一直是允许分配的。不过，因无明确的分配办法，出现了该项补偿被某些“村官”侵吞、挪用的现象，分配不公、以少数服从多数为名损害少数人利益的情况也时有发生。2004年《国务院关于深化改革严格土地管理的决定》(国发〔2004〕28号)明确要求：“各省、自治区、直辖市人民政府应当根据土地补偿费主要用于被征地农户的原则，制订土地补偿费在农村集体经济组织内部的分配办法。”此后根据国务院的要求，许多省级人民政府纷纷出台相应的规定和办法，其基本的分配原则就是，土地承包经营权人，即被征土地的承包农户，应分得土地补偿款的大部分。比如《山西省征收征用农民集体所有土地征地补偿费分配使用办法》(山西省政府令182号)第12条规定：“土地被全部征收，同时农村集体经济组织撤销建制的，土地补偿费80%分配给被征地农户；其余20%平均分配给征地补偿方案确定时，本集体经济组织依法享有土地承包经营权的成员。土地被全

① 如国务院《关于深化改革严格土地管理的决定》(国发〔2004〕28号)(十五)：“加强征地实施过程监管。征地补偿费不落实的，不得强行使用被征土地。”国土资源部《关于进一步做好征地管理工作的通知》第1条第(三)项“……市县国土资源部门要按照确定的征地补偿实施方案，及时足额支付补偿安置费用；应支付给被征地农民的，要直接支付给农民个人，防止和及时纠正截留、挪用征地补偿安置费的问题。”《山东省土地征收管理办法》(2011年省政府令第226号)第31条：“土地征收相关费用未及时、足额支付到位的，可以暂停被征收土地所在地市、县的建设用地计划供应和征收土地的报批。”

部征用的，其土地补偿费以不低于 80% 的比例支付给被征地农户，剩余部分留给村集体经济组织。”第 13 条规定：“已确权确地到户的土地被部分征收或征用的，其土地补偿费以不低于 80% 的比例支付给被征地农户；其余 20% 留给村集体经济组织。未确权确地到户的土地被征收征用后，其土地补偿费和安置补助费以不低于 80% 的比例平均支付给征地补偿安置方案确定时，本集体经济组织依法享有土地承包经营权的成员；其余部分留给农村集体经济组织。”其他一些省级人民政府也出台过类似规定[①]，基本原则就是，土地被征收时已被农户承包的土地，其土地补偿费以不低于 80% 的比例分配给该承包农户，未被承包的土地被征收，则在本集体经济组织内享有土地承包经营权的农户内平均分配，可分配比例也是不低于 80% 的，剩余部分才能留归集体经济组织。也就是说，土地补偿费虽然归农村集体经济组织所有，但可以在农户中进行分配。即便目前尚未出台具体分配办法的省份，按照国务院的规定精神，农村集体经济组织只要按照法定的议事规则作出决议，也是可以分配的。

15. 农村集体土地被征收后长期闲置可否收回？

问 2007 年，我们村和邻村大约近千亩土地被政府征收，说是要建设高科技工业园。然而土地被征收后只建起很少的几座厂房，其他大部分土地长期闲置、荒芜。于是部分村民在闲置土地上又种植了蔬菜，建了一些养猪场和鸡棚。但是去年有一帮人用推土机强行铲平了猪场和鸡棚，毁坏了种植的蔬菜，说这些土地早已出让给他们。请问，土地被国家征收后长期闲置是否违法？农民是否可以继续耕种或收回土地？

答：《土地管理法》第 38 条规定：“禁止任何单位和个人闲置、荒芜耕地。已经办理审批手续的非农业建设占用耕地，一年内不用而又可以耕种并收获的，应当由原耕种该幅耕地的集体或者个人恢复耕种，也可以由用地单位组织耕种；一年以上未动工建设的，应当按照省、自治区、直辖市的规定缴纳闲置费；连续两年未使用的，经原批准机关批准，由县级以上人民政府无偿收回用地单位的

---

① 比如河南省政府办公厅（豫政办〔2006〕50 号）。《山东省关于加强征地补偿安置工作切实维护被征地农民合法权益的通知》（鲁国土资发〔2003〕127 号）规定：“……农村集体经济组织未能给失地农民调整土地继续承包经营的，应当将其不少于 70% 的土地补偿费支付给被征地农民。”但到目前为止，大部分省级人民政府尚未出台相应的规定。

土地使用权；该幅土地原为农民集体所有的，应当交由原农村集体经济组织恢复耕种。在城市规划区范围内，以出让方式取得土地使用权进行房地产开发的闲置土地，依照《中华人民共和国城市房地产管理法》的有关规定办理。”根据这一规定可以认定，土地被征收后长期闲置是违法的。在闲置期内，应当允许农民恢复耕种。

但是，恢复耕种的主体，法律限定为：“原耕种该幅耕地的集体或者个人”，即并非任何人都可随意耕种闲置土地，也不能在闲置土地上私搭乱建。只要原土地的耕种人的耕种行为不影响用地单位的建设施工，其耕作成果就应当受到保护。

至于土地使用权的收回，根据《土地管理法》第 38 条和《城市房地产管理法》第 26 条规定，只要闲置时间超过两年，就可由政府无偿收回用地单位的土地使用权。只是土地使用权被收回后，并不会将土地所有权返还集体经济组织，而只是由集体经济组织恢复耕种。

不过，实践中的难点是如何认定“闲置”？将征收的土地用简易围墙圈起来，搞个“几通一平”，或者开挖了部分基坑然后就长期停工算不算“闲置”？对此，法律一直没有明确规定。认定标准的不明确，也是长期以来闲置土地难以收回、农民恢复耕种又经常受到阻挠的主要原因。2012 年，国土资源部发布的《闲置土地处置办法》第 2 条规定：“本办法所称闲置土地，是指国有建设用地使用权人超过国有建设用地使用权有偿使用合同或者划拨决定书约定、规定的动工开发日期满一年未动工开发的国有建设用地。已动工开发但开发建设用地面积占应动工开发建设用地总面积不足三分之一或者已投资额占总投资额不足百分之二十五，中止开发建设满一年的国有建设用地，也可以认定为闲置土地。”同时该办法第 19 条还规定：“对依法收回的闲置土地，市、县国土资源主管部门可以采取下列方式利用：……（三）对耕作条件未被破坏且近期无法安排建设项目的，由市、县国土资源主管部门委托有关农村集体经济组织、单位或者个人组织恢复耕种。”但这一规定所提及的“恢复耕种”，只适用于因闲置已被收回的土地。而实践中，大量存在的是长期闲置而未被收回的土地，对这些闲置土地如何利用，法律尚无明确规定。闲置土地的使用权人往往会以维护土地权利为由阻止农民使用。

16. 农村集体经济组织成建制“农转非”（“村改居”）后，土地就自动转化为国有吗？

问 我们村在城乡接合部，将近一半的土地早已被征为国有。前年，市政府下发文件，将我村村民委员会改为居民委员会，全体村民的户口也都办成了“非农业户口”，由“农民”转为“市民”。去年底，市政府准备在我村土地上建商贸中心，但我们发现市政府并未取得省政府的征地批文。但市政府官员说，我村已成建制办理了“农转非”手续，集体土地已转化为国有土地，无须再办理征地审批手续。他们的说法对吗？

答：市政府官员的说法不对。

改革开放以来，中国的城市化进程明显加快，许多农村被列入城市土地利用总体规划内，进行城市化改造。在这个过程中，往往整村的村民被统一办理了户籍变更手续，由农业人口转变为非农业人口，简称“农转非”或“村改居”——村民委员会改为居民委员会。但是，农民户籍身份的改变并不意味着土地性质的变化，即户籍转化的行政审批不能取代土地性质转化的行政审批。农民户籍身份整村成建制转为城市户口后，未经依法办理农转用及征地审批手续，土地性质不能转为国有。有些人认为农村集体经济组织全部成员成建制转为城镇居民后原集体经济组织所有的土地就自动转化为国有土地，进行建设就无须再办理土地农转用和征地审批手续，主要源于对《土地管理法实施条例》的错误理解。该《条例》第 2 条规定：“下列土地属于全民所有即国家所有：……（五）农村集体经济组织全部成员转为城镇居民的，原属于其成员集体所有的土地。”但是，这一规定本身只是对国有土地总体范围的列举性规定。具体到某一集体土地，一般情况下，应当先完成征收、农转用和补偿手续，然后再办理户籍转换手续。土地征收、农转用文件通常也是办理户籍转换的依据之一。而土地权属的变更，则必须依照法定的程序办理相关手续。完成权属变更登记后，其所有权主体才能依法变更。户籍转化只是公民城乡身份的变化，这种身份的变化怎么能直接决定产权关系呢？给农民一个城市户口，就可以将农民的财产收归国有，这样理解法律显然有失偏颇。何况，主管户籍变更的是公安部门，而主管土地权属变更的是土地管理部门，公安部门的决定怎么能够取代土地管理部门的职能呢？2004 年《国务院关于深化改革严格土地管理的决定》第（十）条就明确规定：“禁止擅自通过‘村改居’等方式将农民集体所有土地转为国有土地。”根据这一规定，即使农村集体经济组织全部成员已经成建制转为城镇居民，该集体经济组织所有的土地权属也不能因此就转为国有。只不过由原“农村集体经济组织所有”，转变为“居民委员会所有”。产权主体名称发生变更，产权主体的构成并无变化——仍是原农村集体经济组织成员。当然，土地权属也无变化，仍归该名称变更后的集体。因此，国家若欲在“居民委员会”所有的土地上进行建设，仍应办理征收（征用）审批手续，涉及农用土地的，还要办理农地转用手续。

对于一些地方在实际工作中对《土地管理法实施条例》第二条第（五）项理解上的错误，2005 年 3 月 4 日国务院法制办公室、国土资源部国法函〔2005〕36 号作出解释：“该项规定，是指农村集体经济组织土地被依法征收后，其成员随土地征收已经全部转为城镇居民，该农村集体经济组织剩余的少量集体土地可以依法征收为国家所有”。此外，一些地方人民政府对此问题也作出相应规定。比如山东省人民政府 2013 年初发布《山东省深入推进农村改革发展的意见》提出：“将用三年时间完成农村土地承包经营权的确权登记颁证工作。今后农村居民转入城镇户口，原有土地承包经营权、宅基地使用权、林地经营权、集体收益分配权均保持不变。”由此可见，若使用户籍已整体转变的集体土地进行建设，不仅不能省略征地审批手续，农民所获得的各项补偿也不能减少。

17. 征地补偿款分配纠纷的立案条件是如何规定的？

问 我们村的土地被政府征收后已将各项补偿款项一并支付给村委会，但村委会将青苗补偿费支付给承包户之后，对其他的补偿费用却迟迟不予分配，许多村民多次要求分配，村主任答复说村委会内部意见不统一，所以暂时不能分配。我们部分村民向法院起诉村委会要求分配，但法院却拒绝受理。请问，对此类纠纷法院的立案标准是什么？在法院不予立案的情况下，我们该如何主张权利？

答：关于此类纠纷的立案条件，最高人民法院的有关庭审曾出台过多个解释和答复，意见并不统一。[①] 最新的解释是2005年最高人民法院发布的《关于审理涉及农村土地承包案件适用法律问题的解释》(法释〔2005〕6号)。对于征地补偿款分配纠纷的立案受理问题，该司法解释第1条第1款规定:“下列涉及农村土地承包民事纠纷，人民法院应当依法受理:……(四)承包地征收补偿费用分配纠纷。”同时第三款又规定:“集体经济组织成员就用于分配的土地补偿费数额提起民事诉讼的，人民法院不予受理。”第22条规定:“承包地被依法征收，承包方请求发包方给付已经收到的地上附着物和青苗的补偿费的，应予支持。承包方已将土地承包经营权以转包、出租等方式流转给第三人的，除当事人另有约定外，青苗补偿费归实际投入人所有，地上附着物补偿费归附着物所有人所有。”第23条规定:“承包地被依法征收，放弃统一安置的家庭承包方，请求发包方给付已经收到的安置补助费的，应予支持。”第24条规定:“农村集体经济组织或者村民委员会、村民小组，可以依照法律规定的民主议定程序，决定在本集体经济组织内部分配已经收到的土地补偿费。征地补偿安置方案确定时已经具有本集体经济组织成员资格的人，请求支付相应份额的，应予支持。但已报全国人大常委会、国务院备案的地方性法规、自治条例和单行条例、地方

① 对于因征地补偿款分配而引发的纠纷，当事人向人民法院提起诉讼，人民法院能否受理，以及是否作为民事案件审理，最高人民法院曾有过不同意见、答复、复函以及会议精神。1994年12月，最高人民法院在对江西省高级人民法院所作的《关于王翠兰等六人与庐山十里乡黄山岭村六组土地征用费分配纠纷一案的复函》中认为，“当事人为土地征用费的处理发生争议，不属于法院受理案件的范围，应向有关机关申请解决。”2001年7月9日，最高人民法院研究室对广东省高院的答复(法研[2001]51号)认为:“农村集体经济组织与其成员之间因收益分配产生的纠纷，属平等主体之间的纠纷。当事人就该纠纷起诉到人民法院，只要符合民事诉讼法第108条规定，人民法院应当受理。”2001年12月31日，最高人民法院研究室又以法研[2001]116号答复指出，农村村民因土地补偿费、安置补助费问题与村民委员会发生纠纷的，人民法院可以参照法研[2001]51号答复办理。但在2002年8月19日，最高人民法院立案庭对浙江省高院的批复([2002]民立他字第4号)则认为，“农村集体经济组织成员与农村集体经济组织因土地补偿费发生的争议，不属于平等民事主体之间的民事法律关系，不属于人民法院受理民事诉讼的范围。对此类争议，人民法院依法不予受理。对于不需要由农村集体经济组织安置人员的安置补助费和地上附着物、青苗补偿费发生的争议，属于平等民事主体之间的民事权利义务争议，属于人民法院受理民事诉讼的范围。”在2003年2月召开的全国法院立案工作会议上，最高人民法院立案庭进一步强调，农村集体经济组织成员与农村集体经济组织，因征地补偿费发生的争议，不属于平等主体之间的民事法律关系，不属于人民法院受理民事案件的范围，人民法院不予受理，应由行政部门协调解决。

政府规章对土地补偿费在农村集体经济组织内部的分配办法另有规定的除外。"根据以上规定，对于主张地上附着物和青苗补偿费的分配，人民法院应当受理。对于安置补助费，如果承包户放弃统一安置的，其主张分配安置补助费纠纷人民法院也应当受理。

因此，如果村委会扣留了村民的地上附着物和青苗补偿费或者应当分配的安置补助费，则村民可以向人民法院起诉要求分配。

难点在于土地补偿费的分配。分析《解释》的规定，实际上将土地补偿费分配纠纷区别两种情况决定是否受理。第一，集体经济组织成员仅就用于分配的土地补偿费数额提起民事诉讼的，人民法院不予受理。比如，用于分配的土地补偿款数额是 200 万元，若对该数额本身有异议而提起诉讼的，人民法院不予受理。第二，征地补偿安置方案已经确定了土地补偿款的分配数额，集体经济组织成员起诉要求分配相应份额的，人民法院应当受理。这也就意味着，如果就土地补偿费的分配，集体经济组织尚未根据民主议定程序作出决定前，个别成员起诉要求分配的，人民法院不予受理。但是需要注意的是，如果地方法规、自治条例和单行条例、地方政府规章对土地补偿费在农村集体经济组织内部的分配办法已作出规定的，集体经济组织成员依据规定的分配办法向人民法院起诉要求分配土地补偿费的，人民法院也应当受理。前提是这些规范性文件已报全国人大、国务院备案[①]。

18. 村干部侵吞集体经济组织征地补偿款怎么办？

问 最近 10 来年，我村的土地大部分都被征为国有，"村委会"也改成"居委会"了。前后获得国家各种征地补偿款累计有数亿元，除了分配给村民的补偿款外，留存在村里的补偿费少说也有 2 个亿。可是村里除了维修学校、兴修水利花了几千万之外，并没有其他什么大的投入，可村委财务的账面结余才不足百万。而一些村干部则在此期间盖起了豪华的别墅，开高档轿车。我们怀疑村干部侵吞了村里留存的补偿款。请问我们该如何维权？

答：这些年在全国范围内村干部"暴富"已非个别现象。通过土地的征收，

① 例如，山西省人民政府 2005 年已出台《山西省征收征用农民集体所有土地征地补偿费分配使用办法》，对土地补偿费分配比例等事项已作出具体规定。但到目前为止，全国大多数省份尚未出台类似规定。

村集体经济组织可以农村集体土地所有者的身份获得可观的征地补偿费用[①]，而“村干部”往往拥有这些费用的使用权和支配权。这也是为什么在一些农村，有人不择手段竞选村干部的原因之一。在一些财务制度不健全，缺乏有效监督的集体经济组织，征地补偿款更容易被“村干部”随意花费，甚至挪用、侵吞。如果村民有这种怀疑，当然可以通过正当程序投诉举报，要求审计。如有证据证明村干部确实侵吞了补偿款，则既可以提起民事诉讼要求返还，同时也可要求司法机关追究“村干部”的刑事责任。

但是，需要特别注意的是，如今那种直接地、明目张胆地侵吞行为并不多见，更多的是采用间接的方法侵吞集体征地补偿款。比如以兴建水利设施、道路、发展生产、搞集体福利之名，通过虚报成本，暗中收取回扣等手段，或者将征地补偿款打入名为村办企业、实为村干部参股（控股）的集体企业，然后通过费用报销、薪金分配、分取红利等方式变相侵吞补偿款。总之，要想举报成功，并不是一件容易的事，其难点就在于村民往往很难掌握确实充分的证据材料。而有关机关，即使介入调查，也往往因为财务账目混乱，直接证据欠缺而难以查处。

因此，最重要的还是从源头上建立有效的监督制约机制，充分发挥村民大会或者村民代表大会的作用。重大的开发项目必须经过大多数村民同意方可实施。同时必须及时公布征地补偿款的收支情况，健全财务管理制度。预防在先，使“村干部”不敢贪、不能贪，才是上策。

19. 以“旧村改造”为名搞合作开发可以不办理土地征收手续吗？其合同效力如何认定？

问 我村“村委会”与某房地产开发公司签订《旧村改造合作协议书》，约定由我村提供建设用地（其中既有村集体企业仓储场地，也有部分村民的宅基地），由开发商提供建设资金，合作开发建设住宅和商铺，并约定项目建成后一部分房屋用于安置村民，一部分商铺分给村委，剩余部分归开发商由其自行销售。但据我们所知，该建设项目并未办理征地审批手续，虽然给村民安置的

① 现在个别省级人民政府已经出台土地补偿款的分配办法，规定20%的土地补偿费由集体经济组织提留。在此之前以及现在大部分省份，土地补偿费仍然百分之百归集体经济组织留存。而该项补偿约占所有征地补偿的近1/3。2004年《法治参考》第21期《农地非农化控制为何超低效》一文，长江三角洲地区，村集体经济组织可获得45.3%的征地补偿费。

住房折算后高于国家征地补偿安置标准，但安置住房和开发商对外销售的住房均无法办理房产证，开发商对外宣称销售的是永久使用权。请问，“旧村改造”是否需要办理征地手续，以这种合作方式搞开发合法吗？

答：“旧村改造”是近些年为推进城市化建设而主要对城市周边的一些农村进行改造建设的一种创新模式。在国家的立法层面，尚未对这种建设模式进行定义和规范。较早进行“旧村改造”模式试点的有广东、北京、西安、温州等省市[①]。“旧村改造”的基本模式就是：利用农村现有建设用地（包括空闲地、农民宅基地等），以及部分农用地进行集中改造建设，以农村集体经济组织和农民自筹或者社会融资、合作开发的方式筹集建设资金，建设村民住宅及商业和生产经营设施等。

但是，“旧村改造”模式在试点过程中有被扩大适用的趋势。某些地方，打着“旧村改造”的旗号变相搞房地产开发，规避国家有关土地征收的强制性规定，打“擦边球”，在未办征地、规划等建设用地手续的情况下，进行开发建设。项目建成后部分用于安置村民，其余部分则面向社会公开出售。

然而，根据《土地管理法》等法律、法规的规定，无论以何种名义、何种方式使用农村集体土地进行建设都必须履行法定的建设审批手续。

首先，必须办理规划审批手续。如果“旧村改造”项目完全用于村民安置和集体经济组织生产、经营之需，也必须依据所在乡镇的土地利用总体规划和乡镇规划，完成规划的报批手续后方可进行建设[②]。如果有用于公开对外销售的商品房，则该建设项目还应列入城市总体规划范围并办理相应的规划审批手续。

其次，旧村改造项目建设原则上限制在集体存量建设用地范围，严格限制占

① 如西安市人民政府在2002年出台《关于进行城区旧村改造试点的意见》，北京在2005年曾出台《北京市远郊区旧村改造试点指导意见》，对“旧村改造”的村庄和集镇规划建设管理原则、方式、范围等提出指导性意见。

② 国务院《村庄和集镇规划建设管理条例》（国务院令第116号）第21条规定：“乡（镇）村公共设施、公益事业建设，须经乡级人民政府审核、县级人民政府建设行政主管部门审查同意并出具选址意见书后，建设单位方可依法向县级人民政府土地管理部门申请用地，经县级以上人民政府批准后，由土地管理部门划拨土地。”第37条规定：“在村庄、集镇规划区内，未按规划审批程序批准或者违反规划的规定进行建设，严重影响村庄、集镇规划的，由县级人民政府建设行政主管部门责令停止建设，限期拆除或者没收违法建筑物、构筑物和其他设施；影响村庄、集镇规划，尚可采取改正措施的，由县级人民政府建设行政主管部门责令限期改正，处以罚款。农村居民未经批准或者违反规划的规定建住宅的，乡级人民政府可以依照前款规定处罚。”

用农用地、耕地。如需占用农用地、耕地进行建设，则必须依法办理“农转用”审批手续。

最后，旧村改造的目的主要是为了改善农民的居住环境和条件，提高农村集体经济组织的生产经营水平。因此，其建设项目主要应当用于安置村民和供集体经济组织生产、经营之用。如果旧村改造项目中包含有房地产开发项目，则从严格意义上讲，这样的建设项目已超出旧村改造范畴。即此类建设项目所占用范围的土地必须首先征为国有，并且通过公开的招、拍、挂等方式依法出让后方可进行建设开发。

通过以上分析可以得出结论，你村村委会与开发商签订的《旧村改造合作协议书》有可能被认定为部分有效部分无效合同。如果用于村民安置和集体经济组织生产、经营的建设项目占用的土地属于集体存量建设用地，或者依法办理了农转用审批手续，并且符合乡镇用地规划，则该部分合同内容可认定有效；但对外销售的部分，由于其未办理相应的征地审批手续则可能被认定无效。而用于安置村民和用于对外销售的房屋，也因为用地手续不完善，非法开发建设而无法办理房产证。

20. 村委会是否有权确定土地被征收后的土地使用权受让主体？

问 我村一宗地块即将被征为国有，用于建设会展中心和住宅楼。有好几个开发商都看好这个项目，来我村实地察看，并与村委会谈判。后来我村与其中一个开发商私下签订了协议，保证这个开发商在未来土地出让时获得土地使用权。为此开发商向我村支付了近千万元的酬金。请问这样的做法合法吗？

答：这样的做法严重违法。

农村集体经济组织的土地依法被征为国有后进行开发建设，谁能获得土地使用权并不是由原土地所有者——农村集体经济组织决定的。如果是经营性建设用地，应当采用公开竞价的方式确定土地使用权受让主体；非经营性建设项目使用土地，可由政府通过划拨等方式确定土地使用者。因此，该村村委会无权决定，也不能保证该土地被征为国有后土地使用权的归属。根据国土资源部 2002 年发布的《招标拍卖挂牌出让国有建设用地使用权规定》第 4 条规定：“商业、旅游、娱乐和商品住宅等各类经营性用地，必须以招标、拍卖或者挂牌方式出让。”显然，该村土地被征收后的拟建设项目属于经营类项目，此类项目用地使用权出让必须采用招标、拍卖、挂牌等公开竞争的方式出让。因此，即使是国家土地管理部门也不能预先确定土地受让者。现实中，确实存在这种情况，个别“村干部”通过某种暗箱操作的方法，比如与土地管理部门串通，在招拍挂时为自己“中意”的开发商“量身定做”出让条件，或者提高受让“门槛”，排斥其他潜在竞买人，以保证与自己私下签订了协议的开发商“竞得”土地。但是，这种行为不仅违反国家法律，严重的甚至构成犯罪。[①] 因此，如果所述属实，不仅该村村委会与开发商签订的协议是无效的，而且很有可能导致土地使用权的出让行为也无效。

21. 农村集体经济组织成员资格如何确定？

问 最近，村委会在研究征地补偿款分配时产生很大争议，有人认为户口已迁出本村的，已出嫁外村的妇女、长期在外打工的以及大中专在校生、义务兵等已经丧失本村集体经济组织成员资格，不能参与征地补偿款分配。这种观点对吗？

答：这个问题涉及集体经济组织成员资格的确定，而成员资格的确定不仅直接影响征地补偿款的分配，而且也直接影响人民法院对当事人主体资格的审查和确认。然而在立法层面，国家法律对何为村民、何为集体经济组织成员并无明确规定，因此在实践中这个问题一直争议极大。为解决农村集体经济组织成员资格如何确定这一立法上的空白，统一法律适用标准，最高人民法院在制定《关于审理涉及农村土地承包纠纷案件适用法律问题的解释》时，曾对农村集体经济组织成员资格问题进行过大量的调研和分析论证，并在向社会公开的征求意见稿中拟定了共计七个条文的初步意见。但是考虑到农村集体经济组织成员资格问题事关广大农民的集体民事权利，最高人民法院审判委员会在对该征求意见稿进行讨论后认为，这一问题应当属于《立法法》第 42 条第 1 项规定的情形，即“法律的规定需要进一步明确具体含义的”，其法律解释权在全国人大常委会，不宜通过司法解释对此重大事项进行规定。因此，应当根据《立法法》第 43 条规定，就农村集体经济组织成员资格问题，建议全国人大常委会作出立法解释或相关规定。

① 《招标拍卖挂牌出让国有土地使用权规定》第 25 条：“中标人、竞得人有下列行为之一的，中标、竞得结果无效；造成损失的，中标人、竞得人应当依法承担赔偿责任：（一）投标人、竞买人提供假文件隐瞒事实的；（二）中标人、竞得人采取行贿、恶意串通等非法手段中标或者竞得的。”第 26 条：“土地行政主管部门工作人员在招标拍卖挂牌出让活动中玩忽职守、滥用职权、徇私舞弊的，依法给予行政处分；构成犯罪的，依法追究刑事责任。”

故最终通过的《关于审理涉及农村土地承包纠纷案件适用法律问题的解释》，对农村集体经济组织成员资格问题未作规定。从该《解释》生效至今，全国人大常委会对该问题尚未作出立法性解释。因此这一问题目前在理论和司法实务领域意见并不统一，仍然存在争议。

不过为解决这些争议，一些地方政府曾出台过一些规定，[①] 个别省级人民法院也曾有解释性的指导意见。但标准并不统一，大多采用单一的户籍标准。[②] 即认为村民的户籍在哪儿，就应属于哪里的经济组织成员；有的地方则主张以居住地为依据，即村民的承包地在哪，即属于哪里的集体经济组织成员；还有的地方则结合户口、土地和劳动义务等多项指标来确定成员资格及相关权益和待遇。

在目前状况下，当发生集体经济组织成员资格争议时，如果当地政府有具体标准时，可以依据该标准加以确定；如果地方政府没有规定具体标准或者规定的标准不全面、不公平，则应按照如下标准从集体经济组织成员资格的取得和丧失两个方面加以确认。

（一）农村集体经济组织成员资格的取得

从我国农村集体经济组织的创设过程以及自然现状分析，农村集体经济组织成员资格的取得方式和条件主要有如下四种：

（1）因农村集体经济组织初始创立而取得。即在 20 世纪 50 年代创设农业合

① 如《山东省实施〈中华人民共和国农村土地承包法〉办法》第 6 条规定："符合下列条件之一的本村常住人员，为本集体经济组织成员：（一）本村出生且户口未迁出的；（二）与本村村民结婚且户口迁入本村的；（三）本村村民依法办理领养手续且户口已迁入本村的子女；（四）其他将户口依法迁入本村，并经本集体经济组织成员的村民会议三分之二以上成员或者三分之二以上村民代表的同意，接纳为本集体经济组织成员的。"《广东省农村集体经济组织管理规定》第 15 条规定："原人民公社、生产大队、生产队的成员，户口保留在农村集体经济组织所在地，履行法律法规和组织章程规定义务的，属于农村集体经济组织的成员。实行以家庭承包经营为基础、统分结合的双层经营体制时起，集体经济组织成员所生的子女，户口在集体经济组织所在地，并履行法律法规和组织章程规定义务的，属于农村集体经济组织的成员。实行以家庭承包经营为基础、统分结合的双层经营体制时起，户口迁入、迁出集体经济组织所在地的公民，按照组织章程规定，经社委会或者理事会审查和成员大会表决确定其成员资格；法律、法规、规章和县级以上人民政府另有规定的，从其规定。农村集体经济组织成员户口注销的，其成员资格随之取消；法律、法规、规章和组织章程另有规定的，从其规定。"

② 如《天津市高级人民法院关于农村集体经济组织成员资格确认问题的意见》（津高法民一字〔2007〕3 号）。

作社时的入社成员，从入社之时当然取得农村集体经济组织成员资格。并且包括当时入社成员户内的全体人员，不论其是否拥有土地所有权等生产资料。

（2）因出生取得。农村集体经济组织成员所生（无论婚生或非婚生，计划生育或非计划生育）子女，自出生后取得该集体经济组织成员资格。

（3）因婚姻或收养关系迁入取得。其他集体经济组织的成员，因嫁入、入赘、收养而迁入新的集体经济组织后，取得该集体经济成员资格。此迁入一般应登记入户。如果虽未登记入户，但已丧失原集体经济组织成员资格，并已成为新的家庭成员的，应认为取得新的集体经济组织成员资格。对于收养关系，则以构成事实收养关系从宽掌握。

（4）根据法律或政策规定迁入务农而取得。务农，是指以集体经济组织提供的生产资料进行生产经营活动，并以此收获为其基本生活生存保障的职业。

（二）农村集体经济组织成员资格的丧失

实践中，集体经济组织成员资格的丧失主要有如下四种情形：

（1）因成员死亡而丧失。死亡包括自然死亡和依法宣告死亡。

（2）因农村集体经济组织终止而丧失。即由于国家整体征收集体经济组织的土地、整体移民搬迁等原因，而使原集体经济组织不复存在，其成员资格也自然丧失。

（3）因婚姻或收养行为而丧失。本集体经济组织成员因出嫁、入赘、被收养而迁出本集体经济组织，且以迁入集体经济组织为其基本生活保障，即丧失原集体经济组织成员资格。

（4）因法律或政策的特殊性规定而迁出农村集体经济组织所在地从事非农职业而丧失。诸如历史上出现的招工、招干、提干、大中专院校毕业生安排工作、随军、转业、农转非、知青回城、民办转公办等。

此外，还有几种特殊情形需具体问题具体分析：

1. 对“外嫁女”成员资格的确认

“外嫁女”，是指与其他农村集体经济组织村民、城镇居民结婚的农村妇女。对于“外嫁女”的成员资格应根据不同情况区别对待。

（1）出嫁到其他农村集体经济组织的“外嫁女”的成员资格确认。妇女因结婚到其他集体经济组织，住在婆家，户口未迁出，仍拥有承包土地，则应认定为原集体经济组织成员，享有参加原集体经济组织征地补偿费的分配权。如果户口已迁至嫁入地集体经济组织，居住生活在婆家，但在婆家所在集体经济组织没有分得承包土地，而在原集体经济组织仍保留承包土地，且未享受婆家所在地集体经济组织成员相关待遇的，则仍应视其为原集体经济组织成员，并享受征地补偿费分配权。如果户口虽未迁入婆家所在地集体经济组织，但其已享受该集体经济组织相关成员待遇，以该集体经济组织相关生产资料为生产、生活基础的，则应视其为嫁入地集体经济组织成员，并享有嫁入地集体经济组织征地补偿费分配权。

（2）出嫁到城镇的“外嫁女”。对于农村妇女出嫁到城镇，但户口未迁出，没有取得非农业户口，承包土地仍然保留，但在城镇居住生活的，仍应认定其为原集体经济组织成员，享有征地补偿费分配权。如户口已迁出，已取得非农业户口，居住生活在城镇的，则不再拥有原集体经济组织成员资格，不能享有征地补偿费分配权。

2. 对离婚、丧偶女性成员资格的确认

农村妇女离婚或丧偶后往往回娘家生产生活，但如果户口和承包地仍在婆家，则其具有婆家所在地集体经济组织成员资格，并享有征地补偿费分配权。如果户口已迁回娘家，居住生活在娘家，但娘家所在地集体经济组织未给其分配新的承包地，且婆家所在地根据“减人不减地”原则仍保留其承包地的，则可认定其为娘家所在地集体经济组织成员，但对其在婆家所在地集体经济组织所承包土地的补偿费则仍享有分配权。

总之，考察“外嫁女”及离婚、丧偶女性的成员资格问题，户口并不是唯一因素。作为公民，法律所赋予的生存权和发展权应是判断其相关权利有无的基本依据。而拥有基本的生产、生活资料，则是公民生存权和发展权的基本保障。因此，对于“外嫁女”和离婚、丧偶妇女的成员资格确认，也应以基本的生产、生活资料作为考察依据。无论如何，不能因成员资格的确认不当而损害其生存和发展的权利。在实践中，判断这一权利是否受到损害的标志，则是“外嫁女”和离婚、丧偶妇女不能因为土地被征收而降低或不能保持其原有生活水平。

3. 对义务兵、大中专在校生、服刑人员的成员资格确认

上述人员因应征入伍、上学或者服刑，户口被迁出或被注销，都是由于法律或政策的原因而暂时丧失原集体经济组织户口。但在校就读的学生一般没有独立的经济来源，其完成学业也主要依靠土地收益，从国家培养人才、提高全民素质、发展教育事业的角度出发，也应鼓励在校学生安心学业，保护他们的土地收益分配权。服兵役的义务兵，他们是为国防事业尽义务，保护他们的土地收益分配权，对于他们安心服役、维护国家安全十分重要。服刑人员在服刑期间，虽然丧失人

身自由甚至政治权利，但并不因此丧失民事权利，其土地收益分配权应受法律保护。因此，上述人员在服兵役、在校和服刑期间，不论其户口是否迁出或注销，均应确认其享有原户籍所在地集体经济组织成员资格，并拥有征地补偿费分配权。

4. 对“空挂户”成员资格的确认

“空挂户”一般是指挂户人员户籍虽在集体经济组织所在地，但其并不在该集体经济组织生产、生活。“空挂户”的原因主要是为解决子女就学或从事经营活动的方便，而办理了户籍登记。对此类“空挂户”人员，一般不应确认其成员资格。但如果挂户时与集体经济组织签订了挂户协议，或根据民主议定程序同意接收，且其在外无固定工作或生活基础的，则应确认其具有该集体经济组织成员资格。

22. 应当如何确定被告和案件管辖法院？

问 某市政府公布了征地补偿安置方案，我们村的大部分村民虽然不反对政府征地，但认为政府制定的补偿安置方案明显不公，村委会与市政府土地管理部门多次协商无果，欲提起诉讼。请问该以谁为被告提起诉讼，应当向哪个法院起诉？

答：这个问题涉及被告主体的确认和人民法院对案件的管辖问题。

首先应当明确，代表国家行使土地征收权的行政主体是谁？按照《土地管理法》第46条规定：“征收下列土地的，由国务院批准：（一）永久基本农田；（二）永久基本农田以外的耕地超过三十五公顷的；（三）其他土地超过七十公顷的。征收前款规定以外的土地的，由省、自治区、直辖市人民政府批准。”同时第47条规定：“国家征收土地的，依照法定程序批准后，由县级以上地方人民政府予以公告并组织实施。”由此可见，土地征收行政行为可分为征地审批主体和征地实施主体。征地审批主体，即行使征地审批权的是省级人民政府和国务院，而征地的实施主体，即具体组织实施征地行为的行政主体则是县级以上人民政府（一般为市、县两级人民政府）。

对于征地行为的审批主体，即省级人民政府或者国务院能否将其作为被告提起行政诉讼，理论界存在争议。一般认为，按照《行政复议法》第30条第2款的规定，国务院和省级人民政府作出的征地决定属于终局裁决，不具有可诉性。即不能以征地行为的审批主体国务院或者省级人民政府为被告提起行政诉讼。不过，这一争议的实践意义并不大，因为实践中对征地行为本身，即征地审批行为提起行政诉讼的几乎没有。实践中因征地而引发的行政诉讼，其诉讼请求大多数是针对未经审批，违法征地、占地，或者补偿安置不合理、非法强迁等。对于此类行政行为，应当以具体实施单位为被告起诉。需要注意的是，有时具体实施征地、占地，进行补偿安置、强制拆迁的单位并非法定征地实施主体，比如有些地方以土地管理局、土地储备中心的名义发布征地公告、与农村集体经济组织签订征地补偿安置协议、实施强迁等。此时若提起行政诉讼，应以这些机关的上级，一般为市、县人民政府作为被告。

还应当注意的是，按照《行政复议法》第 30 条第 1 款规定："公民、法人或者其他组织认为行政机关的具体行政行为侵犯其已经依法取得的土地、矿藏、水流、森林、山岭、草原、荒地、滩涂、海域等自然资源的所有权或者使用权的，应当先申请行政复议；对行政复议决定不服的，可以依法向人民法院提起行政诉讼。"即此类行政行为属于先行复议的范围，只有经过复议程序之后才可提起行政诉讼，同时按照《行政诉讼法》第 25 条规定："公民、法人或者其他组织直接向人民法院提起诉讼的，作出具体行政行为的行政机关是被告。经复议的案件，复议机关决定维持原具体行政行为的，作出原具体行政行为的行政机关是被告；复议机关改变原具体行政行为的，复议机关是被告。两个以上行政机关作出同一具体行政行为的，共同作出具体行政行为的行政机关是共同被告。由法律、法规授权的组织所作的具体行政行为，该组织是被告。由行政机关委托的组织所作的具体行政行为，委托的行政机关是被告。行政机关被撤销的，继续行使其职权的行政机关是被告。"

确定了被告以后，管辖法院的选择就相对容易了，按照《行政诉讼法》第 17 条规定："行政案件由最初作出具体行政行为的行政机关所在地人民法院管辖。经复议的案件，复议机关改变原具体行政行为的，也可以由复议机关所在地人民法院管辖。"

第二章

农村土地承包及经营权流转纠纷

1. 农村土地承包采取何种方式？

问 我们村将一处长期闲置的村办企业用地进行平整改造后准备复耕用于农业生产。村委会发包时采用公开拍卖的方式确定承包人，结果该幅土地的承包经营权被在镇里注册的一家农工商公司竞得。请问，农村土地承包应当采取什么方式？村委会的做法合法吗？

答：《农村土地承包法》第3条第二款规定："农村土地承包采取农村集体经济组织内部的家庭承包方式，不宜采取家庭承包方式的荒山、荒沟、荒丘、荒滩等农村土地，可以采取招标、拍卖、公开协商等方式承包。"根据这一规定，农村土地承包有两种承包方式，即家庭承包和以招标、拍卖、公开协商等方式的承包。所谓家庭承包方式是指，以农村集体经济组织的每一个农户家庭全体成员为一个生产经营单位，作为承包方与发包方建立承包关系，取得农村集体经济组织土地的承包经营权。其承包土地的类型一般为耕地、林地、草地等用于农业的土地。换句话说，凡耕地、林地、草地等农用地经营权，均应由本集体经济组织的农户采用家庭承包方式承包。所谓招标、拍卖、公开协商方式的承包，则是指除耕地、草地、林地以外的荒山、荒沟、荒丘、荒滩简称"四荒"土地等农村土地，在不宜采用家庭承包方式的情况下，采用公开的招标、拍卖或者协商的方式确定承包人。即"四荒"土地的承包方可以是本集体经济组织以外的单位或者个人。由此可见，不同的承包方式，土地承包经营权的主体和客体是不同的。家庭承包方式，其经营权主体应是本村的农户，客体主要是耕地、草地和林地；招标、拍卖、公开协商方式的承包，其经营权主体可以是本集体经济组织以外的单位或个人，经营权客体则是不宜采用家庭承包的"四荒"土地。

但是，对于何为"四荒"土地，法律并未加以明确界定。不过仅就所提出的问题来看，"原为村办企业闲置用地"并且"准备在平整改造后复耕用于农业生产"，这样的土地显然不能归入"四荒"地范围。可是法律对什么叫"不宜采取家庭承包方式"也无具体解释。一般认为，凡本集体经济组织的农户不愿承包或者没有能力承包的土地，方可向非本集体经济组织的单位和个人发包。比如平整改造费用巨大，本集体经济组织的农户不愿或者无力承包的，即使非“四荒”土地，也应当允许采用招标、拍卖、公开协商方式对外发包。判定这种方式是否合法还有一点至为重要，那就是采用这种发包方式处分集体土地，是否按照法定的民主议定程序，经过大多数村民同意并报乡（镇）政府批准。[①]

事实上，采取招标、拍卖、公开协商方式确定土地承包经营权，并不排斥本集体经济组织成员承包。相反，本集体经济组织成员在承包费、承包期限等主要内容相同的条件下还享有优先承包权。[②]

2. 土地承包权是物权吗？土地承包经营权物权化有何法律意义？

问 如今，农村集体土地经过几轮延包，承包期限都已大大延长，耕地承包期已达 30 年，林地可达 70 年甚至更长。期限届满后根据国家有关规定可以继续承包。虽然期限大大延长了，但许多农民还有一种不安全感，因为土地可随时被国家征收、征用，农民的土地处分权还受到限制。请问，农民的土地承包经营权是一种什么性质的权利？承包经营权的权利内容和权利保护是如何规定的？

答：在 2002 年《农村土地承包法》颁布之前，对于土地承包经营权的权利性质学术界曾存在争议。不过在该法颁布后，对于土地承包经营权属于物权范畴已基本达成共识[③]。2007 年颁布的《物权法》将土地承包经营权明确规定为“用益物权”，从而以法定的方式确定了土地承包经营权的物权性质。

赋予土地承包经营权以物权性质具有重要意义。相比于债权而言，物权化的

---

①《农村土地承包法》第 48 条规定：“发包方将农村土地发包给本集体经济组织以外的单位或者个人承包，应当事先经本集体经济组织成员的村民会议三分之二以上成员或者三分之二以上村民代表的同意，并报乡（镇）人民政府批准。由本集体经济组织以外的单位或者个人承包的，应当对承包方的资信情况和经营能力进行审查后，再签订承包合同。”

②《农村土地承包法》第 47 条规定：“以其他方式承包农村土地，在同等条件下，本集体经济组织成员享有优先承包权。”最高人民法院《关于审理涉及农村土地承包纠纷案件适用法律问题的解释》（法释〔2005〕6 号）第 19 条规定：“本集体经济组织成员在承包费、承包期限等主要内容相同的条件下主张优先承包权的，应予支持。但在发包方将农村土地发包给本集体经济组织以外的单位或者个人，已经法律规定的民主议定程序通过，并由乡（镇）人民政府批准后主张优先承包权的，不予支持。”

③ 最高人民法院民事审判第一庭 . 农村土地承包纠纷案件司法解释理解与适用 [M]. 北京：人民法院出版社，2005：45.

土地承包经营权更有利于对农民土地权利的保护。具体来说主要表现在如下六个方面：

（1）土地承包经营权中的各项权利内容为法定权利，已由法律明确加以规定，虽然各项权利在承包合同中均有体现，但其法定性质意味着发包方不能凭借其强势地位随意确定或者变更合同内容。

（2）土地承包经营权的法定承包期限较长，按照《农村土地承包法》第 20 条规定："耕地的承包期为三十年。草地的承包期为三十年至五十年。林地的承包期为三十年至七十年；特殊林木的林地承包期，经国务院林业行政主管部门批准可以延长。"《物权法》第 126 条第 1 款的规定与《农村土地承包法》第 20 条的规定完全相同，同时增加一款规定："前款规定的承包期届满，由土地承包经营权人按照国家有关规定继续承包。"较长的承包期限，以及期满后可以继续承包的规定，使得承包经营权事实上具有了"永久"使用的特性，已近似于所有权。

（3）土地承包经营合同签订后，发包方不能随意变更或者解除合同。即使承包方违反合同约定，比如拖欠发包方承包款，发包方也不能收回承包土地抵顶欠款。如果发包方干涉承包方的经营自主权，或者有其他诸如强行收回、调整承包地，强迫或者阻碍承包方进行土地承包经营权流转等行为，其承担的是停止侵害、返还原物、恢复原状、排除妨害、消除危险、赔偿损失等民事侵权责任而非支付违约金等合同责任。[①] 这样的责任承担方式显然更有利于对承包经营权的保护。

（4）承包经营权所具有的物权性质使其具有了对世性，即承包经营权可以对抗任何第三人的侵害，包括政府也不能非法干预、剥夺承包人的承包经营权。一旦发生第三人侵害，土地承包经营权人即可行使物上请求权，要求停止侵害、返还原物、恢复原状、消除危险、赔偿损失。

（5）物权化的土地承包经营权使得承包人可以自主将土地承包经营权按照法定的方式进行流转而不受发包方的干涉。如果承包经营权属于债权，则难以形成

---

①《农村土地承包法》第 54 条规定："发包方有下列行为之一的，应当承担停止侵害、返还原物、恢复原状、排除妨害、消除危险、赔偿损失等民事责任：（一）干涉承包方依法享有的生产经营自主权；（二）违反本法规定收回、调整承包地；（三）强迫或者阻碍承包方进行土地承包经营权流转；（四）假借少数服从多数强迫承包方放弃或者变更土地承包经营权而进行土地承包经营权流转；（五）以划分"口粮田"和"责任田"等为由收回承包地搞招标承包；（六）将承包地收回抵顶欠款；（七）剥夺、侵害妇女依法享有的土地承包经营权；（八）其他侵害土地承包经营权的行为。"

自主流转的基础。比如基于租赁合同享有的承租权，就属于债权而非物权，未经出租人（债权人）同意，承租人就不能擅自转租。

（6）在承包土地被征用或征收时，承包人可以作为独立的权利主体，土地承包经营权可以作为独立的财产权利获得相应的补偿。《物权法》第 42 条第 2 款规定："征收集体所有的土地，应当依法足额支付土地补偿费、安置补助费、地上附着物和青苗的补偿费等费用，安排被征地农民的社会保障费用，保障被征地农民的生活，维护被征地农民的合法权益。"其中"安排被征地农民的社会保障费用，保障被征地农民的生活"是首次以立法的形式加以规定。这一补偿内容连同安置补助费、地上附着物和青苗补偿费主要是对土地承包经营权人的补偿。土地承包经营权人作为用益物权人，有权以自己的名义独立主张这些权利。

3. 土地承包合同是民事合同还是行政合同？村委会和农户是平等民事主体吗？

问 我们村的村民在与村委会签订土地承包合同时，均是使用村委会事先打印好的合同文本，对于合同文本根本不允许村民修改，只让农户签名按手印。而且合同中对承包农户有很多限制性条款。请问作为承包土地的农户，与作为土地发包方的村委会法律地位是否平等？土地承包合同属于民事合同还是行政合同？

答：关于农村土地承包合同的性质属于民事合同还是行政合同，以前确实存在争议。虽然村民委员会是由农民民主选举产生，并代表村民管理集体事务的机构，但由于它同时也是政府的最基层组织，并代表政府承担一定的公共管理职能，因此有人认为它事实上是以管理者的身份行使行政权力，其与承包人签订的承包合同也是一种行政管理关系，属于行政合同。但目前学术界已经普通接受了土地承包合同属于民事合同的观点，认为村民委员会等基层组织虽然承担一定的公共管理职能，具有准行政管理者的身份，但这并不能改变土地承包经营合同的民事合同性质。因为根据《农村土地承包法》以及《物权法》的规定，土地承包经营权是一种民事权利，是物权。作为发包方的村民委员会如果违反承包合同的约定或者侵犯承包人的土地承包经营权，承担的是违约责任以及停止侵害、返还财产、恢复原状、排除妨害、消除危险、赔偿损失等侵权责任（《农村土地承包法》第 54 条）。这些责任均为民事责任而非行政责任。可见在立法上已将发包方和承包方作为平等的民事主体看待，所签订的合同当然也是民事合同而非行政合同。而且，对于土地承包合同纠纷，人民法院一直是作为民事案件加以受理的。2002 年最高人民法院《关于审理涉及农村土地承包纠纷案件适用法律问题的解释》第 1 条，明确将“承包合同纠纷”、“承包经营权侵权纠纷”等纳入民事案件受理范围。

村委会在签订土地承包合同时，不允许村民对合同内容协商、修改的强势态度，显然没有将村民作为平等民事主体对待。根据《农村土地承包法》的规定，如果所签订的承包合同中有违背承包方意愿、干涉承包方经营自主权或者限制、剥夺承包方合法权益的条款，则这样的条款是无效的。对这样的合同内容，村民当然有权要求修改或者拒绝。但是需要注意的是，土地承包合同中的有些限制性规定，比如必须维持承包土地的农业用途，不准将农用地转为建设用地，禁止闲置、荒芜耕地等内容则是有法律依据的，这样的内容不能理解为是发包方对承包方的非法限制，而是承包方必须遵守和履行的法定义务。

4. 如何确定农村集体土地承包合同的发包方和承包方？

问 我们村既有村民委员会，同时还有五六个村民小组。长期以来，村内的土地都是由各村民小组分别管理和经营。请问，农村土地承包经营权只能由村民委员会组织发包吗？另外，承包方如何确定？个人能否成为承包主体？

答：《农村土地承包法》第 12 条规定：“农民集体所有的土地依法属于村农民集体所有的，由村集体经济组织或者村民委员会发包；已经分别属于村内两个以上农村集体经济组织的农民集体所有的，由村内各农村集体经济组织或者村民小组发包。村集体经济组织或者村民委员会发包的，不得改变村内各集体经济组织农民集体所有的土地的所有权。国家所有依法由农民集体使用的农村土地，由使用该土地的农村集体经济组织、村民委员会或者村民小组发包。”根据该条规定，发包方主体的确定原则是“谁所有，谁发包”，如果是国有土地而由农民集体使用的农村土地，则是“谁使用，谁发包”。

长期以来，我国农村集体所有土地的经营管理机构主要分为三种情况：（1）农民集体所有的土地依法属于村农民集体所有的，由村集体经济组织或者村民委员会经营、管理。（2）农民集体所有的土地已经分别属于村内两个以上农业集体经济组织的农民集体所有的，像有些农村内部仍然存在着一些由原来的生产队（或者生产小队）演化而来的村民小组等村内组织机构，并由这样的机构行使土地经营、管理权力。（3）已经属于乡（镇）农民集体所有的土地，是指人民公社时期已经属于公社所有的土地，主要是一些农场、林场、牧场、渔场以及原乡镇企业使用的土地。由此可见，农村集体土地的所有权主体和经营管理主体并非单一的村民委员会。在制定《农村土地承包法》时，正是考虑了农村的实际情况，为了便于管理和农村的稳定，允许农村根据不同的土地所有和经营管理主体组织土地经营权的发包。只不过经过多年农村基层组织的改革和村级管理机构的直选，村民小组等村内集体经济组织的管理职能已经弱化，全国大部分农村土地的发包都是由村民委员会组织并作为发包方。

至于承包方的确定，按照《农村土地承包法》第 15 条规定："家庭承包的承包方是本集体经济组织的农户。"即农村耕地、草地、林地的承包经营权应当以农户家庭全体成员作为承包方。这种承包是以农户家庭为单位，而不是以农民个人的名义进行的承包，当然在计算每个农户的承包面积时，家庭人口数是重要考虑因素。

此外，对于农村的荒山、荒沟、荒丘、荒滩（"四荒地"）等不宜采用家庭承包的农村土地，根据《农村土地承包法》的规定，可以采取招标、拍卖、公开协商的方式承包。采用这种承包方式，则承包方既可以是农户家庭，也可以是其他单位和个人；既可以是本村的农户、单位和个人，也可以是非本村的单位和个人。

5. 如何理解和行使本集体经济组织成员在土地承包和经营权流转中的优先权？

问 这些年，我们村的许多村民通过转包、转让等流转方式将承包土地交给外村人耕种，有些新开垦的土地甚至直接发包给一些城里的公司。请问，本集体经济组织成员在土地承包和经营权流转中是否享有优先权？如何保护和行使该权利？

答：从保持农村社区的稳定、和谐、完整和便于管理的角度考虑，无论国家从政策层面还是立法层面，都有关于保证本集体经济组织成员优先承包的规定。这些规定的基本出发点就是，本集体经济组织的土地应当优先发包给本集体经济组织成员。按照《农村土地承包法》的规定，在土地承包经营权首次发包时，凡是采用家庭承包方式承包的，承包方只能是本集体经济组织的农户（《农村土地承包法》第 16 条）。在中国农村，大部分土地都是采用家庭方式承包的，这就在制度上保证了农村土地的承包主体的绝大多数均为本集体经济组织成员。但是法律并没有绝对禁止本集体经济组织以外的单位和个人承包本集体经济组织的土地。《农村土地承包法》第 48 条规定："不宜采取家庭承包方式的荒山、荒沟、荒丘、荒滩等农村土地，通过招标、拍卖、公开协商等方式承包的，适用本章规定。"即采用招标、拍卖、公开协商等方式发包不宜采用家庭承包的"四荒"土地时，本集体经济组织成员以外的单位和个人才有可能获得承包权。此外。按照修订后的《农村土地承包法》的规定，承包方可以在保留土地承包权的同时，流转土地"经营权"，而经营权的流转对象，可以是本集体经济组织以外的成员。但为了最大限度地保证本集体经济组织的土地承包经营权，法律在允许本集体经济组织以外的单位和个人承包和经营农村土地的同时，又特别规定了本集体经济组织成员的优先承包权和优先受让权。

（1）家庭承包中本集体经济组织成员在经营权流转中的优先权

《农村土地承包法》第 38 条规定："土地经营权流转应当遵循以下原则：……（五）在同等条件下，本集体经济组织成员享有优先权。"需要注意的是，这一规定是特指采用家庭承包方式承包的土地，在经营权流转时本集体经济组织成员的优先权，而在首次发包时，则不存在优先权问题，发包对象必须是本集体经济组织的农户。此外，由于采用互换方式流转土地承包经营权，互换的土地应当属于同一集体经济组织，故采用互换方式流转土地承包经营权也不存在优先权问题。对于何谓"同等条件"，行使优先权的限制，最高人民法院《关于审理涉及农村土地承包纠纷案件适用法律问题的解释》第 11 条作出规定："土地承包经营权流转中，本集体经济组织成员在流转价款、流转期限等主要内容相同的条件下主张优先权的，应予支持。但下列情形除外：（一）在书面公示的合理期限内未提出优先权主张的；（二）未经书面公示，在本集体经济组织以外的人开始使用承包地两个月内未提出优先权主张的。"根据这一规定，只要本集体经济组织成员同意受让的条件在流转价款、流转期限等主要内容方面与本集体经济组织以外的单位和个人同意受让的条件相同，就应当由本集体经济组织成员优先受让。但这一规定也表明，优先权的行使并非绝对的、不受限制的。本集体经济组织成员主张优先权的，如果承包方流转土地有书面公告的，优先受让的主张必须在合理期限内提出。何谓合理期限，法律并未进一步规定，因为我国农村地域广阔，发达程度和交通、通信条件相差很大，难以统一规定，该期限应当根据农村的实际情况综合确定。没有书面公示的，则本集体经济组织以外的单位和个人开始使用承包地的，也可视为公示行为。该使用行为发生两个月之后主张优先权的也不予支持。

还有一种情况值得注意，在土地经营权流转时，主张优先权的本集体经济组织成员可能不止一个，此时应支持谁行使优先权？这种情况法律没有具体规定。笔者认为，该选择权应当赋予流转土地的承包方。因为对受让方的选择，除了报价、经营期限等条件外，履约能力、信任程度，甚至情感因素等，都会成为承包方选择受让方的取舍标准，而对这些标准的把握分析，承包方更有发言权。尊重其选择权也更有利于农村社会的团结、稳定和交易安全。

（2）其他方式承包中本集体经济组织成员在“四荒”土地发包时的优先承包权

根据《农村土地承包法》第48条规定，只有“不宜”采用家庭承包方式的“四荒”土地才可通过招标、拍卖、公开协商等方式承包。对于何谓“不宜”，法律并无明确规定。一般认为是指本集体经济组织成员不愿或者没有能力承包。如果是本集体经济组织成员愿意并且有能力承包的土地，则不能列入“不宜”范围，即使是“四荒”土地，也应当采用家庭承包方式由本集体经济组织的农户承包。为保证本集体经济组织成员对“四荒”土地的优先承包权，首先《农村土地承包法》第52条规定：“发包方将农村土地发包给本集体经济组织以外的单位或者个人承包，应当事先经本集体经济组织成员的村民会议三分之二以上成员或者三分之二以上村民代表的同意，并报乡（镇）人民政府批准。由本集体经济组织以外的单位或者个人承包的，应当对承包方的资信情况和经营能力进行审查后，再签订承包合同。”根据这一规定，如果本集体经济组织成员愿意并且有能力承包，一般也不会再对外发包。也就是说，是否将“四荒”土地发包给本集体经济组织以外的单位和个人，农村集体经济组织有决定权。其次，《农村土地承包法》第51条规定：“以其他方式承包农村土地，在同等条件下，本集体经济组织成员有权优先承包。”即农村集体经济组织决定对外发包的，在同等条件下本集体经济组织成员也享有优先权。对于该优先权的行使，最高人民法院《关于审理涉及农村土地承包纠纷案件适用法律问题的解释》第19条规定：“本集体经济组织成员在承包费、承包期限等主要内容相同的条件下主张优先承包权的，应予支持。但在发包方将农村土地发包给本集体经济组织以外的单位或者个人，已经法律规定的民主议定程序通过，并由乡（镇）人民政府批准后主张优先承包权的，不予支持。”根据这一规定，“同等条件”也是指承包费、承包期限等主要内容相同。但对优先权行使的限制，则是该权利必须在集体经济组织根据民主议定程序通过，并由乡（镇）人民政府批准承包方案之前行使。即一旦决定采取招标、拍卖和公开协商方式发包“四荒”土地，也就不存在行使优先权的问题。因为这种公开竞争的发包方式所应遵循的是“公开、公平、公正”和“价高者得”的原则，优先权的适用与此原则相悖。

所以，一旦集体经济组织已经决定将土地以招标、拍卖、公开协商方式公开对外发包，集体经济组织成员的优先权就变得没有意义。集体经济组织成员要想获得承包经营权，要么通过集体经济组织民主议定程序否决采用对外公开发包的动议；要么在竞争性招标、拍卖、公开协商时出价最高、承包条件最优。

6. 承包方长期闲置承包地，发包方就可以收回承包地另行发包吗？

问 我们一家五口承包了十余亩耕地，但由于这些年种田成本太高，加之连年干旱，农产品收购价格太低，我们家有四口人都到城里打工，只留下老母一人在家留守，并在承包地上建了个猪场喂猪。村委会于是以我们弃耕、撂荒、私自建设为由收回了我们的承包地，并另行发包给了本村另一农户。请问村委会的做法对吗？我们是否可以要回承包地？

答：我国人口众多，土地资源稀缺，用有限的耕地解决人民的吃饭问题一直是各级人民政府的头等大事。因此，无论何种原因的弃耕、撂荒，必然会影响到粮食的产量。故根据法律的规定或者承包合同的约定，都不允许承包方弃耕、撂荒或者在耕地上搞非农建设。然而土地对于农民来说，既是生产资料，也是生活资料，既关系到农民的生存，也事关农村社会的稳定。因此，无论出于何种原因，收回农民的土地承包经营权都必须慎之又慎。

需要注意的是，原《土地管理法》第 37 条规定："禁止任何单位和个人闲置、荒芜耕地……承包经营耕地的单位或者个人连续二年弃耕抛荒的，原发包单位应当终止承包合同，收回发包的耕地。"但此后的《农村土地承包法》和《物权法》以及修订后的《土地管理法》已经没有这样的规定。在立法上，不仅将土地承包经营权上升到物权的高度，同时也加强了对承包经营权的保护力度，并且特别强调限制发包方调整和收回承包地的权利，只规定了很少几种发包方可收回和调整承包地的情形。而土地闲置、弃耕抛荒，已不能成为收回承包地的理由。

2004 年 4 月 30 日，国务院办公厅发出《关于妥善解决当前农村土地承包纠纷的紧急通知》，要求各地严格执行《农村土地承包法》的规定，任何个人和组织不得以土地撂荒为由收回农户的承包地，已经收回的要立即纠正，予以退还。该《通知》还规定，即使"对《农村土地承包法》实施以前收回的抛荒承包地，如农户要求继续承包耕作，原则上应允许继续承包耕种，如原承包土地已发包给本集体经济组织以外人员，应修订合同，将土地重新承包给原承包户；如已分配给本集体经济组织成员，可在机动地中予以解决，没有机动地的，要帮助农户通过土地流转，获得耕地。”

2005年，最高人民法院《关于审理涉及农村土地承包纠纷案件适用法律问题的解释》第6条对此问题也作出解释性规定：“因发包方违法收回、调整承包地，或者因发包方收回承包方弃耕、撂荒的承包地产生的纠纷，按照下列情形，分别处理：(一)发包方未将承包地另行发包，承包方请求返还承包地的，应予支持；(二)发包方已将承包地另行发包给第三人，承包方以发包方和第三人为共同被告，请求确认其所签订的承包合同无效、返还承包地并赔偿损失的，应予支持。但属于承包方弃耕、撂荒情形的，对其赔偿损失的诉讼请求，不予支持。前款第(二)项所称的第三人，请求受益方补偿其在承包地上的合理投入的，应予支持。”按此规定，即使发包方已将承包方弃耕、撂荒的土地发包给了第三人，承包方要求返还的，也应予支持。只是弃耕、撂荒的承包人要求损失赔偿的，不予支持。

7. 农户全家“农转非”后发包方可以收回承包地吗？

问 十多年前，我们一家六口承包了十余亩耕地和七八亩林地。前些年父母相继去世，儿子大学毕业后在城市就业，我们夫妻俩和女儿也到县城务工，并取得城镇户口。于是我们将承包的土地转包给他人。最近村委通知我们，要收回承包土地，理由是我们全家人的户口都已“农转非”，不是村里的人了，不应再承包农村土地。请问村委收回土地的理由成立吗？

答：随着我国城市化进程的加快以及农业生产机械化程度的提高，农村剩余劳动力开始向城市转移，其中许多人在城市有了稳定的工作并且取得城市户口。而他们原来在农村承包的土地，要么由留守的亲属继续耕种，要么通过转包、出租、互换、转让等方式进行流转，个别地方也存在弃耕、撂荒等闲置土地的现象。但是，无论何种情况，在国家的立法层面，对于收回农民的土地承包经营权都采取了极为慎重的态度，在承包期内，原则上发包方不得收回承包地。对于承包农户全家迁入城市的，修订前的《农村土地承包法》第26条曾经规定：“承包期内，发包方不得收回承包地。承包期内，承包方全家迁入小城镇落户的，应当按照承包方的意愿，保留其土地承包经营权或者允许其依法进行土地承包经营权流转。承包期内，承包方全家迁入设区的市，转为非农业户口的，应当将承包的耕地和草地交回发包方。承包方不交回的，发包方可以收回承包的耕地和草地。”

即农户全家落户小城镇的，是否交回承包地遵循自愿原则；落户大中城市的，则必须交回承包地。新《农村土地承包法》对这一问题作出重大修改，该法第27条规定："承包期内，发包方不得收回承包地。国家保护进城农户的土地承包经营权。不得以退出土地承包经营权作为农户进城落户的条件。承包期内，承包农户进城落户的，引导支持其按照自愿有偿原则依法在本集体经济组织内转让土地承包经营权或者将承包地交回发包方，也可以鼓励其流转土地经营权。"根据这一规定，承包农户进城落户的，无论迁入的是大中城市还是小城镇，发包方均不得强行收回承包地。只能在农户自愿的基础上，引导支持或者鼓励农户交回承包地，或者将经营权进行流转。简言之，农民进城落户的，是否交回承包地或者将经营权流转，决定权属于进城落户的农民自己，任何人不得强迫。并且，是否交回承包地，也不能作为农户进城落户的条件。防止以批准落户作为变相强迫农户交回承包地的手段。

其实，从严格的法律关系上来讲，土地承包经营权是一种物权关系，而户籍的取得和丧失则是一种行政管理关系。通过一种行政管理手段——户籍的变动，就可直接决定物权的变动这是不合法理的。既然承认"土地承包经营权"是物权，那么这一权利就应当具有绝对性和对世性。权利的取得、变动和丧失也必须符合"物权法定"的原则。尽管《农村土地承包法》在将户籍的变化与物权的丧失相联系时已经小心翼翼，一些立法专家的初衷和解释也确属善意，然而这种联系的后果事实上违背了物权的本质——既然是我的财产（物权），那么不管我住到哪里它都是我的财产，由一个农民变成市民怎么能够成为丧失财产的理由？正如一个中国人取得了美国国籍，他在中国城市的房产就可以因此而丧失吗？

这次《农村土地承包法》修订，将农民落户城市后是否交回承包地，或者流转经营权的选择权赋予农民，是立法上的重大进步，也符合中国农村的实际情况。对于落户城市的农民来说，是否交回承包地或者流转经营权，应当允许他们根据自己的实际情况进行考量和抉择。如果他们在城市已经有了稳定的工作和社会保障，并且没有了后顾之忧，保留农村土地也就没什么实际意义。但实际情况是，许多进城落户的农民并没有稳定的工作和社保，自身也没有完全融入城市生活，当经济下行时，往往最先被裁员的就那些主要在产业链低端就业的农民工。所以，即使从社会稳定的角度考虑，允许进城落户的农民继续保留承包地，或者在保留承包权的前提下只将经营权流转，确实是立法上的明智之举。

8. 如何理解"增人不增地，减人不减地"？农村家庭人口发生较大变化是否可以调整承包地？

问 我们村地处山区，耕地稀少，人均耕地不到1.5亩。开始实行土地承包时，主要是根据每户家庭人口数量分配土地。但是经过二十多年，农户家庭人口数量发生了很大变化，有的农户因家庭成员自然死亡、上大学、参军、进城务工等原因，户籍人口已大为减少，继续留在农村种田的只是少数的老人和妇女，甚至有的家庭已将土地转包后举家迁往城市。而有的农户家庭因为出生、嫁娶等原因人口增多，依靠现有承包地维持生活都很困难，甚至一些新组建的家庭已成为无地农户。因此，我村很多人强烈要求按家庭人口数，重新调整承包地。村里开了几次会，绝大多数村民代表也都同意。但有人说，"增人不增地，减人不减地"是中央制定的长期政策，法律也是这样规定的。家庭人口增减不能成为调整承包地的理由。请问，应当如何理解"增人不增地，减人不减地"的规定，土地承包经营权一经确定就永远不能调整吗？

答："增人不增地，减人不减地"是指，土地承包合同签订以后，不因家庭人口的增加而增加承包地，也不因家庭人口的减少而减少承包地。这项政策最早见诸于一些省级人民政府的政策性规定。1993年《中共中央、国务院关于当前农业和农村经济发展若干政策措施》提出："为了稳定土地承包关系，鼓励农民增加投入，提高土地生产率，在原定的耕地承包期到期后，再延长三十年不变……为避免承包耕地不断变动，防止耕地经营规模不断被细分，提倡在承包期内'增人不增地，减人不减地'的办法。"此后《农村土地承包法》将这一倡议性的政策上升为法律。该法第27条、第28条明确规定在承包期内发包方不得收回承包地，也不得调整承包土地。如"因自然灾害严重毁损承包地等特殊情形对个别农户之间承包的耕地和草地需要适当调整的，必须经本集体经济组织成员的村民会议三分之二以上成员或者三分之二以上村民代表同意，并报乡（镇）人民政府和县级人民政府农业等行政主管部门批准。"同时，该法第29条还规定："下列土地应当用于调整承包土地或者承包给新增人口：（一）集体经济组织依法预留的机动地；（二）通过依法开垦等方式增加的；（三）发包方依法收回和承包方依法、自愿交回的。"从以上立法规定可以看出，因承包农户家庭人口的增减而在农户之间强行进行承包地调整是法律所不允许的。即使在所签订的承包合同中有关于人口增减强制调整承包地的内容，也是违法的、无效的。对此，该法第58条规定："承包合同中违背承包方意愿或者违反法律、行政法规有关不得收回、调整承包地等强制性规定的约定无效。"

9. 妇女结婚、离婚或者丧偶其承包地是否可以收回？有"乡规民约"或者合同约定如何处理？

问 长期以来，我们村有一个不成文的"乡规民约"，就是土地、房产等不动产传男不传女，妇女结婚出嫁后，其在家庭中所占的承包地份额就要交回发包方，而不问她嫁入城市还是农村，嫁出后是否又取得承包地。对于离婚或者丧偶的妇女，如果再婚嫁入外村的，则一律收回承包地。虽然中央政策和法律规定很明确，要求不得侵害妇女的土地承包权，但是大多数村民同意或者默认这种现象，有的在承包合同里就有这种约定。请问，"乡规民约"可以对抗法律吗？如何维护妇女的土地承包权？

答：关于对妇女土地承包经营权的保护，无论是国家政策还是国家立法，规定都很明确。2001年中共中央办公厅、国务院办公厅联合发出《关于切实维护农村妇女土地承包权益的通知》指出，"较长时间以来，一些地方在土地承包中不同程度地存在歧视妇女、侵害妇女权益的问题。有的以村民代表会议或村民大会决议、村委会决定或乡规民约的形式，剥夺妇女的土地承包经营权和集体经济组织收益分配权；有的以"测婚测嫁"等理由，对未婚女性不分土地或少分土地；有的地方出嫁妇女特别是离婚丧偶妇女户口被强行迁出，承包的土地被强行收回，其他与土地承包相关经济利益也受到损害。"针对这些问题，该《通知》提出了五个方面的具体措施和要求。根据这一通知要求，许多省、市人民政府也迅即出台了一系列文件等政策性规定。[①] 特别是全国人大常委会通过并颁布的《农村土地承包法》，对妇女承包权益的保护作出了非常严格的立法性规定。如该法第6条规定："农村土地承包，妇女与男子享有平等的权利。承包中应当保护妇女的合法权益，任何组织和个人不得剥夺、侵害妇女应当享有的土地承包经营权。"第31条规定："承包期内，妇女结婚，在新居住地未取得承包地的，发包方不得收回其原承包地；妇女离婚或者丧偶，仍在原居住地生活或者不在原居住地生活

① 如甘肃省委办公厅、甘肃省人民政府办公厅2001年6月发布的《认真学习贯彻〈中共中央办公厅、国务院办公厅关于切实维护农村妇女土地承包权益的通知〉的通知》。

但在新居住地未取得承包地的，发包方不得收回其原承包地。”第 57 条规定：“发包方有下列行为之一的，应当承担停止侵害、返还原物、恢复原状、排除妨害、消除危险、赔偿损失等民事责任：……（七）剥夺、侵害妇女依法享有的土地承包经营权……”应当说，经过多年对以上政策和法律规定的宣传和贯彻落实，如今在农村，那种明目张胆地侵害妇女土地承包权益的现象已大为减少。但有些地方，特别是一些边远地区的农村，侵害妇女合法土地承包权益的行为还时有发生，而且大多是以所谓“传统习惯”“乡规民约”为借口。但是在法律面前，无论“传统习惯”有多么长的历史，也无论“乡规民约”获得多少人的赞同，如果违背了法律的规定就是违法的，以此为依据制定的承包地分配方案或者收回妇女土地承包经营权的决定也都是无效的。根据法律规定，妇女不仅在分配承包地时与男性村民有平等的权利，收回她们土地承包经营权的法定条件也没有差别。妇女婚嫁、丧偶本身与土地承包经营权的取得和丧失没有关系。

维护妇女的合法权益不只是妇女自己的事，而应是全社会的责任。因此，在农村土地承包经营权的发包、经营权的收回过程中发生损害妇女权益的行为，不仅受侵害的妇女可以申请仲裁，提起诉讼，其他村民也可以对违法行为加以抵制或向有关部门投诉、举报。

10. 农村夫妻离婚时土地承包经营权如何分割？

问 我和丈夫十年前结婚，婚后我的户口也迁入丈夫所在的村。结婚前，我丈夫与其父母签订了分户协议，将家里承包的土地拿出 5 亩由我丈夫承包经营。4 年前，村里还将集体预留地、新开垦土地和收回他人的土地分配给有新增人口的家庭，我们家分了近两亩。现我们夫妇育有一子、一女，均未成年。今年，因发现丈夫有外遇，我提出离婚并要求公平分割包括承包地在内的家庭财产。但起诉后，法院以承包土地所有权归集体所有，不属于夫妻共同财产，故该案土地承包经营权分割问题不属法院审理范围，而应通过村集体经济组织（村委会）或者乡、镇人民政府调解解决为由而未加处理。请问法院这样处理对吗？农民夫妻离婚时可否就土地承包经营权进行分割？如何分割？

答：农村夫妻离婚案件中的土地承包经营权的分割问题，情况比较复杂、争议很大，有一些法院也刻意回避这一问题，以种种理由不加审理和裁决。但是这样的做法是错误的。所谓“承包土地所有权归集体所有，不属夫妻共同财产”的理由更不能成立。土地承包经营权属于用益物权，是一种财产权，该权利可以与所有权分离而单独处分，且这种处分行为也不会损害所有权人的利益。因此，土地承包经营权在法律上是可以分割的，因此而产生的争议理应属于人民法院受理和审查范围。对此最高人民法院《关于审理农业承包合同纠纷案件若干问题的规定（试行）》（以下简称《规定》）第 34 条规定："承包方是夫妻的，在承包合同履行期间解除婚姻关系时，就其承包经营的权利义务未达成协议，且双方均具有承包经营主体资格的，人民法院在处理其离婚案件时，应当按照家庭人口、老人的赡养、未成年子女的抚养等具体情况，对其承包经营权进行分割。"对于夫妻离婚时如何分割土地承包经营权，情况确实比较复杂，不同的情况，具体分割方法也不同：

（1）夫妻双方均为集体经济组织成员，在结婚以后以所组建的家庭（户）为单位共同承包集体土地的，即《规定》第 34 条所谓"双方均具有承包经营主体资格"的情况，在对承包经营权进行分割时，则主要根据"家庭人口、老人的赡养、未成年子女的抚养"等情况加以分割。一般的原则是，离婚后哪一方家庭成员较多，承担的赡养、抚养义务较重，则分割承包土地时应当多分。

（2）结婚后女方户口未迁入新居住地，则其不具有新居住地成员资格，不能成为该新居住地土地承包经营权主体，离婚时女方要求分割承包地的，一般不予支持。但若女方婚后已在新居住地生活多年，离婚后已无法再回原居住地生活，也无其他谋生手段的，也应给其留出部分维持生存的承包地，直至其再婚或者分到新承包地为止。

（3）结婚后女方户口已迁入新居住地的，则区别三种不同情况加以处理：一是女方在原居住地已分配土地，结婚后在新居住地未取得承包土地的，则原居住地集体经济组织不能收回其承包地，离婚时女方要求分割承包地的，不予支持；二是女方在原居住地未取得承包地，在新居住地也未分得承包地，从事生产经营的土地是男方婚前作为原家庭成员所享有的承包份额，则女方要求分割的承包地应系男方婚前财产，一般不予支持。但是如果结婚后夫妻已共同耕作多年，离婚后女方并无其他安身和谋生手段，则应当给女方适当保留部分"口粮田"，直至其再婚或者另外取得承包地为止；三是结婚后新居住地集体经济组织用集体预留地、新开垦地或者他人交回的承包地增补给新增人口的，离婚时主张分割该部分承包地的，应予支持，并且原则上该增补土地应归迁入一方。

综上，你有权要求分割承包土地，但你只能要求分配四年前新分配的承包地。另外，如果新分配的土地是在子女出生之后，则该土地承包经营权也应有子女份额，分割土地时该份额应并入抚养子女一方。如果婚姻关系破裂是因一方过错行为导致的，则在分割夫妻共同财产时，无过错的一方可以多分，但这一原则并不适用一方婚前财产。可以考虑继续上诉。

11. 土地承包合同约定的承包期限短于法律规定的期限如何处理？

问 在《农村土地承包法》颁布之前，我村承包户与村委会签订的土地承包合同期限大多只有20年，到现在承包期限已近届满，村委会说期限届满后将收回承包地并在全村范围内重新进行调整。有村民提出反对，认为2003年生效的《农村土地承包法》规定，耕地的承包期限为30年，所以承包期限应以法律规定为准。村委则说，已咨询法律人士，法律没有溯及力，对于《农村土地承包法》生效前签订的承包合同，合同期限仍应按合同执行，只有期满后再次签订合同时，合同期限才能按30年执行。故20年期满后村委会有权按合同约定收回土地。请问，村委的说法对吗？

答：村委的说法不对。

在我国农村，实行土地承包经营责任制的初期，并没有关于承包期限的统一规定，大多数地区承包期限都很短。虽然与人民公社时期农民既无土地所有权，也无土地经营权相比，赋予农民独立的土地承包经营权后，极大地调动了农民的生产积极性，促进了农业的发展，但过短的承包期限也导致了农民土地承包经营权的频繁调整，助长了农业生产的短期行为，还引发了许多社会矛盾。于是国家从政策层面作出调整，将承包期限适当延长。1993年11月，中共中央、国务院《关于当前农业和农村经济发展的若干政策措施》中提出，“原定的耕地承包期满之后，再延长30年不变，开垦荒地、营造林地、治沙改土等从事开发性生产的，承包期可以更长。”1997年，中共中央办公厅、国务院办公厅《关于进一步稳定和完善农村土地承包关系的通知》（中共发〔1997〕16号文）强调：“在第一轮承包到期后，土地承包期再延长30年。”并且明确要求，已经做了延长土地承包期工作的地方，承包期限不足30年的，要延长到30年。1998年10月，中共十五届三中全会通过的《中共中央关于农业和农村工作若干重大问题的决定》进一步指出，稳定的土地承包关系是党的农村政策基石，决不能动摇，“要坚定不移地贯彻土地承包期再延长30年的政策，同时要抓紧制定确保农村土地承包关系长期稳定的法律法规，赋予农村长期而有保障的土地使用权。”1998年修订后的《土地管理法》第14条也明确规定“土地承包经营期限为30年”。但《土地管理法》笼统地将所有类型的土地承包均定为30年，没有考虑各类承包地的不同情况。2003年3月1日实施的《农村土地承包法》区分不同土地，对承包期限作出了更为明确的规定。该法第20条规定："耕地的承包期为三十年。草地的承包期为三十年至五十年。林地的承包期为三十年至七十年；特殊林木的林地承包期，经国务院林业行政主管部门批准可以延长。"2007年颁布的《物权法》第126条第一款重复了《农村土地承包法》第20条的规定，但增加一款："前款规定的承包期限届满，由土地承包经营权人按照国家有关规定继续承包。"2018年，修订的《农村土地承包法》第21条在基本保留原条款的情况下又增加一款："前款规定的耕地承包期届满后再延长三十年，草地、林地承包期届满后依照前款规定相应延长。"总而言之，从国家政策到国家立法，都是在不断延长承包期限。到《物权法》，不仅规定承包期满后可"按国家有关规定继续承包"，而且已将承包经营权的权利属性上升为"用益物权"。既然该权利属于物权，那么遵循"物权法定"的原则，如果承包期限等合同内容与法律规定不一致，当然应当依照法律规定执行。最高人民法院《关于审理涉及农村土地承包纠纷案件适用法律问题的解释》第7条规定："承包合同约定或者土地承包经营权证等证书记载的承包期限短于农村土地承包法规定的期限，承包方请求延长的，应予支持。"根据以上规定，土地承包合同约定的承包期限短于法定期限的，期限届满后应自动延长至法定期限。

12. 土地承包期限届满后发包方可以无偿收回承包地吗？

问 20世纪90年代初期，我们家承包了一百多亩荒山，由于承包期限过短，当时只栽种了一些短期成材见效益的经济林木。后来虽然经第二轮延包，承包期限延长至30年，但到现在所剩期限也就剩不到10年时间。由于承包期限过短，担心期满后承包地被无偿收回，所以根本不敢栽种生长周期长，成材缓慢但价值更高的林木。请问，承包期限届满后如果村里不再与我们续签合同，就可以无偿收回承包地吗？

答：关于土地承包期限届满后如何处理，《物权法》第126条第二款规定："前款规定的承包期届满，由土地承包经营权人按照国家有关规定继续承包。"2018年，修订后的《农村土地承包法》第21条规定："耕地的承包期为三十年。草地的承包期为三十年至五十年。林地的承包期为三十年至七十年。前款规定的耕地承包期届满后再延长三十年，草地、林地承包期届满后依照前款规定相应延长。"

根据以上规定，承包期届满后，发包方不能收回承包地，承包期限应当自动顺延。如果是耕地，应当再延长三十年。是草地或者林地，则应根据当初合同所定期限相应延长。因为草地和林地的法定承包期限分别是三十年至五十年和三十年至七十年，具体期限由承发包双方在合同中约定。比如，合同约定的草地承包期限是四十年，则期满后相应延长的期限至少不应低于四十年。当然，再次订立合同时也可以按照法定期限的上限将草地的承包期限再延长到五十年。而且，只要法律不作修改，延长的期限届满后还可以再次“相应”延长。从这个意义上讲，农民的承包经营权已经接近永久性权利。

13. 承包期内承包方家庭成员分户的，承包土地如何分割？达不成分割协议的可向法院起诉吗？

问 作为村干部，经常遇到村民因为结婚或者离婚分户，要求分割承包地的问题。有的家庭成员能够达成分割协议，然后要求村委会变更原承包合同，与分立后的家庭重新签订土地承包合同。有的达不成协议，也闹到村里要求村委会解决。请问，村民家庭分户后一定要分割承包地吗？分割土地承包经营权是否需要村委会同意？达不成分割协议的应当如何处理？

答：在我国农村，因子女成年婚嫁或者离婚等原因而要求分割土地承包经营权的情况非常普遍，大多数情况下都能通过家庭成员的协商自行解决，因达不成协议而产生纠纷的还是少数。

对于家庭成员分户，无论是儿女婚嫁还是夫妻离婚，只要他们能够自愿达成土地承包经营权分割协议，作为发包方就应当尊重他们意愿，并分别与他们重新签订土地承包合同。共有人对共同拥有的承包经营权进行分割，实际上是承包户对承包经营权的内部调整，并不会损害所有权人——发包方的利益。因此这种分割行为无须征得发包方的同意。此类情况，目前国家立法尚无具体规定，但一些地方性法规已有规定。比如《江苏省农村土地承包经营权保护条例》第 17 条规定：“承包期内，承包方家庭分户的，由家庭内部自行决定土地承包经营权的分割。家庭内部就土地承包经营权分割达成协议的，发包方应当尊重其协议；达不成协议的，按照承包合同纠纷解决办法处理。因离婚产生的分户，双方当事人的土地承包经营权按照离婚协议或者人民法院的判决处理。当事人因分户要求分立土地承包经营权的，发包方应当与其分别签订承包合同，并按照国家规定办理土地承包经营权证书。”

对于达不成分割协议的，如果因此产生纠纷，有人认为不应属于人民法院受理范围，其主要依据一是《土地管理法》第 14 条的规定；[①] 二是根据最高人民法院《关于审理涉及农村土地承包纠纷案件适用法律问题的解释》第 1 条规定："集体经济组织成员因未实际取得土地承包经营权提起民事诉讼的，人民法院应当告知其向有关行政主管部门申请解决。"三是认为这种分割行为涉及发包方的利益，在没有发包方介入的情况下，法院若用判决的方式分割土地承包经营权必然要解除原承包合同，法院有越权之嫌，因此这类纠纷应申请人民政府作出处理。

但笔者认为，此类纠纷属于典型的民事纠纷，应当属于人民法院受理范围。因为这种分配主张只是分多分少的问题，对土地所有权或者使用权本身并不存在争议，正如共有人主张分配共有财产一样，都是平等民事主体之间的民事争议。比如《最高人民法院关于审理农业承包合同纠纷案件若干问题的规定（试行）》第 34 条规定："承包方是夫妻的，在承包合同履行期间解除婚姻关系时，就其承包经营的权利义务未达成协议，且双方均具有承包经营主体资格的，人民法院在处理其离婚案件时，应当按照家庭人口、老人的赡养、未成年子女的抚养等具体情况，对其承包经营权进行分割。"当然，主张法院不应受理的人还会说，此规定中关于承包经营权的分割只是离婚纠纷的附带问题，单独就承包经营权分割问题提起诉讼的，人民法院不应受理。这样的观点不合逻辑，作为"附带纠纷"可以审理，作为一个单独的纠纷为什么就不能审理？

此外，人民法院就土地承包经营权分割纠纷进行审理并作出判决，不会损害发包方的利益，更不存在越权的问题。正如对共有财产，比如房产作出分割判决后，当事人持法院生效判决，到有关机关办理变更登记一样，土地承包经营权依法分割后，当事人持法院裁判文书由发包方对原承包合同进行变更，与分户后的承包人签订承包合同，在确权登记机关办理土地承包经营权的变更登记，其法律性质并无区别。发包方有义务协助承包方办理承包地分割后的承包手续。

① 《土地管理法》第 14 条规定如下："土地所有权和使用权争议，由当事人协商解决；协商不成的，由人民政府处理。单位之间的争议，由县级以上人民政府处理；个人之间、个人与单位之间的争议，由乡级人民政府或者县级以上人民政府处理。当事人对有关人民政府的处理决定不服的，可以自接到处理决定通知之日起三十日内，向人民法院起诉。在土地所有权和使用权争议解决前，任何一方不得改变土地利用现状。"

14. 承包方在承包土地上搞非农建设或者违法开采，造成土地永久损害的，发包方可否终止合同收回承包地？

问 最近几年，我村一些承包山林和耕地的承包户未经批准擅自砍伐林木后开采石材，造成山体的严重损坏。有的村民在承包耕地上建房，开设“农家乐”饭店搞餐饮经营。请问，如果村民不听劝阻，作为发包方，是否有权终止土地承包合同，收回土地？或者向人民法院提起诉讼？

答:《农村土地承包法》第 18 条规定:“承包方承担下列义务:(一)维持土地的农业用途，未经依法批准不得用于非农建设;(二)依法保护和合理利用土地，不得给土地造成永久性损害;(三)法律、行政法规规定的其他义务。”这一规定即承包方的法定义务。一般情况下，这一义务在承包合同中也会加以体现。因此，承包方在承包土地上搞非农业建设或者对承包地造成永久性损害，既是违法行为，也是违约行为。作为发包方一旦发现承包方有上述行为，不仅有权加以制止，也有权要求承包方停止侵害，恢复原状、支付违约金或者赔偿损失。如果承包方不听劝阻或者拒绝停止侵害、恢复原状、支付违约金或者赔偿损失的，发包方既可以向有关行政主管部门反映情况，要求依法对承包户予以处罚，也可以向人民法院提起诉讼主张相应的权利。对此，《农村土地承包法》第 63 条规定:“承包方、土地经营权人违法将承包地用于非农建设的，由县级以上地方人民政府有关行政主管部门依法予以处罚。承包方给承包地造成永久性损害的，发包方有权制止，并有权要求赔偿由此造成的损失。”

但是必须注意的是，不能任意扩大承包户违法建设或者造成土地永久损害的法律责任。按照《农村土地承包法》和最高人民法院解释规定，承包方民事责任的承担方式就是停止侵害、恢复原状和赔偿损失。法律并没有赋予发包方合同解除权。这是因为，解除合同意味着要收回土地承包经营权，对于以土地为生的农民来说这样的惩罚过于严厉，必将影响到农民的生存和发展。而采取停止侵害、恢复原状、赔偿损失的民事责任承担方式，加之必要的行政处罚，不仅可以起到教育和惩罚的作用，而且可以防止损失的扩大。因此完全没有必要采用终止合同、收回土地的救济方法。即使承包合同中有这样的约定，发包方提出此项诉讼请求也不会得到人民法院的支持。

15. 签订土地承包合同后未经登记发证的，承包经营权是否具有对抗第三人的效力？

问 从实行家庭联产土地承包经营责任制至今，在我们这个地区，农户与村委会签订承包合同后，都没有到政府有关部门办理登记手续，政府也从未给承包户确权发证。请问，这种状况对农民来说安全吗？

答：这个问题涉及承包合同签订后未经登记发证的，承包农户所拥有的承包经营权是否具有物权效力的问题。

《物权法》第9条规定："不动产物权的设立、变更、转让和消灭，经依法登记，发生效力；未经登记，不发生效力，但法律另有规定的除外。"根据这一规定，要想取得不动产物权，必须依法进行登记，就是通常所说的"确权发证"。但该条也有"除外"规定，即法律有特别规定的，也不一定必须登记发证后才能取得物权。作为用益物权的土地承包经营权就属于该条规定的除外情形。《物权法》第127条规定："土地承包经营权自土地承包经营权合同生效时设立。县级以上地方人民政府应当向土地承包经营权人发放土地承包经营权证、林权证、草原使用权证，并登记造册，确认土地承包经营权。"根据这一规定，土地承包经营权从土地承包合同生效时（一般即为合同签订时）设立（取得），即土地承包经营权从承包合同签订时便产生物权效力，而不必等到登记发证之时。作出这样的除外规定也符合我国农村的实际情况。因为第一，我国农村大部分地区尚未完成土地承包经营权的确权发证工作，推广这一制度还需要一个较长的过程。如果只能将确权发证作为土地承包经营权设立和产生物权效力的时间，不利于农民权益的保护；第二，在我国农村，土地承包方案需经村民会议或村民代表会议讨论通过，[①] 而同村村民相互熟悉，承包的地块也人所共知，承包方案一经公布便可产生物权公示的效果。因此，以承包合同生效之时作为承包经营权设立和发生物权效力的标志，一般也不会损害善意第三人的利益。基于这种考虑，《物权法》对土地承包经营权的设立作出了特殊规定，只要承包合同生效，则土地承包经营权便

① 《农村土地承包法》第20条规定："土地承包应当按照以下程序进行：（一）本集体经济组织成员的村民会议选举产生承包工作小组；（二）承包工作小组依照法律、法规的规定拟订并公布承包方案；（三）依法召开本集体经济组织成员的村民会议，讨论通过承包方案；（四）公开组织实施承包方案；（五）签订承包合同。"

依法设立并同时发生物权效力。在确权发证之前，土地承包合同也可被视为“物权凭证”。不过，最安全可靠的，还应当由政府依法颁发土地承包经营权证书，取得这一证书，表明土地承包合同已经依法登记，今后未经法定程序撤销登记行为和权属证书，则物权效力自始存在，土地承包合同或者权属证书丢失，或者发包方的单方行为，都不会影响承包经营权的物权效力。

虽然根据法律规定，土地承包经营权未经登记也能产生物权效力，即土地承包合同可以起到物权凭证的作用，但是，对于不动产物权来说，登记发证不仅可以明示物权的设立，明确物权的归属，而且有助于解决物权的冲突，并且使物权的流转和抵押等交易行为更加安全、可靠，避免和减少纠纷。因此，为了更有效地保护农民的土地承包经营权，有关政府主管部门应当切实履行自己的法定义务，及时完成确权登记发证工作。

16. 如何理解农村集体土地的“三权分置”？

问 前些年有些农村在搞土地“三权分置”试点，就是在农村集体经济组织保留所有权的前提下，又将土地承包经营权分解为承包权和经营权，允许农户保留承包权而流转经营权。请问，如何理解农村集体土地的“三权分置”？

答：“三权分置”是深化农村土地制度改革的产物。2016 年 10 月 30 日，中共中央办公厅、国务院办公厅印发《关于完善农村土地所有权承包经营权分置办法的意见》，提出“现阶段深化农村土地制度改革，顺应农民保留土地承包权，流转土地经营权的意愿，将土地承包经营权分为承包权和经营权，实行所有权、承包权、经营权分置并行……”。《意见》出台后，在一些农村进行了试点。2018 年，修订后的《农村土地承包法》将“三权分置”的内容正式以立法的形式加以确定。该法第 9 条规定：“承包方承包土地后，享有土地承包经营权，可以自己经营，也可以保留土地承包权，流转其承包地的土地经营权，由他人经营。”即将土地承包经营权作进一步的分解，派生出承包权和经营权，连同农村集体经济组织拥有的土地所有权，可由三个不同的民事主体分别拥有，形成三种权利在同一宗土地上同时并存的格局，这便是农村集体土地的“三权分置”。

“三权分置”的本意是想在不改变农村集体土地基本制度的前提下，促进土地使用权（经营权）的流转，即在农村集体经济组织保留土地所有权，农户保留承包权的前提下，放宽经营权流转的某些限制条件。比如，按照《农村土地承包法》的规定，承包方流转土地经营权的，只需向发包方备案而无须取得其同意。

经营权流转的受让方也不再限定为本集体经济组织成员。

需要提及的是，农村集体土地的“三权分置”广义上还应包括农村宅基地的“三权分置”。即在农村宅基地上可将所有权、资格权和使用权三权分置，分别由不同的主体拥有，使用权的流转条件适当放宽。但农村宅基地的“三权分置”试点范围有限，试点时间也较短，包括该内容的《土地管理法》修正案尚未经立法机构批准和颁布。

17. 土地承包经营权流转都有哪些方式？如何选择流转方式？

问 在我们村里，许多村民常年在城里打工，有的甚至举家迁往城市。为了不使承包地闲置并能有所收益，一些农户便想办法将承包地转给他人。但实际做法很不统一，有的是雇人耕种，自己仍保留承包经营权，有的则是转包给其他农户，还有的采用租赁的方式。请问，法律规定的流转方式都有哪些？应当如何选择流转方式？

答：2018 年，《农村土地承包法》进行了修订。其中，最重要的修订内容之一就是可以将土地承包经营权分解为承包权和经营权，承包农户既可以将土地承包经营权一并流转，也可以在保留承包权的情况下将经营权单独流转。但是，将土地承包经营权一并流转和经营权的单独流转，在流转对象和流转方式上是有区别的，前者的流转对象只能是本集体经济组织成员，流转方式只能采用互换和转让的方式；后者的流转对象可以是非本集体经济组织成员，流转方式可以采用出租（转包）、入股或者其他方式。

此外，根据《农村土地承包法》和《物权法》的相关规定，土地承包经营权的流转，还分为通过家庭承包取得的土地承包经营权的流转和通过招标、拍卖、公开协商等方式取得的土地承包经营权流转两种情形，情形不同，流转的主体和流转的客体范围也有所不同。连同《农村土地承包法》第 32 条第 2 款规定的林地承包经营权的继承，和第 54 条规定通过招标、拍卖、公开协商等方式取得土地经营权的继承，当前我国农村集体土地的承包经营权流转方式主要有七种：转包、出租、互换、转让、抵押、入股和继承。

（1）转包

转包是指土地承包经营权人把自己承包期内承包的土地，在一定期限内全部或者部分转交给包括本集体经济组织成员在内的其他具有农业经营能力或者资质的单位或者个人进行耕种和经营。转包后原土地承包关系不变，原承包方仍保留土地承包权并继续履行原土地承包合同规定的权利和义务。在通常情况下，受转包人要向转包人即土地承包经营权人支付转包费。

（2）出租

《农村土地承包法》第 36 条规定：“承包方可以自主决定依法采取出租（转包）、入股或者其他方式向他人流转土地经营权，并向发包方备案。”按照这一规定的表述方法，出租和转包的意思相近。具体实务可作如下定义：出租是指土地承包经营权人作为出租人，将自己承包期内承包的土地，在一定期限内全部或者部分租赁给他人从事农业生产经营，并收取租金的行为。出租后原土地承包关系不变，原承包方继续履行原土地承包合同，发包方和承包方的权利义务不变。

（3）互换

互换是指承包人之间为方便耕种或者各自需要，对属于同一集体经济组织的土地承包经营权进行交换。互换从表面上看是地块的交换，但从性质上看，是由交换承包土地引起的权利义务本身的交换。权利义务交换后，原有的发包人与承包人的关系，变为发包人与互换后的承包人的关系。互换后的土地承包经营权人要履行互换前原土地承包人应负担的义务。且土地承包经营权的互换只能在同一集体经济组织内部进行。

（4）转让

《农村土地承包法》第 34 条规定：“经发包方同意，承包方可以将全部或者部分的土地承包经营权转让给本集体经济组织的其他农户，由该农户同发包方确立新的承包关系，原承包方与发包方在该土地上的承包关系即行终止。”根据这一规定，转让是承包方将土地的承包权和经营权一并处分的流转方式，该方式只适用于本集体经济组织成员之间。这也是唯一需要发包方同意的流转方式。

（5）抵押

按照修订前的《农村土地承包法》规定，只允许通过招标、拍卖、公开协商等市场化方式取得的“四荒”土地的承包经营权可以设定抵押，而采取家庭承包方式取得的耕地、林地、草地等承包经营权的抵押问题则未加规定。即抵押流转方式不适用于以家庭承包方式取得的土地承包经营权。修订后的《农村土地承包法》第 47 条规定：“承包方可以用承包地的土地经营权向金融机构融资担保，并向发包方备案。受让方通过流转取得的土地经营权，经承包方书面同意并向发包方备案，可以向金融机构融资担保。”第 53 条规定：“通过招标、拍卖、公开协商等方式承包农村土地，经依法登记取得权属证书的，可以依法采取出租、入股、抵押或者其他方式流转土地经营权。”根据以上规定，通过“家庭承包”和

"其他方式承包"获得的土地经营权均可以设定抵押（融资担保）。在被担保人不能清偿到期债务时，因实现担保物权就可以导致土地经营权的流转。

（6）入股

按照修订后的《农村土地承包法》规定，无论家庭承包还是其他方式承包，承包方均可以入股方式流转土地经营权。即承包方将所拥有的土地经营权作价后，将经营权转入其他经济实体，经营权转化为股权，原经营权人成为其他经济实体的股东并行使股东权利。入股之后，经营权便登记在其他经济实体的名下，从而发生经营权的流转。

（7）继承

因继承而发生的土地承包经营权的流转仅限于两种情形：其一是《农村土地承包法》第 32 条第 2 款规定的林地承包经营权的继承；其二是指根据该法第 54 条规定，通过招标、拍卖、公开协商等方式取得的土地承包经营权，承包人死亡的，其继承人可以继续承包，即继承人可以通过继承取得剩余承包期内的土地承包经营权。但对于以家庭承包方式取得的除林地以外的土地承包经营权的继承问题，该法未作规定。

18. 土地承包经营权流转合同如何签订？主要应当注意哪些问题？

问 如今农村采用转包、租赁或由他人代耕等方式将自己的土地承包经营权转给其他农户已很常见，但是许多农民没有合同意识，签订的合同很不规范，有的甚至只是有口头约定，因此产生纠纷和矛盾的也不少。请问土地承包经营权流转合同应当如何签订？都应当注意哪些问题？

答：在十多年前，农村土地承包经营权流转还是个别情况，但是现在，随着城镇化速度的加快，越来越多的农民进城务工甚至举家迁入城市，于是，将承包的土地转手给他人耕种经营的情况也逐渐增多。然而由于合同意识不强，加之缺乏必要的指导，不仅流转方式五花八门，所签订的合同也极不规范，为此极易产生矛盾和纠纷。

必须引起重视的是，土地承包经营权的流转属于不动产物权的流转，不同于强调当事人意思自治的普通债权合同关系，物权的流转，在程序和形式要件等方面都有很严格的要求。为使所签订的承包经营权流转合同合法有效，并尽可能避免纠纷，归纳一下，在签订合同的同时主要应当注意如下四个问题：

（1）注意选择适当的流转方式

土地承包经营权法定流转方式主要有转包、出租、互换、转让、入股、抵押等。选择流转方式时应当慎重，如果承包方尚无稳定的非农职业或者稳定的收入来源的，则不宜采用“转让”方式流转承包经营权，因为此种流转方式将会使承包方永久性地丧失承包经营权，使承包方失去未来生活的保障。即使承包方家庭成员大部分都已进城务工，一时无力耕种、经营承包地，但没有在城市购置房产、享受城市社保之前也不应轻率选择“转让”方式。稳妥的办法是选择保留承包权，而用出租（转包）、入股经营权的流转方式，并掌握好流转的期限。一旦在城市生活难以为继时，还可把土地经营权收回，作为维持生存发展的基础。对于临时性的外出打工，短期“代耕”也是一种比较好的选择。这种方式并不涉及承包经营权的流转，而只是一种简单的劳务用工关系，便于操作。

（2）应当签订书面合同

签订书面合同，关键条款要约定严密。承包经营权流转系不动产物权流转，而物权变动的基本要求之一就是应当以不特定第三人可知悉的方式加以公示。而书面合同就是公示的基础，没有书面合同也就没有公示。因此，土地承包经营权流转必须签订书面的流转合同。这不仅是为了保护流转当事人的利益，也是为了保护善意第三人的利益。《农村土地承包法》第40条规定：“土地经营权流转，当事人双方应当签订书面流转合同。土地经营权流转合同一般包括以下条款：（一）双方当事人的姓名、住所；（二）流转土地的名称、坐落、面积、质量等级；（三）流转期限和起止日期；（四）流转土地的用途；（五）双方当事人的权利和义务；（六）流转价款及支付方式；（七）土地被依法征收、征用、占用时有关补偿费的归属；（八）违约责任。”同时该法第40条第二款规定：“承包方将土地交由他人代耕不超过一年的，可以不签订书面合同。”在签订书面土地承包经营权流转合同时，一些关键条款尤其要约定严密。主要有①流转期限，除了不能超过原承包合同的剩余期限外，流转截止时间应当尽可能选择收获、采摘农作物之后。②土地用途应当尽可能细化。③流转价款及支付时间必须明确。④应当明确土地被政府征收、征用、占用时有关补偿费方归属。这是修订后的农村土地承包法新增加的内容。⑤合同期满后地上附着物及相关设施的移交和处理。在土地承包经营权流转实践中，以上几个方面最容易发生纠纷。如果约定明确，不仅可以预防纠纷，即使发生纠纷也容易区分责任，解决争议。

（3）依法办理登记手续

《农村土地承包法》第35条规定：“土地承包经营权互换、转让的，当事人可以向登记机构申请登记。未经登记，不得对抗善意第三人。”第 41 条规定：“土地经营权流转期限为五年以上的，当事人可以向登记机构申请土地经营权登记。未经登记，不得对抗善意第三人。”第 35 条规定适用对象是本集体经济组织成员之间土地承包经营权的流转，合同一经签订就可以办理登记。第 41 条规定仅指土地经营权的流转，短期流转（五年以下），不必办理登记，流转合同当事人之间只是债权关系。如果当事人想要取得物权性权利（可以对抗善意第三人），则需签订较长的流转期限（五年以上）并办理登记。

（4）保护本村村民的优先受让权

《农村土地承包法》第 38 条规定：“土地经营权流转应当遵循以下原则：……（五）在同等条件下，本集体经济组织成员享有优先权。”所谓“同等条件”，主要是指流转期限、流转价款等主要合同条款，如果本集体经济组织成员的出价条件与非本集体经济组织成员出价相同，承包方就应当将承包经营权流转给本集体经济组织成员。否则，流转行为有可能被确认为无效。

19. 土地承包经营权流转后新的受让人所获得的权利性质属于债权还是物权？

问 我们知道，土地承包经营权是物权，且物权效力高于债权效力。作为受让人，当然希望通过土地承包经营权的流转所获得的权利也是物权，这样受让人就可以不受原承包方的制约可以自由处分受让的土地承包经营权。请问，新的受让人通过土地承包经营权流转所获得的权利是物权吗？

答：这个问题不能一概而论。通过土地承包经营权的流转所获得的权利是否具有物权属性与流转对象、流转期限和办理登记有关。有按照《农村土地承包法》第 33 条和第 34 条规定，土地承包经营权可以通过互换和转让的方式在本集体经济组织内部进行流转。同时第 35 条规定：“土地承包经营权互换、转让的，当事人可以向登记机构申请登记。未经登记，不得对抗善意第三人。”据此规定，土地承包经营权在本集体经济组织内部通过互换、转让方式流转的，当事人向登记机构申请登记后，受让的土地承包经营权就具有了物权效力——可以对抗善意第三人。另外，土地承包方可以在保留承包权的情况下，通过出租（转包）、入股或者其他方式向他人流转土地经营权。根据该法第 41 条规定，“土地经营权流转期限为五年以上的，当事人可以向登记机构申请土地经营权登记。未经登记，不得对抗善意第三人。”即五年以上的土地经营权流转，经依法登记后也可获得物权效力。需要注意的是，登记与否，全凭当事人自愿，法律并无强制性要求。如果流转当事人不去办理登记手续，则当事人之间只是一种债权关系，受让人所取得的土地承包经营权或者土地经营权就不能具有物权效力。

20. 发包方无法定理由不同意承包方转让土地承包经营权，转让合同是否有效？

问 我们全家已经迁入城镇，不再依赖土地为生，想将承包的土地转让给其他农户。但村干部却说，要转让就必须转让给他们指定的农户，否则就不允许我们转让。请问，村委会对农民土地承包经营权流转有否决权吗？未经村委会同意转让土地承包经营权的，转让合同是否有效？

答：从制定《农村土地承包法》到《物权法》，立法者对于应当赋予农民充分、完整的土地承包经营权，并使其具有物权效力是达成共识的。在处分权的行使方面，除了对有可能使农民丧失土地承包经营权的“转让”方式规定了一些限制性条件外，对其他流转方式基本未加限制，只要求报发包方备案。对于采用“转让”方式流转土地承包经营权，虽然法律规定应取得发包方同意，但这一规定不能理解为发包方具有绝对否决权，未经发包方同意，转让行为也并不一定无效。

《农村土地承包法》第 34 条规定：“经发包方同意，承包方可以将全部或者部分的土地承包经营权转让给本集体经济组织的其他农户，由该农户同发包方确立新的承包关系，原承包方与发包方在该土地上的承包关系即行终止。”按此规定，承包方若以“转让”方式流转土地承包经营权的，应当经发包方同意。但对“发包方同意”不能作绝对化理解，不能认为这是对发包方对承包经营权转让行为的任意否决权。对此最高人民法院《关于审理涉及农村土地承包纠纷案件适用法律问题的解释》第 13 条已有明确规定：“承包方未经发包方同意，采取转让方式流转其土地承包经营权的，转让合同无效。但发包方无法定理由不同意或者拖延表态的除外。”即没有法定理由，发包方不得阻止承包方转让土地承包经营权。法律以保护承包方流转自主权为原则，发包方的有条件限制为例外。即发包方对承包方转让行为行使否决权不是绝对的和毫无限制的。如果发包方不同意承包方转让土地承包经营权，必须有法定理由。否则发包方就必须同意承包方的转让申请。如果发包方无法定理由不同意转让或者拖延表态的，承包方的转让行为并不因发包方不同意或者不表态而无效。

修订后的《农村土地承包法》已将土地"承包经营权"分解为"承包权"和"经营权"，法律允许承包方在保留土地承包权的情况下单独流转土地经营权，而经营权的流转，只需向发包方备案而无需经发包方同意。而且事实上，将土地承包经营权一并流转和单独流转土地经营权，所产生的客观效果基本是相同的。所以，为避免发包方的阻碍，可以考虑单独流转土地经营权的方式。

另外，法律规定承包方采用转让方式流转土地承包经营权，应当经发包方同意，仅限于采用家庭承包的方式取得的土地承包经营权的流转。而对于不宜采用家庭承包方式的其他方式的承包，即通过招标、拍卖、公开协商等市场化方式取得的"四荒"土地承包经营权的流转，无论采用何种方式，均无须取得发包方的同意。

21. 土地承包经营权流转合同未经发包方登记备案是否有效？

问 我通过转包方式在邻村承包了十几亩耕地，今年村委换届后，新领导通知我，说当初我转包土地承包经营权，没有经过村委会同意，合同也未经发包方备案，因此我们签订的转包合同是无效的，村委通知我限期交回土地，由他们重新组织发包。村委会的说法有依据吗？

答：根据《农村土地承包法》的规定，土地承包经营权的互换，土地经营权的流转，以土地经营权向金融机构融资担保等，需要向发包方备案。但是，"备案"不是征求发包方同意，而是将土地承包经营权流转的相关信息，比如流转合同，当事人有关身份信息等报发包方留存登记。"备案"也不同于不动产登记机构的"登记"。登记机构的登记是物权公示的法定形式，物权变动经依法登记后即具有对抗效力；而发包方的备案行为并不具有这种效力。建立土地承包经营权流转备案制度的立法初衷，主要是为了便于集体经济组织的统一管理和监督，维护土地流转市场的秩序，并不是要赋予发包方——农村集体经济组织对土地流转行为的决定权和否决权。然而这项制度在实践中执行效果并不理想。一是这项制度还缺少执行细则，对备案的程序、形式等没有明确规定和解释，故执行起来随意性极大；二是在许多农村，农民的合同意识还有待提高，土地承包经营权以口头或者证人证明等方式流转的仍很常见，流转后主动报发包方备案的意识和习惯还没有形成；三是一些农村干部滥用权力，利用备案程序刁难流转当事人，比如不经他们同意就不给备案、不办相关手续甚至否定流转合同效力等。

从《农村土地承包法》到《物权法》，对农民土地权利的保护力度都在不断强化。最突出的表现就是，通过立法赋予农民更大的经营自主权。无论是不断延长土地承包期限，还是确认土地承包经营权的物权属性，都体现出对农民土地经营自主权的保护力度在逐步强化。如果没有土地承包经营权的自由流转，谈何经营自主权？将土地承包经营权上升为物权又有什么意义？因此，不能允许发包方将“备案”当作一种权力来限制农民土地承包经营权的流转。当然也不能将“备案”作为流转合同生效的条件。对此最高人民法院 2005 年公布的《关于审理涉及农村土地承包纠纷案件适用法律问题的解释》第 14 条规定：“承包方依法采取转包、出租、互换或者其他方式流转土地承包经营权，发包方仅以该土地承包经营权流转合同未报其备案为由，请求确认合同无效的，不予支持。”

22. 发包方强迫或者阻碍承包方流转土地承包经营权，承包方如何救济？

问 去年，我想将承包的土地转包给邻村的亲戚，可是村委会主任派人出面阻挠，说如果转包必须转包给本村村民，否则就不给我办手续，也不允许继续使用村里的电路和机井灌溉。无奈，我只好将土地转包给村主任的亲戚。可是村主任的这位亲戚一直拖欠我的转包费，请问，我可以解除转包合同吗？

答：《农村土地承包法》第 38 条规定：“土地经营权流转应当遵循以下原则：(一) 平等协商、自愿、有偿，任何组织和个人不得强迫或者阻碍土地经营权流转。”因此，土地经营权自由流转，是承包方自主经营权的体现。这一权利，作为由村民选举产生并代表他们利益的村委会或者村干部，只有努力加以维护的义务，哪有非法干涉的道理。承包方只单独流转土地经营权，或者以互换方式流转土地承包经营权的，无须征得发包方的同意。发包方无权阻止。关于土地承包经营权的流转对象，发包方同样无权指定。承包方不仅有权决定是否流转和流转方式，当然也有权选择流转对象。但是需要注意两点：第一，《农村土地承包法》对于采用互换、转让方式一并流转采用家庭承包方式取得的土地承包经营权的，其流转对象仅限于本集体经济组织成员。第二，单独流转土地经营权的，受让方可以是非本集体经济组织成员，但按照《农村土地承包法》第 38 条规定，“受让方须有农业经营能力或者资质。”可能产生的问题是，对于受让方是否具有农业经营能力或者资质应当由谁审核和认定？对此《农村土地承包法》第 45 条规定：“县级以上地方人民政府应当建立工商企业等社会资本通过流转取得土地经营权的资格审查、项目审核和风险防范制度。”即受让方的资格审查和认定将规范化和制度化。这一制度目前尚未建立。但相信未来出台的规范性文件不会将这一权力赋予发包方。

如果代表发包方的少数村干部滥用权力强迫或者阻碍承包方流转土地承包经营权，承包方可以侵权为由起诉发包方，要求确认被迫签订的流转合同无效或者请求排除妨碍、赔偿损失。对于情节严重的可以要求有关机关对直接责任人给予行政处分或追究其刑事责任。对此，《农村土地承包法》第 57 条规定：“发包方有下列行为之一的，应当承担停止侵害、排除妨害、消除危险、返还财产、恢复原状、赔偿损失等民事责任：……（三）强迫或者阻碍承包方进行土地承包经营权互换、转让或者土地经营权流转；……”第 65 条规定：“国家机关及其工作人员有利用职权干涉农村土地承包经营，变更、解除承包经营合同，干涉承包经营当事人依法享有的生产经营自主权，强迫、阻碍承包经营当事人进行土地承包经营权互换、转让或者土地经营权流转等侵害土地承包经营权、土地经营权的行为，给承包经营当事人造成损失的，应当承担损害赔偿等责任；情节严重的，由上级机关或者所在单位给予直接责任人员处分；构成犯罪的，依法追究刑事责任。”最高人民法院《关于审理涉及农村土地承包纠纷案件适用法律问题的解释》第 12 条也规定：“发包方强迫承包方将土地承包经营权流转给第三人，承包方请求确认其与第三人签订的流转合同无效的，应予支持。”但是，需要注意的是，何为“强迫”，何为“阻碍”，在诉讼时需要有相关证据加以证明，而这一举证义务应当由承包方承担。故搜集和保留相关证据非常重要。否则，即使流转合同真的是被迫签订，或者发生了滥用职权的阻碍行为，如果不能加以证明，承包方的诉讼请求也难以获得支持。

当然，最根本的还是要健全对村干部的监督制约机制，从源头防止村干部滥用权力。而作为集体经济组织成员，用好自己的选票，不选或者用选票罢免那些有可能假公济私的人，使他们没有机会或者不敢滥用职权，对于村民来说，这才是最有效也是成本最低的维权手段。

23. 土地承包经营权是否可以设定抵押？

问 我因经营需要向本村村民借款人民币 10 余万元，签订贷款合同时我以自己承包的土地作为抵押担保，约定到期我不能还清借款，可由出借人任意处置我承包的土地，并以处置所得清偿债务。但我听说，以土地承包经营权作抵押担保是无效的。可是如果我同意出借人自由处置，并且也同意按其处置方法办理土地流转手续，这样的抵押合同也无效吗？

答：对于土地承包经营权能否抵押的问题，一直存在争议。一种意见认为，农民的土地承包经营权是其赖以生产和生活的基础。农民有了稳定的土地承包经营权，就有了基本的社会保障。如果允许以土地承包经营权设定抵押，一旦农民不能清偿到期债务，则债权人实现抵押权后就会使农民失去赖以生存的土地承包经营权，从而产生一系列社会问题。因此，为稳定农村土地承包经营关系，就要原则上禁止土地承包经营权的抵押。尤其有必要对以家庭承包方式承包的土地的流转及抵押加以一定的限制。而对以其他方式承包的土地则不必对其流转和抵押加以过多的限制。[①] 另一种意见认为，随着农村经济的发展，一部分土地向专业队或种植大户集中，要实行适度规模经营，生产过程中往往需要较大数量的资金。通过土地承包经营权抵押从银行获得贷款，有利于解决农民的资金困难，特别是目前农村金融体系还不够健全，农民获取资金的渠道非常有限，如果允许以土地承包经营权抵押贷款，将增加农民的生产积极性，极大地提高农村经济活力。同时一些学者还认为既然土地抵押权的预期法律后果是土地使用权的转移，原则上凡是法律允许流转的土地使用权都可以设定抵押，因而农地使用权也可以抵押。[②]

修订前的《农村土地承包法》和《物权法》实际上采纳了第一种意见，即对土地承包经营权的抵押仍以限制为主。对于通过家庭承包方式取得的土地承包经营权不允许设定抵押，并在流转方式中将抵押方式排除在外。只有其他方式的承包，即通过招标、拍卖、公开协商等市场化方式取得的"四荒"土地，承包经营权可以设定抵押。最高人民法院《关于审理涉及农村土地承包纠纷案件适用法律问题的解释》第 15 条也规定："承包方以其土地承包经营权进行抵押或者抵偿债务的，应当认定无效。对因此造成的损失，当事人有过错的，应当承担相应的民事责任。"修订后的《农村土地承包法》，对于农村承包土地采用"三权分置"的办法，即在同一土地上，可以所有权、承包权和经营权同时并存。对于承包权和经营权的一并流转，修订后的法律仍然有诸多限制，比如只能通过互换或者转让的方式在本集体经济组织内部流转，抵押方式仍然不被允许。但对于土地经营权的流转，修订后的法律已经放宽限制，允许承包方在保留承包权的情况下，向任

① 胡康生．中华人民共和国农村土地承包法释义 [M]. 北京：法律出版社，2002：120.

② 王卫国，王广华．中国土地权利的法制建设 [M]. 北京：中国政法大学出版社，2002：185.

何符合条件的受让主体流转土地经营权。对于土地经营权的抵押，该法第47条规定："承包方可以用承包地的土地经营权向金融机构融资担保，并向发包方备案。受让方通过流转取得的土地经营权，经承包方书面同意并向发包方备案，可以向金融机构融资担保。担保物权自融资担保合同生效时设立。当事人可以向登记机构申请登记；未经登记，不得对抗善意第三人。实现担保物权时，担保物权人有权就土地经营权优先受偿。土地经营权融资担保办法由国务院有关部门规定。"该规定没有采用"抵押"的表述，而是用"融资担保"代之。我们知道，根据《担保法》第2条的规定，法定担保方式有五种：保证、抵押、质押、留置和定金。"融资担保"属于何种担保方式，尚不明确。而且根据《担保法》的规定，农村的耕地、宅基地等集体土地使用权是不允许设定抵押的。所以，今后《担保法》也会面临修改的问题，而且国务院也将制定土地经营权融资担保办法。但从实务角度，允许以土地经营权向金融机构融资担保，其法律后果与抵押无异，即在债务人（被担保人）不能清偿到期债务时，债权人有权以该土地经营权折价或者拍卖变卖所得的价款优先受偿。

所以，若想以土地经营权作担保借款融资，可采用融资担保合同的表述，不出现抵押字眼，仍然可以实现合同目的。但需注意，根据《农村土地承包法》第47条规定，承包人只能向金融机构融资担保，即向非金融机构借款而以土地经营权担保目前还是不被允许的。

24. 城市的单位和个人可否承包农村集体土地？

问 我是从农村考上大学的，大学毕业后在城市就业，在一家农林公司工作。现在我想回老家承包土地搞林木种植。但有人告诉我，你现在已经不是本村村民了，没有你的承包地了，特别是你现在已经取得城镇户口，是城里人了，所以不能承包农村土地。请问有这样的规定吗？城里的单位和个人可以承包农村集体土地吗？有什么条件限制？

答：首先应当告诉你，虽然你的户口已经迁入城市，但按照"增人不增地，减人不减地"的原则，你迁入城市之前你所在的家庭承包的土地，在你成为"城里人"后，仍应保留你的承包份额，如果你想回乡务农，继续和你的家庭成员在承包地上种植经营没有任何问题。

但是，如果你想以个人身份在农村重新承包土地，则有诸多限制性规定。

第一，采用家庭承包的土地是不能直接发包给本集体经济组织以外的单位和个人的。《农村土地承包法》第 16 条规定："家庭承包的承包方是本集体经济组织的农户。"一般来说，除了不宜采取家庭承包的荒山、荒沟、荒丘、荒滩等"四荒土地"外，都属于家庭承包的范围，即农村绝大部分土地是不能直接发包给本集体经济组织以外的单位和个人的。

第二，本集体经济组织以外的单位和个人可以通过土地经营权流转的方式取得农村土地经营权。

第三，本集体经济组织以外的单位或者个人（包括"城里人"）可以通过招标、拍卖、公开协商等方式直接承包不宜采用家庭承包方式承包的"四荒土地"。但是必须事先经本集体经济组织成员的村民会议 2/3 以上成员或者村民代表同意，并报乡（镇）人民政府批准。签订合同前，还需对承包方资信情况和经营能力进行审查。

第四，无论是采用家庭承包方式取得的土地经营权的流转，还是"四荒"土地的发包，本集体经济组织成员均有优先受让或者优先承包权。即在同等条件下应当由本集体经济组织成员优先受让或者承包。

第五，对受让方的主体资质有限制，即受让方须有农业经营能力。无论是采用家庭承包方式取得土地经营权的流转，还是"四荒"土地的发包，都要求受让人具有农业经营能力。法律并未对何谓"农业经营能力"加以具体界定，但一般认为，所谓"农业经营能力"，是指受让人应当具备基本的农技知识、农业生产经验以及必要的农机具等。只要具备这种能力，"城里人"是可以取得农村土地承包（经营权）的。

综上，"城里人"在农村取得土地承包经营权，法律并未绝对禁止，但想实际取得也并非易事。随着城乡一体化的加速，这种局面也许能有所改观。

25. 土地承包经营权流转价款约定明显不公，可否适用"情势变更"原则要求变更或者解除合同？

问 由于农产品收购价格过低，化肥、农药、农机设备等价格持续攀升，税费过多，使得农民种植收益微薄甚至亏本，加之许多农民进城务工等原因，农民的种植积极性大受影响。于是许多农户以低价，甚至以所谓"零收益""负收益"，即不收取流转费用，甚至倒贴费用将承包地流转给他人。但是随着农村产业结构的调整，税费的减免和农产品价格的提高，有很多进城务工人员返乡务农，于是有些农户要求收回已经流转给他人的土地承包经营权，或者要求调整流转价款。请问，这样的要求如果当事人之间达不成变更协议，可以向法院起诉要求变更或者解除合同吗？

答：这种情况在农村并非个别现象。在很长一段时间，工业产品和农业产品价格倒挂，农产品价格过低，加之农民税赋过重，使得从事农业生产一直处于微利甚至亏损状态。农民种粮积极性不高，于是将土地承包经营权以极低的价格，甚至以不收费、倒贴费用的方式流转给他人。这种现象在 20 世纪 90 年代初尤为普遍。加之城市建设突飞猛进，用工量激增，大量农民工涌入城市，农村土地闲置、撂荒现象也很严重。但随着农业生产经营形式的好转，特别是农产品价格的走高，农业种植又变得有利可图，于是以前低价、零地价流转土地的承包人便想收回土地自种或者要求变更流转价款，协商不成便产生纠纷和诉讼。

这种情况处理起来确实棘手。因为土地是农民赖以生存和发展的物质基础，土地既是农民的生产资料，也是生活资料，农民失去土地意味着失业，意味着失去了生活的保障。所以处理此类问题不仅要考虑农民的基本生存利益，也要考虑社会的稳定。当然，另一方面，合同的严肃性、稳定性以及基本的诚信原则等也必须加以考虑，合同一经签订生效，必须履行，不得随意变更和解除。而且从受让人的角度考虑，在当时农业生产普遍不景气的情况下，敢于受让土地继续从事农业生产也是需要勇气并且承受很大的风险。不能因为市场形势好转后，就随意翻悔。

但是，如果维持原合同对一方明显不公，尤其影响到农民生存发展和社会稳定时，应当允许根据“情势变更”的原则变更或者解除原土地承包经营权流转合同。在我国《合同法》中，并无情势变更原则的规定。在最初的《合同法》草案中曾有情势变更原则的内容，但在最后审议时，删除了这一内容。删除的原因主要是许多立法参与者担心，情势变更原则的适用较难把握，特别是情势变更与正常的商业风险不易区别，把握不好有可能成为当事人转嫁商业风险的手段。同时也担心，规定情势变更原则赋予法官的自由裁量权过大，可能会增加裁决不公和司法腐败。然而现实却是，《合同法》虽未规定情势变更原则，但在审判实践中却普遍存在以“公平原则”替代情势变更原则的做法。许多本应按照情势变更原则解决的合同争议，却打着公平原则的旗号处理。不仅如此，由于公平原则是《合同法》总则中的一般性规定，对其适用并无特别的限制性规定，[①] 实际上这

① “公平原则”是《合同法》总则第一章“一般规定”中的内容。即《合同法》第 5 条的规定：“当事人应当遵循公平原则确定各方的权利和义务。”

一原则在实践中更容易被滥用——即使不属于情势变更引起的争议，也可以公平的名义加以处理。可见，《合同法》当初对情势变更原则未加规定，不仅未能阻止这一原则在实践中的适用，相反这一原则被变相地滥用了——以公平原则替代适用。同时，许多本应通过适用情势变更原则解决的争议，由于缺少法律依据，当事人要求变更或者解除合同的要求却无法获得支持，最终只得吞下不公平的苦果。

最高人民法院 2009 年 2 月 9 日发布的《关于适用〈合同法〉若干问题的解释（二）》第 26 条首次对情势变更原则作出规定："合同成立以后客观情况发生了当事人在订立合同时无法预见的、非不可抗力造成的不属于商业风险的重大变化，继续履行合同对于一方当事人明显不公平或者不能实现合同目的，当事人请求人民法院变更或者解除合同的，人民法院应当根据公平原则，并结合案件的实际情况确定是否变更或者解除。"在此之前，2005 年最高人民法院发布的《关于审理涉及农村土地承包纠纷案件适用法律问题的解释》第 16 条规定："因承包方不收取流转价款或者向对方支付费用的约定产生纠纷，当事人协商变更无法达成一致，且继续履行又显失公平的，人民法院可以根据发生变更的客观情况，按照公平原则处理。"这一规定的适用基础实际上就是典型的情势变更原则。

农村土地的经营性收入的大幅度波动，虽然有商业风险因素，但最主要的还是受国家政策性调整变化的影响。比如取消农业税、增加农业生产补贴、大幅度提高粮食国家收购价、增加农业基础建设投入等，这些变化应当属于情势变更的范围，如果继续按原合同履行，维持"零地价"，甚至"负地价"流转费用，对于原承包人来说显然有失公平，更难实现合同目的。在此情况下应当允许变更或者解除原流转合同。

需要注意的是，适用情势变更原则处理此类纠纷应当慎重，特别要注意如下三个问题：

（1）必须严格界定情势范围

所谓情势，是指某种客观情况，泛指一切与合同的订立和履行有关的客观事实。如战争、社会动乱、自然灾害、经济危机、市场波动、法律和政策的重大调整等。但是，根据情势变更原则的定义，适用情势变更原则时所指情势并不包括不可抗力以及正常的商业风险。即情势范围有严格的概念限制，并非所有客观事实都可以作为情势变更的适用条件。对于土地承包经营权流转合同来说，如果只是短期的市场波动或者一时的自然灾害等引起农业经营收入的骤然变化，当事人不能以此为由要求适用情势变更原则变更或者解除合同。

（2）坚持协商调解优先

适用情势变更原则，无论是对情势的判断还是对"明显不公"尺度的把握，都存在很大的技术性难度，处理不当很容易伤及当事人。而强调和鼓励协商解决也符合农村实际，因为土地承包经营权流转的当事人大都属于同一集体经济组织成员，很多成员都有宗族亲属关系，祖祖辈辈生活在一个社区，不仅彼此相熟，且有亲情基础，协商解决有利于化解矛盾，促进团结。

（3）能够通过变更合同内容解决纠纷的，尽可能不要解除合同

虽然按照情势变更的适用原则，继续履行合同对一方当事人明显不公或者不能实现合同目的的，当事人既可以请求变更也可以请求解除合同，但对解除合同的请求要格外慎重。只要通过变更价款等相关条款能够维持基本的公平，并且维持合同效力继续履行不致使原承包人陷入生存困境的，则不应解除合同。

26. 土地承包经营权流转期限没有约定或者约定不明的，承包人可否随时要求收回承包地？

问 因为我和家人大都进城打工，加之以前种地也挣不了几个钱，便将承包地转包给村里的一个亲戚耕种，但当时并没有签订转包合同，也没有明确转包期限。现在我年纪大了，加之农业生产比以前赚钱多了，便向亲戚提出收回承包地，但却遭到拒绝。亲戚说他自从受让土地后为改良土壤投入很多，而且还种植了很多经济林木，都在结果收获期，虽然当时没签订合同，但同村人都知道这事，转包期限应当是原承包合同期的剩余期限，因此他不同意交回土地。请问，我这位亲戚的说法对吗？在原承包合同期限届满之前，我真的不能收回承包地吗？

答：在开始实行土地承包经营权流转的早期，农民的法律意识并不是很强，加之流转当事人之间大都存在宗族亲属关系，世代相熟，所以合同的签订很不严谨，有的只通过口头形式或者证人证明就将土地流转给他人，没有约定期限或者约定不明的情况普遍存在。一旦发生纠纷，如果当事人能够通过有效证据证明，对流转期限有约定的，应当按照约定执行。并非没有书面合同，对其他言词证据就一概不予采信，只认书面约定并不符合农村实际。当然，对言词证据的采信要严格和慎重。如果没有书面约定，或者约定不明的，又没有其他有效证据证明流转期限的，则承包人要求收回流转的承包地的，应当支持。最高人民法院《关于审理涉及农村土地承包纠纷案件适用法律问题的解释》第17条规定："当事人对

转包、出租地流转期限没有约定或者约定不明的，参照《合同法》第232条规定处理。除当事人另有约定或者属于林地承包经营外，承包地交回的时间应当在农作物收获期结束后或者下一耕种期开始前。对提高土地生产能力的投入，对方当事人请求承包方给予相应补偿的，应予支持。”具体适用这一规定时应当注意：

（1）该解释将转包、出租承包地没有约定流转期限或者约定不明的，均视为不定期租赁并按照《合同法》第232条规定处理。即“当事人对租赁期限没有约定或者约定不明确，依照本法第61条的规定仍不能确定的，视为不定期租赁。当事人可以随时解除合同，但出租人解除合同应当在合理期限之前通知承租人。”《合同法》第61条规定是：“合同生效后，当事人就质量、价款或者报酬、履行地点等内容没有约定或者约定不明确的，可以协议补充；不能达成补充协议的，按照合同有关条款或者交易习惯确定。”按照上述规定，当转包、出租承包地未约定流转期限或者约定不明的，即视为没有约定租赁期限的合同，当事人可以补充约定流转期限。如果不能达成补充协议，则当事人可以随时要求解除合同。

（2）对于不定期租赁，虽然允许当事人随时解除合同，但解除的时间和方式应当符合交易习惯。对于农村土地流转合同的解除，具体解除合同和承包地交回的时间应当符合农业生产规律，以不误农时和避免损失扩大为标准。具体来说就是，“应当在农作物收获期结束后或者下一耕种期开始前”才允许解除合同，办理土地交接。如果流转土地属于林地，则当事人不能随时解除合同，如欲解除，应待本轮砍伐期结束后方可行使解除权。

（3）合同解除，受让人如果对提高土地生产能力有投入的，比如改良土壤、兴修水利设施等的投入，收回土地时承包人应给予相应的补偿。

27. 承包方主动交回承包地后可否再要求收回或另行分配承包地？

问 我们一家六口，大都在城市打工，加之以前种田也挣不了几个钱，就让土地荒了起来。后来村里就找了些外乡人耕种我们的土地。因为土地由外乡人耕种，也就不再用我们交承包费了，我们也就默认了。这几年在城里工作不好找了，父母年龄也大了，加上现在取消了农业税，种粮还有补贴。于是父母就想收回自己的承包地，或者由村里另行安排承包地。但村里却说，你们已经自愿交回了承包地，在承包期内不能再要求收回承包地，更不可能重新再给你们分配承包地。请问，村里的说法对吗？

答：《农村土地承包法》第 30 条规定："承包期内，承包方可以自愿将承包地交回发包方，承包方自愿交回承包地的，可以获得合理补偿，但是应当提前半年以书面形式通知发包方。承包方在承包期内交回承包地的，在承包期内不得再要求承包土地。"根据这一规定，如果你们确实是自愿交回土地，并且以书面形式提前半年通知了发包方，则在承包期内，你们既不能收回承包地，也不能再要求分配承包地。不过从你们所描述的情况看，你们默认外乡人耕种你们承包地的行为并不构成"自愿"，也并非主动交回土地。按照法律规定，自愿交回土地实际上就是解除合同的行为，而合同的解除必须有明确的意思表示，且应当符合法律规定的形式要件。解除承包合同，即自愿交回土地，按照《农村土地承包法》第 30 条的规定，必须提前半年以书面形式通知发包方，默认不能替代书面通知。何况你们所默认的也只是外乡人的临时耕种行为，并没有表示要将剩余承包期限的土地承包经营权彻底放弃。因此村里的说法缺乏依据，你们可以收回自己的承包地继续耕种。

28. 发包方是否有权截留承包方应收的承包地流转价款，或者以该价款抵销承包方债务？

问 多年以前，我村兴修水利设施，要求每个农户分担费用，我们认为分摊费用过高，分摊办法也不公平，就一直拒绝交纳。去年，我们家将承包地转包给另一农户，由该农户按年向我们交纳转包费，村委通知该农户，必须将转包费交给村里，以抵偿我们应分摊的水利设施费用。请问，村里的做法对吗？我们如何维护自己的权益？

答：即使村委会要求分摊的费用公平合理，他们也不能采取这种方法追讨，这种做法是违法的。

《农村土地承包法》第 39 条规定："土地承包经营权流转的价款，应当由当事人双方协商确定。流转的收益归承包方所有，任何组织和个人不得擅自截留、扣缴。"最高人民法院《关于审理涉及农村土地承包纠纷案件适用法律问题的解释》第 18 条也有规定："发包方或者其他组织、个人擅自截留、扣缴承包收益或者土地承包经营权流转收益，承包方请求返还的，应予支持。发包方或者其他组织、个人主张抵销的，不予支持。"以上规定清楚地表明，土地承包经营权流转中的收益归承包方所有，任何组织（包括发包方）和个人擅自截留扣缴该收入，都是对承包方合法权益的侵害，是侵占承包方合法财产的违法行为。对此违法行为，

《农村土地承包法》第 58 条规定："任何组织和个人擅自截留、扣缴土地承包经营权互换、转让或者土地经营权流转收益的，应当退还。" 所谓 "擅自"，是指发包方未经承包方同意便直接要求受让人将应向承包方交付的流转收益直接交付给发包方，这实际上是一种典型的滥用职权的行为。因为从法律关系上讲，受让人并没有向发包方交付流转价款的义务，而发包方正是利用自己的管理特权迫使受让人向其交纳。对这样的行为，无论从维护农民合法权益，保护正常的交易关系考虑，还是从制止权力滥用的角度考虑，在立法上加以否定都是很有必要的。

必须指出，这种擅自截留、扣缴行为也不能构成法律上的 "债务抵销"。《合同法》第 99 条规定："当事人互负到期债务，该债务的标的物种类、品质相同的，任何一方可以将自己的债务与对方的债务抵销，但依照法律规定或者按照合同性质不得抵销的除外。当事人主张抵销的，应当通知对方。通知自到达对方时生效。抵销不得附条件或者附期限。" 第 100 条规定："当事人互负债务，标的物种类、品质不相同的，经双方协商一致，也可以抵销。" 前者属于 "法定抵销"，后者属于 "约定抵销" 或称 "合意抵销"，其适用条件都有严格限制，但共同的条件之一必须是双方互负债务，互享债权。换言之，只有合同当事人双方之间的债务和债务才能相抵，第三人对其中一方当事人所负的债务根本不存在抵销的问题。由此可见，发包方截留、扣缴流转收益，即使承包方最终同意了这种截留、扣缴行为，这也不是法律意义上的 "抵销"，因为用于 "抵销" 的并非发包方对承包方所负债务，所以不是债务与债务相抵，而是将承包方对第三人的到期债权抵偿债务。根据法律规定，债权人可以用债务人对他人的到期债权抵偿债务，但条件是必须取得债务人的同意，在债务人不同意的情况下，债权人只能向人民法院起诉，并可以要求法院保全该债权，最终依法院生效法律文书由第三人向债权人清偿。所以，最高人民法院的司法解释不支持发包方主张抵销的规定，应当说有着充分的法律和法理依据，如此规定既有利于保护处于弱势地位的承包方利益，也可防止发包方滥用权力。

29. 发包方违法收回土地另行发包的，该如何处理？

问 我村在进行第二轮延包时，新换届的村委对承包地进行了大范围的调整，在未征得我们家同意的情况下，又将我们承包的土地发包给另一农户，调整给我们一块远离村庄的土地。我们不同意该调整方案，但村委说这是多数村民代表的意见，而且已与另一农户签订了承包合同，我们以前与其签订的合同已自动终止了。此后，村委强行将我们的承包地收回交给另一农户。请问，村委的做法对吗？我们应如何维权？

答：保持农村土地承包关系的长期稳定，无论从国家政策层面还是立法层面都被视为一项基本原则，不允许随意解除或者变更土地承包合同，调整承包地。比如《农村土地承包法》第 15 条规定发包方应承担的义务之一就是："维护承包方的土地承包经营权，不得非法变更、解除承包合同。"第 28 条规定："承包期内，发包方不得调整承包地。

承包期内，因自然灾害严重毁损承包地等特殊情形对个别农户之间承包的耕地和草地需要适当调整的，必须经本集体经济组织成员的村民会议三分之二以上成员或者三分之二以上村民代表的同意，并报乡（镇）人民政府和县级人民政府农业农村、林业和草原等主管部门批准。承包合同中约定不得调整的，按照其约定。"根据以上规定，除因自然灾害严重毁损承包地等特殊情形外，不得调整承包地，即使调整，也必须遵守法定程序，履行批准手续。村委会并无调整承包地的权力。在没有发生"自然灾害严重毁损承包地等特殊情形"的情况下，即使多数代表也不能对承包地进行调整。

综上，你村村委利用换届机会，没有法定情形，以多数代表同意为由收回和调整承包地是违法的。你们可以发包方和另一农户为共同被告向人民法院起诉，要求确认发包方与另一农户所签合同无效。并要求发包方继续履行与你们所签订的土地承包合同。

30. 土地承包经营权可以继承吗？城里人可以继承农村的土地承包经营权吗？

问 某农户一家五口承包二十余亩土地，既有耕地，也有林地。去年，该户户主的儿子不幸病故，户主的孙子大学毕业后已在城市工作并取得城市户口。请问，承包农户家庭成员之一死亡之后，其享有的承包经营权是否允许继承？城里人可以继承农村的土地承包经营权吗？

答：土地承包经营权国家立法已明确其为物权，虽然在权利性质上属于"用益物权"，但毫无疑问，土地承包经营权属于财产性权利。早在 1986 年颁布的《民法通则》，也将土地承包经营权置于该法"财产所有权与财产所有权有关的财产权"一节之中。既然土地承包经营权是物权，是财产权，那么从法理上讲，财产权的所有者死亡后，由他们的继承人（无论是本村的还是外村或者城市的）继承该权利，在法理上不应有任何问题。然而，我国土地承包制度有其特殊性。虽然土地承包经营权已经无限接近于所有权（《物权法》规定承包期满后可以按照国家有关规定继续承包，已经基本是永久性的权利），但它毕竟还不是所有权。加之这种权利的归属是以户为单位的家庭而不是个人，其权利取得的对象也有所限制，因此涉及该权利的继承，有关法律的规定也有别于其他财产的继承，处理方法非常复杂和独特，而且根据承包地种类和承包方式的不同，继承的范围、方法等也存在区别。

《农村土地承包法》第 32 条规定："承包人应得的承包收益，依照继承法的规定继承。林地承包的承包人死亡，其继承人可以在承包期内继续承包。"第 54 条规定："依照本章规定通过招标、拍卖、公开协商等方式取得土地经营权的，该承包人死亡，其应得的承包收益，依照继承法的规定继承；在承包期内，其继承人可以继续承包。"2005 年 7 月最高人民法院公布的《关于审理涉及农村土地承包纠纷案件适用法律问题的解释》第 25 曾经有解释性规定："林地家庭承包中，承包方的继承人请求在承包期内继续承包的，应予支持。其他方式承包中，承包方的继承人或者权利义务承受者请求在承包期内继续承包的，应予支持。"以上规定，根据不同的承包方式和和承包地的不同类型，采用了分别处理的办法。即对于采用家庭承包方式承包的非林农地，主要是耕地、草地等农用地的承包经营权，目前还不允许继承。如果承包农户家庭成员之一死亡的，只有他应得的承包收益，比如农作物或者其销售收入可以由其继承人继承，而承包地则由承包户其他家庭成员继续承包经营。而当承包户家庭成员全部死亡时，该土地承包经营权消灭，承包地就要由发包方收回。只有林地承包经营权允许继承但要等到承包农户家庭成员全部死亡之后，才能开始继承。这样的规定在法理上存在问题，因为既然承认土地承包经营权是物权，是财产性权利，权利人就自然享有独立的支配和排他性权利，继承权当然也是财产权利的一种体现，为什么当承包农户家庭成员全部消亡后，就要将该财产收回？

关于林地承包经营权继承开始的时间，有观点认为，林地家庭承包中，承包主体是农户，而非某一特定的农民。家庭成员之一死亡，并不导致农户的消亡，农户仍然存在，其他家庭成员可以按照合同继续履行合同，不发生继承问题。只有家庭成员全部死亡的情况下，才发生继承的问题。[①] 这样的理解缺乏法律依据，

① 最高人民法院审判第一庭 . 农村土地承包纠纷案件司法解释理解与适用 [M]. 北京：人民法院出版社，2005：311.

也不符合《继承法》的规定。该法第2条规定："继承从被继承人死亡时开始。"同时第26条规定："夫妻在婚姻关系存续期间所得的共同所有的财产，除有约定的以外，如果分割遗产，应当先将共同所有的财产的一半分出为配偶所有，其余的为被继承人的遗产。遗产在家庭共有财产之中的，遗产分割时，应当先分出他人的财产。"第29条规定："遗产分割应当有利于生产和生活需要，不损害遗产的效用。不宜分割的遗产，可以采取折价，适当补偿或者共有等方法处理。"根据这些规定，遗产继承应从被继承人死亡时开始，财产共有的，共有人之一死亡也应依此规定执行，而不是等到所有共有人都死亡后才能开始继承，即共有关系并不影响继承的开始时间，只是在具体分割时要按照法定原则进行分割。比如土地承包经营权继承，只要继承人愿意并且有条件与其他共有人共同经营，就应当按照按份共有或者共同共有确定其继承权，不能共同经营但又不放弃继承权的，则可采取折价或者适当补偿方式处理。

关于城里人可否继承农村的土地承包经营权问题，法律并无明确的限制性规定，笔者认为，在民事领域，"法无禁止即自由"。既然法律对于取得非农业户口的公民继承农村土地承包权未作禁止性规定，则无论以家庭承包方式承包的土地，还是以其他方式承包的"四荒"土地，农村人可以继承，城里人也可以继承。承包经营权初始分配时的身份和资格限制不能成为剥夺承包人的继承人继承财产权利的理由。这样理解和执行决不会损害"农村人"的利益。如果一个公民的合法财产，居然因为他的继承人的身份而不能被继承，这难道不是对公民基本权利的践踏？在一个现代社会，本来就不应该存在这种用户籍人为制造身份差别的制度，如果再用户籍性质的差异作为限制公民权利的手段，无论它限制的是城里人还是农村人，都是全体人民的不幸。

31. 处理农村土地承包纠纷是否需先行仲裁？仲裁裁决是否具有终局效力？

问 因发包方不合理调整土地承包范围引发争议，我们想依据土地承包合同起诉发包方，有人建议我们选择仲裁裁决。请问，仲裁是诉讼的前置条件吗？如果对仲裁不服可否再提起民事诉讼？

答：《农村土地承包法》第55条规定："因土地承包经营发生纠纷的，双方当事人可以通过协商解决，也可以请求村民委员会、乡（镇）人民政府等调解解决。当事人不愿协商、调解或者协商、调解不成的，可以向农村土地承包仲裁机构申请仲裁，也可以直接向人民法院起诉。”根据这一规定，农村土地承包纠纷的解决方式有四种，即协商、调解、仲裁和诉讼。协商、调解根据当事人自愿的原则进行，如果当事人不愿协商、调解或者协商、调解不成的，则既可以向农村土地承包仲裁机构申请仲裁，也可以直接向人民法院起诉。即仲裁并非诉讼的前置程序，当事人可以不经仲裁直接向人民法院起诉。但有一种情况例外，即如果当事人自愿达成书面仲裁协议的（包括在书面合同中订有仲裁条款，或者在发生纠纷后达成书面仲裁协议的），一方向人民法院起诉的，则人民法院不予受理。当事人应当先申请仲裁，对仲裁裁决不服的，可在收到裁决书之日起三十日内向人民法院起诉（最高人民法院《关于审理涉及农村土地承包纠纷案件适用法律问题的解释》第 2 条第 1 款）。

需要注意的是，农村土地承包仲裁机构的裁决并不具有终局效力。《农村土地承包经营纠纷调解仲裁法》第 48 条规定：“当事人不服仲裁裁决的，可以自收到裁决书之日起三十日内向人民法院起诉。逾期不起诉的，裁决书即发生法律效力。”根据这一规定，只有当事人在法定期限内没有向人民法院提起诉讼的情况下，仲裁裁决才能发生法律效力。这一规定与 1994 年施行的《仲裁法》不同，根据《仲裁法》的规定，仲裁裁决具有终局效力，裁决一经作出即发生法律效力，除非有证据证明仲裁机构违反法定程序，当事人可以申请人民法院撤销仲裁裁决外，仲裁裁决之后，当事人不得就同一争议再向人民法院提起诉讼。换句话说，当事人选择了仲裁，则排除了法院的管辖，即使认为裁决不公，也不能再向人民法院起诉。但农村土地承包纠纷的仲裁与《仲裁法》的规定不同，即使当事人达成了书面仲裁协议，如果认为裁决不公，仍可向人民法院起诉，只是提起诉讼必须在仲裁裁决作出后 30 天之内。

此外，还有一点与普通仲裁的不同之处需要注意：按照《仲裁法》的规定，提起仲裁必须是当事人之间有书面的仲裁协议，否则仲裁机构不予受理。按照《农村土地承包经营纠纷调解仲裁法》的规定，其受理条件并不需要当事人达成书面仲裁协议。该法第 20 条规定：“申请农村土地承包经营纠纷仲裁应当符合下列条件：（一）申请人与纠纷有直接的利害关系；（二）有明确的被申请人；（三）有具体的仲裁请求和事实、理由；（四）属于农村土地承包仲裁委员会的受理范围。”第 22 条规定：“农村土地承包仲裁委员会应当对仲裁申请予以审查，认为符合本法第 20 条规定的，应当受理。有下列情形之一的，不予受理；已受理的，终止仲裁程序：（一）不符合申请条件；（二）人民法院已受理该纠纷；（三）法律规定该纠纷应当由其他机构处理；（四）对该纠纷已有生效的判决、裁定、仲裁裁决、行政处理决定等。”根据以上规定，在一方当事人提起仲裁之后，即使另一方当事人以没有书面仲裁协议为由不同意仲裁，只要他未在仲裁机构审理期间向人民法院就该纠纷另行起诉，就不影响仲裁机构继续审理和作出裁决。

虽然农村土地承包纠纷仲裁裁决不具有“一经裁决便立即生效”的终局效力，但与诉讼相比，采用仲裁的方法方便、快捷、经济（按照《农村土地承包经营纠纷调解仲裁法》的规定，仲裁案件应当自受理之日起 60 日之内结束，案情复杂需要延长的，延长期限也不得超过 30 日，且仲裁免收当事人费用）。考虑这些因素，如果仲裁裁决能够基本公平、公正，裁决之后当事人再向人民法院起诉的可能性也不大。因此，通过仲裁解决农村土地承包经营纠纷应当是一个不错的选择。

32. 农村土地承包纠纷是否适用诉讼时效？

问 七八年前，我们夫妻两人带着儿子到城市打工，便将承包的 3 亩耕地托付给一个亲戚打理耕种，后来这个亲戚也到城市务工，土地就被闲置了，于是村委将我们承包的土地又发包给同村的另一农户。去年，在城里打工挣钱也难了，我们便想回村继续耕种自己的土地，但被村委告之，我们的承包地早已被收回另行发包了，不能返还。我想提起仲裁或者诉讼，但有人告诉我：你打不赢官司，因为早已超过了诉讼时效。真是这样吗？

答：首先应当指出，长期闲置土地是违法的。在你们进城打工期间，完全可以通过转包、租赁等方式将土地交给其他人继续耕种。但是，村委以你们闲置土地为由收回承包地并另行发包的行为并无法律依据。你们可以村集体经济组织和现承包耕地的人为被告向人民法院提起诉讼，要求返还承包地、排除妨碍和赔偿损失。这些诉讼请求属于物上请求权，并不适用诉讼时效。

时效，是指法律规定的某种事实状态经过法定时间而产生一定法律后果的法律制度。时效按其所适用的权利和法律后果区分，可分为取得时效（也称占有时效）和诉讼时效（也称消灭时效）。所谓取得时效，是指占有人自主的、和平的、公然的占有他人的动产、不动产或其他财产权的事实状态经过一定的期限以后，即可取得该占有财产的所有权的法律制度。在制定《物权法》时，对是否规定该项制度存在争议，最终颁布的《物权法》没有规定。所谓诉讼时效，是指民事权利受到侵害的权利人在法定的时效期间内不行使权利，当时效届满时，法律对权利人的权利不再进行司法保护，即权利人丧失胜诉权的制度。对于诉讼时效是仅适用于债权请求权，还是也可适用于物上请求权，我国法律无明确规定，其他国家的立法规定也不尽相同。国内外学者对此问题一直存在争论。我国著名民法学者王利明教授认为，物权请求权原则上不应适用消灭时效，理由在于：

第一，物权的请求权与物权不可分开，它与物权是同命运的，既然物权不能适用消灭时效，则物权的请求权也不能与物权分开而单独适用消灭时效。假如物权的请求权可以适用时效，物权很有可能变成空虚的权利。例如所有物的返还请求权因适用消灭时效而消灭，而所有权又不因适用消灭时效而消失，在此情况下，所有权实际上已经变成了一种空虚的所有权；即使仍然存在，也是无意义的。

第二，物权的请求权也难以适用消灭时效。因为物权的请求权通常适用于各种继续性的侵害行为。所谓继续性的侵害行为是指这类分割和妨害行为通常是持续不断地进行的，例如长期非法占有他人的财产，在他人的房屋边挖洞，长期威胁到他人的安全等。对这些侵害行为很难确定时效的起算点，只要权利人发现其权利受到了侵害或遭到妨害，就有权利行使物上请求权，而不应适用消灭时效。

第三，物权的请求权虽不适用消灭时效，但可适用取得时效，也就是说，如果权利人在一定期限内不行使所有物的返还请求权，使他人公开地、和平地占有其物，经过一定期限以后，他人可取得对该物的所有权。由于取得时效与消灭时效都是为了“帮助勤勉人，制裁睡眠人”，推动财产流转，并维护社会经济秩序，如果因适用取得时效而使权利人失去权利，也是对其不积极行使权利的一种制裁，在此情况下，无必要再适用消灭时效。[①] 2008 年最高人民法院发布的《关于审理民事案件适用诉讼时效制度若干问题的规定》第 1 条规定：“当事人可以对债权请求权提出诉讼时效抗辩。”显然，最高人民法院的司法解释采纳了物上请求权不适用诉讼时效的学说。

在《物权法》施行前，对于土地承包经营权属于物权还是债权一直存在争议，有观点就认为土地承包经营权是债权性质的权利，故理应适用诉讼时效。但生效的《物权法》已明确规定土地承包经营权属于用益物权，因此，基于土地承包经营权而产生的请求返还承包经营权、排除妨碍、赔偿损失等权利属于物上请求权，依法不应受诉讼时效的限制。只要在承包期限之内，并且侵害土地承包经营权的行为一直持续，则土地承包经营权人不管何时起诉，都不会因超过诉讼时效期限而丧失胜诉权。

① 王利明 . 物权法论 [M]. 北京：中国政法大学出版社，1998：154-155.

需要注意的是，并不是所有因为土地承包经营权而引发的纠纷都不适用诉讼时效的规定，比如因土地承包经营权转包、租赁、互换、转让等合同而引发的纠纷则属于债权性质的纠纷，合同当事人依据合同提起的要求继续履行合同、解除或者变更合同、要求承担违约责任、赔偿损失等，则属于债权请求权，依法应当适用诉讼时效的规定。

此外，如果就土地承包纠纷申请仲裁，也有时效问题。《农村土地承包经营纠纷调解仲裁法》第 18 条规定："农村土地承包经营纠纷申请仲裁的时效期间为二年，自当事人知道或者应当知道其权利被侵害之日起计算。"但这一规定只是对受理仲裁申请的时限性规定，超过这一期限，仲裁机构不再受理仲裁申请，或者受理以后驳回，但这一时效性规定与诉讼时效是两回事，当事人并不因超过这一时效期限而丧失胜诉权。仲裁机构因超过该时效期限不予受理或驳回仲裁申请，不影响当事人向人民法院起诉，基于物上请求权而提出的诉讼请求也不会因超过诉讼时效而被驳回。

第三章

农村集体建设用地及宅基地纠纷

1. 农村集体经营性建设用地可以入市交易，“小产权房”是否可以转正了？

问 新修改的《土地管理法》已经允许农村集体经营性建设用地入市交易了，这是不是意味着，除农用地以外，所有的农村集体土地都可以自由流转不受限制了，那么以前已经建成的“小产权房”是不是也可以转正（确权发证）了？

答：允许农村集体经营性建设用地入市交易，是这次《土地管理法》修改的一大亮点，但这一修改内容被一些媒体做了夸大甚至是错误的解读，什么“农村土地可以自由买卖了”“农村土地市场全面放开”等。实际上，允许农村集体经营性建设用地上市流转，是有条件、有限制的。修订后的《土地管理法》第63条规定：“土地利用总体规划、城乡规划确定为工业、商业等经营性用途，并经依法登记的集体经营性建设用地，土地所有权人可以通过出让、出租等方式交由单位或者个人使用，并应当签订书面合同，载明土地界址、面积、动工期限、使用期限、土地用途、规划条件和双方其他权利义务。前款规定的集体经营性建设用地出让、出租等，应当经本集体经济组织成员的村民会议三分之二以上成员或者三分之二以上村民代表的同意。通过出让等方式取得的集体经营性建设用地使用权可以转让、互换、出资、赠与或者抵押，但法律、行政法规另有规定或者土地所有权人、土地使用权人签订的书面合同另有约定的除外。集体经营性建设用地的出租，集体建设用地使用权的出让及其最高年限、转让、互换、出资、赠与、抵押等，参照同类用途的国有建设用地执行。具体办法由国务院制定。”根据这一规定，允许上市流转的只是土地利用总体规划、城市规划确定的工业、商业等经营性用地，住宅建设用地（宅基地），不在允许流转的范围之内。农村集体经营性建设用地流转还必须符合三个前提条件：第一，规划用途已经确定；第二，已经依法办理登记；第三，需经本集体经济组织成员的村民会议三分之二以上成员或者三分之二以上村民代表的同意。也就是说，农村集体经营性建设用地流转并不是绝对自由的，政府通过规划的制定和调整仍然可以对农村集体经营性建设用地的流转加以制约。当然，一旦规划确定并办理了登记，且绝大多数村民同意流转，则对交易对象、交易价格、交易时间、交易方式等，农村集体经济组织有自由选择和决定权，并可通过与交易对象平等、自由的协商达成协议。

因这次修法，住宅建设用地并不在允许流转的范围之内，因此，在住宅建设用地上建成的“小产权房”，目前还不允许上市交易，已经交易的“小产权房”短期内没有“转正”（合法化）的可能。

2. 农村集体经营性建设用地真的可以与国有土地同权同价吗？

问 新修订的《土地管理法》，允许农村集体经营性建设用地通过出让、出租等方式入市交易。如果这样，集体土地是否可以实现与国有土地同等入市、同权同价？

答：在《土地管理法》修订过程中，就允许农村集体经营性建设用地入市交易等问题，已经经历了长期的论证、争论，如今在立法环节，基本已经达成共识，即应当打破目前土地供应的一元化格局，建立城乡统一的建设用地市场，允许农村集体经营性建设用地以出让、租赁、入股等方式入市交易，并且集体经营性土地使用权的最高年限等，也可参照同类用途的国有建设用地执行。2019 年 8 月 26 日，这一争论多年的问题终于有了定论。修订后的《土地管理法》允许规划确定为工业、商业等经营性用途的集体经营性建设用地通过出让、出租等方式上市交易。同时删除了原《土地管理法》第 43 条：“任何单位和个人进行建设，需要使用土地的，必须依法申请使用国有土地；但是，兴办乡镇企业和村民建设住宅经依法批准使用本集体经济组织农民集体所有的土地的，或者乡（镇）村公共设施和公益事业建设经依法批准使用农民集体所有的土地的除外。前款所称依法申请使用的国有土地包括国家所有的土地和国家征收的原属于农民集体所有的土地。”的规定。这一规定一直被认为是确立政府对土地一级市场的垄断地位、禁止农村集体建设用地上市流转的法律依据。因此，这次的修改可谓意义重大，虽然还不是完全的放开（住宅建设用地不在允许上市交易的范围之内），但已经打破了政府完全垄断经营性土地供应的格局，并且在客观上，农村集体建设用地可以实现与国有土地“同等入市、同权同价”，即区域、环境、用途等与国有土地大致相同的集体土地，既可以相同的方式入市交易，交易价格也可大致相当。这也是立法修改的初衷。但是，是否能实现农村集体经营性建设用地与国有土地的“同权同价”，取决于多种因素，如土地的周边环境、人口、配套设施等，都会对土地价格产生影响。事实上，由于土地的特定性，世界上不会有完全相同的土地，当然也不会有完全相同的价格。“同权同价”的表述，主要还是在强调法律上的一种价值标准，即因土地使用权的交易，应当遵循同等的价值标准进行交易，而不是说，集体土地一定要卖到跟国有土地一样的价格。

还有一点需要注意。这次土地管理法修改，只是允许农村集体经营性建设用地（工业用地、商业旅游用地等）上市交易，住宅建设用地尚不在允许上市交易的范围。而这些年，国有土地上涨幅度最大的就是住宅建设用地，住宅用地也是拉大农村土地与国有土地价格差距，并产生级差地租的主要因素。而且，住宅的价格对周边其他土地物业的价格也会产生直接影响。在农村住宅建设用地没有放开的情况下，农村其他经营性建设用地的价格也不会因放开而暴涨，更不会对城市的住宅建设用地市场产生太大的影响。

3. 什么是农村宅基地的“三权分置”？实行“三权分置”后宅基地使用权就可以自由流转吗？

问 我们邻县的农村曾经进行过宅基地“三权分置”试点，即在农户保留宅基地“资格权”的情况下，将宅基地使用权转让给外村人或者城里人。但以前转让宅基地其实也只能转让宅基地的使用权，农村集体经济组织仍然拥有宅基地的所有权，但那时将宅基地使用权转让给外村人是不允许的。现在搞“三权分置”，是不是意味着农村宅基地使用权可以自由流转了，既可以转让给本村村民，也可以转让给外村人？

答：所谓宅基地“三权分置”，是指农村集体经济组织对宅基地拥有所有权，符合宅基地分配条件的农户有资格权，非本集体经济组织成员可以拥有使用权，即宅基地的所有权、资格权、使用权可以同时为三个不同的民事主体享有。农村宅基地三权分置，曾在部分地区进行过试点，但修改后的《土地管理法》并没有宅基地三权分置的内容。实行宅基地三权分置试点的初衷，主要还是想在不触动农村宅基地基本制度的情况下，允许农村宅基地和房屋有条件流转，避免闲置和浪费。在这三权中，所有权和使用权在法律上对其内含和外延有着比较明确的界定，在理论界和实务界的认识和理解也比较成熟和统一，争论不大。但“资格权”究竟是一种什么样的权利？是财产权还是人身权，在立法上并无明确界定。一旦允许宅基地使用权流转，农户保留“资格权”的法律作用和意义如何体现，目前都无定论。2018 年底国务院《关于农村土地征收、集体经营性建设用地入市、宅基地制度改革试点情况的报告》建议：“在实践中进一步探索宅基地‘三权分置’问题，待形成比较成熟的制度经验后进行立法规范。”所以目前无论在试点地区还是非试点地区，均不能将宅基地三权分置理解为宅基地使用权可以自由流转。这次《土地管理法》修改，“三权分置”并未成为立法性规定，表明对农村宅基地流转从严管控的思路尚未改变，今后农村宅基地使用权的流转仍会受到严格限制。

4. 什么是农村集体建设用地？占用农村土地搞建设有哪些限制性规定？

问 我们知道，农村土地管理制度的核心是土地用途管制制度，国家不允许随便占用农用地搞建设。可在我们这里，农村搞建设的规模越来越大，农用地越来越少，有些村干部振振有词地说，土地用途管制并不是绝对的，根据建设需要，将农业用地转为建设用地是允许的。请问，什么是农村建设用地？在什么情况下可以占用农地搞建设？

答：在我国农村，土地根据用途不同主要分为两大类，一为农用地，二为建设用地。前者是指直接用于农业生产的土地，包括耕地、草地、林地、农田水利用地、养殖水面等；后者则是指建造建筑物、构筑物等非农业建设所使用的土地，主要包括乡（镇）村公益事业用地和公共设施用地、乡（镇）村办企业用地以及农村居民住宅用地等。

我国人多地少，农村土地，尤其是农业用途的土地，事关全国人民的吃饭和生存发展，所以无论是国家立法还是中央、地方的政策性规定，都特别强调要实行最严格的土地管理制度。在农村，土地管理的核心和重点就是土地用途管制制度，而用途管制则主要是严格限制农用地转为建设用地。《土地管理法》第 4 条规定：“国家实行土地用途管制制度。国家编制土地利用总体规划，规定土地用途，将土地分为农用地、建设用地和未利用地。严格限制农用地转为建设用地，控制建设用地总量，对耕地实行特殊保护……使用土地的单位和个人必须严格按照土地利用总体规划确定的用途使用土地。”第 37 条规定：“非农业建设必须节约使用土地，可以利用荒地的，不得占用耕地；可以利用劣地的，不得占用好地。禁止占用耕地建窑、建坟或者擅自在耕地上建房、挖砂、采石、采矿、取土等。禁止占用永久基本农田发展林果业和挖塘养鱼。”从以上规定可以看出，对农业用地，特别是耕地的保护最主要的手段就是对用途改变的限制。但这种限制并非绝对的，因为农村居民的生存和发展也离不开建设用地，在未来一个较长的时期内，农村建设用地的需求总量和规模仍会维持在一个较高的水平。因此，农用地的减少在客观上无法避免，法律没有、也不可能绝对禁止农用地的转用。只不过必须严格控制这种转用的速度和规模。比如国家有关部门一直强调“一定要守住全国耕地不少于18亿亩这条红线”，[①] 并在立法上严格规定了农用地转用的程序。如《土地管理法》第44条规定：“建设占用土地，涉及农用地转为建设用地的，应当办理农用地转用审批手续。永久基本农田转为建设用地的，由国务院批准。在土地利用总体规划确定的城市和村庄、集镇建设用地规模范围内，为实施该规划而将永久基本农田以外的农用地转为建设用地的，按土地利用年度计划分批次按照国务院规定由原批准土地利用总体规划的机关或者其授权的机关批准。在已批准的农用地转用范围内，具体建设项目用地可以由市、县人民政府批准。在土地利用总体规划确定的城市和村庄、集镇建设用地规模范围外，将永久基本农田以外的农用地转为建设用地的，由国务院或者国务院授权的省、自治区、直辖市人民政府批准。”根据《土地管理法》和相关法律、法规以及政策性规定，以下三类乡（镇）村建设可以使用农村集体土地：（1）乡（镇）村企业建设；（2）乡（镇）村公共设施和公益事业建设；（3）农村村民住宅建设。也就是说，只有以上三类建设项目才允许占用农村土地。以上建设项目需要将农用地和未利用地转为建设用地的，都必须依法经过批准，同时必须符合乡（镇）土地利用总体规划和镇规划、乡规划、村庄规划，纳入土地年度计划，并依法办理建设规划许可及农用地转用和建设项目用地审批手续后，方可进行建设。

5. 乡（镇）村等集体经济组织是否可以自主决定土地用途？

问 这些年，除了因国家建设被征收征用以外，村里办的几个集体企业也占了不少地。而且村办企业占地搞建设很随意，开个会表决一下，或者村委会直接作出决定就开工搞建设。请问，国家对于占用农用地搞建设的审批程序是如何规定的？村集体经济组织作为土地所有者就有权自行改变土地用途吗？

答：无论何种建设项目，村集体经济组织是无权决定占用农用地开工建设的。《土地管理法》第60条规定：“农村集体经济组织使用乡（镇）土地利用总体规划确定的建设用地兴办企业或者与其他单位、个人以土地使用权入股、联营等形式共同举办企业的，应当持有关批准文件，向县级以上地方人民政府土地行政

① 摘自温家宝总理2007年《政府工作报告》。

主管部门提出申请，按照省、自治区、直辖市规定的批准权限，由县级以上地方人民政府批准；其中，涉及占用农用地的，依照本法第 44 条的规定办理审批手续。按照前款规定兴办企业的建设用地，必须严格控制。省、自治区、直辖市可以按照乡镇企业的不同行业和经营规模，分别规定用地标准。”第 61 条规定：“乡（镇）村公共设施、公益事业建设，需要使用土地的，经乡（镇）人民政府审核，向县级以上地方人民政府自然资源主管部门提出申请，按照省、自治区、直辖市规定的批准权限，由县级以上地方人民政府批准；其中，涉及占用农用地的，依照本法第 44 条的规定办理审批手续。”根据以上规定，农村乡（镇）村公共设施、公益事业建设，需要使用的土地是土地利用总体规划定确定的建设用地，按照省级人民政府规定的批准权限，应当经县级以上地方人民政府批准。如果是占用农用地建设，则需要办理农用地转用审批手续。按照《土地管理法》第 44 条的规定，农用地转用的审批权限属于国务院和省级人民政府。所以农村集体经济组织虽然是集体土地的所有者，但其无权以兴办乡（镇）村企业，或者公共设施、公益事业建设为名随意占用土地。即使通过民主议定程序由大多数村民表决同意占用土地进行建设，也必须依法定程序办理用地审批手续。

无论是在城市还是在农村进行项目建设，其基本的审批程序主要体现在《土地管理法实施条例》第 20 规定：“在土地利用总体规划确定的城市建设用地范围内，为实施城市规划占用土地的，按照下列规定办理：（一）市、县人民政府按照土地利用年度计划拟订农用地转用方案、补充耕地方案、征用土地方案，分批次逐级上报有批准权的人民政府。（二）有批准权的人民政府土地行政主管部门对农用地转用方案、补充耕地方案、征用土地方案进行审查，提出审查意见，报有批准权的人民政府批准；其中，补充耕地方案由批准农用地转用方案的人民政府在批准农用地转用方案时一并批准。（三）农用地转用方案、补充耕地方案、征用土地方案经批准后，由市、县人民政府组织实施，按具体建设项目分别供地。在土地利用总体规划确定的村庄、集镇建设用地范围内，为实施村庄、集镇规划占用土地的，由市、县人民政府拟订农用地转用方案、补充耕地方案，依照前款规定的程序办理。”此外，在农村进行建设还必须符合乡（镇）土地利用总体规划以及村庄和集镇规划。建设项目不得随意改变规划用途。如占用耕地建设的，除了必须履行农转用审批手续外，还应当根据“占多少，垦多少”的原则，由占用耕地的单位负责开垦与所占耕地的数量和质量相当的耕地；没有条件开垦或者开垦的耕地不符合要求的，还应当按照规定交纳耕地开垦费（《土地管理法》第 30 条）。

总之，在农村土地上搞建设，我国法律规定的审批程序是非常严格的，乡（镇）一级政府或村委会等集体经济组织是无权擅自改变土地用途的。对于未经审批非法占地搞建设，或者擅自改变土地规划用途的行为，我国法律也规定了相应的法律责任，对于违法占地建设情节严重的行为，甚至可以追究责任人的刑事责任。

6. 农村建设用地使用权期限法律是如何规定的？使用权流转后的期限如何确定？

问 从前几年开始，政府陆续为我们村的村办企业用地和一些商业网点用地颁发了《建设用地使用权证》，但证书并未载明土地使用期限。现在村里的一些建设用地使用权人想要出租或者转让他们的建设用地使用权。请问，国家对农村建设用地使用期限是怎样规定的，流转以后的使用期限应当如何确定？

答：《农村土地承包法》和《物权法》对农用地的承包期限已有明确规定，比如《物权法》第126条规定："耕地的承包期为三十年。草地的承包期为三十年至五十年。林地的承包期为三十年至七十年；特殊林木的林地承包期，经国务院林业行政主管部门批准可以延长。前款规定的承包期届满，由土地承包经营权人按照国家有关规定继续承包。"这样的规定实际已使土地承包经营权近乎于永久性的权利了。然而，对于相比于土地承包经营权具有更高的市场价值、交易更为活跃的农村集体建设用地使用权，国家立法却一直没有使用期限的规定。

从法理上讲，在所有权主体和使用权主体统一的情况下，当然没有必要单独对使用权期限作出规定，因为所有权是永久的，而使用权不过是所有权的权能之一，在使用权主体不变的情况下使用期限也应当是永久的、无期限的。但是，对于农村集体建设用地使用权流转后的使用期限，立法上之所以没有明文规定，是因为法律一直禁止农村集体建设用地的流转，自然不会有流转后土地使用期限的规定。但2019年《土地管理法》修改后，已经允许部分农村集体经营性建设用地上市流转，对流转后的使用期限问题也同时作出规定。该法第63条规定："土地利用总体规划、城乡规划确定为工业、商业等经营性用途，并经依法登记的集体经营性建设用地，土地所有权人可以通过出让、出租等方式交由单位或者个人使用，并应当签订书面合同，载明土地界址、面积、动工期限、使用期限、土地用途、规划条件和双方其他权利义务……集体经营性建设用地的出租，集体建设用地使用权的出让及其最高年限、转让、互换、出资、赠与、抵押等，参照同类用途的国有建设用地执行。具体办法由国务院制定。”根据这一规定，农村集体建设用地流转后的使用期限，可参照同类用途的国有建设用地执行。[①]

7. 农村集体建设用地使用权流转合同效力如何确定？

问 多年以前，我们相邻的省份就出台了农村集体建设用地使用权流转管理规定，允许农村集体经济组织和农民以出让、转让等方式流转建设用地使用权。而我们这里一直没有出台相关规定，于是我们也仿照邻省的办法，采用出让、转让方式流转土地，但当地政府主管部门拒绝为我们办理登记过户手续，并说我们的流转行为是违法的、无效的。请问没有出台相关办法的地区采用出让、转让等方式流转集体土地一定违法、无效吗？

答：没有出台农村集体建设用地使用权流转办法的地区，并不意味着禁止农村集体建设用地使用权的流转，更不能由此得出结论，已出台相关规定的地区，土地流转就是合法的，未出台相关规定的地区，土地流转就是非法的。合同的效力，不能仅从流转方式上加以判断。何况，2019 年修订后的《土地管理法》已经允许符合条件的农村集体经营性建设用地通过出让、出租等方式上市流转。即今后通过出让、出租方式流转集体经营性建设用地并不违法。

认定合同效力，主要依据是《合同法》第 52 条规定：“有下列情形之一的，合同无效：(一)一方以欺诈、胁迫的手段订立合同，损害国家利益；(二)恶意串通，损害国家、集体或者第三人利益；(三)以合法形式掩盖非法目的；(四)损害社会公共利益；(五)违反法律、行政法规的强制性规定。”如果土地流转合同不存在该条所列情形，合同效力就应当加以确认。

对于农村集体建设用地使用权流转合同，判断其是否违反法律法规的强制性规定，主要从如下三个方面加以认定：

(1)土地流转合同是否违反国家土地用途管制规定。

我国农村土地分为农用地、建设用地和未利用地。土地所有者和使用者必须

---

① 《城镇国有土地使用权出让和转让暂行条例》第 12 条规定：“土地使用权出让最高年限按下列用途确定：(一)居住用地七十年；(二)工业用地五十年；(三)教育、科技、文化、卫生、体育用地五十年；(四)商业、旅游、娱乐用地四十年；(五)综合或者其他用地五十年。”

严格按照规定的用途使用土地，不得未经批准将农用地转为建设用地。如果土地流转合同内容包含有擅自改变土地用途的内容，则这样的流转合同就有可能因违反强制性规定而被确认无效。

（2）土地流转合同是否符合土地利用总体规划和城乡规划。

占用农村土地进行建设必须符合土地利用总体规划和城乡规划。“规划”是各级人民政府按照法定程序编制的，规划一经批准便具有强制执行效力。如果土地流转合同违反相关规划要求，也有可能被确认无效。

（3）是否经法定程序履行批准手续。

农村集体土地所有权是一种共有关系，按照一般法律原则，处分共同共有的财产，应当取得共有人的一致同意，处分行为才为有效。然而农村集体经济组织对土地财产的共有关系具有特殊性，在处分集体财产时，要求取得全体经济组织成员一致同意并不现实。基于这一考虑，按照《村民委员会组织法》的相关规定，重大事项采取多数同意有效原则。《土地管理法》第63条第二款定：“集体经营性建设用地出让、出租等，应当经本集体经济组织成员的村民会议三分之二以上成员或者三分之二以上村民代表的同意。”如果土地流转合同是在未经集体经济组织民主议定程序，取得大多数村民同意的情况下签订的，也可能被确认无效。

8. 农村集体建设用地使用权流转未经政府主管部门登记确认，是否影响流转合同效力？合同效力与物权效力有何关系？

问 我公司与某村村委会签订联营合同，该村以闲置厂房与空闲土地（规划为建设用地）作为出资，我公司提供建设资金共同组建联营公司，对闲置厂房进行改建、扩建后，作为旅游度假设施，由设立的公司独立经营。合同约定，土地所有权仍归村集体经济组织，使用权则归新设立的企业，使用期限50年，期限届满后，若双方决定不再续期，则联营公司终止，土地使用权由集体经济组织收回。双方还约定了利润分配等事宜。但是合同签订后，虽已办理了工商登记手续，成立了公司，但县土地管理部门以我们未经批准，变相非法转让集体土地为由，拒绝办理土地权属变更登记手续。虽然土地权属变更登记一直没有办理，但双方已开始履行合同，并对外经营数年。最近村委以政府土地主管部门不同意办理权属变更为由提出合同无效，欲终止合同。请问，村委的主张成立吗？

答：土地权属变更与否并不影响合同效力。《物权法》第 15 条规定："当事人之间订立有关设立、变更、转让和消灭不动产物权的合同，除法律另有规定或者合同另有约定外，自合同成立时生效；未办理物权登记的，不影响合同效力。"这一规定就是民法学上所说的"合同效力与物权效力相区分的原则。"即有关物权设立、变更、转让和消灭的合同签订后，无论该物权变动行为是否经法定登记机关办理登记，均不影响合同效力。未办理登记，只能导致该物权变动不发生物权效力。具有债权性质的合同虽然是物权变动的原因和基础，一般来说，没有合同，也不会发生物权变动（但一些特殊情况除外，比如权利人死亡后的继承，法院的执行裁定等，导致的物权变动并不需要合同基础），但是不能反推，物权变动与否是债权合同生效的条件。即使登记机关因为物权变动合同违法而未予办理登记手续，也不能将该登记行为本身作为认定合同效力的依据——不予登记，所签合同即无效。在《物权法》颁布之前，在理论上和司法实践中，将物权效力与合同效力混同，以不动产登记作为认定合同效力依据的情形普遍存在，其直接依据就是《土地管理法实施条例》第 6 条第 1 款的规定："依法改变土地所有权、使用权的，因依法转让地上建筑物、构筑物等附着物导致土地使用权转移的，必须向土地所在地的县级以上人民政府土地行政主管部门提出土地变更登记申请，由原土地登记机关依法进行土地所有权、使用权变更登记。土地所有权、使用权的变更，自变更登记之日起生效。"依据这一规定，将不动产登记视为一种强制性规定，并由此得出结论，合同签订后不办理权属变更登记，即违反了法律、法规的强制性规定，因而所签合同也无效。事实上，即使是在《物权法》颁布前，也不能这样理解法律。权属变更登记是合同履行的内容和结果，没有办理权属变更登记，负有完成权属变更登记义务的一方应当继续履行合同，而不能将未履行合同义务本身作为确认合同效力的理由，否则对合同相对方有失公平，这意味着合同义务的承担方可以通过义务的履行与否控制合同效力。特别是在土地、房产等不动产转让过程中，办理权属变更登记手续的义务往往约定由转让方承担，如果将不动产变更登记与否作为确认合同效力的依据，则转让方认为毁约对自己有利，就不予办理或以消极方式使权属变更登记无法完成；反之，办理权属变更对自己有利，就积极办理以使合同得以生效和履行。这样的制度设计显然有违诚实信用原则，是对背信弃义行为的鼓励。所以，将合同效力和物权效力加以区分是合理的，即在没有办理变更登记的情况下，仍然可对合同效力加以确认，但同时不承认其物权效力，则既可以保证合同的债权效力得以实现，使合同继续履行，同时也不会因该物权变动未经登记（公示），而使善意第三人利益受损。

因此，土地管理部门不予办理权属变更登记的行为或者意思表示本身，不能作为确认合同效力的依据。确认合同效力的法律依据就是《合同法》第52条规定的五种情形。如果土地管理部门认为所签订的有关土地权属变更的合同存在这五种情形之一，比如所签合同违反了法律、法规的强制性规定，合同内容非法改变了原土地规划用途等，当然可以拒绝办理权属变更登记手续，但是不能据此将土地管理部门的拒绝行为本身或者其主观认定作为确认合同效力的依据。因为，第一，合同效力的确认权在司法、仲裁机关，其他任何单位都无此权力。在司法、仲裁机关作出裁决前，土地管理部门的认定不能作为确认合同效力的依据；第二，根据相关司法解释，合同效力允许补正，[①] 即使存在某种合同无效情形，比如违反了土地用途管制规定，但如果在诉讼前已经加以补正，比如政府规划部门同意变更土地用途，则所签合同仍然有效。故不能仅凭土地管理部门是否办理权属变更登记就草率地对合同效力下结论。

但是一般来说，如果通过联营或其他方式非法改变了土地用途，不但难以完成土地权属变更登记，事实上合同的继续履行也是不可能的。因为违反了土地用途管制规定，则规划和建设手续也无法完成，擅自开工建设则属非法，不受法律保护。对于农村集体建设用地的流转，最主要的是不得违反国家规定的土地用途。只要土地流转符合规定用途并无其他违法情形，则无论土地管理部门是否办理权属变更登记手续都不会影响合同效力，在合同约定的履行期限内，任何一方都不能以此为由要求终止合同。

9. 农村建设用地可否建设商品房？

问 我们村位于城乡接合部，许多土地早已被政府征收后出让给开发商用于商品房建设，然后高价销售。于是我们村经多数村民同意，利用村内空闲土地建起两座住宅楼，一部分以优惠价出售给已经成家尚无住房的村民，另一部分则公开对外出售，所得收入扣除成本后在村民内部平均分配。但是房屋刚建成就被政府查处，要求我村立即停止销售房屋，将所建房屋定性为违法建

① 最高人民法院《关于审理涉及国有土地使用权合同纠纷案件适用法律问题的解释》多处规定都体现了这一原则，虽然该解释的适用对象是国有土地，但笔者认为在处理农村集体土地相关纠纷时，这一原则可以作为参考适用。

筑。村民们感觉不公，为什么政府为开发商征地搞商品房开发就可以，农民自己建就不允许？

答： 新修订的《土地管理法》第 63 条第一款规定："土地利用总体规划、城乡规划确定为工业、商业等经营性用途，并经依法登记的集体经营性建设用地，土地所有权人可以通过出让、出租等方式交由单位或者个人使用，并应当签订书面合同，载明土地界址、面积、动工期限、使用期限、土地用途、规划条件和双方其他权利义务。"根据该规定，有些集体经营性建设用地已经允许上市交易，但不包括住宅建设用地，即农村住宅建设用地不在允许上市交易的范围之内。如想在集体土地上建商品住宅，按目前的法律规定，还必须先将集体土地征为国有后，由政府通过出让方式出让给房地产开发商，才能建设商品住宅。即对住宅建设用地的供应，政府仍然拥有绝对垄断的权力。

农村集体经济组织在符合规划的前提下，经批准后可以兴建住宅，这样的住宅也被称为"小产权房"，但此类住宅，其分配和销售对象是特定的，只能是本村村民，不能公开上市出售，因此并不属于商品房范畴。

10. 新土地管理法允许城市居民到农村买房了？

问 新修订的《土地管理法》今年 8 月公布后，有些媒体在宣传报道中说，集体建设用地今后允许上市交易了，所以作为建设用地的农村宅基地和农民的房屋也可以向城市居民出售了。我们上网查看了新《土地管理法》涉及农村宅基地的，是有些新的规定，但似乎不能理解为允许城市居民到农村购房，请问，我们的理解对吗？

答： 新修订的《土地管理法》公布后，有关内容确实被一些媒体作了过度解读和错误解读。不少人给我打电话询问：城里人可以到农村买房了？修订的《土地管理法》对农村宅基地管理的规定主要体现在该法第 62 条规定："农村村民一户只能拥有一处宅基地，其宅基地的面积不得超过省、自治区、直辖市规定的标准。人均土地少、不能保障一户拥有一处宅基地的地区，县级人民政府在充分尊重农村村民意愿的基础上，可以采取措施，按照省、自治区、直辖市规定的标准保障农村村民实现户有所居。农村村民建住宅，应当符合乡（镇）土地利用总体规划、村庄规划，不得占用永久基本农田，并尽量使用原有的宅基地和村内空闲地。编制乡（镇）土地利用总体规划、村庄规划应当统筹并合理安排宅基地用地，改善农村村民居住环境和条件。农村村民住宅用地，由乡（镇）人民政府审核批准；其中，涉及占用农用地的，依照本法第四十四条的规定办理审批手续。农村村民出卖、出租、赠与住宅后，再申请宅基地的，不予批准。国家允许进城落户的农村村民依法自愿有偿退出宅基地，鼓励农村集体经济组织及其成员盘活利用闲置宅基地和闲置住宅。国务院农业农村主管部门负责全国农村宅基地改革和管理有关工作。”仔细研读该规定可以发现与原《土地管理法》相比，“一户一宅”的制度没有变；“农村村民出卖、出租、赠与住宅后再申请宅基地的，不予批准”的规定也没有变；农民建住宅，应当符合规划，不得占用基本农田的规定没有变。新增加的内容主要体现在该条规定的第二款“户有所居”——对一户一宅制度进行了补充和完善。第四款，下放农村村民住宅用地审批权——由乡（镇）人民政府审核批准。第六款，允许进城落户的农村村民有偿退出宅基地；鼓励农村集体经济组织及其成员盘活利用闲置宅基地和房屋。大概就是这一款，造成了一些人的误读，认为自愿有偿退出宅基地，实际上已允许以转让的方式退出，包括向城市居民转让；盘活利用闲置的宅基地和房屋，也意味着允许城市居民来农村利用和使用这些闲置宅基地和房屋。如今，我国农村“空心化”的问题非常严重，大量的农村青壮年农民都进城打工，并定居城市，农村的宅基地和房屋闲置、废弃现象很普遍。盘活利用这些闲置土地和房屋，指望农村的村民是不现实的，是不是可以允许城市居民来盘活利用（建房买房）呢？这种良好的愿望也许是造成误读法律的原因之一。虽然学术界、立法界以及广大的农民，呼吁解禁城市居民在农村买房建房限制的声音一直不断，前几年在33个试点地区进行试点时，也曾探讨过农村宅基地“三权分置”的模式，试图有条件解除宅基地上市限制。但最终修改的《土地管理法》连有条件、有限度的解禁意见也未被采纳。因此，在短期内，允许城市居民到农村买房买地的可能性不大。

11. 未经民主议定程序表决通过，村委会对外签订的处分集体建设用地使用权合同是否有效？

问 2007年，我村以集资的方式兴建住宅楼分配给村民，分得新房的村民需将旧房和宅基地交还村集体。对于集资建新房和分配方案，大多数村民是同意的，并且履行了民主表决程序。但是新房建成后村委会在未征得村民同意的情况下，以极低的价格将收回的旧房和宅基地出租给某公司做仓储基地。如今旧房已被拆除并在原址建成了数千平方米的仓储用房。请问，未经村民会议表决通过，村委会与某公司签订的出租合同有效吗？村民可否要求撤销该合同？

答： 回答这个问题之前首先应该弄清“村民委员会”的性质。《宪法》第111条规定：“城市和农村按居民居住地区设立的居民委员会或者村民委员会是基层群众性自治组织。”《村民委员会组织法》第2条规定：“村民委员会是村民自我管理、自我教育、自我服务的基层群众性自治组织，实行民主选举、民主决策、民主管理、民主监督。村民委员会办理本村的公共事务和公益事业，调解民间纠纷，协助维护社会治安，向人民政府反映村民的意见、要求和提出建议。村民委员会向村民会议、村民代表会议负责并报告工作。”根据以上规定，村民委员会的性质就是“农村基层群众性自治组织。”所谓自治，就是自我管理、自我教育、自我服务。而自治的方式则是民主选举、民主决策、民主管理、民主监督。自治的主体应当是广大村民，而不是被选出的少数村民委员会成员。被选出的村民委员会是为全体村民服务的机构，其主要职责是“办理本村的公共事务和公益事业，调解民间纠纷，协助维护社会治安，向人民政府反映村民的意见、要求和提出建议。”并“向村民会议、村民代表会议负责并报告工作。”由此可见，村民委员会并非决策机构而只是执行机构，对于涉及本集体经济组织全体成员共同利益的重大事项，即使村委会全体成员一致同意，也无权作出决定。《村民委员会组织法》第23条规定：“村民会议审议村民委员会的年度工作报告，评议村民委员会成员的工作；有权撤销或者变更村民委员会不适当的决定；有权撤销或者变更村民代表会议不适当的决定。村民会议可以授权村民代表会议审议村民委员会的年度工作报告，评议村民委员会成员的工作，撤销或者变更村民委员会不适当的决定。”第24条规定“涉及村民利益的下列事项，经村民会议讨论决定方可办理：（一）本村享受误工补贴的人员及补贴标准；（二）从村集体经济所得收益的使用；（三）本村公益事业的兴办和筹资筹劳方案及建设承包方案；（四）土地承包经营方案；（五）村集体经济项目的立项、承包方案；（六）宅基地的使用方案；（七）征地补偿费的使用、分配方案；（八）以借贷、租赁或者其他方式处分村集体财产；（九）村民会议认为应当由村民会议讨论决定的涉及村民利益的其他事项。村民会议可以授权村民代表会议讨论决定前款规定的事项。法律对讨论决定村集体经济组织财产和成员权益的事项另有规定的，依照其规定。”根据以上规定，村民会议是农村集体经济组织的最高权力机构。涉及村民利益的法定事项的决定权，归村民会议，而不是村民委员会。

显然，以对外出租等方式处分集体土地使用权的事项应当属于村民会议或者村民代表会议的决策范围，村民委员会未经村民会议或者村民代表会议表决同意，擅自对外签订协议，违反了法律的强制性规定，应当是违法的、无效的。

农村集体土地所有权虽然本质上是一种共有关系，但由全体共有人共同行使处分权也并不现实。因此，对于这种特殊的共有关系，其处分权的行使法律也作出特别的规定，实行共有人多数同意方能处分的原则。对于多数同意需要达到多大的比例，《村民委员会组织法》的规定是“简单多数原则”，即村民大会或者村民代表大会参会人员半数以上通过方为有效。但该法第 24 条第 3 款同时也规定：“法律对讨论决定村集体经济组织财产和成员权益的事项另有规定的，依照其规定。”其他法律，如《土地管理法》第 63 条第二款规定：“集体经营性建设用地出让、出租等，应当经本集体经济组织成员的村民会议三分之二以上成员或者三分之二以上村民代表的同意。”

需要注意的是，处分集体建设用地使用权需要取得集体经济组织多数成员同意，该同意的内容不仅是处分行为本身，还应包括处分方式、土地用途、价格、期限等合同主要内容；批准形式除了要履行一般的表决程序外，还应当有书面的批准文件，比如有投票同意的成员或代表签名捺印的批准书或者会议纪要等。

对于未经多数成员或者代表同意，村民委员会擅自作出的决定，村民有权要求撤销。但对于涉及与其他单位或者个人的合同，集体经济组织或者村民个人并无单方撤销权。《村民委员会组织法》第 36 条第 1 款规定：“村民委员会或者村民委员会成员作出的决定侵害村民合法权益的，受侵害的村民可以申请人民法院予以撤销，责任人依法承担法律责任。”根据这一规定，认为权益受到侵害的村民个人，可以自己的名义向人民法院起诉，要求撤销村民委员会签订的对外合同或者其他相关决定。

12. 可否以农村集体建设用地使用权入股、联营与其他单位或个人共同兴办企业？入股、联营后土地使用权是否需过户至新成立的企业名下？

问 我公司欲向当地国土资源管理部门申请购买一处国有土地建设工业厂房，但很难找到合适的，要么地价太高，要么位置不合适，城市近郊倒是看好了几块地，价格也很便宜，但据说农村土地不得对外流转，占用农村土地搞建设是非法的，请问我们可否以入股、合资等方式与农村集体经济组织联合建厂？土地使用权是否可以过户到新设立的企业名下？

答：《土地管理法》第 60 条规定："农村集体经济组织使用乡（镇）土地利用总体规划确定的建设用地兴办企业或者与其他单位、个人以土地使用权入股、联营等形式共同举办企业的，应当持有关批准文件，向县级以上地方人民政府土地行政主管部门提出申请，按照省、自治区、直辖市规定的批准权限，由县级以上地方人民政府批准；其中，涉及占用农用地的，依照本法第 44 条的规定办理审批手续。按照前款规定兴办企业的建设用地，必须严格控制。省、自治区、直辖市可以按照乡镇企业的不同行业和经营规模，分别规定用地标准。"根据这一规定，农村集体经济组织可以乡（镇）土地利用总体规划确定的建设用地范围内的土地使用权，采用入股、联营等形式与其他单位、个人共同兴办企业。虽然该规定并未提及土地使用权流转，但以土地使用权入股、联营后必然发生流转。因为入股、联营是一种出资形式，也是出资人以股东或者联营一方参与经营、分配利润的基础，该出资当然要过户至新设立的企业名下。在企业设立时该土地出资要进行作价评估，办理企业工商注册登记。而土地使用权则应经政府土地管理部门办理变更登记手续，过户至新设立的企业名下。原《土地管理法》是禁止农村建设用地流转的，因此虽然规定了集体建设用地使用权可以入股、联营的形式举办企业，但未规定土地使用权可以流转。这在实务操作时就会遇到很多问题。新修订的《土地管理法》对于土地利用总体规划、城乡规划确定为工业、商业等经营性用途的集体建设用地，已经允许以出让、出租等方式流转。因此，入股、联营可视为农村集体经营性建设用地流转的特殊方式，只要符合流转的法定条件，入股、联营后需要办理使用权过户登记的，登记主管机关应当办理。

13. 农村建设用地使用权流转合同履行期限未满，土地所有权人可以提前收回土地使用权吗？

问 我公司采用出让方式从某集体经济组织受让 150 多亩的建设用地使用权，并且签订了出让合同，办理了土地使用权的过户手续。合同约定土地使用期限为 50 年。但合同刚刚履行不到 5 年，村委会便通知我公司，该宗土地要建设乡村公路等公共设施，要求我公司拆除所建厂房，交回土地。但据我们所知，该村真实意图是欲和另一家大型企业合作兴办食品加工厂。请问，就算是兴建公共设施，该村有权提前收回土地使用权吗？

答：如果某村委会的通知属实，该宗土地确实要进行公共设施建设，则其有权要求收回出让的土地使用权。但前提是该建设项目已经有批准权的人民政府批准建设。《土地管理法》第65条规定："有下列情形之一的，农村集体经济组织报经原批准用地的人民政府批准，可以收回土地使用权：（一）为乡（镇）村公共设施和公益事业建设，需要使用土地的；（二）不按照批准的用途使用土地的；（三）因撤销、迁移等原因而停止使用土地的。依照前款第（一）项规定收回农民集体所有的土地的，对土地使用权人应当给予适当补偿。"根据这一规定，因乡村公共设施和公益事业建设需要使用土地的，符合法定的收回土地条件。但需要注意如下三点：第一，公共设施或者公益事业建设项目建设必须经过有批准权的人民政府批准。此类建设涉及土地总体规划调整和变更，必须履行严格的审批程序，经批准后，原用于工业建设用途的土地，经规划调整，已变更为公共设施或者公益事业用地；第二，有权批准规划变更和收回土地的必须是批准原建设项目的人民政府。从所提问题来看，用地规模已超过8公顷，按照山东省的相关规定，[①]则新项目建设也应当经省级人民政府批准；第三，即使总体规划已经将出让土地调整变更为公共设施或者公益事业用途，也并不一定意味着要立即收回土地，如果农村集体经济组织要求收回土地，也需经批准原建设项目的人民政府批准，而是否批准则应当考虑多种因素，比如公共设施或者公益事业项目的急迫程度，原建设项目的可利用价值，拆除的损失及补偿费用等因素。这一原则在《土地管理法》第65条有所体现，对于不符合土地利用总体规划的原建设项目，只是规定不得重建、扩建，而非立即改造、拆除。如果原建设项目投资巨大，而乡村公共设施等建设项目又并非急迫，则收回土地另行建设的申请并不一定获得批准。在这种情况下，仅以土地用途已经变更就要求收回出让的土地使用权，条件并不充分。

当然，即使新建项目已经有批准权的人民政府批准，收回土地也必须给予原使用人适当的补偿。补偿额度应当根据原建设项目的投资、合同剩余期限等因素加以确定。

此外，新修订的《土地管理法》第66条增加了一个新的条款（第三款）："收回集体经营性建设用地使用权，依照双方签订的书面合同办理，法律、行政法规另有规定的除外。"即收回土地使用权，包括收回条件，补偿办法等。如双方合同已有约定的，应当按照约定办理，除非法律、行政法规另有规定。

---

①《山东省实施〈土地管理法〉办法》第24条、第40条规定。

14. 农村集体建设用地使用权流转期限届满后地上建筑物、附着物应如何处理？

问 2001年，我们村以土地使用权作为出资与他人合作建厂，当时约定的土地使用期限是二十年。现在期限即将届满，工厂虽然仍在正常经营，但盈利很少，故我村欲在期限届满时收回土地使用权，终止合作。但所建厂房等地面建筑物不知如何处理？需要给合作方补偿吗？

答：无论以何种方式流转农村集体建设用地使用权，流转合同约定的土地使用期限届满，合同当事人若不能就续期问题达成一致，则出地一方无偿收回土地使用权是没有问题的。难点主要在于收回土地使用权时对地面建筑物、附着物如何处理。如果土地流转合同中对履行期限届满，土地使用权的收回以及地面建筑物、附着物的处理有明确约定的，可按约定处理。实际情况是，在农村土地流转市场，由于合同意识不强、管理不规范，加之国家立法规定的欠缺，土地流转合同的签订普遍存在不规范、不完善的问题，诸如土地使用期限届满后如何处理等合同条款未加约定或者约定不明的情形很常见。一旦当事人面对这些问题时不能协商达成一致，就容易形成争议和纠纷。处理此类纠纷的基本原则是：

（1）合同约定明确的，按合同约定处理。

意思自治和诚实信用是民事合同订立和履行的基本原则，只要不违反法律或者损害他人利益，允许合同当事人根据自己的意愿，自由确定双方的权利义务。一旦达成合意，合同当事人都应当认真遵守和履行。所谓约定明确，应当是约定内容按照一般人的理解不会发生歧义。对于土地使用权流转期限届满后地上建筑物附着物的处理，如果合同当事人有明确的约定，则应当严格按照约定执行。

（2）合同没有约定或者约定不明的，可以根据不同的流转方式，按照公平原则或者交易习惯处理。

“公平原则”是民事合同订立和履行应当遵循的基本原则。在合同内容没有约定的情况下，这一原则也是确定当事人权利义务的基本依据。另外，《合同法》第61条规定：“合同生效后，当事人就质量、价款或者报酬、履行地点等内容没有约定或者约定不明确的，可以协议补充；不能达成补充协议的，按照合同有关条款或者交易习惯确定。”依照这一规定，合同履行期限届满时，当事人可以就地面附着物的处理另行协商，能够达成补充协议的，则按补充协议执行，不能协商一致的，则可根据其他合同条款，看能否推定出当事人内心意思表示，若无法推定，则依交易习惯确定。农村集体土地流转具有特殊性，而且流转方式多种多样，不同的流转方式，当事人权利义务内容也会有所区别，对土地使用期限届满后地面附着物的处理也不会完全一致。因此，当土地流转合同约定的土地使用权流转期限届满，对地面附着物的处理没有约定或者约定不明时，应当根据不同的流转方式加以处理。一般来说，以出让、出租方式流转农村集体建设用地使用权的，出让、出租期限届满后，土地所有权人有权将土地使用权连同地面附着物一同收回而且无须补偿，这是由租赁合同性质决定的（出让也是租赁的一种特殊形式）。承租方经出租方同意，可以对租赁物进行改善或者增设他物，对于改善和增设部分，如果当事人没有就归属达成一致，且合同期限届满后可以进行分拆且不损害其价值的，可以由承租方自行处理。然而在土地上的添附具有特殊性，地面建筑物完成后就与土地具有不可分性，不存在由承租方自行处理的问题，拆分不仅会使地面建筑物失去价值，也会影响土地的价值。而且，进行地面建设必须办理相关的建设审批和不动产登记手续，其建筑物产权和土地使用权在法律上具有不可分性。按照“房随地走”或者“地随房走”的原则，土地使用权由出让、出租人收回，地面附着物自然也应一并收回。若土地使用权出让、出租期限届满后地面附着物的处理没有约定或者约定不明，则地面附着物应当由土地使用权出让、出租方一并收回。

但是，对于以土地使用权入股、联营成立企业或者公司的，土地使用期限或者经营期限届满，如果对所建厂房等地面附着物的归属没有约定或者约定不明的，并且按照《合同法》第 61 条规定无法推定的，则不能简单认定归出地一方所有。因为这种一方以土地等实物作为出资，另一方以货币出资成立经济实体的合作经营方式，通过共同的经营行为，已经使货币投资和土地价值物化为厂房和经营产品，并且构成合作各方的共同的财产，不存在由某一方无偿取得的问题。而且，企业或者公司经营期限届满后，法律并无强制性的规定必须办理注销登记，是否注销应当根据企业或者公司章程，按照规定的程序由企业决策机构作出决定并向工商登记部门提出申请。如果企业的决策机构认为经营状况良好，并且仍有发展前途，经营期限届满后决定继续经营并不存在法律障碍。也正因为如此，一个企业存续几十年，几百年都不成问题。当然，如果合作双方达不成一致，无论企业经营状况和发展前景如何，经企业决策机构决定，仍可终止企业的经营，并办理注销登记，但注销登记的基本程序之一就是要进行债权、债务清理和清算。去除企业债务之后的余额为企业净资产，则应按照约定的投资或者利润分配比例进行分割。地面附着物作为合作当事人的共同资产，在合作关系终止时当然应当在财产分割范围之内，如果因土地使用权的收回必然要同时收回地面附着物，则以土地出资的一方应当给予货币出资的一方相应补偿，该补偿数额应当依据该地面附着物的实际价值确定。

15. 集体建设用地使用权受让方未经出让方同意改变土地用途，出让方是否有权解除合同？

问 三年前，我村将一处建设用地使用权出让给某公司兴建旅游娱乐项目，并且约定建筑面积不得超过3000平方米，增设临时建筑必须经过出让方同意方可建设。但从去年开始，该公司在用地范围内兴建了一处丝织品加工厂，并大量招募工人，总建筑面积已大大超出合同约定。我村多次与该公司交涉，要求拆除多建的厂房或者补交土地费用，但均被拒绝。问，我村可否终止合同收回土地？

答：受让方不按照出让合同约定的用途和建设规模使用土地，是一种严重的违约行为，如果擅自改变土地用途增加的建设项目未经政府规划等行政主管部门批准，同时也是一种严重的违法行为，所建项目可被视为违章建筑依法拆除。一般来说，未经出让方同意，拟建设项目是不可能得到政府主管部门批准的，因为有关建设手续必须以土地所有权人，即农村集体经济组织的名义办理，受让方自己是无法单独办理的。如果未经出让方同意并办理相关建设审批手续，所建项目即可认定为违章建筑。对于此种违约和违法行为，出让人有权要求受让人改正或者收回土地使用权，解除合同。《土地管理法》第66条规定："有下列情形之一的，农村集体经济组织报经原批准用地的人民政府批准，可以收回土地使用权：（二）不按照批准的用途使用土地的。"根据这一规定，土地使用人擅自改变土地用途的，出让方有权收回土地使用权，即终止出让合同的履行。但并非只有这一种选择，如果通过其他方式可以促使受让方纠正违约、违法行为，比如主动拆除增建项目，或者通过补办建设审批手续使新增建设项目合法化，也可以通过协商，由受让方增加土地使用费用，给予出让方相应的经济补偿后，继续履行合同。

实践当中，处理此类纠纷还应当注意区别以下几种情况，并分别作出处理：

（1）要注意区分法定用途和约定用途的区别

在农村土地上进行建设，必须符合土地利用总体规划和村镇建设规划要求。土地用途是政府规划部门通过法定程序确定而非当事人约定的，土地出让合同对土地用途的约定必须符合规划要求。因此，认定建设项目是否发生了用途的改变，应以政府规划文件为依据。如果约定的用途与政府规划部门规定的用途不一致时，则约定内容可被认定无效。

（2）注意区分是土地用途变更还是经营方式变更

看土地用途是否发生了变更，主要看建设项目本身的构造、设计等是否符合规划要求，而不是看它建成后如何使用。比如规划用于餐饮的建设项目，由于经营不景气而将其改为办公用房或者作为仓储用房，这可能只是经营方式而非土地用途的变更，出让方不能以此为由收回土地使用权。判断标准主要是建设项目本身是否通过了规划和建设的行政审批。如果建设项目本身已经通过了规划和建设审批，则不管该建设项目作何用途，均不能视为土地用途的变更，而只是经管方式的变更。当然，土地出让方和受让方也可在合同中约定具体的经营方式及违反该约定的责任。若无具体约定的，则不能以经营方式变更为由收回土地，终止合同。

（3）注意区分是整体用途变更还是局部变更

土地使用权的收回意味着土地出让合同的解除，而合同解除权一般只能在合同相对方根本性违约，无法实现合同目的的情况下才能行使。如果建设项目整体符合土地规划用途，只是局部、小范围的建设不符合规划要求，可以通过整改、损失赔偿等方式补救，不能轻易行使合同解除权。

（4）注意区分是永久性变更还是临时性变更

改变土地用途后所建设的是永久性建筑还是临时性建筑，处理后果也不尽相同。如果是永久性建筑，对土地造成的损害程度、恢复原状难度比临时性建筑要大得多。对于土地使用过程中的一些临时建设项目，如果不符合土地规划用途要求，可以通过恢复原状等方式加以解决。当然，如果土地使用人临时性建设较多，且拒不恢复原状的，出让人也可行使合同解除权。

16. 农村建设用地使用权流转后土地使用人可以再行转让吗？

问 我村所在地区已经出台了农村建设用地使用权流转的地方性法规。这几年我村通过出让、出租等方式，将部分集体建设用地使用权流转给城市的一些单位和个人，但最近政府拟将我村土地征为国有，我村与受让方协商土地使用权收回事宜，发现许多土地的实际使用人已发生了变化。请问，土地受让人未经我村同意，可以转让土地使用权吗？这种转让行为是否有效？

答：由于我国法律对于农村集体建设用地的流转一直实行以禁为主的制度，农村一级土地市场被政府严格垄断，不允许农村集体经济组织通过出让等方式流转集体建设用地使用权，所以对农村集体建设用地使用权首次流转后的再次转让问题，法律也未作出规定。2019 年修订后的《土地管理法》，已经允许经规划确定为工业、商业等经营性建设用地上市流转，故对农村集体建设用地使用权的再行转让问题也首次作出规定。该条第三款规定："通过出让等方式取得的集体经营性建设用地使用权可以转让、互换、出资、赠与或者抵押，但法律、行政法规另有规定或者土地所有权人、土地使用权人签订的书面合同另有约定的除外。"根据这一规定，通过出让等合法方式受让集体经营性建设用地的使用权人，有权通过转让等方式将建设用地使用权再转让给他人，除非法律另有规定或者原出让合同另有约定。

具体到农村建设用地使用权再行转让合同的效力，首先应当对照《合同法》第 52 条规定，看土地使用权转让合同是否存在所列无效情形。其次要看土地使用权流转合同是否违反合同法的一些特别规定，比如对于租赁合同的转租行为，《合同法》第 224 条规定："承租人经出租人同意，可以将租赁物转租给第三人。承租人转租的，承租人与出租人之间的租赁合同继续有效，第三人对租赁物造成损失的，承租人应当赔偿损失。承租人未经出租人同意转租的，出租人可以解除合同。"根据这一规定，未经出租人同意的转租行为是无效的。农村集体建设用地使用权出租合同，未经出租人——集体经济组织的同意，承租人擅自转租的应当认定无效，对此一般不存在什么争议。难点在于，以出让或其他形式流转土地使用权之后，再行转让行为的效力应当如何认定？单纯就出让形式而言，如果该出让行为未经政府土地主管部门登记并确权发证，则土地受让人只对土地的使用拥有债权性权利，如果其将受让的土地使用权连同自己应当承担的义务一并转让给他人，则属于债权、债务的概括转让。按照《合同法》第 88 条规定："当事人一方经对方同意，可以将自己在合同中的权利和义务一并转让给第三人。"未经出让方同意，该转让行为无效。当然，如果受让人只是将使用土地的权利转让给他人，而诸如交纳出让金、土地维护等合同义务仍由自己承担，即受让方并不退出合同关系，则按照《合同法》第 80 条规定，履行通知义务即可，因单纯的权利转让无须征得债权人同意。

但是，如果土地出让行为经过政府土地主管部门登记，并为受让方确权发证，则受让人通过合同取得的权利便具有了物权效力。虽然我国《物权法》未将农村集体建设用地使用权列入物权范畴，但该项权利所具有的物权特征与国有土地使用权并无二致，本质上都属于用益物权范畴。故农村集体建设用地使用权出让合同的受让方，在取得土地权利证书之后，便拥有了独立的物权，在使用期限内处分该物权，无须出让人同意。从这个角度说，当地政府是否出台相应的农村集体建设用地使用权流转办法，是否为土地出让行为办理登记和确权发证，对土地使用权再行转让的效力还是能够产生影响的，但是不能因此认为地方性法规能够成为认定合同效力的依据，而只是说行政机关依据地方性法规办理登记的具体行政行为使债权转化为物权，并使用益物权人拥有了独立的处分权利，从而使处分行为有效。

17. 农村建设用地使用权出让、出租是否必须采用招标、拍卖、挂牌方式？

问 我村将一处集体建设用地使用权通过协议方式出让给一家企业，兴建旅游度假设施。出让合同签订后，部分村民向有关部门举报村委会暗箱操作，未按要求采用公开的招标、拍卖或者挂牌方式出让，且出让金约定过低，要求撤销出让合同。请问，农村土地使用权出让也必须采用公开竞价方式？以协议方式出让土地使用权是否有效？

答：新修订的《土地管理法》已经允许土地利用总体规划、城乡规划确定为工业、商业等经营性用途，并经依法登记的集体经营性建设用地，土地所有权人可以通过出让、出租等方式交由单位或者个人使用，并应当签订书面合同。但对于出让方式、出租采取什么样的方式，该法没有作出规定。

国土资源部从 1999 年开始，在安徽芜湖、江苏苏州、浙江湖州、河南安阳等地进行了农村集体建设用地使用权流转的试点工作，此后，一些省市地方人民政府陆续出台了规范农村集体建设用地使用权流转的地方性法规或者其他规范性文件，允许采用出让、出租等方式流转集体土地使用权，并对流转土地使用权的具体方式、程序作出规定。比如《河北省集体建设用地使用权流转管理办法（试行）》（〔2008〕第 11 号政府令）第 9 条规定："出让、出租集体建设用地使用权可以采用招标、拍卖、挂牌或者协议的方式。"《成都市集体建设用地使用权流转管理办法（试行）》第 20 条规定："集体建设用地使用权可以采取协议、招标、拍卖或者挂牌等方式流转。集体建设用地用于工业、商业、旅游业、服务业等经营性用途以及有两个以上意向用地者的，应当进入土地有形市场采取招标、拍卖或者挂牌等方式公开交易。"各地的具体规定虽然不尽相同，但是对于集体建设用地使用权出让、出租用于商业、旅游、娱乐等经营性项目的，大多都要求采用公开的招标、拍卖或者挂牌方式出让。对于已经出台地方性法规的地区，农村集体建设用地使用权出让、出租等应当按照规定的方式和程序进行，否则出让当事人也难以办理土地使用权过户登记手续，取得土地权属证书。但是，这并不意味着未按地方性规定的方式和程序出让、出租土地，则所签订的出让、出租合同就属无效合同。按照《合同法》第 52 条规定和最高人民法院的有关司法解释，地方性法规以及其他政府规章不能作为认定合同效力的依据，即使这些规定具有强制性，其也只能在行使行政管理职能时加以体现。

各地关于农村集体建设用地使用权出让、出租的程序性规定主要是参照了国土资源部 2002 年发布的《招标拍卖挂牌出让国有土地使用权规定》（国土资源部第 11 号令）这一规定的出台背景主要是针对当时国有土地使用权出让，普遍采用协议方式出让缺乏透明度、权力滥用、腐败、低价出让等现象。然而，农村集体建设用地使用权的流转具有特殊性，不应该简单照搬国有土地的出让模式。虽然公开竞价的出让、出租方式有利于集体土地权益的保护和资产增值，防止个别村干部滥用权力，但不宜将是否采用这种方式与土地使用权出让、出租合同的效力挂钩。因为关于农村集体土地使用权的流转，长期以来立法性规定缺失，管理混乱，土地流转行为极不规范，如果轻易认定出让、出租合同无效，会人为增加纠纷，并为不守诚信一方单方毁约创造条件，不利于合同关系和农村社会的稳定。而且，即使是国有土地使用权出让，如果未采用招标、拍卖、挂牌方式出让，按照最高人民法院的司法解释也不能认定合同全部无效。只有约定的出让金低于订立合同时当地政府按照国家规定确定的最低价的，可以认定该价格条款无效。①

因此，无论当地人民政府是否出台农村集体建设用地使用权流转的相关规定，是否对出让、出租的具体方式作出强制性规定，农村集体经济组织以协议方式出让、出租土地使用权的行为都不能简单认定为无效，认定此类合同的效力主要应从以下几个方面加以考虑：

---

① 最高人民法院《关于审理涉及国有土地使用权合同纠纷案件适用法律问题的解释》第 3 条规定："经市、县人民政府批准同意以协议方式出让的土地使用权，土地使用权出让金低于订立合同时当地政府按照国家规定确定的最低价的，应当认定土地使用权出让合同约定的价格条款无效。当事人请求按照订立合同时的市场评估价格交纳土地使用权出让金的，应予支持；受让方不同意按照市场评估价格补足，请求解除合同的，应予支持。因此造成的损失，由当事人按照过错承担责任。"

（1）是否侵犯了农村集体经济组织的集体决策权

对于农村集体经济组织重要财产（包括土地承包经营权，建设用地使用权）的处分，相关法律和地方性法规规定的是多数同意原则，即必须取得三分之二以上的村民或者村民代表同意方可处分。如果农村集体建设用地使用权的出让、出租（包括出让、出租价格等主要条款）未经大多数村民同意，则因该处分行为损害了大多数村民的利益，并违反法定程序，应认定无效，村民可依法行使撤销权。

（2）是否存在欺诈、恶意串通等违法行为。

即使出让、出租行为采用的是公开竞价方式，并且也在形式上履行了集体表决程序，取得了大多数村民的同意，但如果有证据证明，村干部或者具体经办人在出让、出租过程中存在隐瞒真相或与受让人恶意串通的行为，并使集体经济组织受到损害的，按照《合同法》第52条规定，所签合同也可能被认定无效。

随着《土地管理法》的修改，相信《土地管理法实施条例》近期也会作出修改，届时对农村集体建设用地使得权出让的具体办法也会作出补充规定。

18. 农村宅基地使用权如何取得？都有哪些限制？

问 我很小的时候就随父母到城里打工，到现在已经七、八年了，但户口一直在农村。因为城里的工作不好找，今年又和父母一同回农村搞养殖。我已成家，但妻子是城市户口，我向村委申请宅基地建房，村干部说现在没有空闲地，就是有也不能分给我，因为我常年不在村里居住，而且妻子也不是农村的，不符合分配宅基地条件。请问，如何才能取得农村宅基地？分配宅基地的条件是什么？

答：我国人多地少，土地资源十分珍贵。在农村地区，庞大的人口基数和耕地保护的压力，使得建设用地的规模一直受到严格的控制，特别是对农民自建住宅申请宅基地，从国家立法到地方性规定，条件和程序都非常严格。从国家立法层面，主要是通过宅基地初始分配的"一户一宅"制度，从总体上控制农民建房用地规模。《土地管理法》第62条规定："农村村民一户只能拥有一处宅基地，其宅基地的面积不得超过省、自治区、直辖市规定的标准。"这便是"一户一宅"的立法性规定。对于宅基地面积标准，法律授权省级人民政府具体加以规定。此后，全国的省级人民政府根据《土地管理法》的规定都先后出台了实施《土地管理法》办法，许多地方还出台了宅基地管理的专门性规定。[①] 这些规定主要对“一户一宅”制度加以具体化，同时细化了宅基地的申请审批程序。虽然各地的具体规定存在差异，但基本精神是一致的。对农村宅基地分配管理主要体现在以下两个方面：

（1）宅基地取得的主体资格限制

对于宅基地使用权取得的主体资格，目前国家法律并无统一的规定，但有关政策性规定和地方人民政府制定的规章，则有较明确的规定。比如，山东省人民政府《关于加强农村宅基地管理的通知》规定，申请宅基地，必须是年满 20 周岁，因结婚等确需分户建房的本村村民。非村民户籍的公民，一般不得申请宅基地，因故确实需要的，必须具有户口迁移证明，方可安排一处宅基地。在取得宅基地的条件和资格方面，各地的规定基本相同，即一般要求必须达到一定年龄，已婚（或者将要结婚）并且应为本集体经济组织成员。

同时，国家和地方的有关规定，直接排除了城市居民直接申请农村宅基地的可能，即城市居民不能通过初始取得方式，直接从农村集体经济组织获得宅基地。对于城市居民通过买卖等转让方式取得农村宅基地，目前国家也是严加限制。比如，国务院办公厅 1999 年发出的《关于加强土地转让管理严禁炒卖土地的通知》规定：“农民的住宅不得向城市居民出售，也不得批准城市居民占用农民集体土地建住宅，有关部门不得为违法建造和购买的住宅发放土地使用证和房产证。”国土资源部国土资发〔2004〕234 号《关于加强农村宅基地管理的意见》也规定：“严禁城镇居民在农村购买宅基地，严禁为城镇居民在农村购买和违法建造的住宅发放土地使用证。”从以上规定可以看出，国家目前对于农村宅基地取得主体资格，有着严格的限制条件，城市居民以及本集体经济组织以外的村民，或者本村未达到规定年龄的村民，一般不能直接获得宅基地使用权。

（2）宅基地分配的数量和面积限制

宅基地分配的数量限制主要体现为“一户一宅”，即每一符合宅基地申请条件的农户，只能拥有一处宅基地。无论一户中的人口有多少，均不能申请第二处宅基地。如果农村村民将已分配的宅基地及地上建成的房屋出卖或者出租后，再申请宅基地的，则不能获得批准。

---

① 山东省人大常委会 1999 年通过的《山东省实施〈土地管理法〉办法》，河北省人民政府 2002 年发布的《河北省农村宅基地管理办法》，北京市国土资源局 2006 年下发的《北京市关于加强农村宅基地审批管理有关问题的通知》等。

对于宅基地的面积标准，法律授权由省级人民政府规定。目前，全国大多数省级人民政府都有相关规定。比如，《山东省实施〈中华人民共和国土地管理法〉办法》第43条规定："农村村民一户只能拥有一处宅基地。农村村民建住宅，必须符合乡（镇）土地利用总体规划，结合旧村改造，充分利用原有的宅基地、村内空闲地和山坡荒地，严格控制占用农用地。新建宅基地面积限额为：（一）城市郊区及乡（镇）所在地，每户面积不得超过166平方米；（二）平原地区的村庄，每户面积不得超过200平方米。村庄建在盐碱地、荒滩地上的，可适当放宽，但最多不得超过264平方米。（三）山地丘陵区，村址在平原地上的，每户面积132平方米；在山坡薄地上的，每户面积可以适当放宽，但最多不得超过264平方米。人均占有耕地666平方米以下的，每户宅基地面积可低于前款规定限额。县级人民政府可以根据本地具体情况，在本条第二款规定的限额内制定本行政区域内的宅基地面积标准。"

在对宅基地分配的主体资格和数量面积严加限制的同时，各地关于宅基地审批的程序性规定也趋于严格。主要程序包括：

①申请。

农村村民申请宅基地的，应当持下列材料向村委会提出申请：

（一）《农村村民宅基地申请审批表》；

（二）户口簿及家庭成年成员的身份证复印件；

（三）申请人同意退出原使用的住宅用地并交由村委会或村集体经济组织重新安排使用的承诺书（没有旧住宅的除外）；

（四）法律、法规规定应提交的其他材料。

②审议。

村委会应在接到申请后依法召开村委会议或者村民代表会议进行审议，在本村张榜公布征询本村村民的意见。张榜公布期间，本村村民未提出异议或者异议不成立的，村委会应当在《农村村民宅基地申请审批表》中签署意见，证明申请人的原住宅用地情况和家庭成员现居住情况，并报乡（镇）人民政府审核。

③审核。

乡（镇）人民政府应当自收到村委会上报的宅基地有关申请材料之后，对是否符合宅基地申请条件，村民代表大会决议是否有效，是否符合乡镇土地利用总体规划和村镇建设规划等事项进行审核。经审核符合条件的，乡（镇）人民政府到现场确定规划用地范围，并在《农村村民宅基地申请审批表》上签署意见，绘制建设用地规划红线图。

乡（镇）人民政府审核并签署意见后，可按村或分片批量报区（县）国土资源分局复核。

④勘测复核。

区（县）国土资源分局接到乡（镇）人民政府转来的《农村村民宅基地申请报批表》及相关材料后，应在 20 个工作日内组织乡（镇）人民政府、村委会有关工作人员到实地勘测复核，并对申请人是否符合宅基地申请条件和面积标准，村委会是否已张榜公示，是否符合乡镇土地利用总体规划等事项进行复核，签署意见后报区（县）人民政府审批。

⑤批准、定界。

区（县）人民政府对区（县）国土资源分局上报的有关材料进行审核，并在《农村村民宅基地申请报批表》签署意见。予以批准用地的，由乡（镇）人民政府组织村委会，会同区（县）国土资源分局及有关部门到实地放线定桩，划定四至范围。

对农村村民宅基地的申请不予批准的，由乡（镇）人民政府书面通知村委会，由村委会通知申请人，并说明理由。

⑥公示。

经依法批准的宅基地，村委会应及时将批准同意的宅基地使用主体、位置、面积及批准文号在本村张榜公布。

此外，一些“村规民约”在宅基地分配时也起作用，只要不和法律、行政法规相抵触，就应当得到遵守。比如有些农村，对于符合条件申请宅基地的村民，采用抓阄的方式确定选址顺序等。但是，不能擅自改变国家或者当地人民政府的限制条件。比如本问答中所说，妻子是城市户口，村民常年在外打工等，就不能成为不予分配宅基地的理由。这些年，随着我国城乡一体化建设的发展，城乡之间的人口流动日益频繁，农民在城市务工后又回乡养老，或从事农业生产经营的并不少见，不能因此剥夺他们的宅基地分配权。无论婚嫁对象是城里人还是农村人，只要符合当地规定的分户条件，并且有地可分时，就应当按照规定的程序为他们分配宅基地。

新修订的《土地管理法》第 62 条第二款规定：“人均土地少、不能保障一户拥有一处宅基地的地区，县级人民政府在充分尊重农村村民意愿的基础上，可以采取措施，按照省、自治区、直辖市规定的标准保障农村村民实现户有所居。”依据这一规定各省级人民政府应当会对已经发布的《土地管理法实施办法》进行修改、补充，规定宅基地分配的最低保障标准，以实现户有所居。该条第四款则下放了宅基地审批权，今后宅基地的审批程序应能进一步简化。

19. 如何理解“一户一宅”规定？超过一处以上的宅基地和房屋就必须交回吗？

问 我父母前几年相继去世后，他们的房屋和宅基地由我继承。这样我们家就拥有两处宅基地和房屋。去年村委进行宅基地调整，要求我交出一处宅基地和房屋。房屋可作价补偿，但宅基地则要无偿收回，因为国家有规定，农村村民一户只能拥有一处宅基地。请问，国家是这样的规定吗？

答：你村村委的做法是对国家规定的理解错误。

《土地管理法》第 62 条第 1 款规定：“农村村民一户只能拥有一处宅基地，其宅基地的面积不得超过省、自治区、直辖市规定的标准。”第 4 款规定：“农村村民出卖、出租住房后，再申请宅基地的，不予批准。”根据这一规定，“农村村民一户只能拥有一处宅基地”，应当是指农村宅基地的初始分配，一户只能享有一次宅基地的分配权，获得分配以后，该户今后就不能再次向集体经济组织申请获得第二处宅基地，即使今后因出卖、出租后丧失宅基地的，该户也不再有二次分配的机会。

但是，对于《土地管理法》第 62 条的规定，许多地方政府对其进行了狭隘化和绝对化的理解，认为无论何种原因，农村村民在绝对数量上都不能超出一处以上的宅基地，超出一处以上的宅基地，就必须无条件交回村集体经济组织。一些省市的地方性规章也是如此规定的。例如，《山东省实施〈土地管理法〉办法》第 46 条规定：“农村村民一户有两处以上宅基地的，可以由村民委员会或者农村集体经济组织将多余的宅基地依法收回，统一安排使用，有地面附着物的，应当给予适当补偿，补偿标准由村民会议确定；也可以实行有偿使用，但房屋损坏不能利用的，必须退出多余的宅基地。对于收回和退出的宅基地，应当依法办理集体土地使用权注销登记手续。”《河北省农村宅基地管理办法》第 14 条规定：“农村村民因继承等原因形成一户拥有二处以上宅基地的，多余的住宅应当转让。受让住宅的村民必须符合申请宅基地的条件，并依照本办法的规定办理宅基地审批手续。农村村民一户拥有二处以上宅基地并且满二年未转让其多余的住宅的，村民委员会可以向乡（镇）土地管理机构提出收回集体土地使用权的申请，经县（市）土地行政主管部门审查、县（市）人民政府批准后收回，统一安排使用。”《河南省农村宅基地用地管理办法》第 12 条规定：“农村居民建住宅，应一户一处按规定的标准用地。超过规定标准的，超过部分由村民委员会收回，报乡（镇）人民政府批准，另行安排使用。1982 年 7 月 23 日《河南省村镇建房用地管理实施办法》实施前已占用的宅基地，每户面积超过规定标准一倍以内而又不便调整的，经当地县级人民政府批准，按实际面积确定使用权。"《菏泽市农村宅基地管理办法》第 21 条规定："有下列情形之一的，报经市或县人民政府批准，可以注销其土地使用证或用地批准文件，由村民委员会或农村集体经济组织收回宅基地使用权：（三）因继承房屋等原因造成农村村民一户一处之外的宅基地"。也有很多省市出台的宅基地管理办法并无此类规定，如北京、上海、天津、陕西、浙江等。国土资源部 2004 年发布的《关于加强农村宅基地管理的意见》（国土资发〔2004〕234 号）从盘活存量建设用地的角度，对"一户多宅"和空置住宅，要求"各地制定激励措施，鼓励农民腾退多余宅基地"，其基本精神还是通过补偿等激励措施，鼓励农民自愿交回宅基地和房屋。但到目前为止，一些地方仍然坚持对"一户一宅"作绝对化理解，甚至采用强制和暴力手段强行拆除农民多余的房屋。

将"一户一宅"作绝对化理解，认为无论何种原因农民都不能拥有两处以上的宅基地，多余的宅基地和地上房屋要么被无条件收回，要么强迫其转让，出台这样的规定并强制加以实施，是对农民合法权益最粗暴、最公然的践踏。《中华人民共和国宪法》第 13 条规定："公民的合法的私有财产不受侵犯。国家依照法律规定保护公民的私有财产权和继承权。国家为了公共利益的需要，可以依照法律规定对公民的私有财产实行征收或者征用并给予补偿。"《民法通则》第 75 条规定："公民的个人财产，包括公民的合法收入、房屋、储蓄、生活用品、文物、图书资料、林木、牲畜和法律允许公民所有的生产资料以及其他合法财产。公民的合法财产受法律保护，禁止任何组织或者个人侵占、哄抢、破坏或者非法查封、扣押、冻结、没收。"第 76 条规定："公民依法享有财产继承权。"《继承法》第 3 条规定："遗产是公民死亡时遗留的个人合法财产"，该条第 2 项将"公民房屋"列入遗产范围，允许继承人依法继承。在我国农村，很多的"一户多宅"情况都是因为继承房产而形成的，如果绝对禁止"一户多宅"，是不是意味着《继承法》在中国农村不发生效力？或者农村的房产不允许继承？我们知道，中国人都有为子孙积业留产的传统，而房屋等不动产，无论对城市居民还是农村村民，都是价值最高，也最被他们所珍视的财产。为什么如此重要的财产继承权唯独中国的农民不配拥有？《宪法》加以保护的"公民私有财产权和继承权"难道不包括中国的农民的房产吗？如果《土地管理法》第 62 条"一户一宅"的规定真的可以如此解读，那么这样的规定就可以认定为违宪而无效。还有人认为，"农民对宅基地只有使用权而无所有权”，我国实行的是土地所有权和使用权分离的制度，故使用权人去世后，土地使用权应由集体经济组织收回，该权利不能继承。但是地上房屋呢？也不能被继承吗？法律还有“地随房走”的规定，继承房屋后，房屋占用范围的土地使用权当然随之继承。这一原则在同样采用所有权和使用权分离的城市为什么就可以适用？有人还会说，那是因为城市没有“一户一宅”的强制性规定。事实上，城市住房制度改革时，对于福利性质的公房出售政策，每一个家庭也只能享受一次，这一点与农村“一户一宅”政策在本质上是相同的，即国家只是在初始分配时，对福利性质的土地及房屋的分配数量加以控制，对于分配以后流转（包括继承、买卖等）并无限制，而且也允许城市居民二次置业。所以在城市，一个家庭，甚至一个人有两套以上的房产不并稀奇。我国城市住房更紧张，也正因为如此，城市住房价格才会在最近的二十多年中持续暴涨。

除了继承以外，在农村，赠与和买卖也是造成一户多宅的原因。虽然国家政策性规定禁止城市居民购买农村房屋和宅基地，但并不禁止农民之间的房产交易。所以通过买卖、赠与等方式，农民是可以合法拥有一处以上的宅基地的。如果绝对地禁止农民“一户多宅”，是不是意味着也同时禁止农村村民之间的房产交易和赠与？如今，有些地方已经出台了这样的规定。如《广东省集体建设用地使用权流转管理办法》第 4 条规定：村民住宅用地使用权不得流转。《烟台市集体建设用地使用权流转管理试行办法》第 7 条也有相同规定。这种禁止性“土政策”给出的另一个理由是，“为了节约用地，防止农民多余的房产和宅基地闲置和浪费”。似乎只有将这些所谓空置的房产、土地掌握在公权力的手中才能充分发挥其效用。但几十年的计划经济早已表明，公权力在资源配置和使用方面是多么的低效、浪费，并且存在腐败问题。农村土地承包制不就是最好的证明吗？仅在土地资源配置方面给予农民有限的经营自主权，就发挥出农民多大的生产积极性？事实证明，最珍惜土地、最能充分发挥土地效用的是农民。假如农民有了多余的房屋和宅基地，他为什么一定要让它闲置？为什么不会像城市居民一样对外出租赚取租金？其实，如果放开农村的二级土地市场，允许农民自由处置自己的房屋和宅基地，更有可能减少因新增宅基地而占用耕地的情况，农民完全可以根据自己当前的经济实力决定是通过租赁还是购买获得住房。正是因为对“一户多宅”和正常交易的不适当限制，才使得农民获取宅基地的途径过于单一，只能通过初始分配占用新的土地，这也是造成农用地减少的重要原因。

禁止农民“一户多宅”，也意味着限制了农民的消费和投资方式。农民富裕了以后，为什么只能购买吃穿用品和家用电器，却不能购置新房？购置了新房，就必须把旧房交出？中国自古在任何时代，任何省份，公民在有了一定的积蓄以后往往首选的投资目标就是房产，这既可以改善自己的居住条件，也可以起到资产保值的效果。国家为了防止贫富差距过大，防止房产的空置浪费，完全可以通过税收等经济杠杆加以调节，为什么要对完全属于公民自由的投资和消费行为本身加以限制？

综上，认为农村村民不能一户多宅，拥有一处以上的宅基地和房屋就必须交回，是对“一户一宅”规定的错误理解或故意曲解。一些地方政府禁止一户多宅，甚至强制性地收回农民多余宅基地和房屋的规定是典型的“恶法”，这样的规定由于和我国宪法及其他民事法律规范相抵触，因此是违法的、无效的。对这种违法性规定，农民当然可以依据宪法和法律加以抵制。

20. 农户全家迁入城市，宅基地就必须交回吗？

问 我们一家人在城市打工多年，最近几年陆续取得了城市户口。在农村的房子我们已出租给他人，最近村委通知我们，因为我们户口已经迁出，不是村里的人了，所以必须将宅基地无偿交回，地上的房屋可给予适当补偿，并且限令我们必须终止租赁合同，限期让承租方搬出。请问，村委的做法有法律依据吗？

答：国家法律并无这样的规定。

农村宅基地分配具有社会保障和福利性质，为体现公平，法律对宅基地分配在数量上加以限制有其合理性。但这种限制只应体现在初始分配环节，即有资格参与初始分配的，只能是农户，并且一个家庭只能获得一次机会。《土地管理法》第 62 条“一户一宅”规定的本意也是如此。然而，一些地方政府将这一规定作绝对化理解，不仅限制农民通过继承、流转获得两处以上的宅基地，农民户籍的变化也成为收回已分配宅基地的理由。财产权利的取得和丧失，与某种与身份有关的政治权利不同，比如成为人大代表、政协委员或者在政府任职，必须是具有中国国籍的公民，丧失中国国籍也就不得在这些机构中任职。但财产所有权，具有绝对性和排他性，一旦取得，没有法定理由就不能被剥夺，户籍身份的变更根本就不能成为公民财产权利丧失的原因。

新修订的《土地管理法》第 62 条第六款规定：“国家允许进城落户的农村村民依法自愿有偿退出宅基地，鼓励农村集体经济组织及其成员盘活利用闲置宅基地和闲置住宅。”根据这一规定，进城落户的农村村民是否退出宅基地，遵循的是自愿原则，不能强迫。

21. 农村村民之间转让宅基地和房屋合同是否有效？受让主体必须经村委会确认同意吗？

问 我们一家三口已有一处房屋和宅基地，去年祖父去世后，父亲继承了祖父的房产，便想将多余的一处宅基地和房产转让给本村另一户人口较多的人家。合同都已经签了，但村委得知后阻止我们转让，说转让可以，但必须转让给他们认为符合宅基地申请条件的农户，否则我们的转让行为就是无效的。村委的说法对吗？

答：对于农村村民之间（无论是本村村民之间还是与外村村民之间）的宅基地和房屋转让，我国法律和行政法规并无禁止性规定。目前，对城市居民到农村购买房屋和宅基地有禁止性规定，但也并非法律或者行政法规，而是国家政策性规定。比如国务院办公厅1999年发出的《关于加强土地转让管理严禁炒卖土地的通知》规定："农民的住宅不得向城市居民出售，也不得批准城市居民占用农民集体土地建住宅。"但此类国家层面的政策性规定，从未将适用范围扩展到农村村民之间的交易。根据民事领域"法无禁止即自由"的原则，既然国家法律、行政法规并无农村村民之间房屋和宅基地转让的禁止性规定，那么他们之间的交易行为只要没有法定无效情形，则交易行为就是合法的、有效的，并且应当受到法律的保护。

综上所述，限制农村村民之间的宅基地和房屋转让并无法律依据，一些地方性规定不能成为转让行为是否有效的依据。虽然根据地方性法规拒绝为农民的交易行为办理过户登记和确权，会影响交易行为的物权效力，但根据《物权法》物权效力与合同效力相区分的原则，所签订的转让合同效力不受影响。

22."小产权房"可以上市交易么？

问 去年，我村在进行旧村改造时建了几栋住宅楼，在安置了部分被拆迁村民后，还剩下一些住房，便对外出售，其中大部分以较低的价格卖给了本村村民，另外一小部分则以略高于本村村民的购买价格卖给了附近城镇的居民。但不久就有人举报，政府派人调查，说我村是擅自销售"小产权房"，是违法的。要求收回已售房屋，还要对我村进行处罚。请问，什么叫"小产权房"？"小产权房"不能买卖吗？

答：“小产权房”并非法律术语，因此对其也无法律上的定义性规定，但这一称谓在学术领域和社会上已流传多年，即指在农村集体建设用地上建成并对外销售的住宅。因建设用地未经依法征收转为国有，只有乡（镇）颁发的宅基地证或者土地使用证。在尚未完成土地确权登记的地方，此类房屋甚至无任何权属证书。为与国有土地上建成的住宅相区分，故以“小产权房”谓之。从广义上讲，小产权房也应包括农民在宅基地上自建的房屋。本文仅作狭义理解，即指除农民在自有宅基地上所建房屋外，在集体建设用地上兴建的住宅。

小产权房的建设主体主要有如下三种：

（1）以农村集体经济组织作为建设主体，独自开发建设；

（2）以农村集体经济组织与房地产开发商或者其他单位和个人合作建设；

（3）将农村建设用地使用权通过出让等方式转让给开发商或者其他单位和个人后由其独自开发建设。

小产权房建设大多是以旧村改造或者兴建农村公寓等名义进行的，建成后分配给被拆迁的农户，或者出售给本集体经济组织成员，在有剩余时则向不特定的社会成员销售，也有将建成的房屋整体向社会公开销售的情况。

对于小产权房的建设和销售，如同农村村民在宅基地上自建住宅和销售一样，从国家立法层面并无直接的禁止性规定，然而许多地方政府和国家有关部门的一些政策性规定，则对小产权房的建设和销售有着严格的限制。[①] 中共十八届三中全会决定提出：“建设城乡统一的建设用地市场，在符合规划用途管制的前提下，允许农民集体经营性建设用地出让、出租、入股，实行与国有土地同等入市、同权同价。”有人以为这是放开农村“小产权房”限制的信号，十八届三中全会之后，许多地方出现“小产权房”销售火爆的场面。但是很快，国家有关部委和一些地方政府就出面澄清、重申严禁销售“小产权房”的政策。[②]

这些规定的限制对象，主要是城市居民，即不允许城市居民到农村购买小产

---

① 如2008年《国务院办公厅关于严格执行有关农村集体建设用地法律和政策的通知》，通知重申，农村住宅用地只能分配给本村村民，城镇居民不得到农村购买宅基地、农民住宅或“小产权房”。并强调单位和个人不得非法租用、占用农民集体土地搞房地产开发。

② 2013年11月22日，国土资源部办公厅、住房和城乡建设部办公厅联合发出紧急通知，要求各省区市国土资源、住房城乡建设主管部门全面、正确领会党的十八界三中全会关于建设城乡统一的建设用地市场等改革措施，坚持依法依规，严格执行土地利用总体规划和城乡建设规划，严格执行土地用途管制制度，严守耕地红线，坚决遏制在建、在售“小产权房”行为。

权房，而对建成的小产权房用于安置或者出售给本村村民，则并无限制。当然，如果是占用农地建设，或者违反规划没有合法建设审批手续的，另当别论，此种情况有可能被认定为非法建设，对此国家法律有明确的禁止和处罚规定。

小产权房的销售主要有两种情况：一是由农村集体经济组织或者开发商作为销售主体对外销售；二是由农民将安置或购买的小产权房对外销售。对于前者，有关禁止性规定的依据是，这种向不特定主体的公开销售行为，是一种变相的商品房开发建设行为，因为违反了商品房开发建设的资质管理和商品房预售管理规定。[①] 因而是违法的、无效的。而对于后者，有关地方和政策性规定的限制依据则仍是关于“农民的住宅不得向城市居民出售”等政策性规定[②]，司法实践中，也据此认定房屋买卖合同无效。

但是，对以上两种情形的销售行为，认定违法和无效均无法律依据。首先，将城市商品房销售的管理规定直接套用到农村住宅的销售并不合适，因为二者并非同一概念。对农村住宅建设，法律并未规定需要开发资质，销售的房屋也并非商品房。因此，将专门规范城市房地产开发和商品房销售的资质管理和预售许可规定直接适用于农村的住宅建设和销售，属于适用法律错误。另外，也不存在“变相的商品房开发销售”的问题。农村住宅建设和城市住宅建设的审批机构和程序完全不同，其产权性质也有明显区别，并不存在以销售小产权房之名，行商品房买卖之实的问题。其次，农民将分得或者购买的小产权房再行转让，也与单纯的宅基地及地上房屋的转让不同。宅基地的取得必须符合法定条件，且有“一户一宅”的数量限制。而小产权房用地的取得与宅基地的取得条件和程序

---

①《城市房地产开发经营管理条例》第35条规定：“违反本条例规定，未取得资质等级证书或者超越资质等级从事房地产开发经营的，由县级以上人民政府房地产开发主管部门责令限期改正，处5万元以上10万元以下的罚款；逾期不改正的，由工商行政管理部门吊销营业执照。”《城市房地产管理法》第45条规定：“商品房预售，应当符合下列条件：（一）已交付全部土地使用权出让金，取得土地使用权证书；（二）持有建设工程规划许可证；（三）按提供预售的商品房计算，投入开发建设的资金达到工程建设总投资的百分之二十五以上，并已经确定施工进度和竣工交付日期；（四）向县级以上人民政府房产管理部门办理预售登记，取得商品房预售许可证明。商品房预售人应当按照国家有关规定将预售合同报县级以上人民政府房产管理部门和土地管理部门登记备案。商品房预售所得款项，必须用于有关的工程建设。”

② 如1999年国务院办公厅《关于加强土地转让管理严禁炒卖土地的通知》：“农民的住宅不得向城市居民出售，也不得批准城市居民占用农民集体土地建住宅，有关部门不得为违法建造和购买的住宅发放土地使用证和房产证。”

并不完全相同，通常与农民被拆迁房屋的面积和购买能力有关，即农民被拆除的房屋面积大，分得的小产权房的数量（套数和面积）也就多，购买能力强的也有可能多买。因此，农民购买并转让小产权房，并不存在违反“一户一宅”规定的问题。

在2019年《土地管理法》修订之前，曾在一些地区进行宅基地“三权分置”试点，有可能通过有限度地允许宅基地流转的立法修改，加之农村建设用地有可能全面放开，故社会上盛传“小产权房”将要合法化，允许交易。但修订后的《土地管理法》并无“三权分置”的内容，农村建设用地也只是允许工业、商业等经营性建设用地流转。住宅用地仍不在放开之列，故“小产权房”转正恐怕仍然是遥遥无期的事。

23. 农村宅基地是否允许继承？

问 我的父母前几年相继去世，他们有宅基地一处和平房四间，生前留下遗嘱由我继承。可我去办理宅基地和房屋的过户登记时却被拒绝，村委也不提供相应手续。理由主要有两个：一是宅基地所有权属于村集体，村民只有使用权，使用宅基地的村民去世后，宅基地使用权就应当收回；二是农村一户只能有一处宅基地，我家已分配过一处宅基地，不能再有第二处。收回宅基时可对地上房屋作价补偿，补偿款我可以继承。请问，他们的说法有法律依据么？难道农民祖传的家业也不能继承吗？

答：他们的说法没有法律依据。

《物权法》第2条第2款规定：“本法所称物权，是指权利人依法对特定的物享有直接支配和排他的权利，包括所有权、用益物权和担保物权。”而在该法“用益物权篇”中，宅基地使用权已被纳入其中。毫无疑问，宅基地使用权是一种财产性权利，具有价值和使用价值，并且是被法律赋予了独立的支配和排他属性的物权。按基本的法理，对此类财产性权利的继承，不应该存在任何问题，因为无论是法定继承还是遗嘱继承，都是该权利支配性和排他性的表现形式之一，如果否认这种权利可以继承，也就意味着否认该权利所具有支配和排他属性，则该权利也就不称其为物权。

然而长期以来，就宅基地使用权能否继承的问题一直存在争议，而在立法和实务领域，显然否定的意见占了上风。争论之下，不仅在立法时对宅基地使用权的继承问题未作任何规定，实践中，当事人行使继承权也困难重重。更有甚者，一些地方政府出台规定，直接规定“农村村民对宅基地没有继承权”。[①]

反对宅基地使用权可以继承的主要理由有：（1）我国实行土地所有权和使用权相分离的制度，农村村民对所分配的宅基地只有使用权而无所有权，故使用权人去世后，由土地所有人收回土地使用权是理所当然的；（2）农村宅基地的分配具有福利和社会保障功能，只有特定的主体，即本集体经济组织成员才有资格获得宅基地使用权，故宅基地使用权因集体经济组织成员资格而取得，也因成员资格丧失而消灭，村民死亡后，其成员资格自然丧失，宅基地使用权应被收回；（3）根据《土地管理法》的规定，农村宅基地分配实行“一户一宅”制度，如允许宅基地继承，在农村会出现一户多宅的情况。

另外，还有一种折中的观点，主张宅基地使用权不能绝对禁止继承，而应区别不同情况分别处理：（1）宅基地使用权不能单独继承，即宅基地上未建房屋或房屋已经损毁没有使用价值的，不允许继承；（2）宅基地上有建成房屋的，可以根据“地随房走”的原则，在继承房屋时，连同宅基地使用权一同继承；（3）无论是宅基地使用权还是地上房屋均不允许城市居民继承。

笔者认为，宅基地属于财产性权利，无论是农民还是城市居民，都应当允许继承。

首先，“一户一宅”规定不能成为禁止宅基地继承的法律根据。《土地管理法》第62条“农村村民一户只能拥有一处宅基地……出卖、出租住房后，再申请宅基地的，不予批准。”即所谓“一户一宅”规定，指的是农村村民宅基地初始分配的机会每户只能享有一次，已经获得这样机会的农户，如因出卖、出租而丧失宅基地使用权，也不得再次申请宅基地分配。该条规定并无限制农村村村民通过转让或者继承方式获得两处以上宅基地和房屋之意。事实上，农村村民一户多宅的情况非常普遍，但这并非村民多次获得初始分配机会的结果，也不会损害其他村民的利益。而且从理论上讲，只要存在后代的繁衍，继承的发生机会对所有人来说都是平等的。这一天然权利不能因为强调初始分配的公平而加以限制，更不能通过剥夺人民财富自然增值和积累机会的方式弥补初始分配的不足。

---

①《菏泽市农村宅基地管理办法》第12条：“农村村民对宅基地没有继承权。农村村民在合法继承房屋的条件下，符合申请宅基地条件的，经村民委员会或农村集体经济组织讨论同意后，按照本办法第十九条的规定办理土地使用权变更登记手续；否则，按照本办法第二十一条的规定办理。”第21条：“有下列情形之一的，报经市或县人民政府批准，可以注销其土地使用证或用地批准文件，由村民委员会或农村集体经济组织收回宅基地使用权：……（三）因继承房屋等原因造成农村村民一户一处之外的宅基地；”

其次，所有权和使用权分离的土地制度，并不能成为剥夺农村村民继承宅基地使用权的依据。恰恰相反，分离后的使用权具有相对独立性，使用权人不仅可以行使对土地的占有、使用、收益权，也可以行使一定的处分权。通过继承方式取得的仍然是使用权，并不会损害所有权人的利益。国有土地也是实行所有权和使用权分离的制度，但无论是理论还是实践，从无禁止继承的主张。

再次，宅基地取得的身份限制和福利性质，也不能成为限制宅基地继承权的理由。法律所规定的宅基地取得的身份条件，只是宅基地初始分配时的资格限制，当农村村民通过初始分配取得宅基地以后，再次转让或者去世后的继承，对新的受让人（继承人），法律并无身份资格的限制性规定。另外，宅基地使用权因农村集体经济组织的成员资格而取得，但并不因成员资格丧失而消灭，无论农村村民户口迁出还是死亡，其因成员资格而取得的财产不能因此被剥夺。这也正如城市公房出售一样，购买公房也有身份资格的限制条件，而且也具有福利性质，但城市居民的继承权并未因此而受到任何影响。

最后还需强调，城市居民也同样有权继承农村宅基地和房屋。我国《继承法》并无因公民户籍身份不同而对财产继承权加以限制和剥夺的规定（也不应当有这样的规定）。因此，只要是被继承人的合法继承人，不论他身居何地，即使他移民海外，其继承权也应受法律保护。

24. 宅基地分配后长期闲置是否可以收回？

问 两年前我们家分得一处宅基地，由于父母患病和两个孩子上学，花光了全家的积蓄，还在外面欠了一屁股债，所以根本没钱盖房，故分得的宅基地一直闲置。前不久，村委通知说，我们的宅基地闲置已超过2年，违反了有关规定，所以要收回我们的宅基地另行分配。请问，是有这样的规定吗？

答：节约用地、防止土地闲置和浪费，确实是我国土地管理的一项基本原则。无论是农村集体土地还是国有土地，都不允许具备使用条件而长期闲置。《土地管理法》第38条第1款规定："禁止任何单位和个人闲置、荒芜耕地。已经办理审批手续的非农业建设占用耕地，一年内不用而又可以耕种并收获的，应当由原耕种该幅耕地的集体或者个人恢复耕种，也可以由用地单位组织耕种；一年以上未动工建设的，应当按照省、自治区、直辖市的规定缴纳闲置费；连续二年未使用的，经原批准机关批准，由县级以上人民政府无偿收回用地单位的土地使用权；该幅土地原为农民集体所有的，应当交由原农村集体经济组织恢复耕种。"

原国家土地管理局1995年发布的《确定土地所有权使用权的若干规定》(〔1995〕国土〔藉〕字第26号)第52条规定:"空闲或房屋坍塌、拆除两年以上未恢复使用的宅基地,不确定土地使用权。已经确定使用权的,由集体报经县级人民政府批准,注销其土地登记,土地由集体收回。"2008年国土资源部曾对26号文进行修改后出台了《确定土地所有权和使用权若干规定》(征求意见稿),但仍保留了原文第52条的规定。但该征求意见稿,特别是宅基地闲置两年可被收回的规定受到许多学者的批评,至今尚未重新发布。在适用以上规定时应当慎重,不能仅根据闲置时间就决定收回农民的宅基地。

首先,应当对闲置原因加以区分。对于那些因遭受天灾人祸或一时的经济困难而无力建房的,无论闲置多久,都不能成为收回农民宅基地的理由,否则岂不是见死不救、趁火打劫?这些年,一些农民因家人患病、子女入学等而一贫如洗无力建房的并不少见,此时他们最需要的是集体的关怀和帮助,而不是去收回他们的土地。对于闲置的土地,可鼓励农户恢复耕种或者组织其他农户代为耕种,避免浪费、待有条件时再行建设。除非宅基地闲置是因农户已另有其他住房而不再需要,不能轻易收回。

其次,无论何种原因,收回农户宅基地的程序必须合法。按照《土地管理法》的规定,收回农民宅基地使用权的批准机关必须是县级以上人民政府,即县级以下的乡镇及村集体经济组织,无权决定收回农民的宅基地使用权。

最后,根据《物权法》的规定,农民的宅基地使用权属于用益物权,是一项独立的财产性权利。既然承认宅基地使用权属于财产,只因该财产闲置超过一定时间就被剥夺,在法理上是没有依据的。事实上,原《土地管理法》第37条规定已被部分修正,该条第三款"承包经营耕地的单位或者个人连续二年弃耕抛荒的,原发包单位应当终止承包合同,收回发包的耕地"已不再执行,即土地闲置不能成为收回农民承包经营权的理由。虽然目前的相关立法修改及司法解释尚未涉及宅基地使用权的收回条件,但同样作为用益物权,农村土地承包经营权不因闲置而被收回的立法变化,在处理解宅基地收回问题时,可以作为参考。

25. 农村宅基地是否有使用期限的限制?

问 农村土地承包法对土地承包的期限已经有了明确的规定。而且进一步规定,承包期限届满,仍可按照国家有关规定继续承包。但是对于经济价值更高,事关农民生活安居的宅基地,法律为什么没有规定使用期限呢?有人说,没有规定使用期限，意味着所有权人可以随时收回宅基地使用权，可以这样理解么？

答：关于宅基地的使用期限问题，国家法律、行政法规，以及国家政策和地方性规定，目前都无明确的规定。在制定《物权法》时，对于宅基地的取得、流转，以及使用期限等问题都有很多不同意见。最终出台的《物权法》，虽然赋予宅基地使用权以物权属性，并且单列一章将其纳入“用益物权篇”。然而，该章仅有短短 4 条，许多问题都以“授权性”安排的方式加以解决。[①] 由于目前对此类问题仍无明确规定，故在理论和实践中仍然存在很多争论。但是认为“没有规定使用期限意味着所有权人可以随时收回宅基地使用权”的观点则有失偏颇。《物权法》虽然没有明确规定宅基地使用权期限，但该法第 154 条规定：“宅基地因自然灾害等原因灭失的，宅基地使用权消灭。对失去宅基地的村民，应当重新分配宅基地。”根据这一规定，即使因为自然灾害等原因而使宅基地灭失的，还应当为失去宅基地的村民重新分配宅基地，即宅基地使用人对宅基地的使用是一种“永久使用权”，只要宅基地不灭失，使用权人就可以永久使用下去。当然，这种“永久使用权”也并不是说在任何情况下，集体经济组织都不能收回。《土地管理法》第 66 条规定了三种可以收回的情形。

还有人认为，农户家庭成员全部死亡之后，宅基地使用权即告终止，农村集体经济组织有权收回宅基地。这样的观点，实际上是否认宅基地使用权的可继承性，是没有法律依据的。因此，只要农户家庭成员还有继承人存在，其宅基地仍可由继承人继续使用。从这个意义上讲，农村宅基地使用权是一种永久性权利。其“永久”的含义就是，只要宅基地使用权人还有后代，还有继承人或者受赠人，并且土地没有灭失，也没有因公共利益等法定原因被收回的情形，就可以一直使用下去。

26. 城里人租赁农村宅基地和房屋合同是否有效？

问 我们一家人几年前去城里打工，便将房屋和宅基地租给一对在城市已退休的夫妻。前些日子，村委通知我，说我们的租赁合同无效，房子和宅基地要租只能租给本村村民，让我们在限期内通知这对夫妻搬出，否则村委会将以非

① 如《物权法》第 153 条规定：“宅基地使用权的取得、行使和转让，适用土地管理法等法律和国家有关规定。”

法出租和闲置宅基地为由收回我们的宅基地和房屋。请问，村委会有这个权利吗？农村宅基地和房屋出租给城里人就无效吗？

答：通过曲解法律限制甚至剥夺农民的财产权利，在全国范围内并非个别现象，而且，这些侵犯农民财产权利，损害农民利益的行为，总是打着维护国家和集体利益的旗号进行的。对农民土地使用权和房屋产权流转的限制就是如此，通常以所谓宅基地和房屋是农民的基本社会保障，带有福利分配的性质，且有资格条件限制为由，禁止农民宅基地和房屋的流转。不过，目前从国家立法层面并无直接的禁止性规定，只是国务院直属机构及一些地方性法规，曾出台过禁止城市居民到农村购买住房和宅基地的规定。然而，对于农村宅基地和房屋租赁，不管是本村村民之间的租赁，还是出租给城市居民，则无论是国家立法还是政策性规定，均无任何禁止性的规定。

与宅基地和房屋的买卖不同，租赁行为只是一种债权行为，无须办理不动产的登记过户等物权变动事宜，不发生物权效力，该债权合同一经当事人签署，只要不存在合同法规定的无效情形，即发生法律效力，任何人，包括合同当事人在内都无权擅自撤销。对于合同的履行，村委会当然也不能干涉，更无权以非法出租、闲置为由收回宅基地和房屋。

处理此类问题要特别注意一种倾向：以保护所谓大多数人的利益为名，限制和剥夺少数人的权利，似乎就具有了正当性和合法性。要知道，没有抽象的国家利益和集体利益，国家利益和集体利益就是某一特定范围内个体利益的集合。如果允许公权力以保护大多数人的利益为由恣意妄为，损害个体利益，最终每一个个体都会成为潜在的受害者，最终还是多数人利益受损。

农民将暂时闲置或者多余的房屋出租给城市居民，并不损害任何人的利益，这不仅防止了土地和房屋的闲置，而且多一些租赁对象的选择还有利于农民争取一个更合理的价格。并且向城市居民出租宅基地和房屋，因为并不发生产权关系的变化，并不会产生一些人所担心的诸如土地兼并、农民丧失居所和福利保障等社会问题，因此，无论是村委会还是其他行政机关，对于农民的出租行为，没有理由，也没有权力加以干涉。

27. 已经实行“村改居”范围内的房屋买卖，合同效力如何认定？

问 最近我们村经政府批准完成了“村改居”工作，村民委员会变成了居民委员会，全村村民也都转为城镇户口。但政府尚未办办理征地手续，即土地所有权仍属集体所有。在“村改居”之前，就有许多城市居民来我村购买小产权房和农民私房，我们知道国家对此是不允许的，有几户因此打官司，法院判决认定购房合同无效。现在村民已变市民了，请问，现在签订的购房合同是否有效？

答：所谓“村改居”，即农村集体经济组织全部成员成建制转为城镇居民，取得城市户口，村民委员会也改称居民委员会。此时，原农村集体经济组织所有的土地可能存在两种情况：一是已经办理了土地征收手续，将集体土地（包括宅基地）变更为国有土地；二是尚未办理土地征收手续，土地性质仍为集体所有。根据法律规定，将集体土地征为国有，必须按照法定程序和审批权限，办理征地和农转用等审批手续，并且要对被征地的农村集体经济组织和农民进行补偿安置。作为宅基地使用权人和地上房屋所有人的农户，如果获得了地面附着物等补偿安置费用，则意味着宅基地和房屋已被收归国有，其宅基地使用权证和房屋所有权证也应被注销。即在前述第一种情况之下，宅基地和房屋买卖事实上是无法完成的。如果农民（居民）在宅基地已被收归国有，但房屋尚未拆除，自己已经或者将要获得补偿安置的情况下，将宅基地和房屋再转让给他人（无论是同一集体经济组织，还是城市居民）都是违法的、无效的。但这种情况发生的可能性很小，因为国家征地，按照法定程序要进行公告，并会在一定期限内冻结房屋买卖的过户登记，此时一般不会有人去购买已经或者将被征收的房屋。

对于第二种情况，即虽然政府已经为村民办理了户籍变更登记，将全村村民户口变更为城市户口，但尚未办理征地手续，也未换发土地和房屋权属证书，土地性质仍为集体所有，此时发生的宅基地和房屋买卖行为是否有效？有观点认为，此类房屋买卖合同效力的关键，不在于户籍身份是否改变，而在于土地性质是否转变。如果集体经济组织的全部成员以已成建制转为城镇户口，但尚未办理征地手续，土地性质尚未转变为国有，则该范围内的房屋买卖仍应认为是农村房屋和宅基地交易，按照有关禁止城市居民购买农村房屋和宅基地的规定，此类交易应被认定无效。本人以前也曾支持这种观点，[①] 但现在看来，这种观点存在明显漏洞，不能成立。首先，从有关禁止城市居民购买农村房屋、宅基地规定本身来看，已完成“村改居”的集体土地上的房屋，并不在禁止之列。此类禁止性规定主要有：（1）国务院办公厅 1999 年发出的《关于加强土地转让管理严禁炒卖土地的通知》规定：“农民的住宅不得向城市居民出售，也不得批准城市居民

① 张庆华 . 土地物权疑难法律问题解析 [M]. 北京：法律出版社，2007：86.

占用农民集体土地建住宅，有关部门不得为违法建造的住宅发放土地使用证和房产证”。（2）国土资源部《关于加强农村宅基地管理的意见》（国土资发〔2004〕234号）规定：“严禁城镇居民在农村购置宅基地，严禁为城镇居民在农村购买和违法建造的住宅发放土地使用证书”。（3）许多省、市地方性法规也有类似规定。以上这些规定本身所禁止土地和房屋交易的范围均指“农村”，所禁止交易的是村民与市民之间的交易。当集体经济组织全体成员成建制转为城镇户口，村委会转变为居民委员会，农民转变为市民以后，则说明该村已成为城市的组成部分，不再属于以上禁止性规定的适用范围，村民户籍身份变化之后发生的宅基地和房屋交易也变为市民与市民之间的交易，并不违反以上禁止性规定对交易主体身份的限制性规定，因此交易行为是合法有效的。一般来说，既然已经实行“村改居”，则说明该村已经被纳入城市规划范围，即从规划和户籍管理的角度均已属于城市的组成部分。如果马上就要开始拆迁改造，可通过一定期限内冻结房产交易过户的方式限制宅基地和房屋的买卖；但若虽将该村列入城市规划范围，但拆迁改造却遥遥无期，转变了村民的户籍身份，却不允许他们享有与市民一样的交易自由，则是不公平的，也没有依据。其次，从有关专家阐释禁止性规定的本意来看，主要是考虑到我国农村社会保障体系尚未全面建立，宅基地使用权是农民基本生活保障和安身立命之本，宅基地分配具有福利性质，有身份资格的限制，因此禁止城市居民购买农村宅基地和房屋是对农民利益的保护。[①] 这样的理由，在“村改居”之后也不复成立。因为“村改居”之后，农村已成为城市，农民也已成为市民，则理应将已经完成身份转化的“前农民”纳入城市社会保障体系，让他们与城市居民享有平等的社会福利，也许这仍然需要一个过程，但不应再人为延续这种身份差别，继续限制他们的交易自由。如果农民户籍身份已经转变为市民，但却仍然不允许他们享有与城市居民一样的房产自由交易权，其实不是对他们权益的保护，而是对他们权益的限制和剥夺。

在司法领域，对此类交易行为的效力认定基本持肯定意见。最高人民法院尚未出台相关司法解释，但媒体公布的一些案例和一些地方法院内部的解释性规定均认为已实行“村改居”范围内的房屋买卖合同是有效的。[②]

---

① 胡康生．中华人民共和国物权法释义 [M]. 北京：法律出版社，2007：339-340.

② 如《青岛市中级人民法院关于审理农村宅基地房屋买卖纠纷案件相关问题的意见》（青中法〔2006〕232号）第一条第2项规定：集体经济组织全部成员转为城市居民的，但尚未办理相关范围内国有土地使用权证的，此范围内的房屋买卖合同对双方当事人有法律约束力。

28. 农民向城市居民出售宅基地和房屋后反悔该如何处理？

问 多年以前，因为孩子上大学急需用钱，我便将自己在农村的房屋卖给了城里人。当时农村房屋都很便宜，我的房子只卖了不到 5 万元。可随着城市的发展，我们村已纳入城市规划范围，据说不久要进行拆迁改造，我们村的房子也值钱了，现在的售价至少是以前的十几倍。我很后悔，听说国家不允许城里人到农村买房，所签的购房合同是无效的。是这样吗？我可以要回已出售的房子吗？

答：对于城市居民购买农村的房屋和宅基地，国家法律和行政法规并无禁止性规定，但国务院直属机关和许多地方性法规则有明确的禁止性规定。比如国务院办公厅 1999 年发出的《关于加强土地转让管理严禁炒卖土地的通知》规定："农民的住宅不得向城市居民出售，也不得批准城市居民占用农民集体土地建住宅，有关部门不得为违反建造和购买的住宅发放土地使用证和房产证。"国土资源部〔2004〕234 号《关于加强农村宅基地管理意见》规定："严禁城镇居民在农村购置宅基地，严禁为城镇居民在农村购买和违法建造的住宅发放土地使用证。"以上规定，虽非法律和行政法规，按照《合同法》的规定，按说不能作为认定合同效力的依据。但自从《物权法》第 153 条，将"国家规定"也作为物权设定和变动的依据之后，如今许多法院已将上述规定作为认定合同效力的依据，甚至直接在判决中加以引用，进而认定购房合同无效。应该看到，对于无效合同，虽然因其自始没有法律约束力，不存在"诚实履行"的问题，但这种因房价上涨，拆迁补偿等可得利益增多而反悔，便以合同无效为由拒绝履行，还是存在明显的见利忘义之嫌，有违基本的善良风俗和诚实信用。也许正是这一原因，在我国农村，虽然向城市居民出售房屋的行为非常普遍，但因利益诱惑而翻悔、起诉的还是少数，大多数农民在利益面前，还是能够恪守一诺千金的传统美德。其实，通过无效判决撕毁从前的购房合同，虽然保护了个别农民的利益，但从长久来看，对大多数农民的利益则是一种损害，不仅破坏了人与人之间的信任和纯朴、守信的传统美德，而且强化了对农民财产流转和自由迁徙的限制。农民的土地和房产之所以价值奇低，主要原因不就是因为不能自由流转造成的吗？所以，个别农民为了眼前利益而通过寻求司法手段推翻已签订的购房合同，其实是在鼓励和支持对自己财产自由流转的限制。因此，从长久来说，这种救济方法并不值得提倡。何况，即使作出无效判决，旧房出售价格与升值利益之间的差额部分也并不一定都归出售人所有。《合同法》第58条规定："合同无效或者被撤销后，因该合同取得的财产，应当予以返还，不能返还或者没有必要返还的，应当折价补偿。有过错的一方应当赔偿对方因此所受到的损失，双方都有过错的，应当各自承担相应的责任。"根据这一规定，合同被确认无效后，主要有三种处理原则：一是财产返还原则；二是不能或者没有必要返还时的折价补偿原则；三是过错赔偿原则。农村宅基地和房屋转让纠纷情况比较复杂，笔者认为，对于以上三个原则，应根据不同情况分别处理，三个原则可以单独适用，也可以结合运用。在实践中应切忌不分具体情况，千篇一律，简单采用单一的相互返还方式。具体来说，主要有以下几种不同的适用情形：

（1）宅基地和房屋转让合同签订时间较短，提起诉讼时，受让人尚未对房屋进行翻新改建，且周边土地和房屋的市场价格也无明显变化的，确认合同无效后，可采用相互返还的处理方式。

（2）提起诉讼时，受让方已对房屋进行了较大的翻新改建，且周边土地和房屋的市场价格有较大幅度上升的，确认转让合同无效后则应对宅基地和房屋进行价格评估，在判决买受人返还宅基地和房屋的同时，还应判令出卖人返还买受人对房屋的翻新改建费用。对于房屋和土地的升值利益，也应当按照评估后一定比例由出卖人对买受人给予补偿。具体补偿比例如何确定，法律并无统一规定，这应当属于人民法院自由裁量的范围，主要应当依据双方当事人的过错程度加以确定。①

（3）提起诉讼时宅基地上的房屋将要拆除或已经拆除的，此时原告提起诉讼的目的往往不是为了返还宅基地和房屋，而是为了获取今后的拆迁补偿款。对于此种诉讼，应注意区别两种不同情况加以处理：

第一，如果起诉时，争议范围的土地已经完成了征收和农地转用手续，即集体土地已经转化为国有土地，或者已办理"村改居"手续，全体村民已成建制转为城市居民的，则当年签订的宅基地和房屋转让协议应按有效处理。虽然转让行为发生在土地性质转化或者"村改居"之前，但如果起诉时集体土地已经转化为国有土地或者已完成"村改居"，则事实上农村房屋已转化为城镇房屋，国家有

① 青岛市中级人民法院《审理农村宅基地房屋买卖纠纷案件相关问题的意见》（青中法〔2006〕232号）第4条关于合同无效后的处理原则规定：宅基地房屋买卖合同被确认无效后，依据合同取得的财产应予返还。不能返还或者没有必要返还的，应按照起诉之日宅基地房屋评估价格折价补偿。合同无效双方均有过错，各自承担责任份额为50%。

关禁止城镇居民购买农村宅基地和房屋，以避免农村土地流失，保障集体经济组织成员利益的规定也就失去了意义和适用对象。因此，在司法环节也没有必要对先前发生的转让行为加以否定。

第二，如果起诉时，争议范围内的土地尚未完成征收和农转用手续，也未实行“村改居”的，则购房行为仍然是村民与市民之间的农村宅基地和房屋买卖，该买卖行为因违反国家有关规定可以认定无效，但应当按照双方均有错过的处理原则，对已经或者将要支付的拆迁补偿费用根据双方的过错程度按照一定比例分配。

第四章

国有土地使用权划拨纠纷

1. 什么叫国有土地使用权划拨？

问 我们国家实行市场经济已经二十多年了，如今，若要取得国有土地使用权，基本上都要通过市场化的招标、拍卖、挂牌等方式有偿取得。可是听说，还有一种方式可以无偿取得国有土地使用权，就是划拨。请问，什么叫土地使用权划拨？为什么在市场经济条件下，还要保留这种无偿分配土地的制度？

答：根据《城市房地产管理法》第23条规定，土地使用权划拨是指县级以上人民政府依法批准，在土地使用者缴纳补偿、安置等费用后将该幅土地交付其使用，或者将土地使用权无偿交给土地使用者使用的行为。该条同时还规定，以划拨方式取得土地使用权的，除法律、行政法规另有规定外，没有使用期限的限制。该条便是法律关于土地划拨制度的定义性规定。

我国土地使用权划拨制度有如下特点：

（1）划拨的标的只能是国有土地使用权，集体土地使用权不能采用划拨方式取得。

（2）有权批准采用划拨方式供应土地的必须是县级以上人民政府。

（3）通过划拨方式取得国有土地使用权无须按照市场价格支付土地使用费用，即通过划拨方式取得国有土地使用权大多数情况下都是无偿的，或者仅需支付少量补偿、安置费用。

（4）除法律、行政法规对划拨土地使用权的期限有特别规定以外，划拨土地使用权没有使用期限的限制。即除非遇国家因公共利益需要收回土地使用权外，使用者可以永久使用划拨土地。

显然，土地划拨制度带有明显的计划分配特点，其无偿和低偿取得方式也不符合市场原则，与出让方式的有偿、有期限取得方式存在明显冲突。正因为如此，对于划拨制度的存废一直存在争议。在制定《物权法》时，对于是否保留该制度争议也很激烈。折中之后，《物权法》仍然保留了划拨方式，只在相关条文中对该种方式有“严格限制”的意思表达，并强调“采取划拨方式的”，应当遵守法律、行政法规关于土地用途的规定。[①] 这样的规定象征意义大于实际意义，对于土地使用权划拨的实务操作基本上没有影响。

反对保留土地划拨制度的主要理由是：（1）行政划拨方式是计划经济体制的产物，不符合发展社会主义市场经济的要求；（2）划拨方式是无偿或低偿的，与出让之间差价悬殊，实行土地划拨干扰房地产市场的公平竞争；（3）一些单位有偿转让用划拨方式取得的土地使用权或进行商业性利用，造成土地收益流失，级差收益落入单位和个人手中；（4）以划拨方式取得土地使用权的，不重视土地利用效益，造成土地的闲置浪费。这些观点确有道理，也符合我国土地使用制度的现状。然而保留土地划拨制度主要不在于我们尚未实行完全的市场体制，而是由于我们的土地所有制决定了土地划拨制度不可能完全废止。换言之，划拨制度与土地公有制在客观上是一种相生相伴的依存关系。因为通过划拨方式取得土地使用权的建设主体主要是国家机关或者其他国有企业、事业单位，建设项目也应为国有性质。在这种体制之下，如果再向建设单位收取土地使用费用，岂不是将国家的钱从左口袋装入右口袋？这大概才是划拨制度不能取消的最真实原因。

2. 何种建设建设项目可以采用划拨方式供应土地？

问 我厂是一家国有企业，厂区内的土地都是以前通过划拨方式取得的，现因扩大生产规模、扩建厂房，需要申请新的建设用地，请问我厂还可以继续通过划拨方式取得国有土地使用权吗？哪些项目可以采用划拨方式供应土地？

答：以划拨方式取得国有土地使用权，虽然与建设单位的主体身份有关，即通常可以申请以划拨方式取得国有土地使用权的单位应当是国家机关、各级人民政府或者国有性质的企事业单位，但并非这些单位的一切建设项目均能通过划拨方式取得国有土地使用权，如果是非公益性项目，比如单位集资自建职工宿舍，企业的非公益性生产经营建设等，则不能通过划拨方式取得国有土地使用权。简言之，是否采用划拨方式供地，是由具体建设项目，而非建设主体决定的。

1990 年，国务院发布的《城镇国有土地使用权出让和转让暂行条例》（55 号

① 《物权法》第 137 条规定："设立建设用地使用权，可以采取出让或者划拨等方式。工业、商业、旅游、娱乐和商品住宅等经营性用地以及同一土地有两个以上意向用地者的，应当采取招标、拍卖等公开竞价的方式出让。严格限制以划拨方式设立建设用地使用权。采取划拨方式的，应当遵守法律、行政法规关于土地用途的规定。"

令），标志着我国土地有偿使用制度的正式建立。在此之前，无论是国企还是集体企业，也无论何种建设项目，取得国有土地使用权都是通过划拨方式。55号令虽然保留了划拨方式，但此后即使国有企业，如果进行非公益性质的经营建设需要使用土地，也必须通过有偿出让方式取得。但是，55号令并未界定划拨方式的适用范围，直到1995年1月1日开始施行的《城市房地产管理法》才对此作出规定。该法第24条规定："下列建设用地的土地使用权，确属必需的，可以由县级以上人民政府依法批准划拨：（一）国家机关用地和军事用地；（二）城市基础设施用地和公益事业用地；（三）国家重点扶持的能源、交通、水利等项目用地；（四）法律、行政法规规定的其他用地。"根据这一规定，以划拨方式供应土地的建设项目主要被限定为三种建设项目外加一个"兜底条款"（法律、行政法规规定的其他用地）。该规定的适用范围仍然属于原则性、粗线条的。此后，2001年10月22日，由国土资源部发布的《划拨用地目录》，进一步细化了划拨土地的适用范围，将划拨用地项目划分为19大类共121小项。从该规定可以看出，可以采用划拨方式供应土地的建设项目具有如下特点：

（1）建设项目具有公益性。

列入划拨土地目录的建设项目均应具有公益性质，即项目的建设目的应当是为了不特定的大多数人的共同利益，而不能只是为特定的单位或者个人的利益。即使建设单位属于国家机关或者国有企业，如果建设项目只是为了该机关或企业自己的利益，也不能通过划拨方式取得国有土地使用权。

（2）建设项目具有非营利性。

按照《划拨用地目录》的规定，即使属于《城市房地产管理法》第24条规定的建设项目，也并非都要采用划拨方式供应土地。比如，对于"城市基础设施和公益事业用地"，该《划拨用地目录》又将之区分为营利性和非营利性项目，并且只将非营利建设项目列入目录。如邮政设施、教育设施、体育设施、文化设施、医疗设施，这些建设项目无论是营利性还是非营利性，都具有公益性，即这些项目的服务对象都是不特定的公众群体，但是，如果这些建设项目是以营利为目的，也并不能因为其具有公益服务性质而采用划拨方式供应土地。

3. 划拨土地使用权人可否自行改变土地用途？

问 我单位多年以前通过划拨方式取得国有建设用地一处，当时审批的是疗养用地，现我单位与其他公司合作扩大建设规模，利用空闲地建设住宅楼，一部分分给本单位职工，剩余部分向社会销售。请问，这样做是否构成土地用途变更？我单位有权自主决定吗？

答：很显然，你单位的做法已经改变了土地用途，而土地用途的确定和变更，用地单位是无权自行决定的。

《土地管理法》第4条第一款规定："国家实行土地用途管制制度。"土地用途管制，主要体现在两个方面：一是土地的用途必须依法确定。国家通过编制土地利用总体规划等，规定土地用途，土地使用者必须按照国家规划确定的土地用途使用土地；二是实行土地用途变更许可，土地使用者不得随意变更土地规划用途，若欲变更，必须事先办理审批和变更登记手续。《土地管理法》第56条规定："建设单位使用国有土地的，应当按照土地使用权出让等有偿使用合同的约定或者土地使用权划拨批准文件的规定使用土地；确需改变该幅土地建设用途的，应当经有关人民政府土地行政主管部门同意，报原批准用地的人民政府批准。其中，在城市规划区内改变土地用途的，在报批前，应当先经有关城市规划行政主管部门同意。"不按批准的用途使用国有土地，按照《土地管理法》第81条规定，可以由县级以上人民政府土地行政主管部门责令交还土地，处以罚款。

对土地用途加以管制是国际通例，即使是实行土地私有制的国家，土地所有者使用土地也不是随心所欲的，许多国家出于环境保护、城市规划和土地资源合理开发利用等方面的考虑，都有非常严格的土地用途管制立法。而在我国，实行土地公有制，用人单位和个人只能拥有土地使用权而无所有权，作为使用权人，其不能自行决定土地用途，特别是划拨土地，是采用无偿（或只需支付少量补偿安置费用）方式供应的，其建设项目具有特定性和公益性。比如，只有国家机关和军事用地，城市基础设施和公益事业用地，国家重点扶持的能源、交通、水利设施等建设项目，才可以通过划拨方式取得国有土地使用权。如果允许划拨土地使用权人随意改变土地用途，不仅会改变国家公益建设目标，还会造成国有土地资产的流失，损害国家利益。所以，对划拨建设用地采用更高标准的用途管制，完全符合划拨制度的设立初衷。

4. 划拨土地使用权可以转让吗？有何限制性条件？

问 我们是一家科研机构，属国家全额拨款事业单位。20世纪90年代初，通过划拨方式取得一宗国有土地使用权，当时批准的建设项目是科研基地和职工宿舍。现在，除建成一座科研办公楼和部分职工宿舍外，尚有部分土地一直闲置。我单位拟将闲置土地转让给房地产开发商建设商品住宅，不知是否可以？法律有限制性规定吗？

答：土地使用权划拨对象和划拨用途具有特定性，建设项目均具有公益性和非营利性，因此，作为划拨土地使用权人，不得擅自改变批准的土地用途，更不能允许将无偿取得的土地使用权，直接进入房地产开发市场，或通过转让谋取经济利益。但是，考虑到我国采用划拨方式供应土地复杂的历史背景以及许多划拨土地实质上的非公益性，特别是采用划拨方式供应土地普遍存在“少建多报”，即建设单位申请用地时往往虚报建设项目，尽量多要土地，故划拨用地被闲置和低效利用非常普遍。如果采取一刀切的方式，一律禁止划拨土地转让并不现实，而且会使国有土地资源长期闲置和浪费。因此有关法律法规并未绝对禁止划拨土地使用权的转让，只是在允许转让的同时规定了较为严格的条件。1990 年国务院发布的《城镇国有土地使用权出让和转让暂行条例》(以下简称《暂行条例》) 第 45 条规定：“符合下列条件的，经市、县人民政府土地管理部门和房产管理部门批准，其划拨土地使用权和地上建筑物、其他附着物所有权可以转让、出租、抵押：(一) 土地使用者为公司、企业、其他经济组织和个人；(二) 领有国有土地使用证；(三) 具有地上建筑物、其他附着物合法的产权证明；(四) 依照本条例第二章的规定签订土地使用权出让合同，向当地市、县人民政府补交土地使用权出让金或者以转让、出租、抵押所获效益抵交土地使用权出让金。”根据这一规定，对于划拨土地的转让，首先在主体资格方面有严格限制，即转让方只能是“公司、企业、其他经济组织或者个人”，而党政机关，军队或者科研机构等事业单位，显然不属于公司、企业或经济组织，因此其所获得的划拨土地使用权不能转让。其次，划拨土地尚未进行建设的“净地”是不能转让的，所转让的划拨土地必须“具有地上建筑物、其他附着物合法的产权证明”，即转让划拨土地使用权必须是连同地上建筑物、附着物一同转让，而不能将空闲土地单独转让。再次，转让划拨土地还应当补办土地出让手续，补交土地使用权出让金。这样的限制意味着，划拨土地使用权人不能通过其以无偿方式取得的土地使用权转让获取土地收益，其所获收益只能是地上建筑物或附着物的转让所得。

1995 年颁布的《城市房地产管理法》第 40 条：“以划拨方式取得土地使用权的，转让房地产时，应当按照国务院规定，报有批准权的人民政府审批。有批准权的人民政府准予转让的，应当由受让方办理土地使用权出让手续，并依照国家有关规定缴纳土地使用权出让金。以划拨方式取得土地使用权的，转让房地产报批时，有批准权的人民政府按照国务院规定决定可以不办理土地使用权出让手续的，转让方应当按照国务院规定将转让房地产所获收益中的土地收益上缴国家或者作其他处理。”这一规定主要强调的是划拨土地使用权转让的政府审批，未经批准的不得转让。如果政府同意转让的，则应当由受让方办理土地使用权出让手续，并按规定缴纳土地使用权出让金；经政府批准可以不办理土地使用权出让手续的，则应由转让方按照国务院有关规定将转让所得中的土地收益上缴国家或者作其他处理。显然，无论是《暂行条例》还是《城市房地产管理法》的规定，其本意都是不允许通过转让划拨土地获取土地收益，更不允许党政军机关等承担国家公共管理职能的单位，以无偿取得的划拨土地使用权进行以营利为目的的商品房开发等经营活动。因此，你单位将闲置的土地转让给开发商搞房地产建设是违法的，不会获得政府主管部门的批准。

5. 划拨土地使用权转让合同效力如何认定？

问 我单位将一处闲置多年的划拨土地转让给一家房地产开发商搞开发建设。合同签订后，该开发商仅支付部分转让费后便停止支付，本答应分给我单位的楼座也公开对外销售。我单位欲起诉该开发商，但有人说，当初转让划拨土地使用权并未取得政府批准，如贸然起诉，转让合同有可能被认定无效，对我单位更为不利。请问，未经政府部门批准，转让合同就无效吗？该建设项目的规划及建设手续都已办理，这种情况能否认为政府对转让行为的认可和同意？

答：认定合同效力的主要法律依据是《合同法》第 52 条规定。根据该条规定，有下列情形之一的，合同无效：“(一)一方以欺诈、胁迫的手段订立合同，损害国家利益；(二)恶意串通，损害国家、集体或者第三人利益；(三)以合法形式掩盖非法目的；(四)损害社会公共利益；(五)违反法律、行政法规的强制性规定。”在对具体合同效力进行认定时，一般应从合同的订立过程、合同形式、合同内容以及合同履行后果等方面与该条所列无效情形逐项对照，并结合相关证据作出认定。实践中特别需要注意，对于该条第（五）项，即所签合同是否违反法律、行政法规的强制性规定的认定应当谨慎，最高人民法院对于该项规定的适用有过两次专门解释。1999 年最高人民法院《关于适用〈合同法〉若干问题的解释（一）》第四条规定：“合同法实施以后，人民法院确认合同无效，应当以全国人大及其常委会制定的法律和国务院制定的行政法规为依据，不得以地方性法规、行政规章为依据。”2009 年，最高人民法院《关于适用〈合同法〉若干问题的解释（二）》第 14 条进一步规定：“合同法第五十二条第（五）项规定的‘强制性规定’，是指效力性强制性规定。”即并非所有违反法律、行政法规的合同都是无效合同，只有违反法律、行政法规的强制性规定，并且是“效力性强制规范”的合同才能被认定无效。总的来说，在合同效力认定的问题上，最高人民法院有关司法解释所体现的基本价值取向就是：在私法范围内，对于合同的无效确认应当慎重，充分尊重当事人意思自治，鼓励交易，减少国家干预，尽量缩小无效合同范围，以维护市场秩序和交易安全，避免因无效确认扩大损失。

对于划拨土地使用权的转让，法律和行政法规的限制性规定主要有：

①国务院发布的《城镇国有土地使用权出让和转让暂行条例》第 45 条规定：“符合下列条件的，经市、县人民政府土地管理部门和房产管理部门批准，其划拨土地使用权和地上建筑物、其他附着物所有权可以转让、出租、抵押：（一）土地使用者为公司、企业、其他经济组织和个人；（二）领有国有土地使用证；（三）具有地上建筑物、其他附着物合法的产权证明；（四）依照本条例第二章的规定签订土地使用权出让合同，向当地市、县人民政府补交土地使用权出让金或者以转让、出租、抵押所获效益抵交土地使用权出让金。”

②《城市房地产管理法》第 40 条规定：“以划拨方式取得土地使用权的，转让房地产时，应当按照国务院规定，报有批准权的人民政府审批。有批准权的人民政府准予转让的，应当由受让方办理土地使用权出让手续，并依照国家有关规定缴纳土地使用权出让金。以划拨方式取得土地使用权的，转让房地产报批时，有批准权的人民政府按照国务院规定决定可以不办理土地使用权出让手续的，转让方应当按照国务院规定将转让房地产所获收益中的土地收益上缴国家或者作其他处理。”一般认为，转让划拨土地使用权如果不符合上述规定的条件就构成违法，但在认定合同效力时，最高人民法院又对无效情形进一步压缩。《最高人民法院关于审理涉及国有土地使用权合同纠纷案件适用法律问题的解释》（以下简称《司法解释》）第 11 条规定：“土地使用权人未经有批准权的人民政府批准，与受让方订立合同转让划拨土地使用权的，应当认定合同无效。但起诉前经有批准权的人民政府批准办理土地使用权出让手续的，应当认定合同有效。”根据这一规定，政府的批准与否，是划拨土地使用权转让合同是否有效的主要依据，即只要转让行为经政府批准并办理土地使用权出让手续的，就应当认定转让合同有效，反之则无效。这样的规定有其合理性，如果政府已经批准转让，但人民法院却因为转让行为不符合法定条件等原因认定合同无效，则意味着人民法院通过无

效认定否定了行政机关的行政行为，用司法权代行行政权。而转让行为是否符合法定条件，是否允许转让，本应属于行政机关的职权范围，人民法院不应加以干预，更不应代行行政审查权。特别是经政府批准同意转让后，合同已进入履行阶段，甚至房屋已经建成，此时若认定转让合同无效，将会造成巨大的损失和浪费，还有可能伤及无辜，损害已购房者等第三方的利益。即使不符合转让条件的转让行为，若政府已经批准，并且在批准过程中政府可能存在滥用权利、徇私枉法行为，该批准行为也不能在民事诉讼中由人民法院加以审查和解决。因此，只要当事人在起诉时已经取得政府批准转让的书面文件。法院就应当认定转让合同有效。如果当事人认为政府的批准行为违法，可通过行政诉讼程序解决。至于政府批准的形式，按照《司法解释》第 11 条的规定，似乎仅指“有批准权的人民政府批准办理土地使用权出让手续”，但笔者认为不能作如此狭隘理解，因为根据《城市房地产管理法》第 40 条第二款的规定，对于划拨土地使用权的转让，政府也可以决定不办理土地使用权出让手续，而只要求转让方将转让收益中的土地收益上缴国家或者作其他处理。

还有一种情况，如果政府尚未批准办理土地使用权出让手续，但规划和建设主管部门已为当事人颁发了规划许可证和施工许可证，转让合同效力该如何认定？一般来说，土地审批手续未完成之前，不能办理规划和建设审批，但在许多地方，政府各主管部门之间的协调衔接不畅，则有可能出现审批程序颠倒的情形。对此应当查明原因，如果确属政府主管部门的协调和衔接问题，土地主管部门能够完成审批的，即使在起诉之前尚未取得政府书面的审批文件或者签订出让合同，也不应轻易认定转让合同无效。

6. 划拨土地使用权转让经政府批准后土地使用权出让金由谁交纳？

问 我公司与某事业单位签订划拨土地使用权转让协议，并按略低于土地市场同类土地的价格向该单位支付转让费。但在申请办理土地使用权过户手续时，政府主管部门虽然同意过户，但要求必须办理土地使用权出让手续，并由我公司交纳土地使用权出让金。请问，法律是这样规定的吗？如果照此办理，我公司岂不是为一块地支付两份对价？

答：政府主管部门的要求有法律依据。

《城市房地产管理法》第 40 条规定：“以划拨方式取得土地使用权的，转让房地产时，应当按照国务院规定，报有批准权的人民政府审批。有批准权的人民政府准予转让的，应当由受让方办理土地使用权出让手续，并依照国家有关规定缴纳土地使用权出让金。以划拨方式取得土地使用权的，转让房地产报批时，有批准权的人民政府按照国务院规定决定可以不办理土地使用权出让手续的，转让方应当按照国务院规定将转让房地产所获收益中的土地收益上缴国家或者作其他处理。”根据该条第一款的规定，转让划拨土地使用权，必须报有批准权的人民政府审批，经政府批准同意后方可转让，并由受让方办理土地出让手续，交纳土地使用权出让金。另外一种情况即按该条第二款规定，如果报批时，有批准权的人民政府认为可以不办理出让手续的，则由转让方将转让收益中的土地收益上缴国家或者作其他处理。具体采用哪种做法，即是否需要办理土地出让手续，主要是根据转让后的土地用途决定的，如果转让后仍然属于公益性用途，受让方符合划拨供地要求，则没有必要办理土地出让手续，可由政府重新划拨给受让方。但是，如果转让后的土地用途属于商业性或其他非公益性用途，则应当办理土地出让手续，并由受让方交纳土地使用权出让金。但是，《城市房地产管理法》并没有对经政府批准同意转让并办理土地使用权出让手续后，原划拨土地使用权转让合同当事人之间权利义务如何确定和履行作出规定。实践当中出现的问题就是，既然经政府批准同意转让，那么转让合同就应当确认有效，有效的合同就应当按照约定履行，受让方就应当向转让方支付转让费。可是受让方又必须与政府部门签订土地使用权出让合同，并按合同约定交纳土地使用权出让金。如果照此履行，岂不是受让方为同一标的支付两份对价？为解决这一问题，最高人民法院《关于审理涉及国有土地使用权合同纠纷案件使用法律问题的解释》(以下简称《司法解释》)第12条规定：“土地使用权人与受让方订立合同转让划拨土地使用权，起诉前经有批准权的人民政府同意转让，并由受让方办理土地使用权出让手续的，土地使用权人与受让方订立的合同可以按照补偿性质的合同处理。”根据这一规定，若政府同意转让，并与新的受让方办理土地使用权出让手续的，原划拨土地使用权人与新的受让人之间已不是一种土地使用权转让合同关系，而是一种经济补偿性质的合同关系。通过这种“转性”处理，在既承认转让合同的效力，但又可以不完全按原合同约定履行，既只由受让方向转让方支付一定的补偿费用。这样的规定确实是一种“创举”。然而，如何补偿？补偿范围如何界定？《司法解释》未作进一步规定。由最高人民法院民事审判第一庭编著的《最高人民法院国有土地使用权合同纠纷司法解释的理解与适用》一书对此问题的观点是：“……土地受让方对于划拨土地使用权人的补偿，包括对于其失去划拨土地使用权所可能带来不利的补偿，也包括对土地上的房屋及其他附着物的补偿。但不能理解为只是对地上房屋或其他附着物的补偿，因为往往地上物的价值远不及补偿的价款，对土地的使用价值不能忽视。”[①] 如果这样理解，划拨土地的交易不可能进行。划拨土地使用权的转让行为之所以如此普遍，其中一个重要原因就是转让双方都能有利可图。对于转让方来说，如果通过转让获得的只能是房屋、地面附着物等利用土地过程中的实际投入性补偿，他为什么要转让呢？这些年，不动产升值最快的就是土地，房产成本中的土地成本所占比例也最大，如果转让方不能通过转让获得土地收益，他就不可能转让。所以，在转让划拨土地时，转让方一般都会将同类地块的土地出让价格作为确定转让价格的参考，而地上房屋等附着物的价值甚至可以忽略不计，因为大多数受让方看重的是所转让的土地价值，在受让后，地上建筑一般都要被拆除。在具体确定转让价格时，为使双方都有利可图，一般会以略低于土地出让市场价成交。而对于受让方来说，受让划拨土地，除了位置因素外，比市场出让价较低的转让价格也是重要的考虑因素。但是，如果政府同意转让后，受让方既要与政府签订出让合同并支付出让金，同时还要向转让方支付房屋等地面附着物补偿，甚至还要给予一定的土地补偿，则转让费总额会比在公开的土地出让市场上受让土地支付的价款还要高，这样的交易受让方不可能接受。显然，受让方既向转让方支付补偿费，又要向政府支付土地使用权出让金的规定并不公平，也不现实，没有可操作性。问题出在哪呢？稍加留意就会发现，无论是《房地产管理法》第 10 条规定，还是最高人民法院的司法解释，都忽略了一个“中间环节”，即在政府同意转让并办理出让手续之间，应当有一个土地使用权的收回环节，土地使用权未收回，何谈出让？而收回原划拨土地使用权人（即转让方）的土地使用权，政府必须对其地上房屋等附着物给予补偿，这一补偿是政府的法定义务。因此，在政府同意划拨土地转让的情况下，土地出让金应当由受让方交纳，而转让方收取的补偿款则应从政府收取的土地使用权出让金中支取，一般土地管理实务也是如此操作的。无论如何，不应当由受让方为一块土地支付两份对价。

① 最高人民法院民事审判第一庭．最高人民法院国有土地使用权合同纠纷司法解释的理解与适用 [M]. 北京：人民法院出版社，2005：160.

7. 受让方符合划拨用地条件，是否还需向转让方支付补偿费？补偿标准如何确定？

问 最近，我单位与某公司签订了土地使用权转让合同，该公司以每亩30万元的价格将一宗国有划拨土地转让给我单位，但在政府土地管理部门办理审批和过户手续时被告之，我单位拟建项目属于公益性质，符合划拨供地条件，可由政府土地管理部门将该宗土地使用权划拨给我单位，但对某公司的补偿费用应由我公司负责支付。请问，既然我单位拟建项目符合划拨供地条件，为什么不能以无偿方式取得土地呢？

答：首先应当明确，以划拨方式取得国有土地使用权并不一定意味着不用支付任何费用。《城市房地产管理法》第23条规定："土地使用权划拨，是指县级以上人民政府依法批准，在土地使用者缴纳补偿、安置等费用后将该幅土地交付其使用，或者将土地使用权无偿交付给土地使用者使用的行为。"根据这一规定，以划拨方式取得国有土地使用权，可以是无偿的，但有时则需交纳补偿和安置等费用。当然，此类费用与土地出让价格相比仍然是非常低廉的。

你单位与某公司约定的每亩30万元的转让费不知包含哪些费用？《城市房地产管理法》第40条第2款规定："以划拨方式取得土地使用权的，转让房地产报批时，有批准权的人民政府按照国务院规定决定可以不办理土地使用权出让手续的，转让方应当按照国务院规定将转让房地产所获收益中的土地收益上缴国家或者作其他处理。"按此规定，转让价格中若包含土地收益，则该收益应当上缴国家或者作其他处理。其立法本意就是，不允许以国家无偿或者仅支付较低补偿费用的划拨土地使用权牟取经济利益，其土地收益应归国家所有。即转让方在转让划拨土地使用权时，所应获得的收益仅是其对土地建设投入的补偿。但若真照此执行，恐怕划拨土地使用者宁愿让土地闲置也不会转让。而在实务中，即使政府收回划拨土地使用权，也要给原使用人相应的补偿，[①] 因此，受让人若想仅支付少量的补偿、安置费用就通过转让方式获得划拨土地使用权并不现实。《最高人民法院关于审理涉及国有土地使用权合同纠纷案件适用法律问题的解释》第13条规定："土地使用权人与受让方订立合同转让划拨土地使用权，

① 《青岛市人民政府关于经营性土地使用权出让有关问题的通知》(青政发〔2002〕103号)，对于收回划拨土地，可按现状用途标定地价的50%，补偿原用地单位。

起诉前经有批准权的人民政府决定不办理土地使用权出让手续，并将该划拨土地使用权直接划拨给受让方使用的，土地使用权人与受让方订立的合同可以按照补偿性质的合同处理。”这一规定旨在通过维持转让合同效力并作转性处理的方式，维持转让双方权利义务的平衡，但该解释并未对补偿范围作出规定，没有考虑重新划拨之前的土地使用权收回环节。因为按照规定，既然重新将该幅土地划拨给他人，首先必须收回该幅土地使用权，在收回的同时应当由政府完成对原使用人的补偿，尽管实务中该补偿费用一般也是出自新的受让人所交纳的费用，但按照法定程序，补偿的主体就应当是政府，故涉及补偿事宜，不能省略土地收回环节，在该环节，应当由政府就补偿事宜作出安排。补偿问题未能落实的，政府就不应当同意转让。如果政府同意转让，但未解决补偿问题而引发争议，并因此发生诉讼的，则应当追加政府部门作为第三人参加诉讼，否则补偿标准和数额都难以确定。

8. 企业被吊销营业执照，划拨土地使用权就可以收回吗？

问 我公司是由原集体企业改制而来的股份有限公司，公司占用的土地也是公司前身通过划拨方式取得的。因效益不好，公司已停业多年，且因未办理工商年检登记而被吊销营业执照。最近，当地政府给我公司发出通知，因我公司停业多年且营业执照已被吊销，决定收回我公司土地使用权，并责令我公司限期腾地。请问，政府收回土地使用权的决定有法律依据吗？

答：《土地管理法》第58条规定：“有下列情形之一的，由有关人民政府自然资源主管部门报经原批准用地的人民政府或者有批准权的人民政府批准，可以收回国有土地使用权：（一）为实施城市规划进行旧城区改建以及其他公共利益需要，确需使用土地的；（二）土地出让等有偿使用合同约定的使用期限届满，土地使用者未申请续期或者申请续期未获批准的；（三）因单位撤销、迁移等原因，停止使用原划拨的国有土地的；（四）公路、铁路、机场、矿场等经核准报废的。依照前款第（一）项的规定收回国有土地使用权的，对土地使用权人应当给予适当补偿。”1990年由国务院颁布的《城镇国有土地使用权出让和转让暂行条例》第47条也规定：“无偿取得划拨土地使用权的土地使用者，因迁移、解散、撤销、破产或者其他原因而停止使用土地的，市、县人民政府应当无偿收回其划拨土地使用权，并可依照本条例的规定予以出让。无偿收回划拨土地使用权时，对其地上建筑物、其他附着物，市、县人民政府应当根据实际情况给予适当补偿。”以上就是法律关于土地使用权收回的法定条件，其立法本意之一就是不允许长期闲置、浪费土地，如因土地使用者迁移、解散、撤销、破产等原因而停止使用土地的，则政府有权收回土地使用权。但在具体行使土地收回权时应当慎重，不能将用地单位暂时停止使用土地作为收回土地的理由，也不能将“停业”等同于“停止使用土地”，更不能将“吊销企业营业执照”视为单位的“撤销”。企业停业有多种原因，但一般都是因为效益差、发生亏损导致的，此时企业最需要的是支持和帮助，若因此收回其土地使用权岂不是釜底抽薪，雪上加霜？何况企业停业并不意味着不能恢复生产，吊销营业执照也只是一种行政处罚，而非企业主体资格的消灭，在缴纳了罚款、补办了相关手续后，营业执照是可以补发的。考虑到我国划拨制度的历史，企业取得国有土地使用权并不总是无偿的，而要支付相应的补偿安置等费用，并且在土地使用过程中也要不断地进行建设开发和资金投入，何况土地权利已成为企业的一项非常重要的财产性权利，《物权法》也确定了划拨土地使用权的物权性质，可以说，土地使用权的取得和丧失，事关企业的生存和发展。企业亏损停业，并不一定倒闭和破产，经过努力仍然可以扭亏为盈。如简单地收回企业的土地使用权，则必然会使企业陷入绝境，并丧失起死回生的机会。因此，对于企业停业、被吊销营业执照等，应当做具体分析，查明真实原因，只有当企业确无复苏可能，并且经过法定程序，在企业民事主体资格已经被终止的情况下，才可启动土地使用权收回程序。而且即使收回土地使用权，对该企业下岗职工今后的就业和生活，政府也有责任加以妥善安置。

9. 划拨土地使用权有使用期限吗？

问 我们知道，通过有偿出让方式获得的国有土地使用权都有使用期限的规定，期满还需办理续期手续并补交土地使用权出让金后方可继续使用。而以无偿或仅交纳补偿安置等少量费用取得的划拨土地，似乎并不存在这些问题，只要用地单位不被撤销，就可以永久使用土地。请问，划拨土地是否有使用期限的规定？有可能取消划拨制度吗？

答：划拨土地无使用期限的限制。

《城市房地产管理法》第 23 条规定：“土地使用权划拨，是指县级以上人民政府依法批准，在土地使用者缴纳补偿、安置等费用后将该幅土地交付其使用，或者将土地使用权无偿交付给土地使用者使用的行为。依照本法规定以划拨方式取得土地使用权的，除法律、行政法规另有规定外，没有使用期限的限制。”虽然该条有“法律、行政法规另有规定”的除外性表述，但现有法律和行政法规尚无对某种划拨用地设定使用期限的例外规定。即只要以划拨方式取得的国有土地使用权，目前均无使用期限的限制性规定。这样的制度安排与我国土地产权制度有关。我国实行生产资料的社会主义公有制。土地等基本生产资料实行国家所有和农村集体所有，即土地所有权只能属于国家和农村集体，用地单位只能拥有使用权而无所有权，这便是所有权和使用权相分离的制度。由于划拨土地的供应对象主要是国家机关、军队、国有企事业等具有公共职能或者从事公益事业的单位，他们使用土地也就相当于国家使用土地，为他们设定土地使用权期限似乎没有意义，所以只要这些单位存在一天，就不可能收回其土地使用权，否则岂不是要取消这些以国家名义行使职权的单位？何况从理论上讲，这些单位代表国家行使职权、从事公务，应该是没有私利的，收他们的费也就等于收国家的费，限制他们岂不就是限制国家？所以，在公有制国家里，只要以国家的名义使用土地，无偿和无期限使用就应该是天经地义的。

10. 长期闲置划拨土地国家是否可以收回？

问 在我们小区附近有一处依山傍水的空地，以前一直是小区居民休闲、锻炼的去处，后来被划拨给一家单位，说要建干部培训基地，可把地圈起来以后到现在已经七八年了，土地一直闲置，没有进行任何建设，如今已是遍地荒草，也不让居民入内锻炼。请问：国家划拨的土地就可以长期闲置吗？如此浪费国家土地资源，政府是否可以收回土地使用权？

答：也许正是因为划拨土地取得的无偿性，使得许多单位都想方设法多占土地，但在取得土地后却不加珍惜。所以出现了划拨土地的闲置和浪费的现象。关于划拨土地使用权的收回条件，《土地管理法》第 58 条规定：“有下列情形之一的，由有关人民政府自然资源主管部门报经原批准用地的人民政府或者有批准权的人民政府批准，可以收回国有土地使用权：（一）为实施城市规划进行旧城区改建以及其他公共利益需要，确需使用土地的；（二）土地出让等有偿使用合同约定的使用期限届满，土地使用者未申请续期或者申请续期未获批准的；（三）因单位撤销、迁移等原因，停止使用原划拨的国有土地的；（四）公路、铁路、机场、矿场等经核准报废的。依照前款第（一）项的规定收回国有土地使用权的，对土地使用权人应当给予适当补偿。”《城镇国有土地使用权出让和转让暂行条例》第 47 条第 1 款规定：“无偿取得划拨土地使用权的土地使用者，因迁移、解散、撤销、破产或者其他原因而停止使用土地的，市、县人民政府应当无偿收回其划拨土地使用权，并可依照本条例的规定予以出让。”对于划拨土地长期闲置能否收回，以上规定并未涉及，虽然其中有“因迁移、解散、撤销、破产或者其他原因而停止使用土地的，应当无偿收回其划拨土地使用权”的内容，但什么叫“停止使用”？停止使用多久就可以收回？并无明确规定，何况适用该规定收回土地还有具体原因限定，即只有因用地单位迁移、解散、撤销、破产等原因导致停止使用土地的，才可收回土地使用权。换句话说，只要用地单位存在，即使停止使用土地也不存在收回的问题。

11. 划拨土地使用权及地上建筑物租赁的法定条件是什么？租赁合同效力如何认定？

问 某军队干休所欲将一处临街的房屋对外出租，因该房屋位置优越，我公司欲将其改造装修后作为酒店对外经营，干休所同意我公司的改造和装修方案，并承诺租赁期限不低于50年，只要求我公司每年按一定递增比例交纳房租。在准备签约时，有人告诉们，军队的房屋所占用的土地都是以划拨方式取得的，按规定不能对外出租，签了合同也是无效的。请问是这样吗？

答：划拨土地使用权出租，主要有两种表现形式：一是净地出租，即取得划拨土地后尚未进行实际建设，地上还没有形成建筑物或者其他附着物，便将土地使用权出租给他人。这种方式在实践中比较少见。二是以出租地上房屋的名义，将房屋连同所占用范围的土地使用权一同出租给他人，但合同内容仅体现为房屋出租，只是根据“房随地走”的一般原理，房屋出租的，其占用范围的土地使用权也被一并出租。第二种形式的出租在实践中最为常见。

将划拨方式取得的土地使用权连同地上房屋对外出租经营的行为，在我国非常普遍。我国法律虽未绝对禁止划拨土地使用权及地上房屋的出租，但如同划拨土地转让一样，对出租行为也规定了极为严格的限制条件。《城镇国有土地使用权出让和转让暂行条例》（以下简称《暂行条例》）第44条规定：“划拨土地使用权，除本条例第四十五条规定的情况外，不得转让、出租、抵押。”第45条规定：“符合下列条件的，经市、县人民政府土地管理部门和房产管理部门批准，其划拨土地使用权和地上建筑物、其他附着物所有权可以转让、出租、抵押：（一）土地使用者为公司、企业、其他经济组织和个人；（二）领有国有土地使用证；（三）具有地上建筑物、其他附着物合法的产权证明；（四）依照本条例第二章的规定签订土地使用权出让合同，向当地市、县人民政府补交土地使用权出让金或者以转让、出租、抵押所获效益抵交土地使用权出让金。转让、出租、抵押前款划拨土地使用权的，分别依照本条例第三章至第五章的规定办理。”根据这些规定可以看出，划拨土地使用权的出租有着严格的限制条件：

第一，出租行为必须经过政府土地管理部门和房产管理部门的批准。笔者认为，这种批准既包括事前批准，也包括事后的追认。应当注意的是，有些城市对房屋出租一直实行租赁许可制度，并由房产管理部门颁发《租赁许可证》，但笔者认为，只取得房产管理部门的许可是不够的，按照《暂行条例》的规定，还必须取得土地管理部门的批准，尤其是房产和土地仍然实行分管的城市，办理了房屋租赁许可手续后，当事人还应当办理土地出租的批准手续，并按规定补交土地费用。

第二，出租的主体只能是具有营利性的经济实体或者个人，即党政机关、国家事业单位、军队等不能成为划拨土地及地上建筑的出租者。允许具有营利性质的单位或者个人出租划拨土地上的房屋，与我国土地划拨的实际情况是相符的。在我国，虽然按照法律的规定，划拨土地的适用范围仅限于公益性建设项目，但实际情况并非如此，许多具有营利性质或者营利和公益性质兼有的项目，也有采用划拨方式供应土地的。在我国建立国有土地有偿出让制度之前，取得土地使用权只能通过划拨方式。而个人住房占用范围的土地，在住房制度改革以前，也均是采用划拨方式供应。考虑到划拨方式供应土地的历史和现状，允许这些单位和个人出租划拨地上的房屋是合理的。但是禁止除上述主体范围之外的其他非营利性质的单位和履行公共服务职能的部门对外出租则具有正当性。因为出租土地和房产，明显是一种经营行为，而我国对于党政机关和军队等，从事经营活动一直是加以禁止的。

第三，领取国有土地使用证。土地使用权属于用益物权，而国有土地使用证是受让人已经取得国有土地使用权的物权凭证。即受让人已经完成了法定的物权设立登记，这也是权利人行使处分权的基础。

第四，已取得地上建筑物其他附着物合法的产权证明。这表明土地使用权人已经按照划拨土地使用权取得时确定的土地用途和立项、规划要求，完成了项目建设。否则受让人不可能取得产权证明。这也意味着，以划拨方式取得土地使用权后，未进行实际项目建设的净地是不允许出租的。

第五，应当补交土地收益。这既是划拨土地使用权及地上建筑物出租的一个法定条件，同时也意味着，政府土地管理部门一旦要求当事人交纳土地收益金，则其出租行为事实上已经得到许可。若政府土地主管部门不同意出租，即使当事人主动交纳也不会收取。

于1995年1月1日开始施行的《城市房地产管理法》第56条规定:“以营利为目的，房屋所有权人将以划拨方式取得使用权的国有土地上建成的房屋出租的，应当将租金中所含土地收益上缴国家。具体办法由国务院规定。”[①] 有人认为这一规定表明，国家对以划拨方式取得使用权的国有土地上建成的房屋出租的，已经放宽了条件限制，并不要求一定具备《暂行条例》第45条规定的出租条件，只要求补交土地收益即可。笔者不这样认为，一是至今《暂行条例》并未被废止和修改，仍然是现行有效的行政法规；二是《城市房地产管理法》第56条仅是就土地收益缴纳的规定，并未涉及出租条件；三是《暂行条例》对划拨土地及地上房屋出租设定的条件，就是在今天看来，仍具有充足的法理基础和合理性。只要土地使用权的无偿（或低偿）划拨制度存在，对其营利性的出租行为加以限制是必要的。《城市房地产管理法》并没有取消这些限制条件；四是国家土地管理局1996年《关于执行〈城市房地产管理法〉和国务院55号令有关问题的批复》第六条规定:“根据《城市房地产管理法》第55条的规定，房屋所有权人以营利为目的，将以划拨方式取得使用权的国有土地上的房屋出租的，应当上缴租金中所含的土地收益，实施该条的具体办法由国务院制定。目前，国务院尚未制定具体办法，应暂按国务院55号令第四十四、四十五条的规定执行。国务院有关实施《房地产管理法》第55条的具体办法出台后，按该办法执行。当事人未经批准，擅自将划拨土地使用权连同地上建筑物出租的，应当认定其租赁行为违反国务院55号令第四十四、四十五条的规定，应按照国务院55号令第四十六条的规定给予行政处罚。”根据这一批复，在国务院对实施《城市房地产管理法》第55条出台具体办法之前，对于划拨土地连同地上房屋的出租问题，仍应按《暂行条例》的规定执行。而至今国务院并未出台具体实施办法。

以上关于划拨土地使用权租赁的限制条件可否作为认定租赁合同效力的依据和标准，学术界的认识并不一致，而司法领域则对此类合同效力一直采用更为宽松的标准，轻易不认定无效。《合同法》第52条第5项规定，有违反法律、行政法规的强制性规定情形的，合同无效。但最高人民法院又通过司法解释，将法律、行政法规的强制性规定又区分为效力性强制性规范和非效力性强制性规范，认为只有违反法律、行政法规效力性强制规范的合同才能认定无效。[②] 但最高人

① 2007年《城市房地产管理法》修正后，该法第55条调整为56条。

② 最高人民法院《关于适用合同法若干问题的解释（二）》第14条规定：合同法第五十二条第（五）项规定的“强制性规定”，是指效力性强制性规定。

民法院并未对何为效力性强制性规范作进一步定义性解释，故《暂行条例》第45条对划拨土地出租的限制性规定是否属于“效力性强制规范”，在司法领域，意见并不统一。如何定义，便成为司法审判时法官的自由裁量范围，司法实践中的基本倾向是维持合同效力，此类划拨土地使用权及地上房屋的租赁纠纷，笔者所见的大多数案例都被认定租赁合同有效。

对于租赁期限，《合同法》第214条规定：“租赁期限不得超过二十年。超过二十年的，超过部分无效。租赁期间届满，当事人可以续订租赁合同，但约定的租赁期限自续订之日起不得超过二十年。”超过20年的，超过部分应认为无效，对这一规定的理解和执行，在司法领域还是比较一致的。

12. 划拨土地使用权及地上建筑物租赁后改变原规划用途的如何处置？

问 某行政机关将其兴建的一座干部培训中心租赁给我公司，我公司将其改造扩建为一所可供餐饮休闲的高档会所并对外公开营业。几年以后，随着房价的快速提升，房屋租赁市场价格也涨了许多，于是该行政机关要求我公司提高租金，但其提租幅度太大，被我公司拒绝。于是该机关就以我公司擅自改变楼房结构和原规划用途为由，要求解除合同收回房屋。但是，当初装修改造方案该行政机关是同意的，而变更原用途他们也是明知的。请问，该行政机关解除合同的理由成立吗？

答：如今，在全国范围内，将划拨土地上的房屋对外出租经营非常普遍，因为我国实行土地有偿出让制度不过二十多年的时间，此前城市的土地供应几乎都是采用无偿的划拨方式，即使开始实行土地有偿出让制度以后，仍然同时保留了土地划拨方式。许多非公益性项目通过划拨方式取得土地使用权，加之申请建设项目时少建多报，划拨土地及建成的房屋存在闲置和利用效率低下的问题。

就本问题来说，如果能通过协商解决，对双方可能最为有利。因为租赁行为本身就已经改变了原来的土地用途，即将公益性用途变为经营性用途，这种行为违反了国家的土地用途管制的规定，如果严格执法，按照《土地管理法》第80条的规定，政府完全可以收回土地使用权并处以罚款。虽然实践中如此严厉的处罚并不多见，特别是涉及同样拥有行政特权的行政机关时，这样的处罚会更加慎重。但在当事人之间的利益冲突不能调和时，什么样的可能性都是存在的。

但是，如果该行政机关执意要解除合同，解除理由并不充分，因为其对出租房屋作为经营性用途是明知的，而根据经营需要作必要的改建和装修应当是允许的。即使擅自改建，按照《合同法》第 223 条规定，如果承租人能够恢复原状或者赔偿损失的，解除合同的要求人民法院一般不会支持。但是，若该行政机关以“擅自变更规划用途”作为抗辩理由，其法律后果有可能是被确认合同无效。虽然合同被解除和被确认无效的结果有相似之处——都会导致合同不再履行，但是显然，对于擅自变更规划用途导致的合同无效，出租方的过错程度更大。因为建设项目立项、申请用地、规划设计时，都是以公益性的干部培训中心之名进行的，不仅土地使用权的取得是无偿的，所有的建设资金也是国家财政拨款，用国家无偿提供的土地和财政拨款建成的项目，本应为公共利益服务，但在项目建成后却公然对外出租搞经营创收，这是典型的弄虚作假、以权谋私。特别是中央三令五申禁止党政机关经商办企业，而且有关行政法规也有明确规定，行政机关不能成为划拨土地使用权的出租主体。[①] 作为承租方，明知是行政机关公务用房而承租，主观上存在过错，但过错程度相对较轻。对此类明显的违法出租行为，人民法院可以认定合同无效，但无效的后果不会只是简单的相互返还和赔偿损失，在认定合同无效的同时，还可向有关行政主管机关发出司法建议，启动行政问责程序，依法追究相关人员的法律责任。

13. 如何识别划拨土地使用权的假出租真转让行为？对此行为性质应当如何认定和处理？

问 我厂是国有企业，厂区的所有土地都是以划拨方式取得的。三年前原厂长将我厂一处闲置多年的旧厂房连同场院一并出租给一家公司。合同约定租期 40 年，但 40 年的租金要在合同签订后三日内一次性交清，同时合同约定，承租方有权根据经营需要进行改建、扩建，自行决定房屋用途，对外转租也无须出租方同意。合同签订后，该公司将原厂房大部分拆除，改建成一家批发市场，并对外招租。今年我厂调整领导班子后，大家认为原租赁合同内容对我厂极不公平，经与承租方协商无果后便向法院提起诉讼，要求确认租赁合同无效，收回出租的房屋和土地。然而法院经审理后只确认合同部分无效，即租赁期限超过 20 年的部分无效，租期满 20 年以后，如双方不能就续租达成一致，我厂才可收回房屋和土地。请问，法院的判决有道理吗？

① 《城镇国有土地使用权出让和转让暂行条例》第 45 条。

答：法院的判决有问题。该租赁行为应被认定为“名为租赁，实为转让”的合同，也可以说是以合法形式掩盖非法目的的合同。

由于我国法律对划拨土地使用权的转让规定了严格的限制条件，直接的转让行为很难获得政府批准，即使能够获得政府批准，按照规定也必须补办土地使用权出让手续，交纳土地使用权出让金或者将转让所得中的土地收益上缴国家。按这样的程序操作，转让方获利很少甚至无利可图。为了既能获得更多的经济利益，又能规避划拨土地使用权转让的限制性规定，当事人便常常采用假出租真转让的方式。这样的转让方式对于转让方和受让方来说都有利可图。对于转让方来说，既规避了法律，并用国家无偿划拨的土地获得了可观的经济收入；对于受让方来说，不用通过激烈的招标、拍卖、挂牌方式的竞争，既可获得国有土地使用权，而且还价格低廉。所以这样的“交易”往往一拍即合，并且具有普遍性、隐蔽性。判断“租赁合同”的真实性质，一般来说有如下三个要点：

一是看合同价款及支付方式。一般来说，租赁合同的价款较低，而且大都是按年度交纳；而转让合同则价款较高，且一般一次性付清。二是看期限。出租合同期限较短（法律规定最长不得超过 20 年），一般不会自动续期；而转让合同期限较长，有的甚至超过 20 年，与土地出让的期限相当，或者虽然期限不长，但都可以自动续期，使得承租方事实上取得了长期或永久使用权。三是看处分权的规定。出租合同一般不赋予承租方单方转租权和房屋改扩建权，即未经出租方同意，承租方不得转租，也不得对房屋进行改建、扩建。而转让合同则一般无此限制，或者在合同中直接规定，承租方可以单方转租或对房屋进行改扩建。

名为租赁，实为转让的合同，在学理上也被称为“虚伪表示之下的隐藏行为”，即租赁的意思表示为“虚假表示”，而转让则为“隐藏行为”，是当事人的真实意思表达。处理此类纠纷，首先应对合同效力作出判断，而效力判断应从两方面入手，一是从“虚伪表示之下的隐藏行为”本身加以判断，看此种行为是否属于“以合法形式掩盖非法目的的情形”，如果属于，则按照《合同法》第 52 条第（三）项之规定，可以认定合同无效。二是从当事人的真实意思表达，即合同实际性质入手加以判断。如果认定当事人之间的真实意思表达，即合同性质属于国有土地使用权的转让，则按照有关土地使用权转让的规定认定合同效力。对于国有划拨土地使用权的转让来说，按照法律规定，最主要的限制就是必须经有批准权的人民政府批准，并且办理土地使用权出让手续，交纳土地使用权出让金，或者经批准可以不办理出让手续的，应当按照规定将转让收益中的土地收益上缴国家或作其他处理（《城市房地产管理法》第 40 条）。根据最高人民法院《关于审理涉及国有土地使用权合同纠纷案件适用法律问题的解释》第11条规定，转让划拨土地使用权，只要在起诉前未经有批准权的人民政府批准，则转让合同即可认定无效。

从问题叙述来看，你厂与某公司所签合同并非租赁而是连同地上房屋的土地使用权转让，且该转让行为并未经有批准权的人民政府批准（因双方将转让视为租赁，或故意规避转让审批，故也不可能主动申请转让审批）所以合同应认定全部无效。但是你厂对于合同无效的过错责任显然比某公司更大，合同被确认无效后的损失赔偿你厂应承担更大的责任。但司法实践中，对此类损失赔偿主张，当事人应当提出反诉或者向人民法院另行起诉，否则人民法院在本诉中不予处理。

14. 公房出售后所占用范围的划拨土地使用权是否要改为有期限使用？

问 在城市公有住房制度改革以前，所承租的公有住房占用范围的土地使用权都属于划拨性质，公有住房制度改革以后，大部分公有住房都被承租人所购买，成为公民个人私房。我们知道，现在购买的商品房都有土地使用期限的约定，划拨土地上的房屋变为私房后，土地仍然可以永久使用吗？

答：我国土地有偿使用制度是在20世纪90年代初建立的，在此之前，城市各类建设用地，包括公有住房建设，都是采用无偿划拨的方式供应土地。实行土地有偿出让制度不久，便在全国范围内开始了公有住房制度改革，允许城市居民购买已经承租的公房，变公有住房为私有住房。此后，除为解决城市低收入者的住房问题而由政府投资兴建的经济适用住房和廉租房之外，公有住房建设基本停止，城市居民住房需求主要靠到市场上购买商品房解决。但商品住宅建设所需土地是通过有偿出让方式供应的，并且有使用期限的规定。这就存在一个问题：在住房市场上，同样为私有房产，以无偿划拨方式供应的土地上所建成的房屋，在公房出售时，不仅可以较低的价格购得（国家给予的优惠价格），而且土地还无使用期限的规定，即可以永久使用；而在通过有偿出让方式供应的土地上建成的商品房，不仅售价较高（包含有土地费用），而且还有使用期限的限制，期限届满后要办理土地续期手续，补交土地使用权出让金，甚至有可能被国家无偿收回。[①] 这样的制度安排，对购买商品房的人来说似乎有失公平。故有

①《城市房地产管理法》第22条，《城镇国有土地使用权出让和转让暂行条例》第40条。

学者认为应当取消划拨制度，对一切建设用地均应采用单一的有偿出让方式，并且对于已经按公房出售政策购买的房屋，其占用范围的土地使用权也应重新规定使用期限。其实，原来公有住房的承租人低租金使用公房，后来用较低的价格购买公房并且享受无期限使用土地的待遇，这并不是国家对百姓的施舍，是因为按照公有制的本质要求，人民本来就是公有财产（包括土地）的主人，是财产的所有人，他们低租金使用公房，低房价购买公房，无期限使用房屋和土地，实际上是用他们的低工资、低福利与国家之间的一种交换，或者说是他们劳动价值的一种体现。如果现在要改变交换对价，将无期限使用土地改为有期限使用，实际上是单方改变交换条件，那么城市职工低工资、低福利与他们的劳动价值之间的差价是不是应当返还给他们？所以，按照新的制度有偿、有期限使用土地，与以前通过划拨方式建设并由城市居民购买的公房并无可比性，对有偿、有期限使用土地的人来说也不存在有失公平的问题。新的制度不能成为改变以前交换条件的理由。因此，划拨土地上的公有住房，根据公房出售政策卖给城市居民成为私房后，其土地使用性质政府无权单方更改，即仍应维持土地使用权划拨的无偿、无期限使用方式，政府既不能要求收取土地使用费，也不能将无期限使用土地改为有期限使用。

15. 购买"房改房"是否需要补交土地使用权出让金？原划拨土地是否转化为出让地？

问 我通过中介准备购买一套二手房，该房是卖方以成本价购买的公房，即"房改房"，土地使用权取得方式是划拨，没有使用期限。中介说，购买房改房要由买方交纳土地使用权出让金，土地性质也由"划拨"改为"出让"，是这样吗？改为出让以后，土地使用是否就是有期限的？该期限会如何确定呢？

答："房改房"建设用地的取得方式都采用划拨，不仅建设用地采用无偿方式供应，建设投资也大多由国家财政负担。许多公房建设、投资主体，就是政府或者公有制单位。按照国家和地方有关公有住房购买的政策性规定，城市居民可以"成本价""标准价"或者"市场价"购买公有住房，按"成本价"和"标准价"购买的公有住房，房价中并不包含土地成本，因此，已购公有住房上市交易时，需要补交土地使用权出让金。但对于由谁交纳？交纳比例和数额，各地的规定并不一致。比如北京的规定是由房屋买受人按照房屋所在地标定地价的10%或者成交价的3%交纳。[①] 青岛的规定则是按售价的1%收取。[②] 不过在如今的房产交易市场，一直是“卖方市场”，规定的税费最终大多会通过提高房价等方式转嫁给买方。

对于是否需要办理土地出让手续，交易后土地性质是否由“划拨”转为“出让”，出让期限如何确定等，国家有关部委和许多地方政府出台的规定不尽一致。比如国土资源部 1999 年发布的《关于已购公有住房和经济适用住房上市出售中有关土地问题的通知》（国土资厅发〔1999〕31 号）第二条规定：“已购公有住房和经济适用住房所在宗地为划拨土地的，从同一建筑的第一套房屋上市交易之日起计算土地出让年期，确定出让土地使用权截止日。此后其他各套房屋上市时，其土地出让年期相应缩短，以使同一宗地的出让土地使用权保持相同的截止日。土地出让年期可根据各地具体情况确定，但最高不超过 70 年。”这一规定意味着，已购公有住房上市交易后，原划拨土地不仅要转化为出让土地，而且还要重新确定土地使用期限。但实际情况是，大多数省、市人民政府出台的已购公有住房上市交易的地方性规定，对这一问题都未加规定，实践中也没有按照国土资源部 31 号令执行，已购公有住房上市交易后，土地使用性质仍然维持划拨，即土地的使用仍然是无期限的。

之所以在政策的制定和交易实务中存在不同的规定和操作方法，大概主要是对《城市房地产管理法》第 40 条规定的理解不同。该条规定：“以划拨方式取得土地使用权的，转让房地产时，应当按照国务院规定，报有批准权的人民政府审批。有批准权的人民政府准予转让的，应当由受让方办理土地使用权出让手续，

① 《北京市已购公有住房和经济适用住房上市出售管理办法》第十条规定：“本市东城、西城、崇文、宣武、朝阳、海淀、丰台、石景山等城近郊八区的已购公有住房和经济适用住房上市出售，房屋买受人应当按照房屋所在地标定地价的 10% 缴纳土地出让金或者相当于土地出让金的价款；房屋所在地没有标定地价的，按照房屋买卖成交价格的 3% 缴纳土地出让金或者相当于土地出让金的价款。本市远郊区、县已购公有住房和经济适用住房上市出售，应当缴纳的土地出让金或者相当于土地出让金的价款的具体标准由区、县人民政府制定，报市人民政府备案。应当缴纳的土地出让金或者相当于土地出让金的价款由办理房屋转让和变更登记手续的房屋所在地的房地产交易管理部门代收代缴，并按照规定上缴中央财政或者市财政，或者返还房屋原所有权单位。”

② 《青岛市已购、可购公有住房上市交易试行意见》第十一条第一款规定：“已购、可购公房上市出售的，对售房人按有关规定征收税费（含营业税、城市维护建设税、教育费附加等），并按售价的 1% 征收土地收益金。已购、可购公房上市交换的，对取得交换差价收入的一方以差价为基数按上款规定征收税费。已购公房赠与他人或因抵押而发生权属变更的，按本条第一款规定对受赠与人或抵押人（按房屋评估价，下同）征收税费。已购公房上市出租的，其税费征收按有关规定执行。”

并依照国家有关规定缴纳土地使用权出让金。以划拨方式取得土地使用权的，转让房地产报批时，有批准权的人民政府按照国务院规定决定可以不办理土地使用权出让手续的，转让方应当按照国务院规定将转让房地产所获收益中的土地收益上缴国家或者作其他处理。”根据这一规定，划拨土地上的房产转让时，土地手续的办理方法有两种选择：一是按照该条第一款的规定，应当由受让方办理土地使用权出让手续，并交纳土地使用权出让金；二是按照该条第二款规定，有批准权的人民政府可以按照国务院的规定决定不办理土地使用权出让手续，由转让方将转让房地产所获收益中的土地收益上缴国家或者作其他处理。即土地使用仍然维持划拨方式，由政府划拨给新的受让人。显然，国土资源部 31 号令所依据的是该条第一款的规定，而大多地方政府的规定所依据的则是该条第二款的规定。由于国务院对以划拨方式取得土地使用权的房地产转让，在何种情况下需办理出让手续，并无明确规定，所以实务中是否需要办理出让手续，就成为有批准权的人民政府“自由裁量”的范围。

16. 经济适用住房建设土地供应是否采用划拨方式？转让经济适用住房都有哪些限制？土地出让金由谁承担？

问 三年前我在本市购买了一套经济适用住房，现在我想把这套房子卖掉，再添些钱买套商品房。但在办理交易过户手续时，被告之尚不符合转让条件，因为购房至今还不满五年，如果转让还需交纳土地费用，因为经济适用住房建设所用土地是国家采用无偿划拨方式供应的。是这样的吗？如果补交土地使用权出让金，应当由买方还是卖方承担？

答：经济适用住房建设是在我国城市开始住房制度改革，推行住房供应的商品化以后，为了解决中低收入家庭的住房问题而出台的配套政策。1994 年，国务院《关于深化城镇住房制度改革的决定》要求：“经济适用住房用地，经批准原则上采用行政划拨方式供应。”此后国务院有关部委和许多地方政府，相继出台了许多政策性规定，将经济适用住房建设用地的行政划拨方式固定下来，凡以经济适用住房立项的建设项目一律采用行政划拨方式供应土地。采用划拨方式供应土地，主要是为了控制建设成本，因为在各类房屋售价中，土地成本所占比例最大，免除了土地成本，加之通过行政手段限定建设单位的利润率，使房价大大降低，以使城市中低收入家庭能以较低的价格购买住房，解决基本的生活居住问题。因此，经济适用住房建设采用划拨方式供应土地，体现了一种国家福利和优惠。但这种福利和优惠的享受对象是特定的——中低收入家庭。为了防止这政策被滥用，避免一些不符合条件的人享受国家的优惠政策，在制定经济适用住房政策的同时，也出台了一些限制性措施。这些限制主要体现在两个方面：一是购买主体的限制，即有资格购买经济适用住房的，必须是城市的中低收入家庭，城市高收入家庭不能购买。对于何为中低收入家庭，国家没有统一的标准，而由地方人民政府根据本地具体情况确定。① 二是转让环节的限制，要求必须居住使用满一定期限（大多数城市规定是五年），方可上市交易；转让时必须补缴一定数额的土地费用。

关于经济适用住房上市交易时，土地使用权出让金的交纳主体，有关规定是明确的，该费用应由受让方承担。如国家财政部、国土资源部、建设部于 1999 年 7 月 15 日联合发布的《已购公有住房和经济适用住房上市出售土地出让金和收益分配管理的若干规定》第 2 条规定："已购公有住房和经济适用住房上市出售时，由购房者按规定缴纳土地出让金或相当于土地出让金的价款。缴纳标准按不低于所购买的已购公有住房和经济适用住房坐落位置标定地价的 10% 确定。购房者缴纳土地出让金或相当于土地出让金的价款后，按出让土地使用权的商品住宅办理产权登记。"许多地方政府先后出台了与此基本类似的规定。

应当说，国家经济适用住房政策的初衷是好的，施行近二十年来，也确实解决了很多经济困难家庭的住房问题。然而这一制度也存在许多先天缺陷，比如购买主体的限制，由于我国目前尚未建立有效的个人收入申报制度，以及个人信用的综合评价制度，因此在经济适用住房申购过程中普遍存在弄虚作假、虚报收入行为。加之申报、审批环节以权谋私等人为因素，使得许多根本不符合申报条件的人也取得了购买资格，而真正困难的家庭，排队数年也轮不上购买机会。而转让环节的限制也没有多少效果，使用时间的限制用"先交易，后过户"的方法很容易规避，而且变相鼓励了私下交易。土地出让金的补交也没起多少作用，一是补交数额过低，各地普遍执行的，是按标定地价的 10% 或者成交价的 1% 的比例交纳土地使用权出让金，与一般商品房土地成本占到房价 40% 左右相比，几乎可以忽略不计。况且由受让人承担的规定也不尽合理，因为转让方转让经济适用住房时，其参考价格仍然是相同区位商品房价格，这意味着，不仅转让方将国

① 如北京市人民政府非办公厅转发市建委等部门《关于北京市城镇居民购买经济适用住房有关问题暂行规定的通知》（京政办发〔2000〕131 号）第 3 条，将中低收入家庭的标准确定为年收入 6 万元人民币以下的家庭。

家减免的土地费用等优惠变现为房屋转让价款据为己有，而同时又将应交纳的土地费用负担转嫁给也许经济收入更低的购房者。因此这样的限制措施，对于转让行为的抑制作用十分有限。

也许正是由于经济适用住房制度本身的这些先天性缺陷，目前，全国各地已普遍减少甚至停止了经济适用住房的建设，取而代之的是“廉租住房”制度，即由政府投资建设的住房，以较低的租金（或者免租）的方式出租给低收入家庭居住，承租人只有使用权，没有所有权，当承租人经济条件改善达到一定水平，应将房屋交回，由政府再行出租给其他困难家庭居住。

17. 国企改制中划拨土地使用权如何处置？改制后划拨土地是否可以转为出让性质并可以自由流转？

问 我厂是国有企业，因经济效益连年下滑，亏损严重，去年向上级主管机关提出改制申请。但在制定改制方案时，发现难点之一是土地的处置问题，我厂占用的土地属于划拨性质，我们希望通过改制盘活土地资产。请问，国企改制中划拨土地使用权应如何处置，改制以后是否土地性质就由划拨转为出让，并且可以上市交易了？

答：对于许多国有企业来说，尤其是那些连年亏损的企业，土地和厂房等地面附着物往往是最主要的资产了。然而由于土地的划拨性质，未经批准，企业无权自行转让，不能自由流转，当然也就无法实现土地价值，于是，许多亏损的国企便希望通过改制改变土地的使用性质。但是，并非所有的国企改制都能改变土地使用性质，根据改制方式的不同，划拨土地的处置方式也有区别。

1998 年，原国家土地管理局发布了《国有企业改革中划拨土地使用权管理暂行规定》(以下简称《暂行规定》)，对于国有企业改制中涉及的划拨土地使用权，根据企业改革的不同形式和具体情况，规定了四种不同的处置方式，即出让、租赁、国家以土地使用权作价出资（入股）和保留划拨用地方式。

对于不同改制方式的土地处置，该《暂行规定》也作出了规定。

（1）应当采取出让或者租赁方式处置的情形。

《暂行规定》第 5 条规定：“企业改革涉及的划拨土地使用权，有下列情形之一的，应当采取出让或租赁方式处置：(一）国有企业改造或改组为有限责任公司、股份有限公司以及组建企业集团的；(二）国有企业改组为股份合作制的；(三）国有企业租赁经营的；(四）非国有企业兼并国有企业的。”同时《暂行规定》第 6 条规定："国有企业破产或出售的，企业原划拨土地使用权应当以出让方式处置。"

（2）可以采取国家以土地使用权作价出资（入股）方式处置的情形。

《暂行条例》第7条规定："根据国家产业政策，须由国家控股的关系国计民生、国民经济命脉的关键领域和基础性行业企业或大型骨干企业，改造或改组为有限责任公司、股份有限公司以及组建企业集团的，涉及的划拨土地使用权经省级以上人民政府土地管理部门批准，可以采取国家以土地使用权作价出资（入股）方式处置。"

（3）可以采取保留划拨方式处置的情形。

《暂行条例》第8条规定："企业改革涉及的土地使用权，有下列情形之一的，经批准可以采取保留划拨方式处置：（一）继续作为城市基础设施用地、公益事业用地和国家重点扶持的能源、交通、水利等项目用地，原土地用途不发生改变的，但改造或改组为公司制企业的除外；（二）国有企业兼并国有企业或非国有企业以及国有企业合并，兼并或合并后的企业是国有工业生产企业的；（三）在国有企业兼并、合并中，被兼并的国有企业或国有企业合并中的一方属于濒临破产的企业；（四）国有企业改造或改组为国有独资公司的。前款第（二）、（三）、（四）项保留划拨用地方式的期限不超过五年。"

应该说，以上规定仍然是粗线条的，由于国企改制方式决定土地处置方式，而改制方式又存在很多的人为因素，所以土地处置方式的选择也就不可避免地表现出随意性和不确定性。此后，虽然许多省、市人民政府都先后出台了许多有关国企改制划拨土地使用权处置的相关规定和细则。[①] 但总体来说，国企改制设计上的先天缺陷，从立法层面一直未能得到有效的改善。国企改制，除了那些具有垄断地位的国企仍然选择保留划拨方式外，大多数中小企业的改制都会选择股份制改制等公司式改革，从而使土地可由划拨方式转变为出让方式。这样的改制不仅能使国企轻易地摆脱陈年旧账，原企业的一些高级管理人员摇身一变成为公司股东，原有的国有资产（包括土地）也变相成为个人所有。而完成了性质转化的土地也可以自由上市转让。许多改制而来的公司往往会以公司土地使用权作价出资设立新的房地产项目公司，以原国企的土地搞房地产开发，最近二十多年来，中国的许多亿万富豪就是这样产生的。

当然，国家有关部门大概也注意到了国企改制中存在的问题，对于改制方案

① 如福建省人民政府2002年制定的《福建省国有企业改革土地资产处置意见》（闽政〔2002〕33号）。

的审批，土地资产的评估等环节也一直在加强管理，如今通过国企改制的途径将国有划拨土地变性为出让地，然后再上市交易或者搞房地产开发已不再那么容易了。但国企改制的高潮已过，大多数中小国企已完成改制，而那些掌握国家经济命脉的垄断国企，用高额的垄断利润可以轻松地从市场上拿到新的土地，因此对于这些国企，宁愿继续维持土地划拨性质，暂时并无多少转变性质的积极性。

18. 企业破产时划拨土地使用权应如何处置？

问 因经营管理不善，亏损严重，我公司已向人民法院提出破产还债申请，法院业已受理。但在进行破产清算时，对如何处置我公司以划拨方式取得的国有土地使用权有不同意见。有人认为划拨土地不属于破产财产，在企业破产时，应由政府依法收回。有的则认为可以处置，只不过对划拨土地的处置所得应当首先用于破产企业职工安置。安置破产企业职工后有剩余的，剩余部分可与其他破产财产统一列入破产财产分配方案。请问，以上哪种说法是对的？

答：对于企业破产时如何处置划拨土地使用权，1990 年国务院发布的《城镇国有土地使用权出让和转让暂行条例》规定得比较简单，该《暂行条例》第 47 条第 1 款规定："无偿取得划拨土地使用权的土地使用者，因迁移、解散、撤销、破产或者其他原因而停止使用土地的，市、县人民政府应当无偿收回其划拨土地使用权，并可依照本条例的规定予以出让。" 1986 年制定的《土地管理法》第 58 条第 1 款第（四）项也有类似的规定，即因单位撤销、迁移等原因，停止使用原划拨的国有土地的，经有关人民政府土地行政主管部门审报批准后，可以收回土地使用权。这样的规定立法本意在于，划拨土地是由国家以无偿的方式划拨给企业使用的，当企业因破产等原因不复存在时，其土地使用权自然应由政府收回。而且划拨土地的用途和使用者是特定的，原使用者因破产等原因被撤销不复存在，其所拥有的划拨土地使用权，未经政府批准同意，其他单位和个人不能占有和使用。而若政府批准其他单位或者个人使用该划拨土地，前提首先是要收回该土地使用权，然后再以划拨或出让方式将土地交由其他单位或者个人使用。从划拨土地使用权的本质特点看，在企业破产时，由政府收回土地使用权，而不将其列入破产财产范围似乎是顺理成章的。然而实务处理中并非如此简单，首先必须考虑的就是破产企业职工的安置问题，这事关企业职工的切身利益，也事关社会稳定。当企业破产或者被兼并时，除土地之外的其他资产往往所剩无几，因此不会有多余资金安置下岗职工。如果此时政府对这些职工不管不问，只将土地简单收回了事，无疑会增加社会的不稳定因素。为解决这一问题，国务院1994年发布了《关于在若干城市试行国有企业破产有关问题的通知》(国发〔1994〕59号)，该通知规定，在18个进行企业优化资本结构试点工作的城市中，这些城市的国有企业破产时，企业依法取得的土地使用权，应当以拍卖或者招标方式为主依法转让，转让所得首先用于破产企业职工安置，安置破产企业职工后有剩余的，剩余部分与其他破产财产统一列入破产财产分配方案。此后，国务院又出台了《关于若干城市试行国有企业兼并破产企业和职工再就业有关问题的补充通知》(国发〔1997〕10号)，该《补充通知》规定："安置破产企业职工的费用，从破产企业依法取得的土地使用权转让所得中拨付"。1997年最高人民法院《关于当前人民法院审理企业破产案件应当注意的几个问题的通知》(法发〔1997〕2号)也作出相应的司法解释，明确规定前述国务院的《通知》与《补充通知》，只适用于国务院确定的企业优化资本结构试点城市的国有企业，非试点城市的企业破产案件及试点城市中非国有企业破产案件，一律不能适用。2003年最高人民法院《关于破产企业国有划拨土地使用权应否列入破产财产的批复》(法释〔2003〕6号)第1条规定："破产企业以划拨方式取得的国有土地使用权不属于破产财产，在企业破产时，有关人民政府可以予以收回，并依法处置。纳入国家兼并破产计划的国有企业，其依法取得的国有土地使用权，应依据国务院有关规定办理。"根据以上国务院通知和最高人民法院的司法解释规定，对于破产企业的划拨土地使用权，均认为不属于破产财产，但在具体处置时则有两种方式：一是纳入国家兼并破产计划的国有企业，其依法取得的国有土地使用权，可以依法进行转让，并将转让所得用于企业职工安置，安置之后有剩余的，剩余部分可与其他破产财产统一进行破产分配。二是未纳入国家兼并破产计划的企业，在企业破产时，其划拨土地使用权可由有关人民政府收回。

19. 因城市建设需要收回企业划拨土地使用权应如何补偿？

问 我公司经济效益一直欠佳，许多职工已经离岗待退，生产经营只能勉强维持。但我公司所在位置属于城市中心区，地理位置优越。最近有数家房地产开发商与我公司接洽，想要购买我公司土地搞商品房建设，但在得知我公司土地是以行政划拨方式取得后，便通过本市国土局土地储备机构欲将我公司土地纳入储备后再出让给他们。请问可以这样操作吗？如果政府土地储备机构收回我公司土地使用权，应按什么标准给我们补偿？

答：在对待划拨土地问题上，一直存在两种误区：一种观点认为，划拨土地属于企业自有财产，如果对划拨土地进行重新开发利用，其升值利益也应归企业完全所有；另一种观点则认为，划拨土地是国家以无偿或者低偿（仅由用地单位支付少量补偿安置费用）方式供应给用地单位使用，如果国家因建设需要取回划拨土地使用权，也无须补偿，或仅以当初供应土地时用地单位支付的补偿、安置费用以及地面建筑物、附着物投入为限给予补偿。这两种观点都存在片面之处，显然是对土地划拨制度的理解存在偏差。划拨制度是实行土地公有制国家的独有制度，即在国家保留土地所有权的前提下，将土地使用权以无偿或者低偿的方式供应给用地单位使用，即实现所谓所有权和使用权的分离。这种分离之后的使用权从物权的角度被称为"用益物权"，我国立法事实上已经承认这种用益物权的财产属性，因此，划拨土地使用权属于用地单位的财产性权利是毋庸置疑的。然而，这种通过划拨方式取得的土地使用权也具有特殊性，主要表现为其处分权能的缺失，这是由划拨土地使用目的的公益性，用途和使用者的特定性决定的。土地使用者不能随意改变土地用途，也不能将土地使用权在市场上自由交易。从这个意义上讲，划拨土地使用权虽然属于用地单位的财产性权利，但这种权利是不完整的，或者说是非市场化财产权利。主要原因在于，用地者当初取得土地使用权并非通过市场化的方式，没有按照市场价格支付土地对价。这样的土地一旦改变用途并进行开发和交易，其所获市场利润当然不能完全归原用地单位。但是，也不能因为划拨土地是以非市场化的方式供应的，用地单位是无偿或者只支付了较低的补偿安置等费用取得土地，就认为划拨土地被收回后进入市场的升值利润就与原用地单位无关，国家可以无偿收回或仅以用地单位支付的补偿、安置费用及地面建筑物、附着物建设投入为限给予补偿就具有合理性。事实上，以划拨方式取得的土地使用权在长期使用过程中也伴随着资金和劳动力价值的投入，这种投入并不只是表现为取得土地时的补偿、安置费用投入和地面建筑物、附着物的建设投入，还体现为用地单位职工的劳动投入以及通过长期的低工资、低福利和高税收对国有资产保值、增值的间接投入。当土地作为生产资料加以使用时，这种劳动价值自然要凝结其中并物化为国家财富。因此，当要收回用地单位的土地使用权即生产资料时，必须考虑用地单位长期直接和间接的投入和贡献，对原用地单位和职工给予合理补偿。

事实上，政府若想无偿或仅以用地单位以前投入的补偿、安置费用和地面附着物建设投入为限，给予用地单位补偿就让其腾退土地也不现实，那样用地单位宁可让土地闲置或者继续低效利用也不会交回土地使用权。从 20 世纪 90 年代开始，各地普遍建立了土地储备制度，那些经济效益不佳、长期亏损的企业，可将其符合城市规划且具有开发价值的划拨用地主动申请纳入政府土地储备，政府则在将土地使用权收回后进行必要的整理之后公开出让，然后将出让所得按照一定比例返还给原用地单位用于职工安置和企业的升级改造。目前，国家对于出让所得的返还比例尚无统一规定，但许多地方政府都出台了相应的文件，规定了具体的返还比例[①]，一般来说，这些政策性规定都比较灵活，且返还比例都有一定幅度，由政府根据用地单位的实际情况具体掌握，但总体上，返还额度远高于用地单位当初的补偿、安置和地面附着物建设费用投入。

20. 企业的划拨土地经规划调整为经营性用地，企业可否自行开发建设？

问 我公司是由国企改制后成立的股份制公司，公司的土地仍然保留了划拨性质。今年，我市城市总体规划进行了局部调整，我公司土地用途已由工业用地调整为商业旅游用地。请问，我公司可以自行进行开发建设吗？我公司没有房地产开发资质，但是否可以土地使用权投资入股成立项目公司进行开发建设？

答：城市总体规划是对城市未来一个较长时期总体发展远景的一种综合布局和描述，这样的规划一经制定并非要立即付诸实施，也不可能在短时间内完成。落实城市总体规划还需要制定“详细规划”，大中城市还要有“分区规划”，涉及具体建设项目时，还必须办理立项审批、用地审批等。也就是说，城市总体规划范围内的土地使用权人，不能根据城市总体规划对其土地未来用途的调整，就自

① 如青岛市人民政府办公厅《关于实施土地储备制度收回原划拨土地补偿标准问题的通知》（青政办发〔2000〕51号：“一、收回土地时的补偿标准：（一）收回土地时，未确定该土地新规划用途的按土地利用现状评估地价，其中的50%作为对原用地单位取得土地和开发投入成本的补偿费返还原用地单位，20%为级差地租，30%为综合开发费。（二）收回土地时已确定该土地有新规划用途的，取土地利用现状和新规划用途评估地价的中间值，其中的50%作为对原用地单位取得土地和开发投入成本的补偿费返还原用地单位，20%为级差地租，30%为综合开发费。二、土地出让后，在按规定扣除2%业务费和土地出让前原用地单位已得到补偿费的利息（按同期银行贷款利率计算，最长不超过18个月），当剩余的土地出让金高于收回土地时确定评估地价时，高于部分中的50%以国有资本金形式作为对原用地单位的投入，20%为级差地租，30%为综合开发费；当土地实际成交价低于收回土地确定评估地价时，按实际成交价的30%计作综合开发费，剩余部分中扣除按本意见第一条应付给原用地单位的补偿费后，其余部分为级差地租。”

行改变现有土地用途，若欲改变土地原划拨用途，必须取得政府土地行政主管部门的批准后方可实施。而将原划拨土地的工业或者其他公益性用途改变为商业、旅游等经营性用途，则必须先由政府土地行政主管部门收回原用地单位的土地使用权，然后再通过招标、拍卖、挂牌等公开方式依法出让，由依法竞得土地使用权的房地产开发企业进行改造建设。这就意味着，原用地单位并不一定能够成为规划调整后重新出让土地的受让人和开发单位。

你公司没有房地产开发资质，当然不能直接进行开发建设，甚至不能参加土地出让的竞买。但是成立房地产项目公司的方案可以考虑，这也是这些年比较普遍的一种做法。因为成立项目公司的资质要求不高，门槛较低，操作难度也不大。主要的困难在于，成立的项目公司能否顺利竞得开发用地。自从2002年国土资源部出台《招标拍卖挂牌出让国有土地使用权规定》之后，凡经营性土地，在出让时都必须采用公开竞买方式，而不能再以协议方式出让。即使原用地单位组建的房地产项目公司，也必须通过公开的竞买方式才能获得土地使用权。不过，由于原用地单位在土地使用权收回时可以获得经营补偿，而且大多数城市是按土地出让所得的一定比例返还原用地单位，这样，原用地单位在土地竞买时就具有一定竞争优势，因为竞买价格越高，其获得的返还也越高，所以此类土地出让，原用地单位设立的项目公司常常可以成功竞得土地。

21. 收回国有农场划拨土地使用权应如何补偿？

问 我们是一家由国有农场改制而来的以农业经营为主的企业，2003年，经确权发证后，土地性质为国有行政划拨土地。今年初，当地政府欲收回我公司的土地搞房地产开发，但就补偿问题迟迟达不成一致意见。一种意见认为，因为我公司土地使用权是以无偿方式取得的，因此收回土地使用权只需支付安置补助费、青苗补偿费和地面附着物补偿费即可；第二种意见认为，应当参照征收农村土地补偿标准进行补偿；第三种意见认为应按照城市其他工业企业收回土地使用权的补偿标准补偿，即按照土地再行出让后所得出让金的一定比例补偿。请问，以上哪种意见依据更充分？

答：我国国有农场是特殊历史时期的产物，20世纪五六十年代，作为当时国家的一大战略，大批复转军人、科技干部、城市知青以及水库移民等，在全国各地开荒、填海，兴建了一大批国有农场。农场的组织形式、产权关系、土地权属情况也非常复杂，土地使用权的初始取得，大多也并没有像城市建设用地那样履行行政划拨手续。直到20世纪90年代末，全国各地的国有农场才开始陆续办理确权登记和发证工作，在已完成确权发证的国有农场，其土地取得方式大部分注明为“行政划拨”。

对于国有农场土地使用权的收回补偿问题，国家一直没有统一的规定。直到2008年，国土资源部、农业部发出《关于加强国有农场土地使用管理的意见》（国土资发〔2008〕202号）要求规范国有农场土地使用权的收回行为，并且规定：“因国家经济建设或地方公益性建设需要收回国有农场农用地的，需依法办理农用地转用审批手续，并参照征收农民集体土地补偿标准进行补偿；需要收回国有农场建设用地的，参照征收农民集体建设用地补偿标准进行补偿，保障农场职工的长远生计。”2009年，国土资源部办公厅、农业部办公厅《关于收回国有农场农用地有关补偿问题的复函》（国土资厅函〔2009〕850号）又对国土资源部、农业部202号文件作出进一步解释：“依据《土地管理法》及《土地管理法实施条例》有关规定，征收农村集体土地补偿费包括土地补偿费、安置补助费，青苗和地上附着物补偿费；其中，土地补偿费给土地所有者即农村集体经济组织所有，安置补助费用于安置被征地农民，地上附着物和青苗补偿费归其所有着所有。收回国有农场农用地应按照上述原则进行补偿，即收回国有农场农用地的补偿分为土地补偿费、安置补助费、青苗和地上附着物补偿费，具体的补偿费用标准由地方自行规定，但应保持失地的国有农场职工原有生活水平不降低。其中，国有农场土地归国家所有，但国有农场享有土地的长期使用权，土地补偿费应当给予国有农场。长期承包国有农场农用地并将其作为生产生活主要来源的农场职工，失地后自谋职业并与农场解除劳动关系的，安置补偿费给予个人；但由国有农场重新安排就业单位的，安置补助费给予国有农场。对于地上附着物和青苗补助费，按照“谁投入，谁获得”的原则给予补偿。”根据以上规定和解释可以看出，因国有农场土地使用权是无偿取得的，故无须支付土地补偿费的观点是不能成立的。而这项补偿恰恰是国家征地补偿的大头。

对于收回国有农场土地使用权后是参照农村土地征收补偿标准执行，还是按照土地使用权重新出让以后所获土地使用权出让金的一定比例返还，笔者认为应当按照土地重新划拨或者出让后的用途加以确定：

（1）如果收回国有农场土地使用权是因国家建设之需，比如兴建城市基础设施等公益性建设项目，可参照征收农村集体土地的补偿标准进行补偿。但在具体补偿时应注意两点：一是除了土地补偿费、安置补助费、地上附着物和青苗补偿费外，按照《物权法》第42条规定，还应有“社会保障费用”补偿，二是土地补偿费也并非一定要全部由农场留存，许多地方已有规定，在征收农村集体土地时，该项补偿的大部分，应当分配给失地农民。

（2）如果收回的国有农场用地是用于房地产开发等经营性项目建设，则补偿标准可参照收回其他国营工业企业用地的补偿标准执行，即按照土地重新出让后所收取的土地使用权出让金的一定比例返还给国有农场，并主要用于安置农场职工。

22. 征收划拨土地上的房屋和征收出让土地上的房屋补偿标准有无差异？

问 我们所在的居民区近期要进行拆迁改造，当地政府已经公布了征收补偿方案，在拟拆迁区域内，既有在划拨土地上建成的公房并在住房制度改革时以较低价格出售给承租人的私房（房改房），也有在出让土地上建成的商品房，前者房屋建成年代较早，房屋普遍破旧，而后者建成年代较晚，房屋较新。但政府在确定补偿标准时，二者却没有差异。被征收的房屋用地为出让地的业主认为，如此补偿有失公平，因为他们被征收的房屋占用范围的土地是以有偿出让方式取得的，即当初他们购房时，房价中包含有土地成本，而划拨地上的房屋在购买时房价中并无土地成本。请问，这种不考虑土地取得方式的补偿办法是否有失公平？法律是如何规定的？

答：根据2011年有国务院颁布的《国有土地地上房屋征收与补偿条例》的规定，征收国有土地地上房屋的补偿标准，并未根据不同的土地使用权取得方式而对补偿标准加以区分。根据该《条例》第17条规定，对被征收人给予的补偿包括：（一）被征收房屋的价值补偿；（二）因征收房屋造成的搬迁、临时安置的补偿；（三）因征收房屋造成的停产停业损失的补偿。在具体确定以上三项补偿数额时，主要依据的是被征收房屋的面积和所在位置，即补偿的多少与土地取得方式无关。虽然从理论上说，“被征收房屋价值的补偿”与房屋新旧有关，一般来说，划拨地上的房屋建成年代久远，普遍比较破旧，而我国实行土地有偿出让不过二十多年的时间，因此出让地上的房屋相对较新，如果进行价值评估、新房价值当然要高于旧房，但地方政府在决定征收补偿标准时，普遍按照房屋重置价格，即在相同地段购买同样面积的房屋价值作为确定补偿标准的参考，而该“重置价格”也只与房屋面积和所处位置有关，而与房屋新旧无关。《条例》规定的补偿方式有两种，一为货币补偿，二为产权调换，被征收人可自由选择。根据许多地方性规定，如果选择产权调换的，一般均执行“拆一还一”的调换方法，即无论房屋新旧，被征收房屋按照建筑面积计算，征收一平方米旧房，就应当安置一平方米新房，如果被征收房屋面积低于对当地规定的最低标准时，应按最低标准补足，除此之外，还为被征收人增加一定面积的住房改善面积。如果选择货币补偿的，在按照产权调换方式计算应安置房屋面积后，再按照征收区域新建商品房的住房市场价格结算货币补偿金。[①] 总之，无论采取何种补偿方式，旧房的面积是决定补偿数额的最重要依据，此外还会考虑房屋位置、楼层、朝向等因素，但土地取得方式则不是确定补偿标准的依据。

表面看来，在确定补偿标准时不考虑土地取得方式，似乎对承担了土地成本（土地使用权出让金）的房屋所有人有失公平，但从另一个角度来讲结论可能正相反，因为划拨土地使用权是一种无期限的永久性使用权，而出让地则是有期限的。按照《城镇国有土地使用权出让和转让暂行条例》第 40 条规定："土地使用权期满，土地使用权及其地上建筑物、其他附着物所有权由国家无偿取得。土地使用者应当交还土地使用证，并依照规定办理注销登记。"《物权法》有所改变，规定住宅用地使用期限届满可以自动续期，但对续期后是否补交土地使用权出让金未加规定。而划拨土地上的房屋则可永久使用，且无论使用多久，在被征收时都应给予不低于以前住房水平的补偿。因此可以说，这种貌似不公平的制度安排是由我国独特的土地供应制度决定的，而从国家义务层面，不论征收什么样的房屋，即使是那些土地使用权期限已经届满的房屋，征收的结果也不能使被征收人居无定所。从这个意义上讲，在房屋被征收时，土地取得方式的不同，在确定补偿标准时并无可比性，因为满足被征收人的基本住房需要本来就是政府必须承担的国家义务，而这些基本需要的满足与土地取得方式毫无关系。

① 如《青岛市国有土地上房屋征收与补偿标准条例》第 21 条规定："征收住宅房屋实行就地房屋补偿的，应补偿面积按照下列规定执行：（一）按照被征收房屋面积给予补偿；被征收房屋面积不足二十五平方米的，按照二十五平方米计算；（二）增加十平方米住房改善面积；（三）被征收房屋面积与住房改善面积之和不足四十五平方米的，按照四十五平方米补偿，差额部分按照征收区域新建商品住房市场价格的百分之五十支付房款；（四）补偿房屋的公摊面积单独计入应补偿面积。补偿房屋建筑面积超出前款规定应补偿面积的部分，按照补偿房屋的市场价格结算。市人民政府应当根据本市居民人均住房面积增加的实际，适时提高最低补偿面积标准。县级市人民政府可以根据本地实际，对本条规定的补偿标准作适当调整，报市人民政府备案。"第 23 条第 1 款规定："征收住宅房屋实行货币补偿的，以本条例第二十一条规定计算的应补偿面积，按照征收区域新建商品住房市场价格结算货币补偿金。其中，第二十一条第一款第四项的补偿房屋公摊面积，按照该款第一项至第三项的应补偿面积之和乘以公摊面积比例计算。"

第五章

国有土地使用权出让纠纷

1. 什么叫国有土地使用权出让？

问 我公司是由国有企业改制而来的股份公司，改制后公司的土地仍然保留划拨方式。由于土地使用性质是行政划拨，我们想办理土地使用权抵押、转让时都受到了严格限制。有人建议我们设法改变土地性质，将划拨地改为出让地，就不会有那么多限制了。请问，什么叫土地使用权出让？土地使用权出让与土地使用权划拨的主要区别是什么？

答：土地使用权出让制度，是我国土地使用制度的一项重大改革。这一改革起始于 20 世纪 80 年代末 90 年代初，基本上与我国在经济领域实行的市场化改革同步。在此之前，城市的国有土地是作为国家掌握的主要生产、生活资料，通过指令性计划，以无偿方式（或者仅由使用者支付较低的土地补偿、安置费用后）供应给土地使用者使用。使用者在使用过程中无需向国家交纳任何费用，使用也没有期限的限制。这种单一的土地供应制度实行了近三十年。实行改革开放政策以后，率先开始对中外合资经营企业收取场地使用费。1980 年由国务院发布的《关于中外合营企业建设用地的暂行规定》规定了合营企业场地使用费的收费办法和标准，这一规定开创了我国国有土地有偿使用的先河，但缴费标准较低，且所收场地使用费主要作为合营企业征用土地的补偿、拆迁、安置费用和建设场外公共设施的专项资金。因此，向合营企业收取场地使用费虽然属于土地的有偿使用方式之一，但与市场化的出让方式相比还存在明显差异。到 1987 年，深圳市参考我国香港地区实行的土地年租制，率先开始了土地有偿出让的试点，并出台了《深圳市经济特区土地管理条例》，开始试行以协议、招标、拍卖方式出让国有土地使用权。1988 年，七届人大修改了宪法有关条款，规定“土地使用权可以依照法律的规定转让”。同年 12 月，对《土地管理法》进行了修改，规定“国家实行国有土地有偿使用制度”“国有土地和集体所有的土地使用权可以依法转让。土地使用权转让的具体办法，由国务院另行规定。”1990 年，国务院发布了《城镇国有土地使用权出让和转让暂行条例》，从国家立法的层面上正式确立了国有土地使用权有偿出让制度，并对国有土地使用权出让的概念、出让方式、出让程序以及出让年限等做了全面规定。根据该《暂行条例》第 8 条，“土地使用权出让是指国家以土地所有者的身份将土地使用权在一定年限内让与土地使用者，并由土地使用者向国家支付土地使用权出让金的行为。土地使用权出让应当签订出让合同。”从这一定义性规定可以看出，土地使用权出让与土地使用权划拨相比，有如下两个特点：

（1）土地使用权出让的有偿性

通过出让方式取得国有土地使用权必须向国有土地所有者代表——地方政府交纳土地使用权出让金，且该费用应当在签订土地使用权出让合同后 60 日内全部付清。这一特点既是与土地行政划拨方式的主要区别，也不同于土地使用权出租。虽然出让和出租的标的相同，均为国有土地使用权，且出让和出租均有期限，只是前者期限较长。但出租一般是按年度交纳租金，而出让则是将最长 70 年的使用费用一次性交纳。土地使用权出让制度建立后，划拨制度仍然被保留至今，即在土地供应方式上实行双轨并行，只不过土地使用权划拨被严格限定在公共设施、公益事业用地范围，而各类经营性项目用地，则主要采用出让方式供应土地。

（2）土地使用权出让的有期限性

这一特点也是土地使用权划拨与土地使用权出让的显著区别之一。通过行政划拨方式取得的国有土地使用权没有使用期限的限制，理论上只要不被国家依法征收，土地使用者或者承继者一直存续，就可以永久使用国有土地。而以出让方式取得的国有土地使用权均有使用期限的限制，根据土地用途不同，《暂行条例》规定了从四十年到七十年不等的最高使用年限。期限届满后，则需要办理续期手续，补交土地使用权出让金，或者由国家根据公共利益收回土地使用权。①

① 关于土地使用权出让期限届满后的处理，理论界一致存在很大争议。《国有土地使用权出让和转让暂行条例》第 40 条规定：“土地使用权期满，土地使用权及其地上建筑物、其他附着物所有权由国家无偿取得。土地使用者应当交还土地使用证，并依照规定办理注销登记。”这依规定饱受批评。1995 年制定的《房地产管理法》有所改进，该法第 21 条规定：“土地使用权出让合同约定的使用年限届满，土地使用者需要继续使用土地的，应当至迟于届满前一年申请续期，除根据社会公共利益需要收回该幅土地的，应当予以批准。经批准准予续期的，应当重新签订土地使用权出让合同，依照规定支付土地使用权出让金。土地使用权出让合同约定的使用年限届满，土地使用者未申请续期或者虽申请续期但依照前款规定未获批准的，土地使用权由国家无偿收回。”对这一规定仍然争议极大。在制定《物权法》时曾试图解决这一问题，争论之下，该法第 149 条规定：“住宅建设用地使用权期间届满的，自动续期。非住宅建设用地使用权期间届满后的续期，依照法律规定办理。该土地上的房屋及其他不动产的归属，有约定的，按照约定；没有约定或者约定不明确的，依照法律、行政法规的规定办理。”但对如何续期、续期是否需再交出让金等问题仍未规定。

2. 土地使用权出让合同是民事合同还是行政合同？

问 我公司与市国土资源管理局签订了土地使用权出让合同，并按合同约定已交齐全部土地使用出让金，但国土局却迟迟不予供地，也不给我们发土地使用权证，曾多次交涉，一会说规划要调整，一会说周边居民上访。我们想起诉国土局，请问，是按照民事诉讼程序起诉，要求其履行合同义务，还是按照行政诉讼程序告国土局行政不作为？

答：关于土地使用权出让合同的性质问题，在理论界一直存在争论。主要有三种观点，即行政合同说、民事合同说和行政民事双重性质合同说。不过在司法实务界，自从2005年最高人民法院发布《关于审理涉及国有土地使用权合同纠纷案件适用法律问题的解释》后，因国有土地使用权出让合同产生的纠纷，人民法院一般作为民事案件加以审理，虽然最高人民法院2005年的《司法解释》没有直接说明土地使用权出让合同是民事合同还是行政合同，但从整体内容看，该《司法解释》单列“土地使用权出让合同”一节，内容涉及土地使用权出让合同的效力、价款、合同的变更及解除等，显然，该《司法解释》有关法律适用的解释性规定，适用于土地使用权出让合同纠纷。即该《司法解释》事实上肯定了土地出让合同的民事性质。但这一解释出台后，理论界的争论并未平息，特别是在实务中，个别地方，在处理因土地出让合同产生的争议时，常常不是依据土地出让合同，而是依据行政职权做出决定。例如，因受让方拖欠土地使用权出让金或者长期闲置土地，政府土地主管部门往往是依据相关法规以行政决定的方式征收土地闲置费或者无偿收回土地使用权，而不是以土地出让合同为依据要求解除合同或者追究受让方的违约责任。如对该行政决定不服提起诉讼，相关司法案例，既有作为民事案件审理的，也有作为行政案件审理的。如果基于同一法律关系产生的争议，当事人既可以选择行政诉讼也可以选择民事诉讼，那么事实上关于土地出让合同的性质之争就没有定论，在司法实务中也就难免会产生争议和混乱。

2019年11月12日，最高人民法院发布了《最高人民法院关于审理行政协议案件若干问题的规定》法释（2019）17号。该解释已于2020年1月1日起施行。该解释第二条规定：“公民、法人或者其他组织就下列行政协议提起行政诉讼的，人民法院应当依法受理：（一）政府特许经营协议；（二）土地、房屋等征收征用补偿协议；（三）矿业权等国有自然资源使用权出让协议；（四）政府投资的保障性住房的租赁、买卖等协议;(五)符合本规定第一条规定的政府与社会资本合作协议;(六)其他行政协议。”这一规定表明，最高人民法院通过司法解释的方式，已将矿业权等国有自然资源使用权出让协议定义为行政协议。同时该解释第四条第一款规定:“因行政协议的订立、履行、变更、终止等发生纠纷，公民、法人或者其他组织作为原告，以行政机关为被告提起行政诉讼的，人民法院应当依法受理。”根据这一最新司法解释的规定，今后因国有建设用地使用权出让合同产生的争议，人民法院应当作为行政案件加以立案和审理。还需要注意的是，该解释第十二条第二款规定:“人民法院可以适用民事法律规范确认行政协议无效。”第二十七条第二款规定:“人民法院审理行政协议案件，可以参照适用民事法律规范关于民事合同的相关规定。”即在审理行政协议争议的时，可以适用民事法律规范，这样的规定是首次作出，在司法解释上是一次创新之举。

3. 土地使用权出让方式有哪几种?现在还可以通过协议方式出让土地使用权吗?

问 我公司欲在某经济技术开发区投资兴建一座大型集装箱生产基地，我公司已选中一处土地，但在向政府申请用地时，政府主管部门告知，该处土地已被数家公司看好，今后若出让该幅土地，要采用竞买方式。请问，土地使用权出让主要有哪几种方式?以前工业用地不是可以采用协议方式出让吗?现在这种方式已被禁止采用了吗?

答: 根据《城市房地产管理法》第13条的规定，土地使用权出让的法定方式有三种，即协议出让、招标出让和拍卖出让。2002年，国土资源部发布的《招标拍卖挂牌出让国有土地使用权的规定》(11号令)又确定了一种新的出让方式——挂牌。以上四种出让方式的定义如下:

(1)协议出让

协议出让，是指有取得土地使用权意向的当事人直接向土地所有者代表(一般为县级人民政府)提出有偿使用土地的申请，并就土地的用途、范围、价格等，通过谈判、协商达成一致并签订土地使用权出让合同的一种方式。

(2)招标出让

招标出让，是指在规定的期限内，由符合招标条件的单位和个人，以书面投标形式，竞投某宗地块的土地使用权，由招标人择优确定土地使用者的出让方式。

（3）拍卖出让

拍卖出让方式，是指土地使用权出让人在指定的时间、地点，组织符合条件的竞买人就所出让的土地使用权公开叫价竞买，并按照“价高者得”的原则，确定土地使用权受让人的一种出让方式。

（4）挂牌出让

按照《招标拍卖挂牌出让国有土地使用权规定》（11 号令）第 2 条的规定，挂牌出让国有土地使用权，是指出让人发布挂牌公告，按公告规定的期限将拟出让宗地的交易条件在指定的土地交易场所挂牌公布，接受竞买人的报价申请并更新挂牌价格，根据挂牌期限截止时的出价结果确定土地使用者的行为。

在 11 号令出台之前，国有土地使用权的出让，不管何种用途，几乎都是以协议方式进行的。尽管按照《城市房地产管理法》第 13 条规定，商业、旅游、娱乐和豪华住宅用地，有条件的，必须采取拍卖、招标方式，即国有土地使用权的出让，主要应当采用竞争性的招标、拍卖方式。然而这一规定过于原则，强制性不够，因此基本未被遵守。国有土地使用权的出让，在 11 号令出台之前，95% 以上都是采用协议方式。[①]

对于工业用地等非经营性用地，按照 11 号令第 4 条规定，如果同一宗土地只有一个意向用地者的，仍然可以采用协议方式出让，但如果有两个以上意向用地者，也应当采用招标、拍卖或者挂牌方式出让。

4. 土地使用权出让合同效力如何认定？效力认定的法律依据是什么？

问 去年，我厂的一处土地被当地政府土地管理部门纳入储备后公开出让。按照当地的政策性规定，土地出让款项扣除土地整理和拍卖成本后的 70% 应当返还我厂，用于企业升级改造、职工安置等。但该幅土地的出让价格很低，我们怀疑其中存在猫腻。请问，对于出让合同的效力应当如何认定？法律依据是什么？有人说，出让合同具有行政性质，合同效力只能由行政机关加以认定，是这样吗？

答：土地使用权出让合同属于民事合同性质，这在司法领域已基本取得共识，人民法院均将此类合同纠纷作为平等民事主体之间的民事争议加以审理。即

① 刘田 . 选择“七一”[J]. 中国土地，2002（7）：4.

对于土地使用权出让合同的效力，应当由人民法院通过民事诉讼程序加以认定，行政机关无权认定。

毫无疑问，作为一种主要体现为民事法律关系的土地使用权出让合同，其效力认定标准应当符合《合同法》的有关规定。《合同法》第 52 条规定："有下列情形之一的，合同无效：(一)一方以欺诈、胁迫的手段订立合同，损害国家利益；(二)恶意串通，损害国家、集体或者第三人利益；(三)以合法形式掩盖非法目的；(四)损害社会公共利益；(五)违反法律、行政法规的强制性规定。"根据这一规定，我们可以得出结论：只要所签订的土地出让合同没有该条所列情形，即为有效合同；反之，具有其中一种或一种以上情形的，即为无效合同。故在对土地使用权出让合同效力进行认定时，应当将《合同法》第 52 条规定作为基本的认定依据并逐项加以对照和审查。当然所签合同是否具有《合同法》第 52 条所列无效情形，单从出让合同本身可能难以判断，实践中还应根据合同签订和履行过程中的相关证据加以认定。

此外，对于土地使用权出让合同的效力认定，相关司法解释也是认定依据之一。2005 年最高人民法院《关于审理涉及国有土地使用权合同纠纷案件适用法律问题的解释》(以下简称《司法解释》)曾对土地使用权出让合同的效力问题作出规定。其中第 2 条规定："开发区管理委员会作为出让方与受让方订立的土地使用权出让合同，应当认定无效。本解释实施前，开发区管理委员会作为出让方与受让方订立的土地使用权出让合同，起诉前经市、县人民政府土地管理部门追认的，可以认定合同有效。"第 3 条第一款规定："经市、县人民政府批准同意以协议方式出让的土地使用权，土地使用权出让金低于订立合同时当地政府按照国家规定确定的最低价的，应当认定土地使用权出让合同约定的价格条款无效。"根据这两条司法解释的规定，土地使用权出让合同可能会因出让主体和出让价格违反法律规定导致无效或部分无效。以开发区管理委员会的名义出让土地使用权，直接违反了相关法律关于土地出让主体的规定；而以协议方式出让土地，并且土地出让金低于政府按照国家规定确定的最低价的，则不仅有损国家利益，而且也直接违反了法律规定(《城市房地产管理法》第 13 条第三款)。

综上，认定土地使用权出让合同的效力，应当以《合同法》相关规定和人民法院的有关司法解释为依据，并结合相关证据材料加以认定。在具体案件审理时，土地出让过程中是否存在违法行为，不能仅凭怀疑，必须通过有效的证据加以证明，否则，人民法院是不会作出无效认定的。

5. 以协议方式出让经营性土地使用权，所签合同是否可确认无效？

问 2002年，国土资源部出台《招标拍卖挂牌出让国有土地使用权规定》(11号令)之后，经营性土地使用权的协议出让方式并没有立即停止。我公司所在城市属于县级市，采用招标拍卖或者挂牌方式公开出让土地往往无人竞买。因此我公司在2008年仍以协议方式取得一块开发用地，但由于种种原因迟迟未开工建设。前几年，我们所在的城市房地产市场也开始火爆，于是政府就以采用协议方式出让土地使用权违反规定为由，提出与我们所签的出让合同无效，欲收回我们的土地使用权。请问，在2002年7月1日以后，凡采用协议方式出让经营性土地使用权，所签合同一定无效吗？

答：国土资源部2002年发布的《招标拍卖挂牌出让国有土地使用权规定》(11号令)于当年7月1日生效以后，执行情况并不理想，尤其是在一些二、三线城市，以协议方式出让经营性土地使用权的行为仍是屡见不鲜。对于11号令生效后仍然以协议方式出让经营性土地使用权的行为，从行政管理的角度，国家有关部委曾出台文件要求清查，对属于历史遗留问题的，可补办手续，维持协议出让的效力。但必须在“2004年8月31日前将历史遗留问题处理完毕。对8月31日后以历史遗留问题为由采用协议方式出让经营性土地使用权的，要从严查处。”即2004年8月31日是经营性土地以协议方式出让的最后期限，自此以后，无论何种原因、是否存在历史遗留问题，均不能作为协议出让的理由，即从土地行政管理角度，协议方式出让经营性土地使用权的行为已被严格禁止。[①]

但在司法领域，对于11号令发布后(包括2004年8月31日协议出让大限之后)仍以协议方式出让经营性土地使用权的行为，如果发生纠纷起诉到法院，效力应如何认定呢？对此最高人民法院至今尚无具体的司法解释，不过审判实践中，大多不作无效认定。主要理由有三：其一，“协议”方式目前仍是一种法定形式。《城市房地产管理法》第12条规定：“土地使用权出让，可以采取拍卖、招标或者双方协议的方式”“商业、旅游、娱乐和豪华住宅用地，有条件的，必须采取拍卖、招标方式；没有条件、不能采取拍卖、招标方式的，可以采取双方

① 国土资源部、监察部《关于继续、开展经营性土地使用权招标拍卖挂牌出让情况执法监察工作的通知》(国土资发〔2004〕71号)。

协议的方式。”这一规定，目前尚未通过立法程序加以修改或废止，因此采用这一方式并不违法；其二，国土资源部的 11 号令只是一个部颁规章，按照《合同法》第 52 条第（五）项的规定，只有违反法律、行政法规的强制性规定的行为才能被认定无效。而违反部颁规章或地方性法规的行为不能当然认定无效；其三，国土资源部 11 号令等政府部门规章，只是从行政管理角度规范行政机关行政行为的规范性文件，因此它只对行政机关有约束力，而对行政行为的相对人无约束力，采用何种方式出让土地使用权，土地使用权受让方没有选择权。如果违反行政规章规定的出让方式，则行政主管部门只能通过行政途径处罚作出协议出让决定的行政机关责任人，但却不能处罚出让合同的相对人。同理，人民法院也不能依据行政管理规章认定民事合同无效，更不能让不能决定出让方式的受让方承担因合同被认定无效的不利后果。

但是，如果不能认定协议出让行为无效，是否就要认定合同有效，并判决继续履行合同呢？如果如此判决，必然会发生司法审判与行政管理相冲突的问题，并且在客观上，即使人民法院确认合同有效，也不可能继续履行。就拿协议出让经营性土地使用权出让合同来说，法院认定合同有效，行政机关就要继续履行供地、发证等合同义务，而从行政管理的角度讲，如果继续履行就是错上加错，相关责任人就有可能受到党纪、政纪处分。因此，即使人民法院要求行政机关继续履行合同，行政机关也会加以拒绝。由此看来，人民法院若无视行政规章的禁止性规定，将从行政管理的角度加以否定的行为，通过司法程序再加以肯定，必然在客观上造成司法判决根本无法执行的尴尬。为避免这种尴尬，由最高人民法院终审的相关案例，曾采用了一种折中的办法：对协议出让合同不作无效认定，但认定合同法无继续履行而应当解除。①

6. 开发区管理委员会与受让方签订的国有土地使用权出让合同是否有效？

问 大约 2006 年前后，我公司与某开发区管委会签订了土地使用权出让合同，我公司交齐了全部土地使用权出让金，但管委会一直未给我们颁发土地使用

① 最高人民法院民事审判第一庭.民事审判指导与参考（总第 25 集）[M].北京：法律出版社，2006：175-197.案例：“青岛市崂山区国土资源局诉青岛市南太置业有限公司土地使用权出让合同纠纷上诉案。”

权证。如今建设项目已基本建成，由于没有土地使用权证，所以商品房预售许可等手续一直无法办理。我们想起诉管委会，有人说以管委会的名义签订的土地使用权出让合同是无效的，如确认合同无效，公司的损失可能会更大。是这样吗？

答：你们签订土地使用权出让合同的时间必须搞准确。如果确为 2006 年签订，则所签合同可确认无效。

2005 年 6 月 18 日由最高人民法院发布并于当年 8 月 1 日起施行的《关于审理涉及国有土地使用权合同纠纷案件适用法律问题的解释》(以下简称《司法解释》) 第 2 条规定："开发区管理委员会作为出让方与受让方订立的土地使用权出让合同，应当认定无效。本解释实施前，开发区管理委员会作为出让方与受让方订立的土地使用权出让合同，起诉前经市、县人民政府土地管理部门追认的，可以认定合同有效。"根据这一规定，如果所签订的土地使用权出让合同是在 2005 年 8 月 1 日之前，则在起诉前如能经当地市、县人民政府土地管理部门追认的，还可以认定合同有效，但若在 2005 年 8 月 1 日以后，仍然以开发区管理委员会的名义签订土地使用权出让合同，则所签合同当然无效，并且不存在追认的问题。你公司与某开发区管委会所签订的土地使用权出让合同可能就属于这种情况。之所以迟迟不能办理土地使用手续，取得土地使用权证，很可能也是当地土地管理部门拒绝追认造成的。

根据法律规定，国有土地使用权出让主体是特定的，如《城市房地产管理法》第 15 条第 2 款规定："土地使用权出让合同由市、县人民政府土地管理部门与土地使用者签订。"但在 20 世纪 90 年代开始，许多城市打着招商引资和城镇化的旗号圈占土地，设立了许多经济技术开发区、旅游度假区、工业园区等，这些机构一般均代行土地征收、出让等专属土地管理部门的职权。2003 年，国家曾开展过一次自上而下、全国范围内以清理各类开发区、园区为重点的土地市场清理整顿工作。到 2004 年 8 月，全国共清理各类开发区 6866 个。到阶段性检查验收结束时，全国的开发区数量已经减少到 2053 个。[①] 然而，清理工作并不彻底，许多被清理的开发区、园区又陆续恢复了职能，一些开发区超越职权征地、批地等大量遗留问题也并没有得到彻底解决。2005 年最高人民法院出台的《司法解释》规定，在 2005 年 8 月 1 日前，以开发区管理委员会名义出让土地，如经土地管理部门追认的，可视为有效，其实就是为解决土地出让遗留问题开了一个口

① 张传玫 .2004，中国地政日记 [J]. 中国土地，2005(1).

子。然而，旧的遗留问题尚未得到根本解决，期限过后，仍然以开发区、园区管委会的名义对外出让土地使用权的也并不少见。而一旦发生纠纷诉到法院，按照《司法解释》的规定，对合同效力应作无效认定。但是，对于建设项目已经动工，甚至已经建成的项目，确认合同无效后的过错责任承担，损失赔偿等问题，是一个非常复杂的问题，解决难度极大。故笔者建议，对于此类纠纷，如果没有其他严重违法行为，最好还是通过补办和完善用地手续使建设项目得以完成和合法化，不要贸然起诉，因为一旦起诉，当事人可能永远无法取得土地使用权证和预售许可证，损失最大的可能还是土地的受让方。

7. 土地使用权出让时，竞买人之间恶意串通该如何处理？

问 最近，我市通过拍卖、挂牌方式出让了数宗土地，但成交价格都很低，我们怀疑竞买人之间有串通行为。请问，如何认定土地使用权出让时竞买人之间的恶意串通行为？认定之后应当如何处理？

答：当 2002 年 7 月 1 日由国土资源部发布的《招标拍卖挂牌出让国有土地使用权规定》(11 号令)开始施行的时候，许多人为之欢呼，将这项制度称之为“阳光下的操作”。2002 年 6 月 19 日,《中国建设报》曾有一篇题为《交锋新土地政策》的报道。据记者调查，在北京，对 11 号令持欢迎态度的大多为吃市场饭的民营企业、外地准备进京的企业及外资企业；反对者则多为本市房地产企业及部分上市公司等。然而时间不长人们就发现，阳光之下也有死角、有阴影，招拍挂制度在增加交易透明度，防止土地出让中的权钱交易，提高土地出让价格等方面确实效果明显。但时间不长，有人就总结出了“应对之策”，最常用的方法就是竞买人之间相互约定，或者通过金钱收买等手段，一致压低土地使用权出让竞买报价，内定最终成交人，从而使公开的土地出让流于形式，达到低价成交的目的。对于这种串通竞买的行为，我国相关法律是严格加以禁止的，并且规定了相应的法律责任。如《招标投标法》第 53 条规定：“投标人相互串通投标或者与招标人串通投标的，投标人以向招标人或者评标委员会成员行贿的手段谋取中标的，中标无效，处中标项目金额千分之五以上千分之十以下的罚款，对单位直接负责的主管人员和其他直接责任人员处单位罚款数额百分之五以上百分之十以下的罚款；有违法所得的，并处没收违法所得；情节严重的，取消其一年至二年内参加依法必须进行招标的项目的投标资格并予以公告，直至由工商行政管理机关吊销营业执照；构成犯罪的，依法追究刑事责任。给他人造成损失的，依法承担赔偿责任。”《拍卖法》第 65 条规定："违反本法第三十七条的规定，竞买人之间、竞买人与拍卖人之间恶意串通，给他人造成损害的，拍卖无效，应当依法承担赔偿责任。由工商行政管理部门对参与恶意串通的竞买人处最高应价百分之十以上百分之三十以下的罚款；对参与恶意串通的拍卖人处最高应价百分之十以上百分之五十以下的罚款。"《刑法》第 223 条规定："投标人相互串通投标报价，损害招标人或者其他投标人利益，情节严重的，处三年以下有期徒刑或者拘役，并处或者单处罚金。"《反不正当竞争法》第 27 条规定："投标者串通投标，抬高标价或者压低标价；投标者和招标者相互勾结，以排挤竞争对手的公平竞争的，其中标无效。监督检查部门可以根据情节处以一万元以上二十万元以下的罚款。"根据以上规定，对于招标拍卖挂牌中的恶意串通行为，首先可以确认竞买无效，即竞买成交结果不具有法律约束力，即使成交后出让人和受让人已经签订了土地使用权出让合同，该合同也自始不具有法律约束力。同时，还可对恶意串通的竞买人施以相应的行政处罚。对在招投标中的串通投标行为，情节严重的甚至可以给予刑事制裁。

以上法律规定对于串通竞买行为的法律责任规定可谓严厉，但实践中普遍存在的问题是监管力度不够，对于串通行为的取证和认定难度很大，虽然此类违法行为经常发生，但真正被发现、被查处的并不多见。只要有充分的证据证明，竞买当事人之间存在相互串通，压低竞买报价，内定竞得人的行为，任何人都可向相关部门举报，一旦查证属实，不仅竞买结果无效，对有关责任人，还应依法给予相应的处罚。

8. 非土地使用权受让人认为政府土地出让行为侵害其合法权益是否可以提起诉讼？是民事诉讼还是行政诉讼？

问 我公司在进行改制时，当地国土资源管理部门将我公司一处国有土地使用权收回纳入储备。根据政府相关文件，该宗土地重新出让时，应将土地使用权出让所得的 70% 返还给我公司。但在拍卖出让时，该宗土地只经过一轮竞价就落槌成交，仅高出起拍价不到 20 万元，远低于周边同类地块出让价格。种种迹象表明，竞得人是由政府部门内定的，拍卖只不过是走个形式。由于拍卖所得的出让金很低，我们得到的出让金返还也比预期大幅减少。我们认为，政府土地部门的土地出让行为有违法嫌疑，并且损害了我公司的利益，请问，我们可以起诉政府土地管理部门吗？如果起诉，应当提起民事诉讼还是行政诉讼？

答：你公司可以向当地人民法院提起行政诉讼。

最高人民法院 2009 年 12 月 23 日作出的《关于土地管理部门出让国有土地使用权之前的拍卖行为以及与之相关的拍卖公告等行为性质的答复》([2009] 行他字第 55 号)也明确指出："土地管理部门出让国有土地使用权之前的拍卖行为以及与之相关的拍卖公告等行为属于行政行为，当事人不服提起行政诉讼的，人民法院应当依法审理。"这一答复虽然只提及土地使用权出让之前的拍卖行为，但笔者认为，基于同样的法理，出让之前的招标、挂牌行为也应视为行政行为，并适用这一司法解释。2019 年 11 月 12 日，最高人民法院发布了《最高人民法院关于审理行政协议案件若干问题的规定》法释(2019)17 号。该解释第五条规定："下列与行政协议有利害关系的公民、法人或者其他组织提起行政诉讼的，人民法院应当依法受理:(一)参与招标、拍卖、挂牌等竞争性活动，认为行政机关应当依法与其订立行政协议但行政机关拒绝订立，或者认为行政机关与他人订立行政协议损害其合法权益的公民、法人或者其他组织;(二)认为征收征用补偿协议损害其合法权益的被征收征用土地、房屋等不动产的用益物权人、公房承租人;(三)其他认为行政协议的订立、履行、变更、终止等行为损害其合法权益的公民、法人或者其他组织。"根据这一规定，你公司以政府土地管理部门土地出让行为违法，即政府土地管理部门与受让人签订土地出让合同损害了你公司利益为由提起行政诉讼，是有法律依据的。

需要注意的是，并非任何人都可以对行政机关的具体行政行为提起行政诉讼，行政诉讼的原告必须是与具体行政行为有法律上利害关系的公民、法人或其他组织。如本问答所提，有些地方将原土地使用权人的土地使用权收回后所支付的补偿，均与土地重新出让所得挂钩，即土地出让金越高，原土地使用人所获补偿就越多，反之亦然。如果土地出让人——政府土地管理部门在土地出让过程中有违法、失职等行为，例如暗箱操作、与受让人串通、低价出让，则会使原土地使用权人所获补偿减少，这一权益损失，即可认为与土地出让的具体行政行为具有法律上的利害关系，认为该出让行为使自己权益受损的当事人，具有原告主体资格。

但是，此类诉讼的难点可能还在于举证，虽然《行政诉讼法》规定的是被告举证原则，但是行政机关举证责任只限于合法性证明，即只要举出作出具体行政行为的相关证据和所依据的规范性文件即可，如果原告认为行政机关在土地出让中有与受让人串通、内定土地受让人、故意压低出让价格等违法行为，则需原告举证。

9. 政府出让土地时对竞买申请人资格设置不合理限制性条件怎么办?

问 最近这几年，我市政府对于一些位置优越，建设规模较大的地块，在出让公告中总是对竞买人条件作出许多苛刻的限制性规定，比如要求竞买申请人必须从事房地产开发业务多少年以上，必须达到几级以上开发资质，注册资本不能低于多少，或者要求直接提供达到一定数额以上的银行存款证明，有时甚至要求竞买人必须是世界500强企业之一或者国营二类以上企业。这样的条件使得许多中小房地产开发企业，特别是民营企业根本没有竞争机会，这也是这些年许多中、小型房地产企业纷纷倒闭破产的重要原因。请问，对政府土地出让时设立的不合理限制性条件，竞买申请人应当如何维权?

答: 在土地使用权公开出让中搞“定向出让”，为特定的受让人“量身定做”竞买资格条件，从而排除其他潜在竞买人的竞争，保证出让方中意的竞买人成为受让人，这种做法限制了竞争，使得公开的出让流于形式，当然也严重损害了众多中、小企业的利益。《招标投标法》第18条第2款规定:“招标人可以根据招标项目本身的要求，在招标公告或者投标邀请书中，要求潜在投标人提供有关资质证明文件和业绩情况，并对潜在投标人进行资格审查；国家对投标人的资格条件有规定的，依照其规定。招标人不得以不合理的条件限制或者排斥潜在投标人，不得对潜在投标人实行歧视待遇。”但这样的规定过于原则，什么叫“不合理的条件”? 什么叫“歧视待遇”? 没有相关解释，实践中很难认定。为防止土地出让过程中人为设置不合理限制条件，排斥潜在申请人参与竞争，2007年9月21日，修订的国土资源部《招标拍卖挂牌出让国有建设用地使用权规定》(39号令)第11条第1款规定:“中华人民共和国境内外的自然人、法人和其他组织，除法律、法规另有规定外，均可申请参加国有建设用地使用权招标拍卖挂牌出让活动。”这是对原《招标拍卖挂牌出让国有土地使用权规定》(11号令)最重要的修订内容之一。根据这一规定，只要法律、法规没有对参加土地出让的招拍挂申请人条件有明确的限制性规定，则中国境内外的自然人、法人和其他组织均可申请参加国有建设用地使用权的招牌挂活动。需要提及的是，建设部2000年发布的《房地产开发企业资质管理规定》曾对不同资质等级的房地产开发企业可承担建设项目的范围作出过规定，如该规定第18条规定:“一级资质的房地产开发企业承担房地产项目的建设规模不受限制，可以在全国范围承揽房地产开发项目。

二级资质及二级资质以下的房地产开发企业可以承担建筑面积25万平方米以下的开发建设项目，承担业务的具体范围由省、自治区、直辖市人民政府建设行政主管部门确定。各资质等级企业应当在规定的业务范围内从事房地产开发经营业务，不得越级承担任务。”根据这一规定，各省级建设主管部门对本地房地产企业按照资质等级不同，均规定了不同的可承担的房地产开发业务范围。许多地方政府在出让土地使用权时，均会根据出让土地的面积等因素，将企业开发资质作为申请人参加招拍挂活动的主要条件之一。[①] 但是，根据国土资源部第39号令第11条的规定，限制自然人、法人和其他组织参加招拍挂活动的“除外”规定，只能是“法律法规”的规定，即必须是由全国人民代表大会或者其常务委员会通过的法律，或者由国务院发布的行政法规的规定才可作为限制依据，而建设部的规定在效力级别上只是部颁规章，因此，在土地出让时不应以此作为设定限制条件的依据。

实际上，为开发企业设置资质等级，并根据资质等级设定业务范围，仍然带有明显的计划经济痕迹。那些以企业人数、注册资本、以往开发业绩等为主要指标的资质评定方法，先不说资质本身常常有造假和水分，即使资质真能代表企业实力，为什么这反而成了排斥其他弱势企业参与竞争的理由呢？既然有实力，通过公平的竞争不是更容易赢得竞买机会吗？事实上，这种资质等级制度恰恰成为市场垄断根据。而垄断从来都被认为是市场经济的大敌，因为市场经济的本质就是自由竞争，而垄断不仅限制竞争，并且垄断本身就是最严重的不正当竞争行为之一。所以，在土地出让过程中，为参与竞争的申请人设定不合理的资格条件，就是在限制竞争、鼓励垄断。国家有关部门也注意到了这一问题，为鼓励更

① 如《山东省城市房地产开发企业资质管理规定》(鲁建发〔2005〕11号)第19条规定：“房地产开发企业应当依据各自资质等级，按照下列业务范围内从事房地产开发经营业务：一级资质的房地产开发企业承担房地产项目的建设规模不受限制，按照建设部《房地产开发资质管理规定》可以在全国范围承揽房地产开发项目。二级资质开发企业可承担20公顷以下的土地和建筑面积25万平方米以下的居住区以及与其投资能力相当的工业、商业等建设项目的开发建设，可以在全省范围承揽房地产开发项目。三级资质开发企业可承担建筑面积15万平方米以下的住宅区的土地、房屋以及与其投资能力相当的工业、商业等建设项目的开发建设，可以在全省范围承揽房地产开发项目。四级资质开发企业可承担建筑面积10万平方米以下的住宅区的土地、房屋以及与其投资能力相当的工业、商业等建设项目的开发建设，仅能在所在地城市范围承揽房地产开发项目。暂定资质开发企业可承担的开发项目规模，原则上按与其注册资本和人员结构等资质等级条件相应开发企业可承担的开发项目规模来确定，仅能在所在地城市范围承揽房地产开发项目。”

多的中、小房地产企业参与土地出让竞买，对土地出让面积上限作出规定，比如规定商品住宅项目，宗地出让面积不得超过下列标准：小城市（镇）7公顷，中等城市14公顷，大城市20公顷。[①]

如果在土地出让中，出让方设定的竞买人的资格条件没有法律和行政法规依据，则因受到资格条件限制而无法参与竞买的申请人就可以出让方——政府土地管理部门为被告向人民法院提起行政诉讼，要求撤销该不适当的限制条件，按照《行政诉讼法》的规定，在诉讼的同时，也可向人民法院申请暂停该出让行为。

10. 政府发出土地出让拍卖公告后，无正当理由取消拍卖活动，是否应当赔偿损失或者双倍返还竞买人交纳的保证金？

问 2012年9月，我市土地管理部门在当地媒体发布土地拍卖公告，将以公开拍卖的方式出让一宗商业用地。有数家公司有意参与竞买，领取了相关拍卖文件，参加了土地的现场踏勘并交纳了竞买保证金。然而在正式拍卖之前，土地管理部门电话通知我公司，取消此次拍卖活动，何时拍卖另行公告，竞买保证金将无息返还，并要求参加竞买的单位在规定的时间内领取。至今已近一年，该宗土地一直未重新出让。请问，对于这种无正当理由取消拍卖的行为是否可以要求出让人双倍返还我们保证金或者赔偿损失？

答：要回答这个问题，先要弄清拍卖公告的法律性质。

《合同法》第15条第一款规定："要约邀请是希望他人向自己发出要约的意思表示。寄送的价目表、拍卖公告、招标公告、招股说明书、商业广告等为要约邀请。"根据这一规定，拍卖公告、招标公告（也应包括《合同法》颁布之后开始采用的挂牌公告），其法律性质属于要约邀请。而要约邀请并不存在相对人一经承诺合同即告成立的法律效力，即要约邀请人可以随时撤回要约邀请，对此法律没有任何限制性规定。这也是要约邀请与要约的重要区别之一。根据《合同法》第17条和第18条的规定，要约发出后可以撤回或者撤销要约。但前提条件是撤回要约的通知应当在要约到达受要约人之前或者与要约同时到达受要约人；撤销要约的通知应当在受要约人发出承诺通知之前到达受要约人。同时，按照《合同法》第19条规定："有下列情形之一的，要约不得撤销：（一）要约人确定了承诺期限或者以其他形式明示要约不可撤销；（二）受要约人有理由认为要约是不可

① 国土资源部《限制用地项目目录（2006年本增补本）》（国土资发〔2009〕154号）第九项。

撤销的，并已经为履行合同作了准备工作。”而要约邀请的撤回或者撤销则无以上限制，即使接受要约邀请的人对要约邀请已作出响应，比如办理了竞买报名登记，交纳了竞买保证金等，要约邀请人仍可随时撤回要约邀请。

至于竞买申请人因准备竞买而支出的费用，以及交纳的竞买保证金，前者应当属于正常的商业风险，无论是要约邀请人撤回要约邀请，还是竞买申请人未能竞得土地（凡参与竞买，大部分竞买申请人都不能成交），参与竞买支出的费用都会转化为损失，但这些损失是竞买申请人参与竞买时可以预见并且应当自行承担的。而且在竞买人投标、报价或者举牌叫价之前，也不存在《合同法》第42条规定的“缔约过失”问题，因为按照《合同法》第13条规定：“当事人订立合同，采取要约、承诺方式。”即在要约邀请阶段，并不属于合同的订立过程，此时撤回要约邀请，无论是否有正当理由，要约邀请人均无须承担赔偿责任。而交纳的竞买保证金，只有当发出成交确认书之后，才发生“成约担保”的效力，即成交确认书发出之后，出让人或者竞得人不按期签订土地出让合同，则应当接受定金罚则，出让方拒签合同的，应当双倍返还竞买保证金；竞得人拒签合同的，则无权要求返还竞买保证金。在成交确认书发出之前，竞买人退出竞买或者不举牌应价，该竞买保证金均应返还。同理，在成交确认书发出之前，出让人撤回要约邀请（无论是否有“正当理由”）也无双倍返还竞买保证金的义务。

但是，出让人撤回要约邀请或者竞买申请人放弃竞买，在返还竞得保证金时只无息返还本金是没有道理的，因为虽然竞买人竞买保证金存入了出让人指定的银行账户，但该资金的所有权并未转移，其存入银行期间产生的利息属于竞买人财产的法定孳息，该孳息应归竞买人所有。

11. 竞买申请人已报名登记并缴纳了竞买保证金，在竞买开始之前退出竞买，出让人是否可以不予返还保证金？

问 我公司申请参加本市一宗土地使用权的拍卖，并按要求交纳了竞买保证金，在正式拍卖之前，由于多种原因我公司决定退出拍卖，并向出让方发出书面通知，要求其退还我公司交纳的竞买保证金。但却遭到拒绝，理由是由于我公司的退出，导致竞买人数低于三家而流拍，给出让人造成损失，故保证金不予退还。请问，出让人的做法有法律依据吗？

答：出让人的做法没有法律依据。

首先，采取拍卖或者挂牌方式出让国有土地使用权，法律并没有竞买人人数不得少于三人的规定，这样的规定大概只是出让方的单方要求。[①] 因此，只要有一人参加竞买，且报价不低于底价，并符合其他条件的，仍可成交。因此，竞买人数少于三人不应成为流拍的理由，更不能以此追究退出竞买的竞买人的所谓流拍责任。

其次，竞买保证金在竞买的不同阶段其法律性质是不同的。在成交确认之前，所交纳的竞买保证金只是竞买申请人参加竞买的资格条件之一，此时竞买保证金并非具有担保性质的定金，竞买人无论何种原因退出竞买，保证金均应返还；在成交确认之后到签订正式土地出让合同期间，所交纳的竞买保证金则转化为“成约定金”，即担保合同的签订，出让方或者竞得人拒绝签订正式合同的，则应接受定金罚则；土地出让合同正式签订后，则转化为“履约定金”，合同当事人不按合同约定履行合同义务的，也可适用定金罚则。对此，国土资源部《招标拍卖挂牌出让国有建设用地使用权规定》(39 号令)第 20 条第 1 款也规定:“以招标、拍卖或者挂牌方式确定中标人、竞得人后，中标人、竞得人支付的投标、竞买保证金，转作受让地块的定金。出让人应当向中标人发出中标通知书或者与竞得人签订成交确认书。”因此，出让人以竞买人退出竞买为由扣留其保证金是没有法律依据的。事实上，大多数情况下，竞买人欲退出竞买，根本无须提出书面通知或者要求，在竞买时不予举牌应价即可，这与宣布退出竞买的效果并无二致，而采取这种方式退出竞买，并不需承担任何责任。为什么正式通知出让人退出就要承受保证金被没收的代价呢？不过，保证金的退还，并不是竞买申请人一经提出退出竞买的要求，出让人就必须立即退还，这应当遵守竞买规则的规定。一般是在竞买结束后统一发还。按国土资源部 39 号令第 21 条规定，出让人必须在招拍挂活动结束后 5 个工作日内予以退还。

但要注意，招标方式与拍卖、挂牌方式有所区别。按照《招标投标法》第 29 条规定:“投标人在招标文件要求提交投标文件的截止时间前，可以补充、修改或者撤回已提交的投标文件，并书面通知招标人。补充、修改的内容为投标文件的组成部分。”即在招标文件要求提交投标文件的截止时间之后，投标人则不能撤回投标。国土资源部 39 号令第 13 条第二款规定:“(一)投标人在投标截止时间前将标书投入标箱。招标公告允许邮寄标书的，投标人可以邮寄，但出让人在投标截止时间前收到的方为有效。标书投入标箱后，不可撤回。投标人应当对标

---

① 招标方式有投标人不低于三个的规定。《招标投标法》第 28 条规定:“……投标人少于三个的，招标人应当依照本法重新招标。”

书和有关书面承诺承担责任。”除非经开标、评标，投标人未中标，或者因法定原因招标人取消招标，可以退还保证金外，若投标人中标，则必须按照规定的期限与招标人签订出让合同，否则无权要求返还投标保证金。

12. 中标通知书（成交确认书）发出后，出让人或者中标人（竞得人）拒绝签订正式出让合同应如何处理？

问 通过招标拍卖挂牌方式出让国有建设用地使用权，在确定中标人、竞得人后，会向中标人、竞得人发出中标通知书或者成交确认书，然后出让人和中标人、竞得人要在规定的期限内签订正式的土地出让合同。但有时出让人或者中标人、竞得人会以种种理由拒签合同，出现这种情形该如何处理？

答：这个问题首先涉及中标通知书或者成交确认书的法律性质和效力（因为中标通知书和成交确认书分别是招标方式和拍卖挂牌方式确定土地受让人时的不同称谓，但二者法律性质和效力以及责任范围等均是相同的，为叙述方便，以下均以招标为例加以说明）。

（1）根据《合同法》的规定和对招投标行为的特点分析，一般认为，招标公告等为要约邀请，投标报价为要约，而中标通知则为承诺。对于这一点，学术界的分歧不大。分歧点主要在于对承诺效力的认识方面。一种观点认为，按照《合同法》第 25 条规定，承诺生效时合同成立。因此，中标通知书一经发出，招标人与中标人之间的合同关系即告成立。虽然《招标投标法》第 46 条规定，招标人和中标人应当自中标通知书发出之日起 30 日内订立书面合同，但招标文件和投标文件应为合同主要内容，且这些内容已经包含了合同的主要条款，即使双方不签订书面合同，也不影响合同履行。即发出的中标通知书既构成承诺，而且具有合同成立的效力。另一种观点认为，中标通知书虽为承诺，但其不具有合同成立的效力。因为，《合同法》第 32 条规定：“当事人采用合同书形式订立合同的，自双方当事人签字或者盖章时合同成立。”因此，中标通知书的发出，并不意味着合同成立，只有双方按照招标文件和投标文件签订书面合同后，合同才告成立。即中标通知书不具有合同成立的效力。笔者基本同意第二种观点，但具体理由有所不同。虽然通过法理分析可将中标通知书视为合同中的承诺行为，但这种承诺显然具有特殊性，不能完全套用合同法中有关承诺的规定。即中标通知书并非合同法意义上的，具有使合同依法成立效力的承诺，而是一种“缔约承诺”，即招标人一旦发出中标通知书，即表明其承诺按照招标文件和投标文件的内容订立书面合同。该承诺一旦生效，对招标人和投标人均具有约束力，但其约束力仅表现为双方应当在规定的期限内签订书面合同。如果认为中标通知书具有合同法意义上的，可以使合同依法成立的承诺效力，则该承诺对双方当事人产生的就不会是订立合同的约束力，而是履行合同的约束力，这样，《招标投标法》关于中标通知书发出后，应当在规定期限内订立书面合同的规定就没有意义——中标通知发出后即可进入履约过程。显然，这种理解并非《招标投标法》的立法本意。按照该法的规定，建设工程施工合同的订立就是分阶段进行的，而且从实务的角度分析也只能如此。因为中标人的选定必须经过开标和评标过程，在通过法定程序确定中标人之前，所有投标人能否中标均处于一种不确定状态，故在中标人最终确定后必须履行一个通知程序（不仅通知中标人，还应当通知其他所有未中标的投标人），这样在通知中标人和签订合同之间就必然存在一个时间差，即只能是通知在前，签约在后。那么，是否可以规定，在中标通知书发送的同时签订合同呢？笔者认为这在客观上不具有可操作性，因为投标人只有先知道自己中标，才能与招标人签约，这个时间差虽然长短可以人为控制，但却不能取消。笔者认为，正是基于这一特点，通过招标等公开竞争的方式签订土地出让合同，只能采用“先通知，后订立”的方式进行。同时，为防止当事人在确定中标后反悔，又赋予“中标通知书”以订约的法律约束力——当事人拒签书面合同的将承担缔约过错责任。如果认为中标通知书构成合同成立的承诺，则合同就会存在两个成立时间：中标通知书发出的时间和订立书面合同的时间。显然这种观点存在法律上的矛盾，并且客观上难以操作。故将中标通知书理解为缔约承诺，即同意在规定的期限内订立书面合同，更符合《招标投标法》的立法本意。

（2）中标通知书发出后拒签书面合同的责任性质及责任范围。

中标通知书发出后当事人拒签书面合同的情形有两种：一是招标人在中标通知书发出后，改变中标结果，不与中标人签订书面合同，而向其他投标人再次发出中标通知书或者直接与其他未中标的投标人签订书面合同；二是中标人在中标后放弃投标项目，拒绝与招标人签订书面合同。两种情形都被认为是毁标行为。对于此类毁标行为的法律责任性质，理论界也存在争议，一种观点认为是违约责任，另一种观点则认为是缔约过错责任。笔者持第二种观点。其实，解决了中标通知书的法律性质问题，毁标的法律责任性质也就有了定论。既然发出中标通知书属于“缔约承诺”，当事人不按缔约承诺签订书面合同的责任显然就属于缔约过错责任。因为双方尚未订立具有履行约束力的书面合同，故不存在违约责任问题。

明确了当事人在中标通知书发出后拒签书面合同的法律责任为缔约过错责任，其责任范围也就比较容易界定。从法理上讲，缔约过错产生的是一种信赖利益的损失，主要包括当事人为缔约进行的各种准备工作的直接投入损失。这种责任就不包括合同订立后，因不按合同约定履行义务所产生的继续履行、支付违约金、赔偿合同履行的可得利益损失等违约责任。

但是，由于相关法律对于中标通知书发出后，招标人改变中标结果，或者中标人放弃中标项目，拒签书面合同的法律责任规定得比较原则，并未具体细分加之双方对中标通知书的性质存在分歧，故在实践中，对于毁标后的赔偿范围有不同认识，司法审判实践中，就此类纠纷，判决结果也不尽相同。只是在建设工程领域，2001 年 6 月，建设部发布的《房屋建筑和市政基础设施工程施工招标投标管理办法》第 47 条规定："中标人不与招标人订立合同的，投标保证金不予退还并取消其中标资格，给招标人造成的损失超过投标保证金数额的，应当对超过部分予以赔偿；没有提交投标保证金的，应当对招标人的损失承担赔偿责任。招标人无正当理由不与中标人签订合同，给中标人造成损失的，招标人应当给予赔偿。"但这一规定，对于招标人毁标是否应当承担双倍返还投标保证金的问题未加明确，于是在理论和实践两方面又产生了招标人与投标人是否应当承担同等缔约过错责任的争论。其实，这样的争论本不该发生。如果承认招标人与投标人是平等的民事主体，则缔约双方的法律地位就是平等的，他们在缔约以及合同履行过程中的责任承担在本质上就不应当存在差别。投标保证金是对合同订立的担保，一旦中标通知书发出，则缔约承诺就发生法律效力，对缔约双方产生拘束力，招标人和投标人对于按期订立书面合同就负有相同的义务，因此，投标保证金应当是对双方的订约行为的担保。即保证金已经具有"成约定金"的性质。如果招标人不与中标人订立书面合同的，也应当按照"定金罚则"的规定，向中标人双倍返还投标保证金，并且这种双倍返还的定金罚则也不应以中标人是否存在损失为前提。

有人担心，规定招标人双倍返还投标保证金，可能会加重招标人的责任，因为一个项目会有众多投标人，规定双倍返还投标保证金会使招标人无力承受。这种认识实际上是由于混淆了要约邀请阶段和承诺阶段的法律界限所致。在要约邀请阶段，招标人并不存在缔约过错的问题。法律对于要约邀请人和要约人的行为限制和责任承担也有所区别。投标人在投标文件发出后，在法定的期限之后不得撤回投标，这是法律的强制性规定，为此在招标活动中，招标人要求投标人提交投标保证金具有单方担保的性质，如果此时投标人撤回要约，其所交纳的保证金招标人可不予退还，而招标人撤回要约邀请则不存在双倍返还的问题。但是，一旦中标通知书发出，则构成招标人对投标人的承诺，招标人已成为缔约主体，其法律责任在性质上就与投标人不存在任何差别，双方均负有在规定的期限内订立书面合同的法律义务。此时，投标人交纳的投标保证金就应当转化为对双方订约行为的担保。而此时，作为招标人，其缔约对象已经特定并且单一，适用双倍返还的定金罚则并不会加重招标人的法律责任，即不存在向其他未中标的投标人双倍返还投标保证金的问题。故在中标通知书发出后，无论是招标人还是投标人，拒绝签订书面合同，其法律责任的性质和赔偿范围都应当是一致的。即中标人放弃中标项目，拒绝签订书面合同，其所交纳的投标保证金招标人可不予退还，给招标人造成的损失超过投标保证金的，还应当进行赔偿。如果招标人改变中标结果，不与中标人签订书面合同的，则应向中标人双倍返还投标保证金，给中标人造成的损失超过应当返还的投标保证金的，对超过部分也应当进行赔偿。

13. 竞得人竞买申报材料有不实之处，竞得结果就一定无效吗？

问 最近，在某市土地管理部门组织的国有建设用地使用权拍卖会上，经多轮竞价，我公司以最高报价胜出，并当场签收了“成交确认书”。但此后出让人却以我公司申报材料不实，主要是虚夸开发业绩为由宣布竞得结果无效，要择日重新组织拍卖。事实上，出让人又欲将周边几幅土地进行捆绑出让，不仅改变了原土地使用条件，而且出让价格更高，其主要目的还是为了获得更高的土地收益。请问，出让人宣布竞得结果无效是否有法律依据？我公司应如何维权？

答：土地使用权出让时，出让人都会对竞买申请人的资格条件提出具体要求，比如资质等级、注册资本、企业规模、以往开发业绩等，都是主要的资格标准，一旦出让人想要废标、改变成交结果，往往会从竞买申请人提交的申报材料入手找寻突破口。因为《招标投标法》第 54 条规定：“投标人以他人名义投标或者以其他方式弄虚作假，骗取中标的，中标无效。”国土资源部《招标拍卖挂牌出让国有建设用地使用权规定》(39 号令）第 25 条规定：“中标人、竞得人有下列行为之一的，中标、竞得结果无效；造成损失的，应当依法承担赔偿责任：(一）提供虚假文件隐瞒事实的；(二）采取行贿、恶意串通等非法手段中标或者竞得的。”根据以上规定，如果竞买人在竞买过程中确实存在弄虚作假、隐瞒事实等行为，则有可能导致竞得结果无效。但是否竞买人提交的材料稍有不实，就可认定弄虚作假、隐瞒事实，进而认定竞买结果无效吗？在具体处理时应当慎重，不能一概而论。主要应当把握好以下两点：首先，看出让人所设资格条件是否合理。对于竞买申请人的主体资格，按照 39 号令第 11 条第 1 款的规定，凡中国境内外的自然人、法人和其他组织，除法律法规另有规定外，均可申请参加国有建设用地使用权招标拍卖挂牌出让活动。根据这一规定，如果出让人所设定的资格条件并非法律、法规的规定，则属于不合理条件。土地使用权出让，尤其是拍卖、挂牌方式，主要遵循“价高者得”的原则，而出价高低，主要与竞价者的资金实力和心理价位有关，虽然注册资本、企业资质、开发业绩等也能间接反映企业实力，但并非出价高低的决定因素。因此，只要竞买人具备法定的竞买资格和基本的开发能力，即使竞买人申报材料存在个别虚假之处，也不能简单认定竞买结果无效。其次，还要看所提供的虚假申报材料对竞买人竞买资格的影响程度。如果竞买人提供的企业营业执照、开发资质证书等，有弄虚作假、伪造情形，即竞买人经营开发的主体资格不合法，显然不能成为适格的竞买人，即使签订了“成交确认书”，也可宣布竞得结果无效。但若只是企业经营业绩等方面存在虚夸成分，并不影响竞买人的主体资格，则不能以该内容虚假为由废标或宣布竞得结果无效。这也符合法律基本的公平原则，即不能因为当事人小的过错而让其承担大的损失。

14. 如何认定土地出让中“黑白合同”的效力？其他竞买人是否可以主张竞买结果无效或者要求赔偿损失？

问 某市土地管理部门通过公开招标的方式，出让一宗国有建设用地使用权，当时有十几家公司参与投标。经开标、评标，最终由某房地产公司中标，并签订了正式的国有建设用地使用权出让合同。但事后我们得知，在签订正式出让合同不久，该土地管理部门与房地产公司又以补充合同的形式变更了用地条件，大幅提高了建筑容积率和建筑密度，增加了商业性用房面积并减少了限价房面积。如果我们在招标时知道用地条件会做这样的调整，我们的投标方案和报价也一定会作相应调整。我们怀疑，此招标就是假招标，是招标人与中标人之间的恶意串通。请问，这种合同内容存在明显差异的情况是否属于“黑白合同”？我们是否可以主张这次招标活动无效并要求重新招标？

答：“黑白合同”也被称为“阴阳合同”，是对合同当事人出于某种目的，就同一合同标的分别签订两份内容不一致合同的俗称。其客观表现为，合同当事人为规避法律或实现非法或不当利益，就某种民事权利义务关系订立合同时，同时或者先后订立两份合同。一份是公开的，但合同当事人并不准备实际履行；另一份是私下的、非公开的，但却是合同当事人欲实际履行的合同。前者被诉称为“白合同”或者“阳合同”，后者则被称为“黑合同”或者“阴合同”。

订立“黑白合同”的主要目的是为了排挤竞争对手，规避法律，以实现某种非法或不当利益。比如，为偷逃税费，在房屋买卖时，当事人订立两份合同，一份价格较低，用以办理过户登记手续，以少缴税费；另一份则价格较高，用以实际履行，但却不办理登记备案。“黑白合同”现象，在各种合同领域都有不同程度的存在，但在竞争性采购领域，比如建设工程招投标、政府采购、土地出让领域则比较突出，有一定普遍性。

关于“黑白合同”的效力认定，学术界一直存在较大争议。主要有三种意见。一种意见认为，应认定“白合同”有效而“黑合同”无效。最高人民法院的相关司法解释便持此观点。比如2004年最高人民法院《关于审理建设工程施工合同纠纷案件适用法律问题的解释》第21条规定：“当事人就同一建设工程另行订立的建设工程施工合同与经过备案的中标合同实质性内容不一致的，应当以备案的中标合同作为结算工程价款的根据。”这一规定实际上确认了备案合同——“白合同”的效力。第二种意见认为，那份私下订立的“黑合同”虽未公开，也不作为登记备案之用，但却是双方真实意思的表示，且双方也是照此协议实际履行的，因此，根据当事人意思自治原则，应当确认此份合同的效力。第三种意见认为，两份合同均应认定无效。因为，无论是公开签订的“白合同”，还是私下签订的“黑合同”，均是双方恶意串通的产物，这种恶意串通行为违反了国家有关法律，并且损害国家、集体或者第三人的利益。“黑白合同”，一为手段，二为目的，两份合同均是违法行为的组成部分，因此均应认定无效。笔者同意第三种意见。《招标投标法》第46条第1款规定：“招标人和中标人应当自中标通知书发出之日起三十日内，按照招标文件和中标人的投标文件订立书面合同。招标人和中标人不得再行订立背离合同实质性内容的其他协议。”根据这一规定，招标文件和中标人的投标文件是订立书面合同的基础，即所签订的书面出让合同的主要内容不能背离招投标文件做实质性改变，更不允许签订了正式的出让合同之后再行签订背离合同实质性内容的其他协议。同时《招标投标法》第53条规定：“投标人相互串通投标或者与招标人串通投标的，中标无效，处中标项目金额5‰以上10‰以下的罚款……有违法所得的，并处没收违法所得；情节严重的，取消一年至二年内参加依法必须进行招标项目的投标资格并予以公告，直至吊销营业执照；构成犯罪的，依法追究刑事责任。给他人造成损失的，依法承担赔偿责任。"《中华人民共和国合同法》也规定："恶意串通，损害国家、集体或第三人利益"的合同为无效合同，因此取得的财产收归国家所有或者返还集体、第三人。

根据上述法律规定，签订"黑白合同"的做法是一种典型的恶意串通行为，因此两份协议均应为无效合同。那份通过貌似合法的程序，公开的出让合同实际上是为了掩人耳目，欺骗国家有关主管部门和排挤其他投标者的假合同。这份合同双方并不准备实际履行。而那份双方私下签订的，实际履行的合同虽为双方真实意思表示，但这一真实意思表示恰恰反映出双方的违法目的，这一意思表示的实现也即意味着双方非法利益的实现，因此这一意思表示具有明显的违法性。

事实上，确认中标无效或者竞得结果无效的必然要求就是两份协议均不得加以履行，如果认可其中一份协议的效力，认定中标（竞得）结果无效也就失去了意义。在认定中标（竞得）结果无效的同时，有条件的应当重新组织招标拍卖或者挂牌。

实践中的难点在于，一是恶意串通的过程和细节，比如双方如何密谋，如何行贿受贿的具体行为等，难于取证和发现。但是笔者认为，恶意串通行为可以通过结果直接推定，即只要存在"黑白合同"的事实，就可以推定当事人之间存在恶意串通的行为。二是当发现恶意串通行为时，出让合同已开始履行甚至履行完毕，此时重新组织招标或者竞买已无可能，认定合同无效后的处理难度较大。按照《合同法》第 58 条规定，合同无效后的一般处理原则是返还财产、折价补偿和赔偿损失，这一原则一般仅适用于单方过错造成的合同无效，或者双方过错导致合同无效但并不损害国家、集体或者第三人利益的情形。如果当事人恶意串通已经发生了损害国家、集体或者第三人利益的后果，则应当适用《合同法》第 59 条的规定，将通过恶意串通行为取得的财产收归国有。对于其他参与投标或者竞买的人来说，则可要求恶意串通的当事人赔偿他们因参加投标、竞买而发生的损失。三是合同实质性变更与在履行过程中必要的补充修改有时难以区别。土地出让合同在实际履行中发生修改和补充是常有的，不能一有修改和补充就认为是恶意串通的"黑白合同"，二者区分的主要标准是：第一，看修改和补充的内容是否属于实质性内容。所谓实质性内容应当是指对合同当事人切身利益有重大影响的内容，对于土地出让合同而言，出让金数额、占地面积、建设规模等显然对当事人切身利益有重大影响，这些内容的重大变化就应当认为是合同实质内容的改变；第二，看修改和补充的内容是否会对投标人、竞买人的报价产生重大影响，如果修改补充的内容足以影响投标人或者竞买人的最终报价，则该修改补充的内容也可认为是实质性改变。第三，看变更、修改的内容是否合理和必须，即变更和修改必须有正当理由。以上三个方面的判断标准都有一个度的把握问题，法律很难具体描述和规定，实践中可通过当事人举证和法官行使自由裁量权加以解决。

根据提问所述，容积率、建筑密度以及商业用房建筑面积等均直接影响土地出让价款和建设利润，此类合同内容发生重大变化，应视为对合同实质性内容的修改，认定所签的合同为“黑白合同”应无问题。如果该宗土地具备重新出让的条件，其他投标人可以起诉要求确认中标无效或重新招标；如果合同已开始履行，不具备重新出让的条件，其他投标人则可以要求赔偿损失。

15. 土地使用权竞买成交后可否由竞买人成立的项目公司与出让人签订正式的土地出让合同？

问 现在，有些地方在组织国有建设用地使用权招标拍卖挂牌出让时，通常要求中标人或者竞得人要在当地成立项目公司，在成交确认后，由项目公司与出让人签订正式的土地出让合同，并由项目公司作为项目法人从事该项目的开发建设。但这种做法就会发生投标或者竞买主体与签约主体不一致的问题。请问，这种做法有法律依据吗？所签订的合同是否有效？

答：确实有许多地方政府在进行土地出让时会要求投标人或者竞买人必须是当地企业，如非当地企业，则要求必须在当地设立项目公司，并在当地办理税务登记，以保证因该建设项目产生的税收能留在当地。在实际操作上，有的是要求先成立项目公司，然后由成立的项目公司参加竞买；有的则是先进行招标拍卖或者挂牌，成交确认后再由中标人或者竞得人成立项目公司并与出让方签订正式的土地出让合同。首先，地方政府关于投标人、竞买人必须是本地企业的要求并无法律依据，这是典型的地方保护主义支配下的地区壁垒和行政垄断手段，是计划经济时代的产物，这种做法限制了竞争，侵犯了市场主体的权利。早在2002年中共十六大报告中就明确提出“要打破行业垄断和地区封锁，促进商品和生产要素在全国市场自由流动。”2007年颁布的《反垄断法》专设“滥用行政权力排除、限制竞争”一章，明确禁止行政垄断行为。其中第34条规定：“行政机关和法律、法规授权的具有管理公共事务职能的组织不得滥用行政权力，以设定歧视性资质要求、评审标准或者不依法发布信息等方式，排斥或者限制外地经营者参加本地的招标投标活动。”第 37 条规定：“行政机关不得滥用行政权力，制定含有排除、限制竞争内容的规定。”然而，实际的情况是，在国有土地出让中，以种种条件限制竞争，尤其是限制外地企业参与竞争的情形仍很普遍。其次，投标或者竞买主体与最终的签约主体必须一致，即使是投标人或者竞买人设立的项目公司，其在法律上也具有独立的地位，与投资人或者开办单位不能混为一谈。项目公司没有参加招拍挂活动却最终成为土地出让合同的签约人和受让人，这在程序上是违法的，其所签订的合同有可能被认定无效。如果一定要在当地设立项目公司，合法和安全可靠的做法是，可在招标竞买之前在工商管理部门办理企业工商注册登记，以依法成立的项目公司参与投标或竞买，然后在中标或竞得土地使用权后再持相关合同办理企业资质证明。

16. 土地使用权受让人未按合同约定支付土地使用权出让金，出让人可以解除合同吗？

问 2012 年，我公司通过拍卖方式取得一宗经营性用地使用权。根据签订的出让合同约定，我公司应在合同签订后 60 日内付清全部土地使用权出让金，否则，出让方有权解除合同。合同签订后，我公司已支付了百分之五十以上的出让金，完成了项目招投标，施工企业已经进场，基础和地下工程已接近完成。由于资金紧张，合同签订已半年多，剩余出让金经出让方多次催要仍未付清。近日，出让方发出书面通知，要求解除出让合同，停止施工。请问，合同已经开始实际履行，只因一方拖延履行付款义务，另一方就可以解除合同吗？因此造成的损失由谁承担？

答：在土地出让市场，拖延支付土地使用权出让金的情况普遍存在，但真正因此解除合同的并不多见。原因之一就是，土地出让合同往往标的巨大，特别是已进入实际履行阶段，一旦终止合同，不仅会造成重大的经济损失，还会产生工期延误、土地闲置等不良后果。因此，出让方在决定解除合同时一般会非常谨慎。如果经催告，受让方可以付清出让金的，即使有一些延误，也会尽量避免采用解除合同的措施。

但是，因受让人延付土地使用权出让金，出让人解除合同是有法律依据的。《城镇国有土地使用权出让和转让暂行条例》第 14 条规定：“土地使用者应当在签订土地使用权出让合同后六十日内，支付全部土地使用权出让金。逾期未全部支付的，出让方有权解除合同，并可请求违约赔偿。”许多土地出让合同参考文本，都将这一规定作为合同条款之一。《房地产管理法》第 16 条也规定：“土地使用者必须按照出让合同约定，支付土地使用权出让金；未按照出让合同约定支付土地使用权出让金的，土地管理部门有权解除合同，并可以请求违约赔偿。”按约定期限支付土地使用权出让金，是受让人最主要的合同义务之一，违反合同约定，不履行合同主要义务的，即构成根本性违约，守约方有权解除合同。《合同法》第 94 条规定：“有下列情形之一的，当事人可以解除合同：(三) 当事人一方迟延履行主要债务，经催告后在合理期限内仍未履行的。”根据这一规定，法律并不允许一方履行合同稍有延误另一方就可以立即行使合同解除权。首先，迟延履行的必须是主要债务；其次，在一方迟延履行时，另一方要给予催告，只有在催告后的合理期限内仍未履行的，另一方才可解除合同。至于什么是“主要债务”什么是“合理期限”，法律并无定义性规定，一般应当根据合同性质、标的大小、合同履行难易程度等综合判断。如本问答所述，出让金只缴纳了一半，并且已延误达半年之久，且出让人已多次催告，显然，出让人行使合同解除权完全符合法定和约定条件。

由于合同解除权属于形成权，解除合同的通知一经送达对方，合同即告解除，如果对方当事人不同意解除合同的，按照《合同法》第 96 条规定，不同意解约的一方可向人民法院或者仲裁机构提起诉讼或者仲裁，要求确认解除合同的效力。但是，只要发生了根本违约的情形，人民法院或者仲裁机构均会维持解除合同的效力，即驳回违约方的异议，除非双方当事人能够达成和解，守约方同意继续履行合同。在违约方保证及时履行付款义务并赔偿损失的情况下，取得守约方的谅解并非没有可能。因此，为避免损失的扩大，当因客观原因不能按时支付土地使用权出让金时，应当及时与出让人协商，取得谅解。否则，一旦出让人行使合同解除权，因此而产生的损失则应由违约方——受让人承担。

17. 出让人未按约定条件交付土地或者拖延办理土地使用权证应如何处理？

问 在一宗住宅建设用地的公开招标中，我公司最终中标并与政府土地主管部门签订了国有建设用地使用权出让合同。根据招标文件和出让合同，政府应在完成土地的“三通一平”后将土地交付受让人，并在受让人支付全部土地使用权出让金后办理土地使用权登记手续，为受让人颁发土地使用权证。但合同签订后，交付给我公司的土地尚未完成“三通一平”，且在公司付清全部出让金三个月后仍未给我公司颁发土地使用权证，使我公司不能以土地抵押向银行融资。请问，政府土地管理部门的行为是否构成违约？我公司应如何维权？

答：政府土地管理部门的行为显然构成违约。

按约定的条件交付土地和为受让人办理土地使用权证，是政府土地管理部门作为土地出让人最主要的合同义务，违反合同约定，不履行约定义务的，便构成违约。通常，在土地出让之前，政府土地管理部门就应当完成对出让地块的整理，实现“净地交付”，即完成欲出让地块“路通、电通、水通和场地平整”，俗称“三通一平”（有些地方标准更高，还会保证实现网络、有线电视、电话等五通或者七通一平）。如果交付的土地没有达到约定的条件，则受让人可以拒绝办理交接手续并追究出让人逾期交付土地的违约责任。《城市房地产管理法》第17条规定：“土地使用者按照出让合同约定支付土地使用权出让金的，市、县人民政府土地管理部门必须按照出让合同约定，提供出让的土地；未按照出让合同约定提供出让的土地的，土地使用者有权解除合同，由土地管理部门返还土地使用权出让金，土地使用者并可以请求违约赔偿。”如果所交付的土地不符合约定条件的，则受让人有权拒绝办理土地交接手续，即可按出让人未交付土地处理，受让人可以行使合同解除权和损失赔偿请求权。当然，在双方达成一致的情况下，也可由受让人自行完成“三通一平”等基础性工作，但由此产生的费用则应由出让人承担。

对于迟延办证问题，几乎所有的土地出让合同都不会对出让人办证期限作出约定，更不可能约定出让人逾期办证的违约责任。虽然如今土地使用权出让合同已被人民法院认定为平等主体之间的民事合同，但政府土地管理部门对土地一级市场的绝对垄断，决定了当事人之间不可能存在真正的平等。在签订出让合同时，合同文本均是由政府方面提供的参考（格式）文本，合同内容不会与受让人谈判，更不允许修改。但没有约定土地登记和办证期限，并不意味着出让人就可以无限期拖延办理却不必承担任何责任。既然交付土地、办理权属登记和发证是出让人的主要合同义务，那么，既然是义务，就一定要有履行期限，即使没有约定具体期限，也并不意味着合同相对人就无可奈何，只能任由义务主体无限期拖延履行。《合同法》第61条规定：“合同生效后，当事人就质量、价款或者报酬、履行地点等内容没有约定或者约定不明确的，可以协议补充；不能达成补充协议的，按照合同有关条款或者交易习惯确定。”第 62 条规定：“当事人就有关合同内容约定不明确，依照本法第六十一条的规定仍不能确定的，适用下列规定：……（四）履行期限不明确的，债务人可以随时履行，债权人也可以随时要求履行，但应当给对方必要的准备时间。”根据以上规定，在受让人付清全部土地使用权出让金后即可随时要求出让人办理土地权属登记，颁发土地使用权证。但应当给出让方必要的准备时间。

18. 土地使用权出让后受让人长期闲置土地应如何处置？

问 三年前，我公司通过拍卖方式受让一宗国有建设用地使用权，出让合同签订后，我公司已付清全部土地使用权出让金，取得土地使用权证，并且已经开工建设。目前已完成一期项目的基础工程。由于工程款支付等原因与工程承包单位发生纠纷，建设项目已全面停工两年多时间。一年前，出让人——本市国土资源管理局向我公司发出通知，要求我公司缴纳土地闲置费，我公司以资金紧张，正在诉讼为由未予缴纳。今年初，国土资源局再次发出通知，要求收回我公司土地使用权。请问，建设项目已经动工，可以认定为闲置吗？而且停工完全是客观原因造成的，收回土地使用权有依据吗？

答：有法律依据。

这些年，由于房地产市场的持续升温，土地的市场价值也不断攀升，许多土地被出让后，不进行实际开发建设，坐等土地不断升值，于是，土地出让后圈而不建、任由土地长期闲置的现象非常普遍。闲置土地，不仅是对土地资源的严重浪费，同时也人为制造了土地供应的紧张，刺激了土地和房价的上涨。为制止闲置土地的行为，《城市房地产管理法》第 26 条规定：“以出让方式取得土地使用权进行房地产开发的，必须按照土地使用权出让合同约定的土地用途、动工开发期限开发土地。超过出让合同约定的动工开发日期满一年未动工开发的，可以征收相当于土地使用权出让金百分之二十以下的土地闲置费；满二年未动工开发的，可以无偿收回土地使用权；但是，因不可抗力或者政府、政府有关部门的行为或者动工开发必需的前期工作造成动工开发迟延的除外”，在具体执行这一规定时，需要注意如下三个问题：

第一，如何认定土地闲置。

按照《房地产管理法》第 26 条规定“超过出让合同约定的动工开发日期”，是计算土地闲置时间的起算点。在土地出让合同中，一般都会对受让人取得土地使用权后的动工期限加以约定，如果到期后受让人没有进行任何建设投资，也未进行任何实质性的施工建设，以约定的开工期限为起算点，认定土地闲置问题不大。但是，如果施工企业已经进场施工，比如完成了地基开挖，或者主体工程已经完成一定工程量后长期停工算不算土地闲置？这在以前一直存在争议，许多烂尾楼长期得不到处理，这也是原因之一。毕竟法律规定的是“未动工开发的”，达到一定期限才可征收闲置费或收回土地使用权。2012 年由国土资源部发布的《闲置土地处置办法》(第 53 号令）基本解决了这一问题。该《办法》第二条规定：“本办法所称闲置土地，是指国有建设用地使用权人超过国有建设用地使用权有偿使用合同或者划拨决定书约定、规定的动工开发日期满一年未动工开发的国有建设用地。已动工开发但开发建设用地面积占应动工开发建设用地总面积不足三分之一或者已投资额占总投资额不足百分之二十五，中止开发建设满一年的国有建设用地，也可以认定为闲置土地。”根据这一规定，即使已经开工，但开发建设面积或者投资额达不到规定的比例便中止开发建设满一年的，也可认定为土地闲置。

第二，如何认定土地闲置起算时间。

一般来说，在土地出让合同中，对于建设项目的开工和竣工时间都会有明确约定。但是，开工时间受制于许多非受让人左右的其他因素，比如出让人必须按照出让合同约定的时间和条件交付土地，如果出让人未按约定时间和条件交付土地，受让人自然无法开工，则土地闲置的起算时间应以出让人交付土地并且符合约定条件之日为准。再比如，开工建设的前提条件是规划施工方案等须经政府主管部门批准后方可实施，如果非因受让人原因未予批准的，不能开工建设，则土地闲置时间应从主管部门批准之日起算。

第三，如何认定土地闲置原因。

造成土地闲置的原因往往是多方面的，在作出征缴土地闲置费用或者收回土地使用权决定前，必须查明土地闲置原因。《城市房地产管理法》第 25 条也规定：“……因不可抗力或者政府、政府有关部门的行为或者动工开发必需的前期工作造成动工开发迟延的除外”，即因此类原因导致的土地闲置，不能征收土地闲置费或收回土地使用权。实践中，除不可抗力外，造成土地闲置经常是因为政府或者政府职能部门乱作为或者不作为造成的。比如，不按约定的条件和期限交付土地，随意更改建设规划、拖延办理审批手续，不予颁发有关许可证件等。因此导致的土地闲置，其法律后果就不能由土地受让人承担。国土资源部《闲置土地处置办法》(53 号令）第八条规定：“有下列情形之一，属于政府、政府有关部门的行为造成动工开发延迟的，国有建设用地使用权人应当向市、县国土资源主管部门提供土地闲置原因说明材料，经审核属实的，依照本办法第十二条和第十三条规定处置：（一）因未按照国有建设用地使用权有偿使用合同或者划拨决定书约定、规定的期限、条件将土地交付给国有建设用地使用权人，致使项目不具备动工开发条件的；（二）因土地利用总体规划、城乡规划依法修改，造成国有建设用地使用权人不能按照国有建设用地使用权有偿使用合同或者划拨决定书约定、规定的用途、规划和建设条件开发的；（三）因国家出台相关政策，需要对约定、规定的规划和建设条件进行修改的；（四）因处置土地上相关群众信访事项等无法动工开发的；（五）因军事管制、文物保护等无法动工开发的；（六）政府、政府有关部门的其他行为。因自然灾害等不可抗力导致土地闲置的，依照前款规定办理。”第十二条规定：“因本办法第八条规定情形造成土地闲置的，市、县国土资源主管部门应当与国有建设用地使用权人协商，选择下列方式处置：（一）延长动工开发期限。签订补充协议，重新约定动工开发、竣工期限和违约责任。从补充协议约定的动工开发日期起，延长动工开发期限最长不得超过一年；（二）调整土地用途、规划条件。按照新用途或者新规划条件重新办理相关用地手续，并按照新用途或者新规划条件核算、收缴或者退还土地价款。改变用途后的土地利用必须符合土地利用总体规划和城乡规划；（三）由政府安排临时使用。待原项目具备开发建设条件，国有建设用地使用权人重新开发建设。从安排临时使用之日起，临时使用期限最长不得超过两年；（四）协议有偿收回国有建设用地使用权；（五）置换土地。对已缴清土地价款、落实项目资金，且因规划依法修改造成闲置的，可以为国有建设用地使用权人置换其他价值相当、用途相同的国有建设用地进行开发建设。涉及出让土地的，应当重新签订土地出让合同，并在合同中注明为置换土地；（六）市、县国土资源主管部门还可以根据实际情况规定其他处置方式。除前款第四项规定外，动工开发时间按照新约定、规定的时间重新起算。符合本办法第二条第二款规定情形的闲置土地，依照本条规定的方式处置。”第十三条规定：“市、县国土资源主管部门与国有建设用地使用权人协商一致后，应当拟订闲置土地处置方案，报本级人民政府批准后实施。闲置土地设有抵押权的，市、县国土资源主管部门在拟订闲置土地处置方案时，应当书面通知相关抵押权人。”显然，土地闲置原因的认定与处置方法的确定密切相关，根据不同的原因选择不同的处置方法，符合我国土地市场的客观实际，也符合合同法的公平原则。但须注意，并非所有的客观原因都能成为土地闲置的抗辩理由，如本问答所提资金紧张、发生诉讼等，就属于受让人的自身原因，因此而导致土地闲置的，不能免除其法律责任。

19. 何种情形可以收回受让人的土地使用权？

问 我们知道，根据《物权法》的规定，土地使用权属于用益物权，但土地的所有权仍然归国家或者政府所有，而通过出让方式取得建设用地使用权是有使用期限的。作为土地使用权人，最不放心的就是政府为了自身利益寻找借口提前收回土地使用权。请问，政府在什么情况下可以提前收回土地使用权？法律有何限制性规定？

答：我国实行土地所有权与使用权相分离的制度。虽然使用权是从所有权中分离出的一项权能，但使用权一经分离同样具有排他性等物权属性，土地的所有权人要想收回已经分离出去的土地使用权并不是随心所欲的，只有符合法定的条件，土地所有权人才可以行使土地收回权。根据《城市房地产管理法》等相关法律，土地所有权人——代表国家行使土地所有权的政府，可以收回土地使用权的法定情形主要有如下五种：

（1）土地使用人未按约定支付土地使用权出让金

《城市房地产管理法》第 16 条规定："土地使用者必须按照出让合同约定，支付土地使用权出让金；未按照出让合同约定支付土地使用权出让金的，土地管理部门有权解除合同，并可以请求违约赔偿。"《城镇国有土地使用权出让和转让暂行条例》第 14 条规定："土地使用者应当在签订土地使用权出让合同后六十日内，支付全部土地使用权出让金。逾期未全部支付的，出让方有权解除合同，并可请求违约赔偿。"作为土地使用者，按照合同约定支付土地使用权出让金是其主要合同义务之一，不履行该项义务，可视为使用人根本违约，按照合同法的规定，合同另一方可以行使合同解除权。一旦解除合同，土地使用权自然要依法收回。但需注意，如果已交纳了大部分土地使用权出让金，拖欠的只是少部分或者建设项目已开工建设且有较大投入时，只要通过继续履行、违约罚款等方式可以保证出让人的合法权益时，则不能行使合同解除权，以避免损失扩大。

（2）土地闲置超过法定期限

《城市房地产管理法》第 26 条规定："以出让方式取得土地使用权进行房地产开发的，必须按照土地使用权出让合同约定的土地用途、动工开发期限开发土地。超过出让合同约定的动工开发日期满一年未动工开发的，可以征收相当于土地使用权出让金百分之二十以下的土地闲置费；满二年未动工开发的，可以无偿收回土地使用权；但是，因不可抗力或者政府、政府有关部门的行为或者动工开发必需的前期工作造成动工开发迟延的除外。”

长期闲置土地，是对国家土地资源的浪费，还会加剧土地供应的紧张，刺激土地价格上涨，因此有必要对土地闲置行为加以必要的限制。收回土地使用权，既是制裁，也是限制手段。但采用这一措施时也要慎重。一是要查明原因，如果属于不可抗力或者政府方面的原因导致土地闲置的，则不能收回；二是如果经过催告等措施，使用人能够并保证及时动工建设的，应当允许。因为法律对于闲置土地采取收回措施的规定属于“任意性和选择性法律规范”，既可以收回也可以不收回，是否收回，行政机关可以根据实际情况酌定。

（3）违反出让合同约定的用途和条件使用土地

我国实行严格的土地用途管理制度，土地使用人必须按照规定的用途和条件使用土地。比如工业用途的土地不能用于住宅或者商业建设；建筑容积率、建筑密度、绿化率等用地条件也必须严格按照政府主管部门的规定执行，这些内容一般也会载入合同，成为对受让人具有约束力条款。《土地管理法》第4条第一款规定：“国家实行土地用途管制制度”，第四款规定：“使用土地的单位和个人必须严格按照土地利用总体规划确定的用途使用土地”。《城镇国有土地使用权出让和转让暂行条例》第17条规定：“土地使用者应当按照土地使用权出让合同的规定和城市规划的要求，开发、利用、经营土地。未按合同规定的期限和条件开发、利用土地的，市、县人民政府土地管理部门应当予以纠正，并根据情节可以给予警告、罚款直至无偿收回土地使用权的处罚。”当然，因违反出让合同约定改变土地用途和使用条件，如果通过警告、罚款、责令改正等措施，使用人已经自行纠正了违法行为的，则不应采取收回土地使用权的处罚措施。

（4）因公共利益需要或者城市规划调整需要收回的

《土地管理法》第58条规定：“有下列情形之一的，由有关人民政府自然资源主管部门报经原批准用地的人民政府或者有批准权的人民政府批准，可以收回国有土地使用权：（一）为实施城市规划进行旧城区改建以及其他公共利益需要，确需使用土地的；（二）土地出让等有偿使用合同约定的使用期限届满，土地使用者未申请续期或者申请续期未获批准的；（三）因单位撤销、迁移等原因，停止使用原划拨的国有土地的；（四）公路、铁路、机场、矿场等经核准报废的。依照前款第（一）项的规定收回国有土地使用权的，对土地使用权人应当给予适当补偿。”符合该法定情形需要收回国有土地使用权的，则要按照法定的征收补偿程序对土地使用权人进行补偿，对此《土地管理法》《物权法》《城镇国有土地上房屋征收与补偿条例》均有相应规定。

（5）因土地使用期限届满而收回的

《城镇国有土地使用权出让和转让暂行条例》第12条规定："土地使用权出让最高年限按下列用途确定：（一）居住用地七十年；（二）工业用地五十年；（三）教育、科技、文化、卫生、体育用地五十年；（四）商业、旅游、娱乐用地四十年；（五）综合或者其他用地五十年。"同时该《条例》第40条规定："土地使用权期满，土地使用权及其地上建筑物、其他附着物所有权由国家无偿取得。土地使用者应当交还土地使用证，并依照规定办理注销登记。"第41条规定："土地使用权期满，土地使用者可以申请续期。需要续期的，应当依照本条例第二章的规定重新签订合同，支付土地使用权出让金，并办理登记。"这样的规定受到许多专家学者的批评。1994年颁布的《城市房地产管理法》有所改进，该法第22条规定："土地使用权出让合同约定的使用年限届满，土地使用者需要继续使用土地的，应当至迟于届满前一年申请续期，除根据社会公共利益需要收回该幅土地的，应当予以批准。经批准准予续期的，应当重新签订土地使用权出让合同，依照规定支付土地使用权出让金。土地使用权出让合同约定的使用年限届满，土地使用者未申请续期或者虽申请续期但依照前款规定未获批准的，土地使用权由国家无偿收回。"但这样的规定在学术界仍然存在争议。2007年颁布的《物权法》又作了有限的改进。该法第149条规定："住宅建设用地使用权期限届满的，自动续期。"但对于如何续期，是否需要缴纳费用，以及其他用途的土地续期问题未作规定。因此，有关土地使用权期限届满后的收回问题还会存在争议，但目前来看，土地使用权期限届满后可以收回这一法定条件本身不会改变。

20. 因受让人违约而收回其土地使用权，已交的土地使用权出让金可以不返还吗？

问 2010年，我公司通过拍卖方式取得一宗国有建设用地使用权，并与政府土地管理部门签订了《国有建设用地使用权出让合同》。按照合同约定，我公司应缴土地使用权出让金为人民币3亿多元。但由于公司融资出现问题，在缴纳了1亿多元出让金以后便停止支付，受让的土地也一直闲置。今年初，土地管理部门给我公司发出通知，因我公司拖欠土地使用权出让金和闲置土地达两年以上，决定收回我公司土地使用权。鉴于目前公司资金状况，我公司同意交回土地，但要求返还我公司已经缴纳的土地出让金却遭到拒绝，理由是根据法律规定，受让人闲置土地满二年的，可以无偿收回土地使用权，即所收土地使用权出让金无须返还。请问，土地管理部门拒绝返还的理由成立吗？

答：土地管理部门拒绝返还已缴出让金的理由是对法律规定的理解错误。

《城市房地产管理法》第26条规定："以出让方式取得土地使用权进行房地产开发的，必须按照土地使用权出让合同约定的土地用途、动工开发期限开发土地。超过出让合同约定的动工开发日期满一年未动工开发的，可以征收相当于土地使用权出让金百分之二十以下的土地闲置费；满二年未动工开发的，可以无偿收回土地使用权；但是，因不可抗力或者政府、政府有关部门的行为或者动工开发必需的前期工作造成动工开发迟延的除外。"有人认为，这一规定所说的"无偿收回"的本意就是，在收回土地使用权时，无需向受让人支付任何费用，包括受让人已交纳的土地使用权出让金和已投入的建设资金也无须返还。这样的理解并不准确。法律规定的无偿收回是一种行政处罚措施，这一行政处罚权的行使所导致的土地使用权的收回并非一种交易行为，因此土地使用权的收回无须支付对价。即这里的"无偿性"指的是在新发生的土地使用权收回这一法律关系中，收回土地使用权的一方无须为此支付费用。但在此前的土地出让合同关系中受让方已经支付的土地出让金及其他投资，则因出让金对价——土地使用权的丧失而理应返还，这种返还是基于先前的土地出让合同关系的终止，即合同已不能继续履行而产生的恢复原状的法律后果。对此《合同法》第97条规定："合同解除后，尚未履行的，终止履行；已经履行的，根据履行情况和合同性质，当事人可以要求恢复原状、采取其他补救措施，并有权要求赔偿损失。"收回土地使用权意味着合同关系的解除和终止，无论是因哪一方的过错而导致合同关系解除，其法律后果都是相同的，即尚未履行的，终止履行；已经履行的，能够恢复原状的，恢复原状，不能恢复原状的，可采取其他补救措施或由过错方赔偿损失。通常情况下，合同解除后，双方还要进行财务结算和债权债务的清理。而结算和清理显然应当包括赔偿金的给付以及原物（包括货币）的返还。

还有人认为，"无偿收回"实际上也是一种行政没收行为，即对受让方已经交纳的出让金，因其违法闲置和使用土地而加以没收。笔者也不同意这种观点。"没收"只能适用于违法所得以及犯罪行为。而受让方已经交纳的土地出让金并非违法所得，不能成为没收的对象，即使闲置土地等行为属于违法，也不能因此而没收受让方的合法财产。

更为重要的是，行政处罚措施不应超过必要的限度，其处罚措施以能够制止违法行为、弥补损失、教育违法者并防止损失的扩大为目的。滥施惩罚、高额罚款本身并非目的。土地使用权出让，受让方支付的土地使用权出让金往往数以百万、千万。如此高额的款项，仅因土地闲置一段时间或者逾期交纳部分出让金而被没收，显然过错和责任不相当。况且受让方闲置土地，许多情况下是因为后续资金出现困难，此时再强行没收其已交出让金，岂不是雪上加霜。

再者，从立法本意分析，闲置土地满两年可无偿收回土地使用权，但也并非所收出让金全额不予返还。《房地产管理法》第 26 条规定，土地闲置满一年的，可以征收相当于土地使用权出让金百分之二十以下的土地闲置费，但仍可保留土地使用权。如果认为土地闲置两年就可以没收全部已交出让金，则意味着多闲置一年，不仅要收回土地使用权，而且征收的闲置费就可高达百分之百，仅相差一年，所受处罚却有如此之大的差别，可能吗？

还有，造成土地闲置的原因，常常是因为政府行为所致，实践中经常发生的是土地使用权出让合同签订后，政府有关主管部门迟迟不办理规划审批或任意修改、变更规划，不及时办理开工许可手续所致。如果因为受让方单方原因而致土地闲置，受让方有可能丧失全部已交纳的出让金，那么由于政府的原因导致土地的闲置，是不是政府也应当承担与此相当的经济责任呢？显然立法本意并非如此。因此，在受让方逾期交纳土地使用权出让金、闲置土地、不按要求使用土地的情况下，出让方可以行使合同解除权，收回土地使用权，并要求受让方支付违约金和赔偿损失。违约金和赔偿金可以从受让方已支付的出让金中扣除，如果出让金不足时，受让方还应当另行支付，但在扣除违约金和赔偿金后已交出让金还有剩余的，则应当返还受让方。

21. 土地受让人擅自改变土地用途或者使用条件应当如何处理？

问 某公司通过出让方式取得一块工业用地，根据土地出让合同，该宗土地主要用于工业厂房及附属设施建设，但合同同时约定，允许在出让地块中配套建设一定比例的职工宿舍。但在实际建设中，该公司擅自扩大的职工宿舍建设规模，提高了建设容积率，并且悄悄将建成的部分职工宿舍对外进行销售。请问，该公司的这种行为是否违法？应当如何处理？

答：我国实行严格的土地用途管制制度。在城市国有土地上进行各类建设，必须符合城市总体规划以及详细规划确定的土地用途及各项建设条件的要求，不得擅自改变土地用途和使用条件。若欲改变土地用途和使用条件，必须取得土地出让人及相关行政管理部门的批准。《土地管理法》第56条规定："建设单位使用国有土地的，应当按照土地使用权出让等有偿使用合同的约定或者土地使用权划拨批准文件的规定使用土地；确需改变该幅土地建设用途的，应当经有关人民政府土地行政主管部门同意，报原批准用地的人民政府批准。其中，在城市规划区内改变土地用途的，在报批前，应当先经有关城市规划行政主管部门同意。"未经批准，违反城市规划，擅自改变规划用途的，所建项目有可能被认定为违法建筑被限期拆除或者没收。《城乡规划法》第64条规定："未取得建设工程规划许可证件或者未按照建设工程规划许可证的规定进行建设的，由县级以上地方人民政府城乡规划行政主管部门责令停止建设；尚可采取改正措施消除对规划实施的影响的，限期改正，处建设工程造价百分之五以上百分之十以下的罚款；无法采取改正措施消除影响的，限期拆除，不能拆除的，没收实物或者违法收入，可以并处建设工程造价百分之十以下罚款。"虽然我国法律规定了较为严格的土地用途管制制度，但在现实中，违法改变土地规划用途和使用条件的现象是存在的，只不过大多都是采用变相、打擦边球的隐蔽方式。如本问答所说以职工宿舍建设之名变相搞商品房建设、扩大建设规模就是如此。在所签订的土地使用权出让合同中，有关土地用途、使用条件等也是合同主要内容之一。擅自改变土地约定用途和使用条件的，也是一种违约行为，情节严重的，出让人甚至可以解除合同，收回土地使用权。《城镇国有土地使用权出让和转让暂行条例》第17条规定："土地使用者应当按照土地使用权出让合同的规定和城市规划的要求，开发、利用、经营土地。未按合同规定的期限和条件开发、利用土地的，市、县人民政府土地管理部门应当予以纠正，并根据情节可以给予警告、罚款直至无偿收回土地使用权的处罚。"最高人民法院《关于审理涉及国有土地使用权纠纷案件适用法律问题的解释》（以下简称《司法解释》）第6条规定："受让方擅自改变土地使用权出让合同约定的土地用途，出让方请求解除合同的，应予支持。"当然，土地用途管制也不是绝对的，如果能够事先得到相关部门的批准或者事后的追认，土地用途和使用条件的改变则并不构成违法或者违约，但要根据变更后的实际性质和增加的建筑面积等，相应调整土地使用权出让金。对此最高人民法院《司法解释》第5条也规定："受让方经出让方和市、县人民政府城市规划行政主管部门同意，改变土地使用权出让合同约定的土地用途，当事人请求按照起诉时同种用途的土地出让金标准调整土地出让金的，应予支持。"若不能得到批准或者追认，建成的物业有可能难以通过竣工验收，也不能取得合法的产权凭证，由此产生的现实或者潜在的风险和损失也是不能不加以考虑的。

22. 已经设定抵押的土地使用权，出让人是否可以收回？如果收回，重新出让所得是否应优先清偿抵押权人？

问 2007年，某公司以其通过出让方式取得的土地使用权作为抵押向银行贷款，并办理了抵押登记，后因后续资金不足，迟迟未开发建设，也未清偿银行贷款。当地国土部门向该公司发出通知，因其闲置土地已超过两年，决定无偿收回其土地使用权，并重新组织出让。请问，已经设定抵押的土地，未经抵押权人——银行同意，政府可以收回吗？如果收回后重新出让，是否应以出让所得优先偿付银行贷款？

答：对于土地使用权已被设定抵押，出让方可否无偿收回土地，目前主要有两种截然相反的观点。一种观点认为，基于合同债权，国家可以无偿收回已设定抵押权的土地使用权。因为我国实行的是社会主义公有制，依照现行法律规定，国有土地所有权是由各级人民政府作为国家的代表者和土地行政管理者的双重身份，从政府行政职能出发，进行土地行政管理，行使行政处罚权。无偿收回土地使用权是其固有的职权。同时，无偿收回土地使用权也是国家作为土地所有者的合法的民事权利，是国家以所有者身份，通过行使合同债权的行为来调节社会对土地的使用需要。因此，已设定抵押权的土地使用权不仅可以收回，而且在土地使用权收回后，其上所设定的抵押权自然也就随之灭失了。[①] 1993年2月20日原国家土地管理局答复上海市土地管理局公函中也持这种观点，认为抵押权附属于土地使用权，作为主权利的土地使用权，因行政机关依照《城镇国有土地使用权出让和转让暂行条例》第17条规定，作出收回土地使用权的处罚而消灭时，在该土地使用权上设定的抵押权随之消灭。另一种观点认为，已设定抵押权的土地使用权不能收回。因为抵押权是根据合约取得的保障债权安全、化解市场风险的基本民事制度，如果政府将行政权力凌驾于民事权利之上，会损害市场经济的安全，损害政府诚信。

笔者的意见是，政府可以依据行政权力收回已设定抵押权的土地使用权，但抵押权并不因土地使用权收回而消灭。收回土地使用权，是政府主管部门对土地受让人闲置土地等违法行为的一种行政处罚措施。政府代表国家对违法者施以行政处罚不应受第三方权利的干扰和妨碍。这是由行政权力的国家强制力决定的。

① 蒋序刚．无偿收回土地使用权的成立条件[J]. 中国土地，2005(2)：20.

对长期闲置的土地依法收回，其立法本意就是避免土地的闲置和浪费，维护国家的土地利益。如果因土地使用权设定了抵押而无法收回，则无疑会使土地闲置的违法状态持续而国家却无可奈何。这样，有关土地长期闲置即可被收回的法律规定也就非常容易规避。从这个意义上讲，抵押权的设定不能也不应该成为行政权力行使的障碍。但是，行政权力的行使不因第三方民事权利的设定而受到影响，并不是因为行政权力本身高于或优于民事权利。行政权力的行使并不意味着民事权利就不受保护，甚至行政权力的行使可以自然消灭民事权利。因此，收回土地使用权，只是土地使用权人使用土地的权利消灭，而第三人在土地使用权之上所设定的抵押权并不因土地使用权的收回而消灭。这也是抵押权由法律所赋予的排他性和追及性所决定的。即抵押权一经设立并登记，便具有对抗任何第三人（包括政府）的法律效力，无论抵押物通过何种方式，流转过多少次，流转到何人之手，只要抵押权没有实现，抵押权人未受清偿，则其因实现债权而享有的该抵押物处分所得的优先受偿权就不会消灭。如果承认政府收回土地使用权的行政处罚可以消灭抵押权，则意味着政府的处罚措施也可以同时惩罚无过错的第三人。而过错是行为人应受处罚必须具备的客观要件之一，第三人没有过错为什么要受到惩罚？

因此，所谓“抵押权附属于土地使用权，因主权利消灭，其上的抵押权也随之消灭”的观点是不能成立的。抵押权作为担保物权，一经依法设定便具有相对独立性。因此，只要抵押物——土地这一不动产没有灭失，抵押权就不能消灭。抵押权的消灭具有法定性，根据《担保法》的规定，抵押权消灭的法定情形只有两种，即债权的消灭和抵押物的灭失，而土地使用权的收回既非债权的消灭，也非抵押物的灭失，因此土地使用权的收回不能消灭抵押权。

此外，不能把收回土地使用权作为“依约行使的民事权利”。如果收回土地使用权仅是一项民事权利，则在土地使用权已经设定抵押的情况下，未经抵押权人同意，政府就不得收回土地使用权。因为从广义上讲，土地使用权的收回，也是土地使用权的一种流转行为，而根据《物权法》的规定，抵押人转让抵押物的，必须征得抵押权人的同意。但政府行使行政处罚权则不需要他人同意。

因此，政府由于土地受让人长期闲置土地，拖欠土地使用权出让金等原因，对于已经设定抵押权的土地使用权可以收回，但收回后应当退还的土地使用权出让金或者重新出让所得，抵押权人享有优先受偿权。

23. 已经开始预售的房屋，其占用范围的土地使用权可否收回？收回土地使用权如何对购房人补偿？

问 多年前，我预购了一处商品住宅，并已交纳了全部购房款，但由于种种原因，该建设项目一直烂尾至今。近期当地政府决定收回该建设项目占用范围的土地使用权，对该烂尾项目重新处置。但对于如何清理该建设项目所涉债权债务，如何补偿房屋预购人，存在不同意见，一直未拿出处置方案。请问，已经预售的房屋，还可以收回占用范围的土地使用权吗？如果收回，应当如何补偿购房人？

答：此类问题不能一概而论，应区别不同情况分别处理：

（1）对于政府主管部门已为开发商颁发《商品房预售许可证》的，则一般不能收回土地使用权。因为根据《房地产管理法》第 44 条规定，取得预售许可的条件有三：一是已交付全部土地使用权出让金，取得土地使用证书；二是持有建设工程规划许可证；三是按提供预售的商品房计算，投入开发建设的资金达到工程建设总投资的 25% 以上，并已确定施工进度和竣工日期的。如果政府严格按照以上条件为开发商发证，则开发商取得《预售许可证》说明：第一，不会存在拖欠土地出让金的行为；第二，也不存在尚未开工、土地闲置的情况；第三，已建成部分一般也不存在违反土地利用条件的情形。因此，政府以开发商拖欠出让金、土地闲置、违反土地利用条件而收回土地使用权的理由就不能成立，此种情况下，政府无权收回土地使用权。但是，如果不符合预售条件，政府却为开发商颁发了《预售许可证》（这种情况实践中并不少见），而开发商也确实对外进行了房屋预售，此时如果发生土地闲置、拖欠出让金或者违法利用土地的情形，政府可否收回土地使用权呢？笔者认为，本着有错必究、防止损失的进一步扩大的原则，政府可以行使土地收回权，但基于对政府行政许可行为的信赖，且房屋买受人本身没有过错，其购房利益应受法律保护。因政府在发证过程中存在明显过错，故政府在收回土地使用权时，有义务通过适当的安排保护预购人的购房利益。如果政府收回土地使用权后又重新出让，且新的开发商仍沿用原规划设计方案建设，则政府可在土地重新出让时附设必要的条件，保证预购人的购房合同通过主体置换的方式得到继续履行。如果土地重新出让后，原规划设计方案已经改变，或者由于其他原因使预售合同不可能继续履行，则政府在收回土地使用权的同时有义务对预购人因此所受的损失给予补偿。

对于虽然符合预售条件，但在开始预售后又长期停工的烂尾项目，为避免建设工程的长期停滞，防止损失的进一步扩大，也为了维护预购人的利益，政府根据实际情况也可收回土地使用权，并可采用附加条件的方式重新捆绑出让。但由于政府在预售许可中没有过错，故在收回土地使用权时，虽应对预购人的购房利益给予合理安排，但却不必承担赔偿责任。

（2）对于已经取得《商品房预售许可证》，已开始对外预售，只是拖欠出让金或者在房屋建设中违反土地利用条件的，则政府一般不宜采用收回土地使用权的行政处罚措施，因为这样做会增大行政处罚成本，损害第三人利益。而且通过查封或冻结财产，责令停工，拆除违法建筑，恢复原状等措施完全可以完成出让金的追偿，或者制止、纠正土地使用权人非法利用土地的行为，没有必要收回土地使用权。

（3）对于不符合预售条件，未取得《商品房预售许可证》的，则政府可以行使土地收回权。因为未取得《商品房预售许可证》的房屋预售合同是违法的、无效的，不受法律保护。政府在因土地使用权人闲置土地、拖欠出让金、违法使用土地而收回土地使用权时，无须对无效购房合同的买受人承担救济责任。预购人因土地使用权收回、预售合同不能履行所受的损失只能向无效合同的相对人——开发商要求赔偿。

24. 已被人民法院查封的土地使用权政府可否收回？

问 因某房地产公司拖欠我公司材料款，我公司向人民法院提起诉讼，并申请采取财产保全措施，查封了该公司一宗土地使用权。但之后不久，市土地管理局以该公司土地闲置和拖欠土地出让金为由决定收回该宗土地使用权并重新出让。请问，已被人民法院查封的土地政府还可收回吗？

答：因土地使用权人与他人的债务纠纷，其土地使用权被人民法院依法查封的情形非常普遍。那么，在土地使用权已被人民法院查封，而土地使用权人又存在拖欠土地使用权出让金、闲置土地或违法利用土地的情形，政府土地管理部门可否行使土地收回权呢？一种观点认为，行政权和司法权是并列的，不存在先后问题。即使是人民法院查封的土地，只要土地使用权人违反了相关法律规定或出让合同的约定，政府土地管理部门就可以行使土地收回权。另一种观点认为，根据我国《宪法》规定，人民法院是审判机关，行政机关是执行机关。人民法院依法独立行使职权，可以对行政机关的行政行为依法进行审查和监督，司法权优于行政权。因此，行政机关应当尊重人民法院的司法决定，不能收回已被人民法院查封的国有土地使用权。[①] 笔者基本同意第二种意见，即在人民法院查封期间，政府土地管理部门不能收回国有土地使用权，但这并不是由于“司法权优于行政权”。根据我国有关法律规定，司法机关和行政机关各自在法律规定范围内独立行使职权，不能相互干涉。司法权和行政权是相互平等的权力，不存在孰优孰劣的问题。虽然根据《行政诉讼法》的规定，对于行政机关的具体行政行为有可能侵犯公民、法人或其他组织的合法权益而提起行政诉讼时，人民法院对涉诉具体行政行为享有司法审查权，并可依法判令行政机关撤销具体行政行为，或者重新作出具体行政行为。但这种司法审查权是根据法律的授权进行的被动审查，即只有当公民、法人或其他组织向人民法院提起行政诉讼时，人民法院才能对被诉具体行政行为加以审查，而对非涉诉具体行政行为，人民法院并不拥有审查和监督权。行政机关不能收回已被人民法院查封的土地使用权，是因为这一司法查封措施是依据国家强制力进行的，任何财产一经人民法院依法查封，在查封期间未经人民法院许可，必须维持财产现状，不得转移或改变财产权属关系。1998 年 12 月 11 日国土资源部《对收回被司法机关查封国有土地使用权问题的答复》中也明确规定：“司法机关因债权债务纠纷而查封的土地必须是诉讼当事人合法拥有的土地。对于司法机关依法进行的查封，在查封期限内，人民政府不能收回国有土地使用权；查封结束后，则可依法收回国有土地使用权。”

但应当注意的是，人民法院只能查封债务人合法取得的土地使用权。该合法性表现为，其已交纳全部土地使用权出让金，并已取得土地使用证。《城镇国有土地使用权出让和转让暂行条例》第 16 条规定：“土地使用者在支付全部土地使用权出让金后，应当依照规定办理登记，领取土地使用证，取得土地使用权。”依此规定，土地使用权受让方如果尚未交齐土地使用权出让金，未办理土地登记手续，则不可能领取土地使用权证，并取得土地使用权。因此，如果土地使用权受让方只是与土地管理部门签订了土地使用权出让合同，未交或只交纳了部分土地使用权出让金，但尚未取得土地使用权证书，则表明其尚未合法取得土地使用权。人民法院不能仅根据债务人所签订的土地出让合同，查封其合同项下的土地使用权。

此外，对于采用欺诈、恶意串通等违法行为取得的土地使用权，人民法院的查封并不影响土地管理部门行使土地收回权，因为土地受让人取得土地使用权所

① 蒋序刚 . 无偿收回土地使用权的成立条件 [J]. 中国土地，2005（2）：21.

依据的土地使用权出让合同是违法的、无效的，无效合同自始即无法律约束力，当事人依据无效合同取得的财产应当返还给对方。当然，要求返还土地使用权，首先应当通过法定程序确认出让合同无效，在出让合同被依法确认无效之前，政府土地管理部门不能收回土地使用权。

25. 土地使用权期限届满后应如何处理？

问 我现在经营的一家餐馆是 20 世纪 90 年代初从一房地产开发商手里购买的，当时合同约定的土地使用期限只有 30 年。由于急需资金，我想将餐馆转卖，可出乎意料，大多来看房的只同意租而不愿意买，或者仅想以很低的价格购买，主要原因是我的土地使用证载明的使用期限还有不满十年就会届满，他们担心出大价钱购买后，只使用不满 10 年就有可能被政府无偿收回，或者补交巨额土地使用费。请问，土地使用期限届满，政府真有可能无偿收回我的土地使用权和餐馆吗？或者要求重新交纳土地使用权出让金？

答：按照我国现有的法律规定，确有这种可能。《城镇国有土地使用权出让和转让暂行条例》第 40 条规定："土地使用权期满，土地使用权及其地上建筑物、其他附着物所有权由国家无偿取得。土地使用者应当交还土地使用证，并依照规定办理注销登记。"这一规定出台后，在理论界引起了很大的争议，许多专家学者对此提出批评。1995 年开始生效的《城市房地产管理法》有所改进，该法第 22 条规定："土地使用权出让合同约定的使用年限届满，土地使用者需要继续使用土地的，应当至迟于届满前一年申请续期，除根据社会公共利益需要收回该幅土地的，应当予以批准。经批准准予续期的，应当重新签订土地使用权出让合同，依照规定支付土地使用权出让金。土地使用权出让合同约定的使用年限届满，土地使用者未申请续期或者虽申请续期但依照前款规定未获批准的，土地使用权由国家无偿收回。"这一规定虽然就期满后的续期问题做出了规定，但是否续期，决定权仍在政府手里，如果决定续期的，仍须交纳土地使用权出让金，同时该规定未提及期满后地上建筑物、附着物的处理问题。因此理论界对该法的这一规定仍有许多意见。人们本来寄希望于这一问题在制定《物权法》时得以解决，但在激烈争论后，大部分问题仍未达成一致，最后只是对住宅建设用地使用权期限届满后的续期问题作了有限的改进。《物权法》第 149 条规定："住宅建设用地使用权期间届满的，自动续期。非住宅建设用地使用权期间届满后的续期，依照法律规定办理。该土地上的房屋及其他不动产的归属，有约定的，按照约定；没有约定或者约定不明确的，依照法律、行政法规的规定办理。”这一规定只规定住宅建设用地使用期限届满后可以自动续期，但对于如何续期、续期期限以及续期后是否还需交纳土地使用权出让金等，仍然未加规定。而对于非住宅建设用地使用期限届满，则没有自动续期的规定，只是规定依照法律规定办理。对于期满后土地上房屋及其他不动产的归属，则规定有约定的，按照约定，没有约定或者约定不明的，依照法律、行政法规的规定办理。这样的规定意味着，非住宅建设用地使用期限届满后，土地及地上房屋及其他不动产仍然是由政府决定其归属，因为按照现行有效的法律和行政法规的规定，是否决定续期由政府决定，政府不同意续期的，则可将土地使用权连同地上建筑物、附着物无偿收回。即使土地使用权出让合同中有关于土地使用权期限届满后土地及地上房产如何处理的约定，由政府单方印制的合同文本也几乎毫无例外的照搬有关法律、行政法规的内容。即无论是约定还是法定，土地使用期限届满后，土地及地上房产均由政府决定其归属。

2016年，温州市国土局拟对部分土地出让年限为20年，使用期限已经届满的房屋所有权人，收取土地续期使用费。尽管拟收取的费用远低于土地市场价格，但还是引起了轩然大波。当年底，国土资源部就浙江省国土资源厅《关于如何处理少数住宅用地使用权到期问题的请示》给出答复（《国土资源部办公厅关于妥善处理少数住宅建设用地使用权到期问题的复函》〔2016〕1712号）：

《物权法》第149条规定：“住宅建设用地使用权期间届满的，自动续期”。《中共中央国务院关于完善产权保护制度依法保护产权的意见》（中发〔2016〕28号）提出，“研究住宅建设用地等土地使用权到期后续期的法律安排，推动形成全社会对公民财产长久受保护的良好和稳定预期”。在尚未对住宅建设用地等土地使用权到期后续期作出法律安排前，少数住宅建设用地使用权期间届满的，可按以下过渡性办法处理：

一、不需要提出续期申请。少数住宅建设用地使用权期间届满的，权利人不需要专门提出续期申请。

二、不收取费用。市、县国土资源主管部门不收取相关费用。

三、正常办理交易和登记手续。此类住房发生交易时，正常办理房地产交易和不动产登记手续，涉及“土地使用期限”仍填写该住宅建设用地使用权的原起始日期和到期日期，并注明：“根据《国土资源部办公厅关于妥善处理少数住宅建设用地使用权到期问题的复函》（国土资厅函〔2016〕1712号）办理相关手续”。

虽然该复函只是国土资源部办公厅出具的，且是一个过渡性处理办法，但这一办法具有导向性，地方土地管理部门在处理此类问题时，应当遵照执行。

26. 土地使用权出让合同未经政府批准该如何处理？

问 2010年，我公司与本市土地管理部门签订了建设用地使用权出让合同，并按约定交纳了全部土地使用权出让金，土地管理部门也按照约定将土地交付给我公司，但却迟迟不给我公司办理土地使用权登记，颁发土地使用权证。由于没有土地使用证，后期的规划建设手续无法办理，我公司多次与土地管理部门交涉，近日得到答复称，根据出让合同约定，合同须经市政府批准后生效，因市政府至今未予批准，故通知我公司从即日起解除双方签订的出让合同，收回已交付的土地并办理出让金退还手续。请问，该国土局的做法有法律依据吗？

答：即使真的无法办理相关批准手续，作为土地使用权出让一方——政府土地管理部门也无权因此解除合同。

对于土地使用权出让，我国法律确有需办理相关审批的规定。例如，《城市房地产管理法》第10条规定："土地使用权出让，必须符合土地利用总体规划、城市规划和年度建设用地计划。"第11条规定："县级以上地方人民政府出让土地使用权用于房地产开发的，须根据省级以上人民政府下达的控制指标拟订年度出让土地使用权总面积方案，按照国务院规定，报国务院或者省级人民政府批准。"第12条规定："土地使用权出让，由市、县人民政府有计划、有步骤地进行。出让的每幅地块、用途、年限和其他条件，由市、县人民政府土地管理部门会同城市规划、建设、房产管理部门共同拟定方案，按照国务院规定，报经有批准权的人民政府批准后，由市、县人民政府土地管理部门实施。直辖市的县人民政府及其有关部门行使前款规定的权限，由直辖市人民政府规定。"以上这些规定涉及规划审批、立项审批以及出让方案审批，如果这些审批手续没有完成，很可能导致土地出让合同无法继续履行，即不能交付土地和办理土地登记发证等事项。对于这种情况，以前在审判实务中，人民法院大都直接判决合同无效。但在2005年开始施行的，最高人民法院《关于审理涉及国有土地使用权合同纠纷案件适用法律问题的解释》，对此种情况的处理有所改变。该《解释》第4条规定："土地使用权出让合同的出让方因未办理土地使用权出让批准手续而不能交付土地，受让方请求解除合同的，应予支持。"按照这一规定，即使因未办理土地使用权出让批准手续无法交付土地，也只能由土地受让方请求解除合同，作为出让方则无权要求解除。这样的规定符合《合同法》诚实信用和公平原则。因为办理土地出让审批手续，是出让方的义务，如果未履行该项义务，则是一种违约行为，法律不能允许当事人将自己的违约行为作为合同解除依据或抗辩理由，更不能因自己的违约行为获得诉讼利益。这一司法解释还意味着，未办理相关批准手续的土地使用权出让合同并非无效合同，因为只有有效合同才存在解除问题。在合同有效的前提下，是选择继续履行还是解除合同，选择权应归无过错的受让方。但这一司法解释本身也有值得商榷之处，在具体适用时应注意如下几个问题：

（1）如果未办理出让合同批准手续，是因为出让行为本身就违反城市规划，没有取得项目立项或者有其他违法行为，则不仅出让合同难以通过审批，不能继续履行，事实上，这样的出让合同本身就是违法的、无效的。如果认定这样的合同仍为有效，而客观上又不能获得政府的批准，不能继续履行，而受让方坚持要求继续履行就难以处理。因为既然是有效合同，就应当继续履行，但因为出让合同事实上的违法、无效，就会出现认定合同有效，但却不能继续履行的悖论。因此，对此类原因导致的批准手续无法办理，应当直接认定无效。当然，合同无效的过错责任应由出让方承担。

（2）如果出让行为本身没有违法情形，政府的批准只是例行程序，即合同继续履行具有客观可能性，而受让方又要求继续履行合同的，人民法院应当支持。实践中会有这种情况，作为出让方的上级审批部门，为配合下级诉讼，能够办理批准手续而不予办理，以此迫使人民法院只能解除合同。如果发生这种情况，人民法院应当要求出让方举证证明上级政府不予批准的理由，如无正当理由，就应当支持受让方继续履行合同的要求。否则，人民法院审理此类纠纷就会受制于行政权力，并且会造成合同虽然有效，但受让方却只有解除合同唯一选项的不公平局面。

（3）对于出让合同当事人将政府批准行为作为合同生效条件，这样的约定并不符合《合同法》第 45 条规定精神。一般认为，约定的合同生效条件必须是将来发生的、不确定的事实，是当事人的约定而不是法定的。而政府的审批事项和审批权限源于法律和行政法规的规定，而不属于当事人约定的范围。当事人将法律和行政法规规定的政府机关对有关事项或者合同的审批权，约定为合同生效条件，不符合《合同法》有关附条件合同的规定，所附条件不产生限制合同效力的法律后果。换句话说，只要土地出让合同内容和程序合法有效，经双方当事人签字盖章，未获得政府的批准，合同仍然具有法律效力。

综上，该国土局以合同须经市政府批准后生效、未经批准合同未生效的理由不能成立。该合同不仅已经生效而且已开始实际履行。你公司可向人民法院起诉，要求确认出让方解除合同的效力，同时要求继续履行合同，即要求出让方履行办理登记、发证的合同义务。当然，你公司也有权要求解除合同并追究出让方的违约及赔偿责任。

第六章

国有土地使用权转让纠纷

1. 什么叫国有土地使用权转让？

问 我们知道，我国法律对于土地使用权的转让有许多限制性条件，不符合规定条件是不允许转让的。我们最近正在与一家公司商谈利用他们现有的土地搞房地产开发。但一直不能确定采取什么样的方式。请问，什么叫国有土地使用权转让？转让方式主要有哪几种？

答：弄明白国有土地使用权转让的概念很重要，从实务角度，其主要意义有三：其一，转让概念的界定直接关系有关法律对于土地使用权转让所规定的限制性条件的适用问题，如果界定为土地使用权的转让行为，则必须符合这些法定条件方可转让，反之则不必受这些条件的限制。比如《城市房地产管理法》第39条规定："以出让方式取得土地使用权的，转让房地产时，应当符合下列条件：（一）按照出让合同约定已经支付全部土地使用权出让金，并取得土地使用权证书；（二）按照出让合同约定进行投资开发，属于房屋建设工程的，完成开发投资总额的百分之二十五以上，属于成片开发土地的，形成工业用地或者其他建设用地条件。转让房地产时房屋已经建成的，还应当持有房屋所有权证书。"《城镇国有土地使用权出让和转让暂行条例》第19条第2款规定："未按土地使用权出让合同规定的期限和条件投资开发利用土地的，土地使用权不得转让。"土地使用权转让是否符合这些法定条件，不仅关系土地行政主管部门是否同意办理审批和过户登记手续，而且直接影响土地使用权转让合同的合法性及效力。其二，土地使用权转让的概念还直接关系有关税费的交纳。如果是土地使用权的转让，则要按照国家有关法律的规定，征收不动产流转税费。主要有土地增值税、营业税、契税、手续费等。土地使用权的转让，往往交易额巨大，相应的各项税费的交纳也较高，因此，转让行为的认定关系合同当事人重大的经济利益得失。其三，转让概念的认定还直接关系司法审判中对事实的认定和审判结果。比如，土地使用权转让或者以土地使用权作为合作条件合作开发，同样发生了土地权属的变更，但是二者属于不同类型的法律关系，对于当事人权利义务的认定和法律责任的承担会截然不同。

关于国有土地使用权转让的概念，学术界和实务界对于概念本身，即转让行为的内涵争议并不大，都认为是土地权属关系的转移。存在争议的，主要是转让概念的外延界定，即转让的具体表现形式方面。1990 年由国务院颁布的《城镇国有土地使用权出让和转让暂行条例》第 19 条第一款规定："土地使用权转让是指土地使用者将土地使用权再转让的行为，包括出售、交换和赠与。"1995 年由全国人大常委会制定的《城市房地产管理法》第 36 条规定："房地产转让，是指房地产权利人通过买卖、赠与或者其他合法方式将其房地产转移给他人的行为。"以上规定不仅明确表明，"转让"是土地使用权（房地产）再转移的行为，而且对"转让"的具体表现形式也加以规定，即"转让"行为包括出售（买卖）、交换、赠与或者其他合法方式。但是 2005 年由最高人民法院发布的《关于审理涉及国有土地使用权纠纷案件适用法律问题的解释》（以下简称《司法解释》）第 7 条规定："本解释所称的土地使用权转让合同，是指土地使用权人作为转让方将土地使用权转让于受让方，受让方支付价款的协议。"这一司法解释与以前法律和行政法规的相关规定相比，明显缩小了土地使用权转让定义的外延，将土地使用权转让形式限定为"买卖"，不仅排除了"交换和赠与"，而且也没有"其他形式"的兜底性规定。实际上，《司法解释》对土地使用权转让合同的定义性规定基本上是套用了《合同法》关于买卖合同的定义。该法第 130 条规定："买卖合同是出卖人转移标的物的所有权于买受人，买受人支付价款的合同。"不过在现实中，单独将土地使用权通过赠与的方式转让的情形几乎没有，采用交换方式的也不多见。比较常见的是许多合同名称虽不叫转让，但合同内容却具有转让性质的"其他形式"。虽然《司法解释》就土地使用权转让定义采用了狭义的规定，但其同时也将"假合作真出售"的变相转让行为界定为土地使用权转让合同。该解释第 24 条规定："合作开发房地产合同约定提供土地使用权的当事人不承担经营风险，只收取固定利益的，应当认定为土地使用权转让合同。"但这一规定并不意味着《司法解释》承认其他形式的土地使用权转让方式，只是将"假合作真出售"的合同按其合同真实本意加以归类。对于真合作，但同时也发生土地权属转移的合同，并不视为土地使用权转让合同，而是将其单独归类。《司法解释》的定义和归类方法显然与有关法律和行政法规存在差别，也不同于有关行政主管机关的规定和此前最高人民法院的相关司法解释。1995 年国家建设部发布的《城市房地产转让管理规定》第 3 条对土地使用权转让的其他合法方式界定为如下四种方式：①以房地产作价入股，与他人成立企业法人，房地产权属发生变更的；②一方提供土地使用权，另一方或者多方提供资金，合资、合作开发经营房地产，使权属发生变更的；③因企业被收购、兼并或合并，房地产权属随之转移的；④以房地产抵债的。最高人民法院1995年12月27日发布的《关于审理房地产管理法施行前房地产开发经营案件若干问题的解答》第18条也规定："享有土地使用权的一方以土地使用权作为投资与他人合作建房，签订的合建合同是土地使用权有偿转让的一种特殊形式。"显然，上述规定承认土地使用权转让的其他方式，并将权属变更作为认定转让行为的本质特征。

由此可知，在国有土地使用权转让概念的外延界定上，司法机关和行政机关的认定并不一致。在目前情况下，只能是涉及司法审判的，应以司法解释为准，而涉及行政审批以及产权变更登记等事宜，则应以行政部门的规定为准。

2. 国有土地使用权转让合同效力如何认定？

问 有一家房地产开发公司通过出让方式获得一宗国有建设用地使用权，由于后续开发资金不足，该公司欲将部分土地使用权转让出去，我公司有意受让。但据说在二级土地市场上拿地的风险较大，弄不好所签订的合同有可能无效。请问，法律对土地使用权转让合同的效力如何认定？

答： 土地等不动产交易往往标的巨大、方式多样且程序复杂，实务操作中确实存在一些法律风险，交易契约能否保证合法有效就是风险之一。在对待各类合同的效力认定上，我国法律也经历了一个由紧到松的过程。1999年10月1日开始生效的《合同法》，与已被废止的《经济合同法》相比，在合同效力的认定上，采取了更加宽松的标准，大大缩减了无效合同的范围。最高人民法院也两次通过司法解释的方式，对无效合同的认定规定了更加严格的标准。比如，最高人民法院1999年12月1日发布的《关于适用合同法若干问题的解释（一）》第4条规定："合同法实施以后，人民法院确认合同无效，应当以全国人大及其常委会制定的法律和国务院制定的行政法规为依据，不得以地方性法规、行政规章为依据。"最高人民法院2009年4月24日发布的《关于适用合同法若干问题的解释（二）》第14条规定："合同法第五十二条第（五）项规定的'强制性规定'，是指效力性强制性规定。"这样的规定，体现了最高人民法院合同效力从宽的原则，即尊重当事人合意，维护交易关系稳定，轻易不以司法权力确认合同无效。如今在司法领域，经法院审理被认定无效的合同已经大为减少。

对于土地转让合同效力的认定，当然首先应当依照《合同法》第52条加以确认，即有下列情形之一的，合同无效："（一）一方以欺诈、胁迫的手段订立合同，损害国家利益；（二）恶意串通，损害国家、集体或者第三人利益；（三）以合法形式掩盖非法目的；（四）损害社会公共利益；（五）违反法律、行政法规的强制性规定。”在具体认定时，最高人民法院相关司法解释也是主要依据之一。2005年最高人民法院《关于审理涉及国有土地使用权合同纠纷案件适用法律问题的解释》，对于国有土地使用权转让合同的效力问题又作出一些特别规定。如该《解释》第8条规定：“土地使用权人作为转让方与受让方订立土地使用权转让合同后，当事人一方以双方之间未办理土地使用权变更登记手续为由，请求确认合同无效的，不予支持。”这一规定就是“合同效力和物权效力相区分原则”的体现，2007年生效的《物权法》采纳了这一原则，即没有办理土地权属登记手续的，虽然不产生物权效力，但并不因此影响物权设立的原因——合同的效力（《物权法》第15条）。再如该《解释》第9条规定：“转让方未取得出让土地使用权证书与受让方订立合同转让土地使用权，起诉前转让方已经取得出让土地使用权证书或者有批准权的人民政府同意转让的，应当认定合同有效。”这就是所谓的“合同效力补正原则”——原本无效的合同，经补办相关手续后可视为有效。但若不能补办手续，原本无效的合同仍为无效。就土地使用权转让合同来说，如果转让方尚未取得土地使用权证便转让土地使用权，所签转让合同就有可能被认定无效，该无效合同能否转化为有效合同，则以转让方能否在起诉前取得土地使用权证书或者人民政府同意转让作为判断标准，能够取得的，有效；不能取得的，仍为无效。

此外，还有一种情况值得注意，有时土地使用权转让合同可能会存在部分有效、部分无效的情形。比如土地使用权转让合同中关于土地用途的约定，如果擅自改变了原出让合同中规定的用途，或者变更了法定使用期限等，则该约定内容无效，对双方无约束力。如果该无效内容并不影响其他合同内容的履行，其他内容仍为有效。

3. 国有土地使用权转让合同效力是否可以补正？

问 我公司将以出让方式取得的一宗国有土地使用权转让给另一公司，合同签订后，我公司已将土地交付给对方，但对方在仅支付了30%的预付款后剩余应付转让款便以种种理由一直拖延不付。我公司准备起诉该公司，但我公司尚未取得土地使用权证。请问，未取得土地使用证即转让土地使用权，所签合同是否无效？如果补办了土地使用证，是否可以补正以前无效的合同？

答：最高人民法院《关于审理涉及国有土地使用权合同纠纷案件适用法律问

题的解释》第9条规定："转让方未取得出让土地使用权证书与受让方订立合同转让土地使用权，起诉前转让方已经取得出让土地使用权证书或者有批准权的人民政府同意转让的，应当认定合同有效。"这便是由最高人民法院通过司法解释的形式创立的"合同效力补正原则"，即原先因某种原因导致无效的合同，经补办相应手续后可以认定为有效合同。这一原则最早见于最高人民法院1995年发布的《关于审理房地产管理法实施前房地产开发经营案件若干问题的解答》，根据该《解答》的规定，有些"一般应当认定无效"的合同，只要在"一审诉讼期间补办了相关手续的，可以认定合同有效"。此后，2003年最高人民法院发布的《关于审理商品房买卖合同纠纷案件适用法律若干问题的解释》的有关规定也沿用了这一原则，只是将补办手续的期限由"一审诉讼期间"改为"起诉前"。

在适用"合同效力补正原则"认定合同效力时，需要注意如下两个问题：

第一，并非所有的无效合同效力都可以"补正"。根据最高人民法院相关司法解释，可以"补正"效力的主要是那些行政审批、登记手续欠缺或者存在瑕疵的合同，通过行政机关的追认或者补办相应手续可使无效合同变为有效合同。而对于那些非行政审批和登记原因形成的无效合同，则不存在效力补正的问题。比如《合同法》第52条规定的"一方以欺诈、胁迫的手段订立合同，损害国家利益""恶意串通、损害国家、集体或者第三人利益""以合法形式掩盖非法目的""损害社会公共利益"等情形的无效合同，则从合同签订时起自始无效，不存在通过补办某种手续补正合同效力的问题。

第二，合同效力补正是有期限的。按照最高人民法院的现行司法解释，合同效力的补正应当在起诉之前完成，如果在起诉以后才办理好有关的审批、登记手续的，合同效力不能补正。这样的规定比1995年最高人民法院的司法解释将补正期限规定为"一审诉讼期间"更为合理。

就本问答所述，为保险起见，建议你公司在补办了土地使用权证以后再起诉，否则有可能所签订的土地使用权转让合同被认定无效，你公司要求对方支付剩余转让价款的请求也难以获得支持。

4. 土地使用权转让方能够办理土地使用权证但却故意拖延不办，签订的土地使用权转让合同是否有效？

问 在签订国有土地使用权转让合同时，转让方尚未取得土地使用权证，但其已经交纳了全部土地使用权出让金，早已具备办证条件，但因为土地价格大幅攀升，便想以未取得土地使用权证书，转让合同无效为由毁约？请问，此种情形是否可以认定转让合同无效？

答：近些年，在土地使用权或者房屋转让中，经常发生由于土地房产大幅升值，转让方因心理失衡反悔并毁约的情形。而转让方“尚未取得权属证书”就是毁约的主要理由之一。通常转让方会以自己尚未取得土地使用权证或者房屋所有权证为由主张转让（买卖）合同无效。其主要依据就是《城市房地产管理法》第38条规定：“下列房地产，不得转让：（六）未依法登记领取权属证书的。”但是，对这一规定不能机械理解和适用。如果转让合同并不存在其他违法行为，且客观上转让方已经具备办证条件，只是因为转让方的原因尚未领取权属证书的，不能轻易认定转让合同无效，否则有违诚实信用原则，并使恶意毁约一方得利。早在1984年最高人民法院《关于贯彻执行民事政策法律若干问题的意见》第56条就规定：“买卖双方自愿，并立有契约，买方已交付了房款，并实际使用和管理了房屋，又没有其他违法行为，只是买卖手续不完善的，应认为买卖关系有效，但应着其补办房屋买卖手续。”虽然该意见出台时《城市房地产管理法》尚未颁布，但即使该法颁布以后，在审判实践中，人民法院也并不将是否取得权属证书作为不动产转让合同效力的绝对依据。只要能够查明转让双方并无其他违法行为，且客观上已经具备办证条件的，一般均会判决合同有效继续履行，并要求转让方补办登记办证手续。2007年颁布的《物权法》规定了“合同效力和物权效力相区分的原则”（《物权法》第15条），即未办理有关权属登记的，转让行为不发生物权效力，但并不因此影响合同效力。我国法学界普遍赞同将不动产物权变动的原因与结果进行区分。这也是由债权和物权的不同性质决定的。引起物权变动的原因行为——债权合同，属于请求权、对人权、相对权，因此债权合同本身不须公示即可产生法律上的效果，其生效条件是由债权法——《合同法》所规定的。根据我国《合同法》的规定，包括引起物权变动的任何债权合同，只要没有该法第52条规定的无效情形，一般情况下，合同一经签订即发生法律效力，即对合同当事人产生约束力。而物权的本质是支配权、绝对权和对世权，因此物权的变动必须在公示之后，才能产生物权效力。可见，债权合同与物权变动是建立在完全不同的法律基础之上的，其生效要件完全不同。因此，债权合同虽然是物权变动的原因和基础，但却不能反推物权变动是债权合同生效的条件。物权变动是否完成，即不动产物权变动是否办理了登记，不影响债权合同的效力。实践中，在适用这一原则时经常会引起争议的问题有两个：

一是如何理解《城市房地产管理法》第38条的规定？有人认为，根据该条规定，未依法登记领取权属证书的房地产不得转让，这一规定是强制性、禁止性规定，违反这一规定就可认为是“违反法律、行政法规的强制性规定”的行为，按照《合同法》第 52 条第（五）项的规定，可以认定合同无效。但在学术界，大多数学者则认为，该项规定所称“不得转让”应当理解为“不得发生物权变动的效果”，即未办理登记领取权属证书时，登记主管部门可不予办理转让登记手续，使转让行为不发生物权效力。但所签订的合同本身并不因此而无效。笔者同意这种观点，笔者近年承办的几起此类案件也基本是按此思路判决的。这样的观点与最高人民法院相关司法解释所坚持的“合同效力从宽原则”也不谋而合，比如，最高人民法院《关于适用〈合同法〉若干问题的解释（二）》第 14 条规定：“合同法第五十二条第（五）项规定的‘强制性规定’，是指效力性强制性规定。”按此规定，虽属法律、行政法规的强制性规定，但若非“效力性强制性规定”，则不能作为认定无效的依据。虽然最高人民法院对于何为“效力性强制性规定”未作进一步解释和界定，但是办理权属登记，取得权属证书等行政登记手续的规定显然不能作为效力性强制性规定。因为这些手续是否办理影响的是物权效力而非合同效力，况且行政审批（许可）等手续可以补办或者追认，将一种可能性因素作为认定合同效力的依据，显然不利于合同关系的稳定。因此，《城市房地产管理法》第 38 条“未依法登记领取权属证书的房地产不得转让”的规定，可以认为是“强制性规定”，但并非“效力性强制性规定”，违反该规定，转让行为不能发生物权效力，但并不影响合同本身的效力。

二是如何理解最高人民法院《关于审理涉及国有土地使用权合同纠纷案件适用法律问题的解释》第 9 条：“转让方未取得出让土地使用权证书与受让方订立合同转让土地使用权，起诉前转让方已经取得出让土地使用权证书或者有批准权的人民政府同意转让的，应当认定合同有效”，即是否可以据此规定反推，在起诉前转让方未取得土地使用权证书或者有批准权的人民政府未同意转让的，转让合同无效。按照一般的逻辑推理方法，似能得出这样的结论。但笔者认为在具体适用时应当慎重，对于起诉前虽然转让方尚未取得土地使用证书，也无政府同意转让的证明（在大多数情况下，政府同意转让并不会出具任何书面证明材料，而只是在当事人申请时直接办理权属登记或者过户手续），但只要没有其他违法行为，符合转让条件，也不能轻易认定合同无效。除非政府主管部门明确说明转让行为违法并拒绝为转让方颁发权属证书。还需说明的是，最高人民法院《关于审理涉及国有土地使用权合同纠纷案件适用法律问题的解释》是 2004 年发布的，此时《物权法》和最高人民法院《关于适用〈合同法〉若干问题的解释（二）》尚未出台，因此，现在审理此类案件，应结合《物权法》和新的司法解释对合同效力加以认定。

5. 转让方尚未完成开发量的 25% 以上是否可以转让土地使用权？所签转让合同是否有效？

问 某公司通过出让方式获得一宗商业旅游开发用地，但其刚进行了部分配套设施建设，基础工程尚未完成就开始对外转让。请问法律允许吗？如果此时签订了土地使用权转让合同是否会被认定无效？

答：根据《城市房地产管理法》第 39 条第一款第（二）项规定，以出让方式取得土地使用权，如欲转让，应当“按照出让合同约定进行投资开发，属于房屋建设工程的，完成开发投资总额的百分之二十五以上，属于成片开发的，形成工业用地或者其他建设用地条件。”即依据《国有土地使用权出让合同》获得土地后，未经一定规模的投资开发，土地使用权是不能转让的。

就土地使用权转让的量化限制条件，理论界一直存在较大争议：一种意见认为，土地使用权的商品化，在于开发、利用和筹集建设资金，而非单纯的“炒地皮”，所以，法律应当明确规定完成开发土地全部投资的一定比例作为转让条件；另一种意见认为，土地使用权的商品化，根本目的在于吸引投资，以便筹集建设资金。所以，土地使用者一经取得土地使用权就可以转让，不需要有限制条件；第三种意见认为，土地使用权的商品化，重要的目的在于鼓励投资者开发土地，“炒地皮”有百害而无一利，所以主张使用者转让土地使用权必须以完成土地使用权出让合同规定的投资为前提条件[①]。1995 年 1 月 1 日生效的《城市房地产管理法》最终采纳了第一种意见。

设定土地使用权转让的开发量化条件，其立法本意主要是为了防止通过土地的炒买炒卖形成房地产泡沫，影响土地市场的健康发展。在 20 世纪 90 年代初期，海南等沿海开放城市，炒卖土地等投机现象就十分严重，许多土地经过无数次转让后，始终不能进行实际开发，地价飞涨之后形成房地产泡沫并迅速破灭，形成大片闲置土地和烂尾楼，给国民经济造成重大损失。但是当初形成严重的土地炒卖现象，其实与没有为土地转让设置量化开发条件关系不大，最主要的原因是

① 房维廉 . 中华人民共和国房地产管理法实用讲话 [M]. 北京：中国商业出版社，1994：147-148.

当时土地使用权的取得主要是采用协议方式，而协议方式取得土地使用权往往价格较低，这样在一、二级土地市场之间就会形成一个巨大的利益空间。以协议方式取得土地使用权后，通过炒批文、炒合同而不用进行实际开发就能迅速获得暴利，这才是土地炒卖的真正原因。所以，为制止这种空手炒卖行为，1994 年在制定《城市房地产管理法》时，规定了明确的转让量化标准，但在普遍实行土地协议出让的时期，这样的量化转让规定基本不起作用，土地空手炒卖仍很盛行。但是自从 2002 年在全国范围内取消经营性土地的协议出让，强制推行招标拍卖挂牌方式出让国有土地使用权的制度之后，土地二级市场上的炒卖行为顿时大为减少，开发商从公开的土地出让市场竞得土地使用权后大多自行开发而很少再行转让了，因为单纯的土地转让已不能为炒卖者带来暴利。所以学术界普遍认为土地转让的量化限制条件已无必要，这样的限制条件，对于有些为解决一时的资金困难、缓解开发压力或者以抵偿债务为目的的正常的转让行为也会形成阻碍，因此建议及时取消这一量化限制规定。

至于司法审判层面，事实上也从未将土地使用权转让的量化限制条件作为认定合同效力的依据。最高人民法院 2004 年发布的《关于审理涉及国有土地使用权合同纠纷案件适用法律问题的解释》也未将土地使用权转让的量化条件作为认定合同效力的标准。即如果合同当事人以土地使用权转让时尚未完成开发投资总额的 25% 以上为由主张合同无效的，人民法院不会支持。

在目前关于土地转让量化条件的规定尚未取消之前，如果当事人申请办理土地使用权过户手续的，土地管理部门可以此为由拒绝办理权属变更登记，即当事人的转让行为无法取得物权效力，但并不因此影响合同效力。实践中，大多数情况都是由受让人完成投资额达 25% 以上后，再申请办理转让过户手续。而行政主管部门对于由谁实际投资并不过问，只要达到规定的开发量，就可办理权属变更登记手续。

6. 以出让方式取得国有土地使用权，转让时必须取得政府同意吗？

问 我们所在的城市人民政府去年出台文件，建立土地有形交易市场，要求所有的土地交易都必须在有形交易市场办理，经政府审批后办理登记备案手续，否则不予办理转让过户登记手续。请问，这样的规定有法律依据吗？土地使用权转让必须取得政府批准吗？

答：这样的规定并无法律依据。许多地方以监督土地交易、规范土地市场为名建立有形交易市场，其主要目的一是为了扩张行政权力；二是为了变相收费。

根据法律规定，只有划拨土地使用权转让必须经有批准权的人民政府审批之后方可转让，而以出让方式取得的土地使用权再行转让时，并无需经政府审批的规定。按照《城市房地产管理法》第 39 条规定，转让以出让方式取得的土地使用权，法定条件只有两个：（一）按照出让合同约定已经支付全部土地使用权出让金，并取得土地使用权证书；（二）按照出让合同约定进行投资开发，属于房屋建设工程的，完成开发投资总额的百分之二十五以上，属于成片开发土地的，形成工业用地或者其他建设用地条件。只要符合该法定条件，政府主管部门就应当同意转让并为当事人办理过户登记手续。2007 年生效的《物权法》第 145 条规定："建设用地使用权转让、互换、出资或者赠与的，应当向登记机构申请变更登记。"在土地转让的当事人申请变更登记，即土地使用权过户登记时，政府登记主管部门有权（也可视为义务）对转让行为是否符合法定条件，是否存在诸如擅自改变土地用途和规划条件等违法行为进行审查，但这种审查和登记并非行政许可，更不是对转让行为本身的批准。换言之，政府对土地转让行为并无否决权，即使经审查转让行为不符合法定条件或者存在违法行为，政府的职权也只是不予办理登记过户而非不允许转让。在转让行为符合法定条件时就应当为当事人办理过户登记手续。即办理登记的行为，只是登记机关履行其法定职责，而不是对转让行为的批准。

简言之，以转让等方式处分土地使用权是用益物权人的法定权利，任何人、包括政府都不得非法干涉。当然转让行为本身也无须政府批准，在具备了法定转让条件之后办理过户登记手续时，需要到登记机关办理过户登记手续，但交易过程，比如谈判签约等，可以在任何地方进行，政府没有权力干涉或限定当事人必须在指定场所进行交易。

7. 土地使用权转让未办理权属变更登记手续，一方是否可以此为由主张合同无效？

问 甲公司将一宗以出让方式取得的国有土地使用权转让给乙公司，合同约定由甲公司负责办理权属变更登记手续。合同签订后乙公司付清了全部转让款，但甲公司却迟迟未办理权属变更登记手续。于是乙公司要求终止合同，遭拒绝后便以未办理权属变更登记为由提起诉讼，要求确认土地使用权转让合同无效，并由甲公司返还转让款项、赔偿损失。请问，乙公司的要求能得到支持吗？

答：应当首先查明不能办理权属变更登记手续的原因。实践中，可能的原因一般有如下四种：一是转让方故意拖延不予办理；二是登记主管机关没有法定理由拒绝办理；三是转让行为不符合法定转让条件无法办理；四是转让行为本身存在严重违法行为。除了第四种原因有可能导致转让合同无效外，其他三种原因均不能成为要求确认合同无效的理由。原因不同，权利主张也有所区别：（1）如果属于转让方故意拖延不予办理，受让方可以要求其继续履行，在合理期限内转让方仍不履行的，则可视为转让方根本违约，受让方可以依法解除合同，但却不能以此为由要求确认转让合同无效。虽然合同解除和合同无效都可以导致合同终止，但二者并非同一概念，合同解除以合同有效为前提，并且二者的法律后果也并不相同。（2）如果属于登记机关不作为而无法办理权属过户登记手续，则当事人可以依法提起行政诉讼要求行政机关履行法定职责，不能以此为由要求确认转让合同无效。（3）至于因为不符合法定转让条件，比如转让方尚未完成投资开发量的 25% 以上等，则可在符合相关条件后责令其办理权属过户登记手续，此种原因导致无法办理过户登记手续，也不能作为认定转让合同无效的理由。（4）如果因为转让行为存在其他违法行为，比如转让行为存在欺诈、胁迫、恶意串通，并且损害国家或者第三人利益等，则受让方可以要求确认转让合同无效，并由转让方返还转让价款，因合同无效而产生的损失，则由过错方承担。

综上，确认土地使用权转让合同的效力不能以是否办理权属变更登记为标准。最高人民法院 2005 年发布的《关于审理涉及国有土地使用权转让合同纠纷案件适用法律问题的解释》第 8 条规定：“土地使用权人作为转让方与受让方订立土地使用权转让合同后，当事人一方以双方之间未办理土地使用权变更登记手续为由，请求确认合同无效的，不予支持。”这一规定所确认的合同效力认定原则在 2007 年开始生效的《物权法》中得以体现。该法第 15 条规定：“当事人之间订立有关设立、变更、转让和消灭不动产物权的合同，除法律另有规定或者合同另有约定外，自合同成立时生效；未办理物权登记的，不影响合同效力。”这便是物权效力与合同效力相区分的原则。未办理权属变更登记手续，转让行为虽然不发生物权效力，但并不因此影响合同效力。只要所签合同没有法律规定的无效情形，没有办理权属变更登记手续，所签合同仍为有效。

8. 土地使用权转让的物权效力如何确定？

问 甲公司与乙公司签订土地使用权转让合同，乙公司支付了全部土地转让费并实际占有土地开始建设，但一直未办理权属登记过户手续。合同签订后，甲公司未经乙公司同意又将土地使用权抵押给某银行，并且办理了抵押登记手续。乙公司认为自己已经支付了全部土地转让费并实际占有了土地，甲公司未经自己同意擅自抵押的行为侵犯了自己的土地物权，是无效的。请问，乙公司是否已经取得土地物权？甲公司在土地使用权已经转让之后又在其上设定抵押权是否有效？

答：土地等不动产物权的效力并非自设定不动产物权的合同签订或实际占有不动产之时产生。《物权法》第 9 条第一款规定："不动产物权的设立、变更、转让和消灭，经依法登记，发生效力；未经登记，不发生效力，但法律另有规定的除外。"即不动产物权变动的效力，除法律另有规定外（比如土地承包经营权设立），经过依法登记，始发生效力。而依法登记的外在表现形式则为权属过户和颁发权属证书。也即土地使用权的转让，受让人只有在办理了权属过户登记，取得土地使用权证后方能取得受让土地的支配权、排他权等物权效力。没有登记发证，即使受让人签订了转让合同、支付了费用并实际占有了土地，也并不发生物权效力，该转让行为不能对抗第三人。如果在受让人办理权属过户登记，取得土地使用权证之前，转让人又将土地使用权抵押给他人，只要抵押行为已经登记，且抵押权人不存在违法行为，其设定的抵押权即为有效，并且可以对抗包括受让人在内的任何第三人。

当然，如果因为转让人未经受让人同意，将转让的土地又设定抵押而使受让人蒙受损失，受让人仍可以依据土地使用权转让合同向转让人追偿。因为转让行为虽然不发生物权效力，但所签订的转让合同的债权效力并不受影响。即只要转让合同本身没有法定无效情形，则该合同自签订之日起便发生法律效力，受让人可以依据该合同向转让人主张权利。

9. 土地使用权转让合同约定改变原土地规划用途和使用条件，所签合同是否无效？

问 在签订土地使用权转让合同时，转让方承诺协助受让方办理土地用途变更和建筑容积率调整手续。但在合同签订后，有关的变更事项迟迟无法完成。请问，受让人可否以擅自改变土地用途为由要求确认转让合同无效并由转让方赔偿损失？

答：我国实行严格的土地用途管制制度，土地的规划用途和建设条件一经确定，未经法定程序取得政府主管部门的同意，任何人无权改变原规划用途和建设条件。通常，建设用地的用途在办理规划许可手续时即已确定，并且在土地使用权出让合同中会有所体现。通过出让方式取得土地使用权后又将土地使用权转让给他人的，原土地出让合同中约定的土地用途和建设条件等内容，对新的受让人仍有约束力，未经批准，新的受让人必须按照原出让合同中的约定和规划部门批准的用途和条件使用土地。

但是，并非土地用途和使用条件一经确定就绝对不能改变，在建设过程中，土地用途和建设条件经主管部门批准后发生变化和调整也是常见现象，即使未批先改，事后经补办审批手续并得到政府的追认也是有可能的。因此，不能认为土地转让合同中有欲改变土地用途和规划建设条件的内容就是违法的、无效的。合同本身，即当事人的约定并不能发生改变原规划用途和使用条件的效力，它只是当事人的一种意思表示。如果受让人未经批准就在建设过程中直接改变了土地用途和使用条件，其行为构成违法并有可能受到行政主管部门的处罚，但这种行为与转让合同本身无关，因为不管当事人如何约定，都不可能赋予一方当事人未经批准直接改变土地用途和使用条件的权利。因此，不能因为一方当事人在履行合同过程中实施了违法行为，就倒推土地转让合同本身也违法、无效。

一般来说，转让方会在合同中承诺负责或协助受让方在合同签订后办理土地用途和使用条件变更的行政审批手续，无论是转让方为主办理还是协助办理，该项承诺本身都不构成违法。但如果该项承诺没有实现，即土地用途和使用条件变更的申请不能获得政府批准，则会构成转让方违约。如果土地用途和使用条件的变更是转让合同签订的基础和主要实现目标，则转让方不能履行该项承诺构成根本违约，受让方可以要求解除合同。但若改变土地用途和使用条件只是双方约定的争取目标之一，未获批准并不影响转让合同其他条款的效力，并且通过调整转让价款等方法双方能够达成继续履行合意的，转让合同仍可继续履行。

10. 政府已决定收回的土地使用权还可以转让吗？

问 有一宗被闲置多年的土地，政府已决定无偿收回，但尚未注销土地使用权人的土地使用权证，并且土地使用权人不服该行政决定已提起行政诉讼。在此期间，土地使用权人将土地使用权转让给他人。政府认为，因政府已作出收回土地使用权的决定，因此该土地使用权不得转让，所签土地使用权转让合同无效。请问，政府方面的说法是否成立？

答：如果行政机关只作出收回土地使用权的行政决定，但并没有办理土地使用权的注销登记，也没有申请人民法院查封，则该行政决定不能对抗善意第三人，即该行政决定不影响转让合同效力。因为在法律上，原土地使用权人的土地物权并未丧失，也未被依法查封限制转让，因此其有权处分在法律上仍属自己所有的土地使用权。而受让人基于对土地使用权人持有的土地使用权证和不动产登记的信赖，只要其支付了合理的土地转让价款并且没有恶意串通等主观过错，则转让行为就是合法有效的。并且该转让合同效力并不受人民法院是撤销还是维持“收回土地行政决定”的影响。即使该行政决定被人民法院判决维持，当事人所签订的土地使用权转让合同仍然有效。只不过，如果经人民法院最终判决，维持了政府收回土地使用权的行政决定，则当事人所签订的土地使用权转让合同虽然有效，但在客观上可能无法继续履行。主要原因是，如果做出收回土地使用权的决定时，土地使用权尚不具备转让条件，比如转让方尚未完成开发投资总额的25%以上，虽然人民法院审理案件并不将该量化标准作为认定合同效力的依据，但该标准仍然是行政机关是否同意转让并办理权属变更的依据，即不能取得行政机关的同意，该转让合同事实上不能履行。另外，一旦收回土地使用权的决定被人民法院维持，则也意味着原土地使用权出让合同已被解除，土地使用权人的土地使用权将丧失，行政机关也会立即办理土地注销登记，后续的一系列建设审批手续也将无法办理，因此在这种情况下，土地使用权转让合同虽然不能被认定无效，但也只能终止履行。

但是，如果经法院审理撤销了政府收回土地使用权的决定，则当事人签订的土地使用权转让合同不仅有效，而且也具有实际履行的可能。因此，是否解除合同，可待人民法院就该行政纠纷作出判决之后再做决定。还有另一种情况值得注意，如果政府在作出收回土地使用权决定的同时办理了土地注销登记，则当事人所签订的土地使用权转让合同就可被认定无效。因为作为转让人，此时已丧失了土地使用权，其无权对土地使用权进行处分；而作为受让人来说，其已经知道或者应当知道该土地权利已经注销不得转让，但仍与原土地使用权人签订转让合同，其主观上存在过错，不能视为善意第三人，因此转让行为违法，所签合同不受法律保护。当然，如果收回土地使用权的决定被人民法院撤销，则注销登记也应同时撤销，原土地使用权人的土地权利得以恢复，则当事人所签合同的效力也可以恢复。

11. 土地使用权转让合同被认定无效后如何处理？

问 某公司因拖欠土地使用权出让金，一直未取得土地使用权证书。去年，该公司将土地使用权转让给我公司，并且约定待工程投资量达到法定转让标准后配合我公司办理权属过户登记手续。合同签订后，我公司已投入2000多万建设资金，开发投资总额已达25%以上，但在要求办理土地使用权过户手续时，该公司却以种种理由拒绝。我们怀疑，是因为土地价格上涨，该公司意图悔约。我们想起诉该公司，但有人说我们签订的土地使用权转让合同有可能无效。请问，我们所签合同是无效的吗？一旦被认定无效，法律责任和后果是什么？

答：如果在你们起诉之前，对方当事人然未取得土地使用权证书，或者取得有批准权的人民政府同意转让的，则你们所签订的土地使用权转让合同有可能被认定无效。

最高人民法院《关于审理涉及国有土地使用权合同纠纷案件适用法律问题的解释》第9条规定："转让方未取得出让土地使用权证书与受让方订立合同转让土地使用权，起诉前转让方已经取得出让土地使用权证书或者有批准权的人民政府同意转让的，应当认定合同有效。"根据这一规定，若因转让方拖欠土地使用权出让金，则不符合法定的办证条件，政府土地管理部门既不能为转让方颁发土地使用证，也不会在这种情况下同意转让，故你们所签订的土地使用权转让合同有可能被认定无效。

合同一旦被确认无效，按照《合同法》第58条规定："合同无效或者被撤销后，因该合同取得的财产，应当予以返还；不能返还或者没有必要返还的，应当折价补偿。有过错的一方应当赔偿对方因此所受到的损失，双方都有过错的，应当各自承担相应的责任。"这是无效合同处理的一般原则。但对于土地使用权出让合同，在被认定无效后的处理则有一定特殊性。如果签订转让合同后只是交付了土地和转让款，而没有进行实际的开发建设，适用"相互返还"的原则比较简单，即由转让方将收取的转让款返还给受让方，由受让方将土地返还给转让方。相互返还财产的目的是为了使双方的财产关系恢复到合同订立前的状态。但是，如果受让方已经投入资金进行建设，项目已经建成或者部分建成，即受让人的投资已和转让人的土地资产凝结为一体时，相互返还的原则就无法适用。这种情况，就属于《合同法》第58条规定的"不能返还或者没有必要返还"的情形。在确认合同无效，并且不能适用相互返还的处理原则时，则应根据不同情况分别处理：一是在建和建成的项目履行了合法的审批手续，比如已经取得建设工程规划许可证、建设工程施工许可证等（这种情况并不鲜见，许多地方土地管理部门和规划建设管理部门在管理职能的衔接上存在脱节，土地权属手续未办理完毕就办理了规划、建设许可手续并开工建设），如果属于这种情况，大多都能通过补办土地审批手续的方法，可将在建和建成项目确权给受让方。这样处理相对简单，双方损失不会扩大。但若不能补办土地审批手续，不能将土地和建设项目确权给受让方，则在法律上，土地使用权和地上建筑仍然属于转让方，合同被确认无效后，可将建筑物评估后由转让方折价补偿受让方。二是在建和建成的项目没有履行合法的建设审批手续，在这种情况下，如果不能补办相关手续，则建设项目有可能被认定为“违章建筑”，被政府依法没收或责令拆除。如果出现这种情况，就要根据过错责任的大小划分损失承担比例。一般来说，对于这种情况转让方和受让方都存在过错。而且受让方在没有取得合法的建设许可手续的情况下就开工建设，对于所造成的损失，过错责任可能更大。

总之，因土地使用权转让合同被确认无效，不仅处理难度较大，而且给双方当事人造成的物质损失往往也是巨大的。因此，处理此类合同争议，积极补办相关手续，争取在起诉前补正合同效力，使建设工程合法化才是最佳选择。

12. 股权转让可以视为土地使用权转让吗？

问 我们知道，直接的土地使用权转让有许多限制条件，而且转让环节应交纳的税费也很多。如果采用股权转让的方式，收购拥有土地使用权的公司股东的股权，还需要办理土地的使用权过户登记吗？这种行为是否也会被视为土地使用权的转让而必须符合法定转让条件并要缴纳流转环节的税费？

答：土地使用权的转让是指土地使用权在公民、法人或者其他组织之间流转的行为。土地使用权转让必然发生土地权属的变更，而公司股权的转让只是发生股东和股东权益的变化，即使公司股东将全部股权转让给他人，原公司股东全部变更为新的法人或者自然人，公司的法律地位、对外责任以及对公司财产的所有权等均不会发生变化，原来登记在公司名下的土地使用权当然也不存在变更的问题。虽然股东的变化往往意味着法定代表人或者公司实际管理者的变更，但在法律上，公司财产所有权或者使用权的主体仍为公司而非股东，故股权的转让并不导致公司财产权的转移，公司股东变更后，土地使用权没有必要也不可能发生权属过户登记的问题。既然股权转让并不发生土地权属的变更，股权转让时当然也无须符合土地使用权的转让条件。正是因为通过股权变更的方式，既可以实际控制公司，取得公司土地使用权的支配权和收益权，又可以绕开土地使用权的转让限制条件，所以实践中采用股权收购的方式实现土地使用权变相和间接的转让非常普遍。对这种规避法律的方法，立法上尚无规制办法。1995 年建设部曾发布《城市房地产转让管理规定》，该规定第 3 条界定了土地使用权转让的其他四种方式：（一）以房地产作价入股、与他人成立企业法人，房地产权属发生变更的；（二）一方提供土地使用权，另一方或者多方提供资金，合资、合作开发经营房地产，而使房地产权属发生变更的；（三）因企业被收购、兼并或合并，房地产权属随之转移的；（四）以房地产抵债的。有人以此为依据，认为股权转让也应视为土地使用权转让。这样的理解并不准确。该规定所列举的四种方式必然发生土地权属的变更，而股权的转让只能发生股东的变化而不可能发生土地权属的变更，因此并不能依据此规定，将股权转让视为土地使用权的转让。国家税务总局就此问题也曾先后出台多项文件。比如 2000 年《关于以股权转让名义转让房地产行为征收土地增值税问题的批复》（国税函〔2000〕687 号）："广西壮族自治区地方税务局：你局《关于以转让股权名义转让房地产行为征收土地增值税问题的请示》（桂地税报 [2000]32 号）收悉。鉴于深圳市能源集团有限公司和深圳能源投资股份有限公司一次性共同转让深圳能源（钦州）实业有限公司 100% 的股权，且这些以股权形式表现的资产主要是土地使用权、地上建筑物及附着物，经研究，对此应按土地增值税的规定征税。" 2007 年《关于未办理土地使用权证转让土地有关税收问题的批复》（国税函〔2007〕645 号）："四川省地方税务局：你局《关于未办理土地使用权证而转让土地有关税收问题的请示》（川地税发〔2007〕7 号）收悉，批复如下：土地使用者转让、抵押或置换土地，无论其是否取得了该土地的使用权属证书，无论其在转让、抵押或置换土地过程中是否与对方当事人办理了土地使用权属证书变更登记手续，只要土地使用者享有占有、使用、收益或处分该土地的权利，且有合同等证据表明其实质转让、抵押或置换了土地并取得了相应的经济利益，土地使用者及其对方当事人应当依照税法规定缴纳营业税、土地增值税和契税等相关税收。" 虽然这些文件只是从税收的角度作出的批复，但却有人以此作为依据，认为既然从税务的角度将股权转让作为一种事实上的土地流传并被征税，那么当然可以确认股权转让就是土地使用权的转让。先不说国家税务总局并不具有对国家法律、法规的解释权，它所出台的文件并不能作为土地转让方式界定的依据。《土地增值税暂行条例》第 14 条明确规定:“本条例由财政部负责解释，实施细则由财政部制定。”显然，国税总局的批复有越权之嫌。事实上，这一批复在实践中也存在很大争论，许多地方并未据此执行。而且从操作层面也存在障碍，比如当事人转让 99% 的股权是否按土地转让征税？同一个公司的股东之间相互转让股权也是土地使用权转让吗？

但是，无论是为了强制施行土地使用权转让条件，还是为了控制流转环节的税收，都不能将并不会发生土地权属变更的股权交易生拉硬套为土地使用权转让。股权转让的合法性及效力，与股权构成的财产种类无关，不能因为股权构成中有土地使用权益而否定其股权转让的合法性和效力。如果因为通过股权转让规避了土地使用权转让条件，需要反思的是土地使用权转让条件设置的正当性和必要性。在市场经济条件下，交易自由是基本要义，不能反其道而行之，为了限制而限制，将本应自由交易的行为强行纳入有限制性条件的范围。至于税收，更不能为了征税而将非纳税交易强行纳入征税交易范围。其实，对于股权转让交易，完全可以通过征收企业所得税或者个人所得税实现税收。如果既征收股东转让股权的所得税，又向其收取土地增值税，则构成事实上的重复征税。

13. 可以用土地使用权投资入股成立房地产项目公司吗？这种投资形式是否属于土地使用权转让？

问 我公司有一处空闲场地，原规划用途是工业用地，现城市总体规划已将该地调整为商住用途。我公司欲与某房地产公司合作成立项目公司，我公司以该土地使用权作为投资入股。请问，这种方式法律允许吗？是否属于土地使用权转让并且要办理土地转让的审批和过户登记？

答：以土地使用权投资入股法律是允许的，但以工业用地投资入股搞商业性开发则并不那么简单。

《城市房地产管理法》第 28 条规定:“依法取得的土地使用权，可以依照本法和有关法律、行政法规的规定，作价入股，合资、合作开发经营房地产”。但是，若想以工业用途的土地使用权投资入股成立项目公司搞商业性开发，则必须满足如下几个条件：

第一，必须依法变更土地用途。

你公司取得的土地核准用途为工业用地，虽然城市总体规划已调整为商住用途，但这并不意味着你公司可直接按商住用途进行建设使用。城市总体规划，只是对城市未来一个较长时期总体发展远景、综合布局、功能区划等的计划和描述。这样的规划一经制定并非要立即付诸实施。落实城市总体规划，还需要制定“详细规划”“分区规划”等。涉及具体建设项目，还必须办理立项审批、用地审批以及土地用途的变更登记等。也就是说，城市总体规划范围内的土地使用权人，并不能根据城市规划调整后的用途自行改变土地用途。2002 年国土资源部发布《招标拍卖挂牌出让国有土地使用权规定》(11 号令)之后，凡经营性用地，必须采用招标拍卖挂牌方式出让。即使将工业性用途的土地变更为经营性用地，原土地使用权人也并不一定能成为土地用途变更后的土地受让人，因为 11 号令发布后，许多地方都出台规定，将由工业用途的土地变更为经营性用地，也必须将该土地使用权收回后，采用招拍挂方式重新出让。[①] 如此操作，原土地使用权人未必能成为重新出让时新的受让人，故以土地出资入股搞商住房开发的目的也难以实现。除非成立的项目公司能在今后的公开出让中成功竞得该宗土地。在实务中，这也并非没有可能，因为在土地规划用途由工业改为商住等经营性用地后，地方政府首先要收回原工业用地，并按重新出让所得的一定比例返还原使用人，如原使用人为房地产开发公司(或项目公司)，也允许其参与竞买，这样原使用人就具有一定的竞争优势，如能在收回土地使用权之前，将该土地使用权作价入股至项目公司名下，然后再以该项目公司的名义参与竞买，竞得土地的可能性还是很大的。

第二，依法办理土地使用权的转让变更登记。

在司法领域，已对土地使用权转让行为和以土地使用权作为出资的合作开发行为进行了单独定义，如最高人民法院《关于审理涉及国有土地使用权合同纠纷案件适用法律问题的解释》第 7 条规定:“本解释所称的土地使用权转让合同，是指土地使用权人作为转让方将出让土地使用权转让于受让方，受让方支付价款的协议。”第 14 条规定:“本解释所称的合作开发房地产合同，是指当事人订立的以提供出让土地使用权、资金等作为共同投资，共享利润、共担风险合作开发房地产为基本内容的协议。”即在司法审判中，已经不再将可能导致土地权属变更的合作开发行为作为土地使用权转让的特殊形式，并依据有关土地转让的法律

① 山东省国土资源厅、山东省监察厅《关于国有土地使用权出让中有关问题的意见》(鲁国土资发〔2003〕192 号)第 1 条第 3 项有更详细的规定:“出让土地使用权人将非经营性土地改变为经营性用途的，应当在符合城市规划的前提下，办理有关土地手续……属于需要重建的，应由政府收购储备后以招标拍卖挂牌方式出让。”

规定认定合作开发合同的效力。但在行政管理领域，无论何种方式，只要客观上发生土地权属的变更，就必须办理土地使用权的过户登记手续，如果不符合法定的转让条件，则土地行政主管部门仍然会拒绝办理权属过户登记。

14. 转让方将同一宗出让土地使用权转让给数家公司应如何处理？

问 甲公司将土地使用权转让给乙公司，并签订了土地使用权转让合同。由于当时甲公司尚未取得土地使用权证书，故乙公司只交纳了70%的转让费，余款约定甲公司取得土地使用权证书后交纳。合同签订后，甲方已将土地交付乙公司，并配合乙公司开始进行项目建设。后乙公司得知，甲方在办理了土地使用证之后又将土地使用权转让给丙公司，并且已经办理了权属过户手续。现因此产生争议，请问该如何处理？

答：受利益驱动，这种一地多转的情况在土地市场并不鲜见。对此最高人民法院2005年发布的《关于审理涉及国有土地使用权合同纠纷案件适用法律问题的解释》（法释〔2005〕5号）第10条规定："土地使用权人作为转让方就同一出让土地使用权订立数个转让合同，在转让合同有效的情况下，受让方均要求履行合同的，按照以下情形分别处理：（一）已经办理土地使用权变更登记手续的受让方，请求转让方履行交付土地等合同义务的，应予支持；（二）均未办理土地使用权变更登记手续，已先行合法占有投资开发土地的受让方请求转让方履行土地使用权变更登记等合同义务的，应予支持；（三）均未办理土地使用权变更登记手续，又未合法占有投资开发土地，先行支付土地转让款的受让方请求转让方履行交付土地和办理土地使用权变更登记等合同义务的，应予支持；（四）合同均未履行，依法成立在先的合同受让方请求履行合同的，应予支持。未能取得土地使用权的受让方请求解除合同、赔偿损失的，按照《中华人民共和国合同法》的有关规定处理。"根据这一规定，对于发生一地多转的情况，且受让方均要求继续履行合同，在各份转让合同均有效的情况下，优先履行的顺序是：已办理权属变更登记→已先行占有→先行支付转让款→先行签订合同。这一优先履行顺序体现了"物权优先于债权"的原则，在受让方均为债权的情况下，则遵循已实际履行优先和签约在先优先的原则。

但是，适用最高人民法院该司法解释时应注意如下两个问题：

（1）该解释规定的履行优先顺序的前提是，各份转让合同均合法有效，若履行顺序在先的合同属于违法的、无效的，则丧失优先履行权；

（2）在一方已先行占有土地并且进行了实际开发的情况下，则不能机械的适用“物权优先于债权”的原则，即不能仅根据权属登记情况确定履行顺序。如果先行占有土地一方已经为建设项目进行了重大投入，项目已经建成或者部分建成，则不能适用这一原则，因为对受让方投入建设的部分，转让方显然没有处分权，如果转让方与已先行办理权属登记的一方所签转让合同包括他方投资建成的部分，则应查明受让方是否符合《物权法》规定的善意取得条件，不符合的，其履行要求不应支持。而若转让合同不包括该部分，则办理了权属登记的受让方就不可能为该部分支付价款，而合同实际履行的后果又可使其获得该部分建成项目产权，这种情况下显然受让行为不符合善意取得条件，因此不能支持其履行要求。

无论最终支持哪一方取得土地使用权，都不影响未取得土地使用权的受让方请求解除合同、赔偿损失的权利，未能取得土地使用权的当事人已交付的土地转让款和建设投入可以要求转让方返还，因此造成损失的，还可要求转让方赔偿。如果转让方以骗取财物为目的一地多转构成诈骗的，还可要求追究相关责任人的刑事责任。

15. 土地使用权转让合同签订后尚未办理权属变更登记，需要补交土地使用权出让金应由谁承担？

问 在签订土地使用权转让合同时，双方只是对办理权属过户登记时需承担的税费分担有过约定。可是由于建设项目容积率调整，需要补交出让金，而就该费用承担，双方并没有约定，现双方为此产生争议，请问应如何处理？

答：由于土地用途变更，或者规划建设条件调整而需补交土地使用权出让金的情况很常见。一般来说，因建筑容积率[①]调整而需补交土地使用权出让金，意味着建筑面积的增加，因为在土地使用权出让时，出让金价格不仅与土地面积有关，也与建筑面积有关，尤其是商住用地出让，许多就是按照楼面地价[②]计算的土地出让金价格。因此，若因容积率提高而增加建筑面积，则政府主管部门都会要求受让方补交土地使用权出让金。

---

① 指一个小区的总建筑面积与用地面积的比率。

② 楼面地价 = 土地总价 ÷ 规划建筑面积 = 土地单价 ÷ 规划容积率。

但是由谁补交？由转让方补交还是受让方补交，法律并无具体规定。一般的处理原则就是，有约定的按约定，没有约定则应按照“谁受益，谁补交”的原则处理。即在没有明确约定的情况下，对于新增加的建筑面积谁是受益者，就应当由谁补交出让金。一般来说，容积率提高或者改变规划条件，都是基于土地使用权人的申请，如果在土地使用权转让合同签订之后提出申请，则受让人对申请获批后可能补交出让金是明知的，出让金当然应由新的受让人补交，因为在这种情况下，受让人毫无疑问是容积率提高的受益人，且土地转让价款也不会包含该补交款项。当然也可能存在另外一种情况，在签订转让合同之前，转让方已经提出提高容积率申请，但在合同签订后该申请才获得批准并被通知补交土地使用权出让金，对这一后果受让方并无预知。虽然其仍为容积率调整的受益人，但补交出让金数额巨大超出其承受范围，因补交出让金也意味着转让费的提高，可视为对转让合同价款的变更，就合同变更事项如果当事人经协商达不成一致，也可以解除合同。

16. 土地使用权无证连环交易应如何处理？

问 A 公司以出让方式取得一宗商业用地使用权，已经交付全部土地使用权出让金并取得土地使用权证。在建设项目刚刚完成一小部分时，便将土地使用权连同在建项目转让给 B 公司。B 公司接手后未进行实际开发，也未取得土地使用权证又将土地使用权连同建设项目转让给 C 公司。现 A、B 两公司因未按规定参加年检已被吊销营业执照，法定代表人也不知去向，C 公司沿用 A 公司的有关建设手续已将该项目基本建成，在申请办理权属过户登记时遭到登记主管部门拒绝，理由是 B 公司并未取得土地使用权证，无权转让土地使用权，B 公司与 C 公司签订的土地使用权转让合同是无效的。请问，登记主管机关拒绝办理权属过户登记的理由成立吗？这种情况应如何处理？

答：在未取得权属证书的情况下就转让土地或房产的情况在全国范围内普遍存在，而且常常会形成多次的连环转让。除了首次转让时转让方有可能已经取得权属证书外，其余各次转让，转让方可能并无权属证书，而只是将与前手的转让合同作为转让依据，到最后一个受让方要求办理权属过户登记时，登记主管部门便往往以《城市房地产管理法》第 38 条“未依法登记领取权属证书的”“不得转让”为依据，认定转让行为违法，并拒绝办理权属过户登记。这些年，城市中的许多建设工程形成烂尾，并多年得不到解决。而且拒绝办理权属过户登记真正惩罚的是实际投资建设者和最终购买物业的人，未来有待法律加以完善。

2007年生效的《物权法》已经实行合同效力和物权效力相区分的原则，未办理权属登记虽然不能取得物权效力，但并不影响设立物权的原因——合同的效力。最高人民法院相关司法解释也并不认为凡违反法律规定的行为均属无效，而只有违反法律、行政法规“效力性强制规定”的行为才可认为无效，而在司法审判实践中，人民法院并未将《城市房地产管理法》第38条规定视为“效力性强制规范”。转让方虽未取得权属证书，但只要能够证明其对房地产有处分权，并且具备办证条件的，仍可认定转让合同有效。此外，最高人民法院《关于审理涉及国有土地使用权转让合同纠纷案件法律适用问题的解释》还规定了“合同效力补正”原则，即使因某种审批程序方面的缺陷（比如未办理权属证书）可能使合同无效的，只要在起诉前补办了权属证明或者有批准权的人民政府同意转让的，其合同效力即可补正。

不过，有的登记主管机关并不直接拒绝办理权属过户登记，而是要求必须由转让方到场并出具相关证明，甚至要求每一次转让都必须纳税。如果发生在前的交易环节，纳税主体不能交税，则由最后申请办理权属登记的受让方一并补交，否则不予办理过户登记。现在很多城市一些房屋已实际入住使用多年，但却迟迟不能办理权属登记，无法取得产权证书，与登记机关对待连环交易的这种强制性要求不无关系。因为在我国，房地产开发的早期，许多房地产公司都是炒合同、炒批文的项目公司，自己往往并不实际开发，而是通过空手转让获利，没有了可转让的项目，一些公司也就自生自灭了。在土地出让采用公开竞价方式之后，一大批竞争实力不强，拿不到土地的房地产公司便被自然淘汰，这样的公司，不仅找不到负责人，即使找到，让其配合办理相关手续或者补交税款难度也很大。而让最后实际开发或者最终买受人补交历次交易过程中的全部税费，不仅税费负担太重，而且也有失公平。这样，连环的不动产交易到了最后一环就形成一个死结，解不开这个结，不仅实际投资人和物业买受人是受害者，而且国家也受损失——由于不能补办相关手续，常常造成土地的闲置和工程的烂尾，即使已经投入使用的物业，一些本可收取的税费（比如房产税）等也难以收取。

对于已经形成的无证连环交易，不应轻易否认中间转让环节转让合同的效力。按照最高人民法院《关于审理涉及国有土地使用权合同纠纷案件适用法律问题的解释》第9条规定，“有批准权的人民政府同意转让”，也是转让合同效力补正的依据之一，即在没有取得土地使用权证书的情况下，只要有批准权的人民政府同意转让，签订的土地使用权转让合同也可认定为有效。因此，只要土地使用权出让金——获得土地使用权必须支付的对价没有拖欠，或者实际投资人自愿补交的，并且能够提供相关交易和投资证明，政府主管部门就应当同意转让，并为实际投资人或者物业持有人办理权属过户手续。至于中间交易环节，登记主管部门完全可以不必过问。如果中间交易存在瑕疵或者争议，即便已经完成了权属变更登记，相关权利人也完全可以通过申请“更正登记”“异议登记”或者提起民事诉讼获得救济。而交易环节的税收，我国法律对于如何征收，如何对偷逃税行为进行惩罚，早有明确规定，不能将该税收负担转嫁给实际投资人或最终物业买受人，更无须不动产登记主管部门借助登记权力代行税收管理职能。

17. 土地使用权转让后，新的受让人是否受原土地出让合同的约束？

问 在土地使用权转让合同或者商品房买卖合同中，一般都会约定，受让方必须遵守原土地使用权出让合同的约定，或者约定自土地（或者房屋）转让之日起，原土地出让合同中的权利义务随之转移给受让方。请问，原土地使用权出让合同对新的受让方也有约束力吗？

答：按照一般的合同法原理，民事合同具有相对性，即合同只能在合同缔约双方之间产生约束力，非合同缔约方并不受他人所签合同的约束，除非通过法定形式将合同的权利义务转让给非缔约方。按照法律规定，合同一方要将合同的权利义务转让给第三方，要履行通知和征得相对方同意的义务，即单纯合同权利的转让，须通知合同相对方；而合同义务（或者权利义务的概括）转让，则应征得合同相对方的同意。但是，土地使用权的转让则具有特殊性，无论土地使用权经过多少次转让，都是在国家保留土地所有权的情况下进行的，当事人所交易的只是土地使用权而非所有权。因此，无论谁最终使用土地，都必须对土地所有人负责。土地出让合同中有关土地用途、使用条件、使用期限等关于土地使用过程中受让方应承担的义务，在新的受让人享有土地使用权利的同时也会自动发生效力，而无须再由转让方按照《合同法》的规定履行通知和征得出让方同意的义务。《城市房地产管理法》第 42 条的规定：“房地产转让时，土地使用权出让合同载明的权利、义务随之转移。”根据这一规定，在土地使用权转让时，原土地使用权中的权利义务自动转移给新的受让人，这属于权利义务的法定转让而非约定转让，因此，不仅无须办理通知和征求同意的手续，而且也不必得到新的受让人明确的认可，换句话说，只要新的受让人同意受让土地，即使转让合同中没有关于出让合同权利义务随之转移的约定，新的受让人也自动享有和承担原出让合同中的权利和义务。这一后果并非说明原土地出让合同本身对新的受让方仍有约束力，而是合同权利义务转让的结果。

理解这一问题，还有一点需要注意：如果是权利义务的概括转让（也称合同转让），合同转让之后，转让方便退出原合同关系，而新的受让方成为原合同关系的当事人，并承继所有转让方在原合同关系中的权利义务。而土地使用权转让合同签订后，转让方并不退出原出让合同关系，即原出让合同对其仍有约束力；新的受让人也并非取代转让方在土地出让合同中的法律地位而承继其所有权利义务，他所承继的只是那些与土地所有权相关的权利义务，比如依法使用土地的权利，以及按规定用途、规定条件、规定期限使用土地的义务等，而因对价关系产生的给付义务，比如支付土地出让金的义务，就不能由新的受让人承继，如果土地使用权转让后，转让方尚欠出让方土地使用权出让金，则出让方就只能向原土地出让合同的受让人追偿。

18. 转让方拒绝协助受让方办理土地权属过户登记，受让方应如何主张权利？

问 在签订土地使用权转让合同后，土地市场价值大幅上涨，于是转让方心理失衡，先是以种种理由欲撕毁合同，未能得逞便不予配合办理权属过户登记，想以此迫使受让方追加转让费。因为当时在签合同时，对于权属过户登记的期限约定不明，所以对转让方故意拖延，受让方也有些无可奈何。请问，现在受让方应如何主张权利？

答：这种情况在最近这些年的不动产交易市场经常发生。主要原因就是土地和房屋的价格上涨太快，许多签订合同转让了不动产的当事人，刚签合同不久就发现被转让的不动产又大幅升值，于是找出各种理由撕毁合同。但是，不动产转让后，价格无论如何上涨，都不能成为撕毁合同的理由。在市场上，交易标的价格的涨跌，是交易双方必须承受的正常商业风险，发现转让的商品价格迅速上升就想反悔，是典型的不讲诚信、见利忘义的行为。只要所签合同合法有效，转让方想撕毁合同的目的就不能得逞。转让方要求追加转让费的要求也不能成立，因为追加转让款项属于合同的变更，必须经双方协商达成一致才可以变更。由于市场的波动导致转让前后标的物价值的大幅度变化，也不存在显失公平或者重大误解的问题，转让方也无权要求变更或者撤销合同。

对于转让方要求追加转让价款的要求，受让方完全可以拒绝。虽然转让合同对于权属过户登记期限约定不明，但并不影响受让方主张权利。只要土地使用权已经具备了法定的转让条件，受让方就可以要求转让方履行协助办理权属过户登记的义务。按照《合同法》第62条第（四）项规定："履行期限不明确的，债务人可以随时履行，债权人也可以随时要求履行，但应当给对方必要的准备时间。"如果转让方拒绝履行，则受让方可以依法向人民法院提起诉讼，要求转让方继续履行合同相关义务，受让方因转让方违约行为遭受的损失也可一并起诉要求其赔偿。若经人民法院判决或者调解后，转让方仍不予配合办理权属过户登记，根据《民事诉讼法》第251条规定："在执行中，需要办理有关财产权证照转移手续的，人民法院可以向有关单位发出协助执行通知书，有关单位必须办理。"即受让方可凭生效法律文书或者人民法院的协助执行通知书直接在登记机关办理权属过户登记。

19. 土地使用权转让后土地使用期限如何确定？

问 某公司通过出让方式取得一宗商业用地，土地出让合同约定的土地使用期限是40年。该宗土地在闲置了七八年后又转让给另一公司并开始进行建设。请问新的受让人土地使用期限应从何时开始计算？是否可以从实际使用，即开工建设之日计算土地使用期限？

答：国务院颁布的《城镇国有土地使用权出让和转让暂行条例》第12条，规定了不同用途土地使用的最高年限，同时该《条例》第22条规定："土地使用者通过转让方式取得的土地使用权，其使用年限为土地使用权出让合同规定的使用年限减去原土地使用者已使用年限后的剩余年限。"《城市房地产管理法》第43条也有基本相同的规定。即通过转让方式取得国有土地使用权，受让人能够使用的土地年限不是从转让之日，也不是从开工之日重新计算，而是将原土地出让合同约定的使用年限减去原使用人已经使用的年限之后的剩余年限。以该问答为例，土地出让年限为40年，转让时已使用（已经受让土地后非政府原因导致的闲置仍视为使用）7、8年，则新的受让人剩余土地使用年限为33年或者32年。

但是需要注意的是，无论是国务院《条例》还是《城市房地产管理法》都没有规定土地使用年限从何时开始起算，有关国有土地使用权出让合同的参考文本大都约定“土地使用年限从出让方交付土地之日起算”。但何为交付、交付标准等，参考本文并无统一表述，实践中，土地出让合同对此常常没有约定或者约定不明，有的约定出让方交付土地应当完成“三通一平”（还有“五通一平”“七通一平”等）。如果没有明确的交付标准、交付方式的约定，土地使用年限的起算就会成为问题。因政府方面的原因导致的土地不能如期交付或者因不具备开工条件而长期闲置的情形并不少见。从基本的公平原则和土地出让年限规定的本意来说，土地使用年限应当从受让人实际使用之日开始起算。因此，若因政府原因不能按时交付土地或者交付土地不符合条件导致使用人不能实际使用土地，则土地使用年限应当从实际具备使用条件之日起算，而不应从原出让合同约定的时间开始起算。

20. 已经转让的土地使用权尚未办理过户登记可否查封和强制执行？

问 甲公司将一宗以出让方式取得的土地使用权转让给乙公司，乙公司已经支付了全部土地使用权转让费并且实际占有土地开始建设，但尚未办理权属过户登记手续。因甲公司拖欠丙公司借款，丙公司欲向人民法院起诉，请问，丙公司可否在起诉的同时申请查封仍在甲公司名下的土地，并在判决后以该土地使用权拍卖、变卖所得清偿债务？

答：丙公司可以申请查封仍在甲公司名下的土地使用权。因为根据《物权法》规定，不动产物权的变动经登记后发生效力。甲公司与乙公司虽然签订了转让合同，但没有办理权属登记手续，故在法律上，土地物权仍归甲公司所有。但是，即使查封了甲公司名下的土地使用权，丙公司也未必能实现债权。因为同样根据《物权法》的规定，没有办理物权变动登记的，并不影响合同的效力。即甲公司与乙公司签订转让合同后，虽然尚未办理权属过户登记，但他们所签订的合同是合法有效的，既然是合法有效的合同，就应当得到履行。即甲公司对乙公司负有继续履行的义务——保证乙公司正常使用土地和办理权属过户登记等。相比于该继续履行债权，丙公司要求偿付拖欠转让费的债权并不具有优先性。人民法院不能为保护一个债权而损害另一个债权。如果同为金钱给付之诉的债权人，可能还存在一个查封在先优先受偿的问题，而在继续履行债权和金钱给付债权并存时，并不存在谁先查封谁先受偿的问题。相反，在这两种债权并存在的情况下，更应当优先保护的是继续履行债权。因为继续履行债权不能得到支持，则意味着合同关系的终止，而合同关系一旦终止，不仅会给合同当事人造成重大损失，而且往往会产生连锁反应，影响其他相关合同的履行，尤其是以不动产的交付和建设为内容的合同，一旦不能继续履行，后续的诸如工程承包合同，原材料和设备采购合同、商品房预售合同等一系列合同都不得不终止履行。为保护一个金钱给付债权而不惜损害无辜第三方和不特定多数人的利益，人为扩大损失并不符合公平正义等基本司法原则。1998 年最高人民法院《关于人民法院执行工作若干问题的规定（试行）》第 88 条第 2 款规定："多个债权人的债权种类不同的，基于所有权和担保物权而享有的债权，优先于金钱债权受偿。"显然，乙公司对于甲公司继续履行的债权正是基于对土地的占有、使用、收益和地上物所有权而享有的债权，对该债权的优先保护符合该司法解释精神。2004 年最高人民法院《关于人民法院民事执行中查封、扣押、冻结财产的规定》第 17 条规定："被执行人将其所有的需要办理过户登记的财产出卖给第三人，第三人已经支付部分或者全部价款并实际占有该财产，但尚未办理产权过户登记手续的，人民法院可以查封、扣押、冻结；第三人已经支付全部价款并实际占有，但未办理过户登记手续的，如果第三人对此没有过错，人民法院不得查封、扣押、冻结。"根据这一规定，对于已经付清了全部转让价款并且已经实际占有使用的土地，人民法院不能查封，当然也不能执行。除非受让方有过错，比如与转让方恶意串通逃避债务。如果确有恶意串通的行为，按照《合同法》第 52 条的规定，所签订的土地使用权转让合同则自始无效，当然也不存在继续履行的问题。

优先保护已经支付了转让价款并且已经占有使用土地一方的债权，其正当性还体现为对善意买受人的保护，当受让方已为受让的土地支付了全款之后，再以拍卖、变卖该土地使用权所得清偿转让方的债务，就是对善意买受方利益的直接损害，是用买受方的财产利益偿付他人债务，清偿了旧的债务又会产生新的债务，而且还会使损失扩大，这显然有失公平，也不符合司法审判案结事了的价值取向。因此，对于受让方已经支付了全部土地转让款的情况，即使没有办理权属过户登记的，也不能查封或者执行。另外，笔者认为，也不能把是否支付了全部转让款项作为能否查封和执行的唯一标准，签订土地使用权转让合同之后，对土地的实际占有和使用情况也应作为主要的考虑因素，虽然没有支付全部转让款项，但已实际占有土地并开始建设的，也应尽可能不采取查封或者执行措施。对于这种情况，可将受让人应当向转让方支付的剩余转让款项作为转让方的债权予以查封或者执行，而土地使用权转让合同则应继续履行。这样做，即可维护债权人的利益，也不会损害土地使用权受让方和其他人的利益。

21. 受让方未交齐全部土地使用权转让费又将土地使用权转让给他人，转让方可否解除合同？

问 我公司将一宗国有土地使用权转让给某公司，合同签订后，某公司仅支付了部分转让费之后，在没有办理土地权属过户登记的情况下，又将土地使用权转让给另一家公司并已开工建设，而拖欠我公司的转让费经多次催要后却以种种理由拒付。请问，在土地使用权已经再次转让后，我公司可否要求解除合同？

答：受让方是否将土地使用权进行了再次转让，并不影响你公司行使合同解除权。何况，在受让方未取得权属证书的情况下，其与另一家公司所签转让合同有可能被认定为无效。根据《合同法》第 94 条规定："有下列情形之一的，当事人可以解除合同：（一）因不可抗力致使不能实现合同目的；（二）在履行期限届满之前，当事人一方明确表示或者以自己的行为表明不履行主要债务；（三）当事人一方迟延履行主要债务，经催告后在合理期限内仍未履行；（四）当事人一方迟延履行债务或者有其他违约行为致使不能实现合同目的；（五）法律规定的其他情形。"显然，对于土地使用权转让合同的受让方来说，支付土地使用权转让费就是其主要合同义务，在经过转让方多次催要，受让方无正当理由拒绝支付的，就构成根本违约，转让方有权行使合同解除权。

"合同解除权"是法律赋予合同当事人在一方违反合同约定，不履行主要债务时的救济手段之一，目的是通过解除合同关系，使合同当事人之间的权利义务关系终止，守约方无须再按合同约定履行义务，以避免损失的扩大。但是，合同解除权并不是合同当事人权利救济的唯一手段，通过要求债务人继续履行、赔偿损失、支付违约金等方式能够实现合同目的的，不一定要行使合同解除权。尤其是单纯的金钱给付债权，只要不是债务人已资不抵债、无力偿付，通过要求债务人继续履行给付义务，承担违约或者赔偿责任的方式，足以实现合同目的。而若解除合同，虽然债权人无需履行后续义务，但债务人的给付义务也可不再履行，并且合同解除后，就已经履行部分的处理往往难度更大。《合同法》第 97 条规定："合同解除后，尚未履行的，终止履行；已经履行的，根据履行情况和合同性质，当事人可以要求恢复原状、采取其他补救措施，并有权要求赔偿损失。"对于土地等不动产转让合同，往往解除合同会涉及第三方权益，如果诉讼，还需追加第三人参加诉讼，不仅程序复杂，而且权利义务的确认，财产的处分等难度也极大。当受让方或者第三人已经对土地进行了实际的投资开发建设时，则一般不能采用恢复原状，即由受让方返还土地、赔偿损失，而由转让方退还已收转让费的处理方式。而如果受让方能够采取补救措施并赔偿损失，则一般也就具备清偿欠款的能力。因此，除非签订合同后履行时间不长，受让人仅支付了少部分转让费的情形，在受让方已支付了大部分转让款项，且已开工建设的情况下，尽可能不要采取解除合同的方式。

22. 房屋等地上建筑物转让时是否导致占用范围的土地使用权转让？

问 李某购买王某房屋一处，房屋已经交付并且已经办理了房屋产权的过户登记。但当地尚未实行“两证合一”，房屋产权和土地使用权仍然在政府房屋和土地管理部门分别登记。王某持有单独的土地使用权证。李某在办理了房屋产权过户手续后要求王某配合办理土地使用权过户手续，但却遭到王某拒绝，理由是他转让的只是房屋而非土地，如果办理土地使用权过户登记，李某应增加费用。请问，王某的说法有根据吗？

答：王某的说法没有法律依据。

我国实行房屋所有权和土地使用权统一的制度，即所谓“地随房走，房随地走”的原则，房屋等地上建筑物、附着物转让时，其占用范围内的土地使用权也应同时转让。对此，《城市房地产管理法》第 32 条规定：“房地产转让、抵押时，房屋的所有权和该房屋占用范围的土地使用权同时转让抵押。”2007 年施行的《物权法》也有类似规定。该法第 146 条规定：“建设用地使用权转让、互换、出资或者赠与的，附着于该土地上的建筑物、构筑物及其附属设施一并处分。”第 147 条规定：“建筑物、构筑物及其附属设施转让、互换、出资或者赠与的，该建筑物、构筑物及其附属设施占用范围内的建设用地使用权一并处分。”根据以上规定，房屋所有人将房屋所有权转让给他人，也即意味着其同时也将房屋占用范围内的土地使用权一并转让给他人。除非对于配合办理土地权属过户登记须向转让方另行支付费用有特别约定，转让方不得另行收取费用，且有义务协助买受人办理土地权属的过户登记。虽然在我国相当多的地方，土地和房屋登记仍然分属不同的行政机构，房屋所有权和土地使用权的过户登记和发证要分别到土地和房屋管理部门办理，并且在办理时间上也往往存在先后，但并不因此影响房地统一规定的适用，即无论是房屋转让还是土地转让，也无论是统一登记还是分别登记，房屋所有权转让的，必然发生土地使用权的转让，土地使用权转让的，则地上房屋所有权也必然转让。即从法律后果上说，不允许也不可能把“房”和“地”分别转让给不同的主体，或者转让了房屋却保留土地的使用权。《城市房地产管理法》第 61 条第 3 款规定：“房地产转让或者变更时，应当向县级以上地方人民政府房产管理部门申请房产变更登记，并凭变更后的房屋所有权证书向同级人民政府土地管理部门申请土地使用权变更登记，经同级人民政府土地管理部门核实，由同级人民政府更换或者更改土地使用权证书。”根据这一规定，房屋转让的，在办理了房屋所有权转让过户手续之后，当事人即可凭办理的房屋所有权证书向土地管理部门要求办理土地权属变更登记。根据《物权法》第 10 条的规定，国家对不动产实行统一登记制度。根据这一规定，如今全国许多地方政府的土地和房产管理部门已经实行了合并，在许多城市，房屋所有权证和土地使用权证已经实行了“两证合一”，在办理土地和房屋的权属过户登记时，只需在同一个部门即可同时完成土地使用权和房屋所有权的过户登记。

23. 军用土地使用权可以转让进行商业开发吗？有哪几种转让方式？

问 最近，看到当地某驻军公开在媒体上发布土地使用权转让公告，拟采用公开竞价的方式转让一宗军用土地使用权，土地使用权转让后的用途为“商业、金融、居住综合用地”。请问，军用土地可以公开上市转让吗？这样的转让方式是否合法？所签转让合同是否有效？

答：军用土地是国家通过无偿划拨方式供应给军队使用的土地，其用途具有法定性，一般只能用于国防、战备、训练等军事设施和相关配套设施建设，因此法律对于军用土地的用途一直采用严格的管控措施，不允许通过转让或者变相转让方式改变军用土地的权属和用途。然而由于许多历史或者军队机构编制调整等原因，军队也确有一些空余或不再作军事用途使用的土地，如果任其闲置，也是国家土地资源的浪费。加之最近十多年，我国房地产市场持续火爆，也刺激了军队土地入市交易的冲动。因此，此类闲置并经规划调整已经改变了军事用途的土地，在履行了严格的审批程序之后，还是可以转让的。为规范军用土地的转让行为，有关部门发布了一系列文件和通知，主要有：（1）1990 年由中央军委发布的《中国人民解放军房地产管理条例》；（2）1995 年由解放军总参谋部、总政治部、总后勤部联合发布了《军用土地使用权转让管理暂行规定》;(3)1993年由财政部、原国家土地管理局、总后勤部发布的《关于军队有偿转让空余军用土地有关问题的通知》;(4)2007年由国土资源部、财政部、解放军总后勤部发出的《关于加强军队空余土地转让管理有关问题的通知》(国土资发〔2007〕29号);(5)2007年由解放军总后勤部发出的《关于军队空余土地转让项目实行确认书制度有关问题的通知》(后营〔2007〕183号)等。根据以上文件规定，军用土地的转让，除了必须遵守国家法律关于划拨土地使用权转让的有关规定外，还有一些特殊要求，主要体现为:

(一)严格的审批程序

按照总参谋部、总政治部、总后勤部1995年5月16日发布的《军用土地使用权转让管理暂行规定》有关规定，军用土地使用权转让的基本审批程序如下:

(1)转让单位进行土地开发可行性论证、合作对象资信调查和签订合同(协议)后，向各大单位提出申请;

(2)各大单位审核确定土地面积、用途、用地范围和评估地价后，按程序上报审批;

(3)军委、总部批复后，按规定向后勤部和大单位后勤部缴纳土地转让费和土地管理费，领取《军用土地补办出让手续许可证》，凭《许可证》到当地人民政府土地管理部门办理土地出让、权属过户手续(2007年改为“确认制”);

(4)按基建程序申报建设规划;

(5)修改地籍、营产档案资料。

中央军委以及三总部有关土地转让的规定在明确基本程序的同时，都特别强调了土地使用权转让的审批权限。规定用于军事设施的房地产，其权属不可改变，如需改变，需经国务院、中央军委批准。此外，除军队与地方兑换数量和质量相当的房地产、营以下单位空余营房借给地方和有期限借给地方土地不足20亩的，由各大单位审批外，其他土地房产的转让、兑换不论数量多少均需报总后勤部审批。其中涉及军事设施安全保密，影响军事设施使用效能或妨碍军事活动正常进行的，报总参谋部、总后勤部共同审批；向外商、港澳台转让军用土地的，则要报中央军委审批。

(二)对可转让土地范围进行严格限定

按照国土资发〔2007〕29号通知规定，今后，转让军队空余土地，要按照总后勤部的有关规定，除整宗空余土地、部队部署调整搬迁后空出土地、军队售房区土地、独立坐落干休所土地，以及地方城市规划修建市政基础设施和公益性设施占用土地外，其他军队空余土地原则上不得转让。同时，军队空余土地转为民用之前，军队单位应当严格审查转让是否涉及军事安全、保密等问题，凡涉及军事安全、保密的，一律不得转让。

（三）规范转让方式

早期军用土地的转让，大多采用协议方式。2002 年 7 月 1 日国土资源部发布《招标拍卖挂牌出让国有土地使用权规定》以后，军用土地的转让也陆续开始采用公开竞价方式转让。2007 年由国土资源部、财政部、解放军总后勤部联合发布的《关于加强军队空余土地转让管理有关问题的通知》规定："凡属于商业、旅游、娱乐、商品住宅和工业用途的，必须在当地统一的土地市场公开转让，按价高者得的原则，确定土地使用权人。同时规定了转让的三种模式：（一）由当地政府收购储备，再由政府统一出让；（二）直接在当地的土地有形市场公开转让，由军队与土地所在地的市、县人民政府国土资源管理部门协商一致后共同实施，招标拍卖挂牌的具体事务性工作可由当地国土资源管理部门承办；（三）由军队单位按照总后勤部的有关规定组织公开转让，确定受让人，市、县国土资源管理部门按规定与受让人签订《国有土地使用权出让合同》，按市场价格核定土地出让收益。具体采用哪种模式，由军队单位与土地所在地的市、县国土资源管理部门协商后，在申报军队空余土地转让计划时一并上报总后勤部审批。分析以上三种转让模式可以看出，军用土地使用权转让既可通过地方土地管理部门收回后以出让方式进行，也可由军队在当地有形市场自行组织公开转让，只不过按照有关规定，转让收入均归部队所有。

24. 土地使用权转让后转让人已经签订的房屋预售合同如何履行？

问 甲房地产开发商在取得预售许可证后已将部分房屋预售并与购房者签订了《商品房预售合同》，之后，甲公司又将土地使用权和全部在建项目全部转让给乙公司。请问，甲公司在已将部分房屋预售的情况下还可以将土地使用权和在建项目整体转让吗？如果转让，已签订的预售合同该如何处理？

答： 房屋已经开始预售并不影响土地使用权的转让。而且根据法律规定，以出让方式取得土地使用权，转让房地产时，应当符合的条件之一就是，属于房屋建设工程的，必须完成开发投资总额的百分之二十五以上，而这一条件与商品房预售的条件也基本相同，即符合预售条件的，说明所售商品房占用范围的土地使用权一般也符合转让条件。房地产开发商将在建工程连同土地使用权一并转让的情形在房地产市场很常见，一旦发生转让，常常涉及已经签订的商品房预售合同中的权利义务转移的问题。即转让方在转让土地使用权时，也必然要将其在商品房预售合同中的权利义务转让给受让方。但是，按照《合同法》的规定，合同权利义务的概括转让必须取得合同相对方，即购房人的同意，否则，该转让行为无效，购房人仍可根据原商品房预售合同要求转让方履行义务。如果转让方不能履行交付房屋等合同义务，则购房人有权就转让行为对自己造成的损害追究转让方的违约或者赔偿责任。但房屋等工程项目建设具有特殊性，根据法律规定，建设项目实行项目法人制度，只有项目法人可以取得规划许可、预售许可等主体资格，并且该资格取得主体必须与土地使用权主体相一致，转让了土地使用权，其他各种许可的资格主体也必然相应发生变更，即土地使用权转让之后，则购房人再要求转让人（原开发商）履行交房等合同义务事实上已不可能。

但是，购房人所签订的商品房预售合同并不能因为房地产开发商转让土地使用权和建设项目而自动终止，土地使用权和项目受让人也不能因为取得了项目法人和预售许可资格而有权将原开发商已经预售的房屋另行销售。按照最高人民法院相关司法解释，除非后一个购房合同的预购方已经取得房屋所有权证，否则在存在“一房二卖”的情况下就可以认定后一个预售合同无效。[①] 而且现在全国大部分城市都建立了商品房网上签约备案制度，未经购房人同意，无法撤销网上备案登记，当然也无法为后一个预购人办理网上签约，更不可能办理所有权登记。因此，房地产开发商在转让土地使用权和建设项目同时，必须妥善处理已经签订的预售合同。一般情况下，只要能够保证已经签订的预售合同顺利履行，即新的开发商能够按照原合同按时交付质量合格的房屋，购房人一般都会同意原开发商合同权利义务转让的要求，并与新的开发商重新签订新的商

① 最高人民法院《关于审理房地产管理法施行前房地产开发经营案件若干问题的解答》第27条规定：“预售商品房合同签订后，预购方尚未取得房屋所有权证之前，预售方未经预购方同意，又就同一预售商品房与他人签订预售合同的，应认定后一个预售合同无效；如后一个合同的预购方已取得房屋所有权证的，可认定后一个合同有效，但预售方给前一个合同的预购方造成损失的，应承担相应的民事责任。”

品房预售合同。但必须指出，是否同意，完全取决于购房人的意志，如果因为购房人对新的开发商缺乏信任或者因其他原因，拒绝原开发商合同权利义务转让的要求，而原开发商在这种情况下又实施了土地使用权和建设项目的转让行为，则也会构成事实上的“一房二卖”行为，如果因此而导致购房人合同目的不能实现，即无法取得预购房屋的，则按照最高人民法院《关于审理商品房买卖合同纠纷案件适用法律问题的解释》第 8 条规定：“可以请求解除合同、返还已付购房款、利息、赔偿损失，并可以请求出卖人承担不超过已付购房款一倍的赔偿责任。”

第七章

国有土地上房屋征收与补偿纠纷

1. 什么叫国有土地上房屋征收与补偿？

问 我们村十几年前已经成建制转为城市户口，村里的土地也被征为国有，但当初由村统一建设并分配给我们的住宅仍为“小产权证”。近期，因机场扩建，我们的“小产权房”也被列入拆除范围。请问，我们的房屋是否可以按照国有土地上的房屋进行征收补偿？

答：首先，应当明确一个概念：什么叫国有土地上房屋征收与补偿？2011年由国务院颁布的《国有土地上房屋征收与补偿条例》（以下简称《条例》）第二条规定：“为了公共利益的需要，征收国有土地上单位、个人的房屋，应当对被征收房屋所有权人（以下称被征收人）给予公平补偿。”按照这一规定，国有土地上的房屋征收与补偿是指，因公共利益需要，而将国有土地上的房屋收归国有，并给予所有权人（单位或者个人）公平补偿的行为。从这一规定可以看出，土地性质是决定《条例》适用的前提和条件，即只要房屋占用范围的土地属于国有土地，对该房屋的征收就应当按照国有土地上的房屋进行征收补偿。

从来函所述可知，你们村的土地已被国家征收成为国有土地，但当初的房屋所有权证尚未换发，仍为集体性质（“小产权证”）房屋。一般来说，征收集体土地时，会对地面附着物（房屋等），按规定给予产权人补偿后，连同占用范围的土地一并征为国有，并办理集体土地及房屋产权的注销登记手续。土地已被征为国有，而房屋仍由原产权人保留产权的情况并不多见，但在农村集体土地统一被国家征收，而原住宅用地使用性质不变的情况下，则可由原产权人保留房屋产权，继续占有和使用。当然，在征收土地时，房屋产权人不能享受地面附着物补偿。此后，如遇国家建设需要征收房屋，则应当按照国有土地上的房屋征收标准予以补偿。

根据法律规定，我国土地所有制形式有两种：即全民所有制（国有）和劳动群众集体所有制。在国有土地上建设的房屋，房屋产权人对房屋占用土地仅有使用权，没有所有权。故因公共利益需要，仅是征收单位或者个人在国有土地上的房屋，而对房屋占用范围的国有土地，不存在征收的问题。当然，在征收房屋的同时，要收回土地使用权。

2. 房屋征收补偿的基本程序是什么？

问 最近，我所居住的小区被政府列入旧城改造范围，据说年底前要完成征收补偿协议的签订。可我们小区的很多居民对于征收补偿的方案都不了解，现在房价一个劲地涨，我们真担心，房子一旦被拆之后，所获得的补偿买不起新房。请问，征收我们的房屋，是否要先征求我们的意见？我们有知情权吗？征收补偿的主要程序是什么？

答：对于政府的征收决定及具体补偿方案等，你不仅有知情权，而且还有发表意见、要求听证、申请复议、提起行政诉讼等多项权利。与已被废止的《城市房屋拆迁管理条例》（以下简称《拆迁条例》）相比，《国有土地上房屋征收与补偿条例》（以下简称《条例》）对被征收人的参与决策权、知情权等多项权利，从程序上得到了更加严格的保护，不像以前的《拆迁条例》，被拆迁人不能参与政府拆迁的决策过程，对于政府的拆迁决定，只能被动服从，权利受到损害，也缺少有效的救济途径。《条例》第三条规定："房屋征收与补偿应当遵循决策民主、程序正当、结果公开的原则。"这些原则性规定在《条例》的具体条款以及一些地方政府制定的实施细则中也得到了体现。根据这些规定，国有土地上的房屋征收与补偿，应当遵循的基本程序有：

（1）征收决定的作出

按照《条例》的规定，确需征收房屋的，应当由市、县人民政府作出房屋征收决定。为了公共利益需要征收房屋的，首先应当由建设单位提出征收申请，并提交项目批准文件、规划意见、土地预审意见等文件。收到申请后，市、县人民政府应当对拟建项目是否符合征收条件进行审核，符合条件的，则由市、县人民政府作出房屋征收决定。

（2）拟定征收补偿方案

市、县人民政府作出征收决定后，由房屋征收部门会同政府有关职能部门拟定房屋征收补偿方案。补偿方案主要包括补偿方式、补偿标准、产权调换房屋的地点和面积、搬迁费、搬迁期限、停产停业损失补偿等内容。补偿方案经市、县人民政府批准后，应在征收范围内予以公布，征求公众意见。

（3）征收补偿方案的公告、论证及听证

征收补偿方案经人民政府批准后，应当在征收范围内予以公告。公告的目的不是简单的告之，而是征求公共意见。对于征求公众意见以及根据公众意见修改的征收补偿方案，还应当及时公布。如果多数被征收人认为征收补偿方案不符合《条例》规定的，市、县人民政府应当组织听证会，并根据听证情况修改征收补偿方案。

（4）对征收决定的社会稳定风险评估

这是针对这些年来因城市拆迁改造而经常引发的暴力伤害、群体上访等事件而作出的有针对性的规定。即在征收决定做出前，政府应当组织有关部门对征收行为可能影响社会稳定的因素开展系统的调查，科学的预测、分析和评估，并出具社会稳定风险评估报告。一般来说，只有排除因征收可能产生的重大社会稳定风险，并对一般风险制定了切实可行的控制方案，征收决定才可推进实施。

（5）房屋价值评估

房屋征收价值评估是确定补偿标准的重要依据，也是制定补偿方案，签订征收补偿协议的前提。《条例》第 19 条规定："对被征收房屋价值的补偿，不得低于房屋征收决定公告之日被征收房屋类似房地产的市场价格。"按照这一规定，房屋价值评估应当包括两个方面：一是被征收房屋的价值评估；二是类似房地产的价值评估。如果补偿方式采用产权调换的，则应对用于产权调换的房屋的市场价值进行评估。补偿标准必须在评估的基础上，按照类似房地产（或者用于产权调换房地产）的市场价值高于被征收房屋市场价值的标准确定。

（6）补偿协议的订立

在征收范围内的大部分被征收人同意征收后，[①] 房屋征收部门应当发布通知，组织被征收人在通知规定的期限内签订征收补偿协议。在就补偿方式、补偿金额和支付期限、用于产权调换房屋的地点和面积、搬迁费、临时安置费或者周转用房、停产停业损失、搬迁期限、过渡方式和过渡期限等事项达成一致后，签订书面补偿协议。

---

① 有些省、市制定的《房屋征收与补偿实施细则》规定，被征收范围内同意征收的被征收人、公房承租人达到一定比例，才可实施征收并开始组织补偿协议的签订。有些地方还规定，签约率达到一定比例后，征收补偿协议方能生效。如《上海市国有土地上房屋征收与补偿实施细则》第 12 条："因旧城区改建房屋征收范围确定后，房屋征收部门应当组织征询被征收人、公有房屋承租人的改建意愿；有 90% 以上的被征收人、公有房屋承租人同意的，方可进行旧城区改建。"第 21 条第二款："签约比例由区（县）人民政府规定，但不得低于 80%。"

（7）行政复议和行政诉讼

如果对人民政府作出的房屋征收补偿决定不服的，被征收人可以依法申请行政复议，或者依法提起行政诉讼。提起行政复议或者行政诉讼，既可以针对政府征收决定，比如认为政府的征收决定不符合公共利益要求，依法不应当实施，而要求撤销该征收决定；也可以针对政府的补偿决定，比如对补偿标准、方式等有异议，可提起行政复议或者行政诉讼要求撤销或者变更。

（8）搬迁

在签订征收补偿协议并给予被征收人补偿后，被征收人应当在补偿协议约定或者补偿决定确定的搬迁期限内完成搬迁。需要注意的是，《条例》明确规定了“先补偿，后搬迁”的原则，即在对被征收人给予补偿前，不得要求被征收人搬迁，更不得采用暴力、威胁或者违反规定中断供水、供热、供气、供电和道路通行等非法方式迫使被征收人搬迁。

3. 房屋征收的前提——“公共利益”是什么？如何确定？

问 最近我市政府发布公告，将我们小区的房屋列入征收范围。但据说房屋征收后，在小区土地上拟建的项目是一座大型超市，还有少量住宅项目。小区居民认为，这次征收居民房屋后的建设项目完全是商业性质，不符合“公共利益”要求，不应启动房屋征收程序。请问，什么是征收房屋所要求的公共利益？谁有权确认征收房屋是否符合公共利益？如果我们有异议怎么办？

答：什么是国家征收公民、法人或者其他经济组织财产权时所必须符合的“公共利益”，在《条例》出台前，在我国的立法层面一直是个空白。长期以来，对于什么是“公共利益”，如何认定“公共利益”，并无明确的法律依据。所以在实际征收中常常会为“公共利益”的认定产生争议，而对这样的争议又没有程序性规定由第三方进行裁决，这就事实上赋予了征收一方——地方政府对公共利益的单方认定权。征收前提——“公共利益”认定的没有依据和不受限制，必然造成征收程序启动的随意性。许多非公共利益项目，比如单纯的商业和住宅建设项目，也可以解释为是为了促进商业发展，提高就业，改善人民的住房条件等公共利益。

2011 年 1 月 21 日公布施行的《国有土地上房屋征收与补偿条例》第 8 条规定：“为了保障国家安全、促进国民经济和社会发展等公共利益的需要，有下列情形之一，确需征收房屋的，由市、县级人民政府作出房屋征收决定：（一）国防和外交的需要；（二）由政府组织实施的能源、交通、水利等基础设施建设的需要；（三）由政府组织实施的科技、教育、文化、卫生、体育、环境和资源保护、防灾减灾、文物保护、社会福利、市政公用等公共事业的需要；（四）由政府组织实施的保障性安居工程建设的需要；（五）由政府依照城乡规划法有关规定组织实施的对危房集中、基础设施落后等地段进行旧城区改建的需要；（六）法律、行政法规规定的其他公共利益的需要。”这一规定在学术界被认为是我国立法上首次以概括和列举的方式对“公共利益”的情形加以规定。即，只有符合该条规定的情形，才能被认定符合公共利益需要，政府才可以作出房屋征收决定。

但是，有了这些规定，并不意味着对具体建设项目是否符合公共利益要求就不会产生争议了，何况该条还有一项“法律、行政法规规定的其他公共利益的需要”的兜底性条款。比如，提问中所说的“大型超市”和“住宅项目”，是否符合公共利益要求，就可能存在争议。《条例》第14条规定：“被征收人对市、县级人民政府作出的房屋征收决定不服的，可以依法申请行政复议，也可以依法提起行政诉讼。”按照这一规定，如果被征收人认为政府的征收决定不符合公共利益要求，可以依法申请行政复议，或者向人民法院提起行政诉讼。即可以通过司法程序，由第三方——人民法院依法确认政府的征收决定是否符合公共利益要求。如今以“不符合公共利益条件”为由，通过诉讼撤销政府征收决定的司法案例还难得一见，但在程序上，已经开始引入第三方裁决机制，这在立法上是一个进步。

4. 房屋征收补偿决定应当由哪一级人民政府作出？

问 近期，我们区的人民政府作出决定，要对某棚户区实施房屋征收，并在一些公共场所和媒体上公告了征收决定和补偿方案。但我知道，按照有关规定，只有市、县一级的人民政府有权作出征收决定，区一级的人民政府并无征收决定权，请问是这样吗？

答：按照《条例》第4条、第8条的规定，房屋征收决定应由市、县一级人民政府作出，这属于法定授权，其他层级的人民政府没有房屋征收决定权。但需要注意的是，按照我国的行政区划，分为“设区的市”和“不设区的市”，在设区的市，区一级人民政府在行政级别上属于“县”级或者是县级以上（在直辖市、地级市中的区，则高于县级）。因此，在设区的市，区一级人民政府有权作出征收决定。但在不设区的市，则只能由市级人民政府作出征收决定。

5. 开发建设单位是否可以成为房屋征收实施单位？

问 我们是某市棚户区的居民，最近，市政府发布了《征收决定》，将这片棚户区列入征收范围，同时决定还将某房地产开发公司作为房屋征收实施单位（该房地产公司已经通过拍卖受让了该片土地使用权）。公告之后，某房地产公司派员逐户登记，要求与他们签订《预征收补偿协议》。按照协议条款，由该公司支付搬迁过渡费和速迁奖励，并负责旧房的拆除工作。由于部分居民不满意政府的补偿条件，拒签协议，该公司便派人对拒签协议的居民进行威胁，甚至断水、断电。请问，某市政府可以委托房地产公司作为房屋征收实施单位吗？我们是否必须与该房地产公司签订《预征收补偿协议》？

答：某房地产公司不能成为房屋征收实施单位。

《条例》第 5 条规定："房屋征收部门可以委托房屋征收实施单位，承担房屋征收与补偿的具体工作。房屋征收实施单位不得以营利为目的。房屋征收部门对房屋征收实施单位在委托范围内实施的房屋征收与补偿行为负责监督，并对其行为后果承担法律责任。"根据这一规定，虽然对于房屋征收补偿的具体工作，房屋征收部门可以委托房屋征收"实施单位"承担，但在确定"实施单位"时必须注意两点：第一，该"实施单位"不能是公司或者其他以营利为目的的经济实体，更不能是项目建设单位。因为任何公司或者其他经济实体都具有营利属性，承担房屋征收与补偿的具体工作却不能营利，与公司等经济实体的设立目的和宗旨不符。因此，《条例》第 5 条"不得以营利为目的"的限制性规定，对"实施单位"的主体资格也有限制，即公司等经营性实体组织不能被委托从事房屋征收与补偿的具体工作。同时《条例》第 27 条第二款规定："任何单位和个人不得采取暴力、威胁或者违反规定中断供水、供热、供气、供电和道路通行等非法方式迫使被征收人搬迁。禁止建设单位参与搬迁活动。"即房屋被征收后，在房屋原址上拟建项目的建设单位不能从事搬迁活动，其以断水、断电等方式逼迫被征收人搬迁的行为更是违法的。实践中，各地对于"实施单位"的确定不尽相同，比较常见的是以搬迁片区所在的居民委员会作为征收实施单位，也有城市设有专门从事房屋征收与补偿具体工作的"征收事务所"（如上海）。在《条例》颁布后，公然地以项目建设单位作为征收实施单位的情形已经少见。第二，房屋征收部门与房屋征收实施单位是一种委托代理关系，按照法律规定，代理人只能在被代理人

（委托人）的授权范围内，以被代理人的名义从事民事法律行为，其法律后果由被代理人承担，即作为接受委托的房屋征收实施单位，不能以自己的名义从事房屋征收与补偿的具体工作，更无权要求被征收人与其签订与征收补偿有关的任何协议。

6. 对征收决定和补偿方案有意见怎么办？公众的参与权如何保障？

问 我们社区在城乡接合部，现在已被政府列入征收范围。但我们认为政府公布的征收补偿方案不合理，而且没有征求过我们的意见，我们向政府书面反映，但一直没有得到答复，最近政府征收安置办公室的工作人员说我们提出的意见已经超出了征求意见期限，他们不予受理。现在已经开始挨家挨户做工作，要求我们签订征收补偿协议。请问，对于征收补偿决定和补偿方案，被征收人可否参与讨论、论证并提出意见？过了公告期限就不能提出意见吗？

答：这个问题涉及公众对征收补偿事项的参与权问题。《条例》第 3 条规定："房屋征收与补偿应当遵循决策民主、程序正当、结果公开的原则。"第 9 条第二款规定："制定国民经济和社会发展规划、土地利用总体规划、城乡规划和专项规划，应当广泛征求社会公众意见，经过科学论证。"这些规定均体现了公众对事关自身利益的房屋征收与补偿事项的参与权、表达权和批评建议权。为保障这些权利得到落实，《条件》也同时作出了具体的程序性规定。比如公告程序、听证程序、行政复议和行政诉讼程序等。而且，对于征求的公众意见，政府部门不能只是听听而已，更不能暗箱操作。《条例》第 11 条规定："市、县级人民政府应当将征求意见情况和根据公众意见修改的情况及时公布。因旧城区改建需要征收房屋，多数被征收人认为征收补偿方案不符合本条例规定的，市、县级人民政府应当组织由被征收人和公众代表参加的听证会，并根据听证会情况修改方案。"根据这一规定，对于征求的公众意见及根据公众意见进行的修改情况都要公布，这就是"结果公开"的体现。如果多数人对征收补偿方案有意见的，则要召开听证会，并根据听证情况修改方案。这样的规定既保证了公众的参与权，也体现了决策民主的原则。有些地方还对民主决策进行了量化规定。比如《上海市国有土地上房屋征收与补偿实施细则》第 12 条规定："因旧城区改建房屋征收范围确定后，房屋征收部门应当组织征询被征收人、公有房屋承租人的改建意愿；

有 90% 以上的被征收人、公有房屋承租人同意的，方可进行旧城区改建。”第 21 条规定：“因旧城区改建需要征收房屋的，房屋征收部门应当在征收决定作出后，组织被征收人、公有房屋承租人根据征收补偿方案签订附生效条件的补偿协议。在签约期限内达到规定签约比例的，补偿协议生效；在签约期限内未达到规定签约比例的，征收决定终止执行。签约比例由区（县）人民政府规定，但不得低于 80%。”有些地方在具体实施时，对于量化标准更为严格。[①]

关于征求公众意见期限的问题，其实这样的规定更多的是对政府方面的约束，并非说期限一到，公众就不能再提意见了。只要公众对政府的征收补偿工作有意见，任何时候都有权提出，除了直接向政府提出意见外，还可通过听证、复议、行政诉讼等程序表达自己的意见和诉求。

7. 为什么在作出房屋征收决定前要进行社会稳定风险评估？如何进行？

问 最近我们社区居民委员会开始挨家挨户登门走访，还要求居民填写调查问卷，说是政府即将启动我们片区的房屋征收程序，他们是在协助政府进行征收前的调查论证和社会稳定风险评估。请问：这样的调查有强制性吗？老百姓是否有义务协助他们调查呢？为什么要搞这样的社会稳定风险评估？

答：所谓“社会稳定风险评估”是指各级人民政府在事关公众利益的重要决策、政策出台前，或者在一些重大工程项目组织实施前，对可能影响社会稳定的因素开展系统的调查、分析、论证和评估，从而为政府决策、政策或者项目执行（实施）、更改提供依据。

伴随着中国经济的高速发展，各种社会矛盾和利益冲突也呈现出多发性、尖锐性的特点，因此这些年“维稳”成了各级政府的头等大事。而在土地征收、房屋拆迁等事关人民群众切身利益的领域，更容易引发群体上访、暴力冲突等影响社会稳定的事件。在那些进京上访的人群中，与土地和房屋征收有关的占了相当大的比例。由于长期以来，“上访量”是对各级政府考评的重要指标之一，所以在组织实施诸如土地房屋征收及其他重大工程建设时，都会事先进行摸底调查，排查不稳定因素。“社会稳定风险评估”就是对地方政府行为模式的一种总结，

① 如青岛市市南区在西部某棚户区征收改造公告中，要求被征收人签订预征收补偿协议的比例必须达到 100%，否则协议不生效，并中止该楼院的房屋征收工作。

并且在《条例》中首次以立法的形式将“社会稳定风险评估”作为房屋征收的必经程序。《条例》第12条第一款规定：“市、县级人民政府作出房屋征收决定前，应当按照有关规定进行社会稳定风险评估；房屋征收决定涉及被征收人数量较多的，应当经政府常务会议讨论决定。”对于社会稳定风险评估的程序和具体方法，立法没有规定，实践中，地方政府一般是采用入户走访、发放调查问卷，或者召开座谈会、听证会等方式听取公众意见，并在此基础上起草社会稳定风险评估报告。

需要指出的是，社会稳定风险评估是政府作出征收决定前的必经程序，但对普通民众来说并无强制力，即接受调查、填写问卷、参加座谈或听证，应当全凭自愿，不能强迫。但需要注意，虽然是否参与和配合政府组织的社会稳定风险评估相关事项全凭自愿，但对于征收范围的公众来说，利用政府组织的问卷、座谈等机会表达自己的意愿还是有积极意义的，这既是公民行使批评建议等民主权力的机会，也是阻止政府出台错误决定或者对不合理、不完善的征收决定进行修改的机会。现在一些地方制定的房屋征收实施细则就对公众意见的作用进行了量化规定。比如《上海市国有土地上房屋征收与补偿实施细则》第12条规定：“因旧城区改建房屋征收范围确定后，房屋征收部门应当组织征询被征收人、公有房屋承租人的改建意愿；有90%以上的被征收人、公有房屋承租人同意的，方可进行旧城区改建。”其他许多地方也有类似规定。基本原则就是，只有在取得绝大多数被征收人的同意后，方可启动征收程序。否则在多数人反对的情况下强行征收，极易引发群体事件，影响社会稳定。

8. 对政府公布的征收补偿方案有意见怎么办？

问 某区人民政府拟对某棚户区进行改造，已经公布了征收补偿方案。虽然大多数人同意政府征收和改造，但对政府公布的补偿方案有很多不同意见。请问，如果不同意政府公布的征收补偿方案，我们应当通过什么程序表达诉求？

答：按照《条例》第10条的规定，政府公布征收补偿方案后应有不少于30天的征求公众意见时间。在此期间，公众如有意见，应当及时通过口头或者书面形式向政府提出。在征求意见期间，政府不能作出房屋征收的最终决定，即征收决定和补偿方案等都存在修改的可能。因此，在这个阶段，被征收人如对政府征收补偿方案有不同意见，应当积极主动地向政府提出。对于旧城改造项目，如果多数人认为征收补偿方案不符合《条例》规定的，政府应当组织召开听证会。参加政府组织的听证会也是被征收人依法表达意见的机会，被征收人可以直接或者通过自己的代表，在听证会上通过事实和法律，主要从合法性、合理性等方面对政府的征收决定和补偿方案进行质疑，提出意见。

9. 对政府已经公布的房屋征收决定有异议怎么办？

问 我们小区被列入征收范围后，许多居民因为政府的补偿方案不公平，不同意征收。虽然政府曾公开征求过意见，也曾召开过听证会，但大家所提的意见政府大多没有采纳。最近，政府已经公告了房屋征收决定。有人说，政府一旦公告了征收决定就发生法律效力，老百姓反对也没用。请问，如果我们认为政府的征收决定违法，不合理，就真没办法阻止他们违法征收吗？

答：从你所述中可以看出，政府在公告房屋征收决定前，已履行了征求公众意见和听证等程序，公告的房屋征收决定确已发生法律效力。

但是，发生法律效力的行政决定并非不可更改或者撤销。事实上，对于行政行为的相对人来说，只有当行政行为发生法律效力后，才可享有相应的救济权利。比如行政复议或者行政诉讼，针对的只能是已经生效的行政决定。如行政决定尚未生效，尚在酝酿或者征询意见阶段，行政相对人享有的只是建议或者批评的权利，此时，不能对尚未生效的行政行为提起行政复议或者行政诉讼。《条例》第 14 条规定：“被征收人对市、县级人民政府作出的房屋征收决定不服的，可以依法申请行政复议，也可以依法提起行政诉讼。”该条所称的行政复议或者行政诉讼的对象，就是已生效的房屋征收决定。行政复议或者行政诉讼是被征收人维护自身权益的重要途径和手段，如果政府的房屋征收决定确有违法之处，通过该程序，争取撤销或者变更政府的行政决定并非没有可能。

10. 房屋征收范围确定前实施的分户等行为对于补偿费用的确定是否有影响？

问 多年前就听说政府要对我们小区进行旧城改造，于是有不少居民想办法将成套的房子稍加改造后办理分户手续，将原有的房产证办成两证或者多证。因为征收补偿时是以独立的户籍和房产证作为一个补偿单位，而且不足一定的建筑面积在征收补偿时会按最低标准补足，每户还会得到 10 平方米的住房改善面积。但在征收补偿时，政府对这种分户行为皆不予承认，仍按分户前的状况作为补偿依据。请问，按照规定，房屋征收范围确定后实施的房屋改、扩建等行为导致的补偿费增加可不予补偿，分户、改建等发生在征收范围确定之前也不能因此增加补偿吗？政府的行为是否扩大了法律的适用范围？

答：的确，《条例》第 16 条规定："房屋征收范围确定后，不得在房屋征收范围内实施新建、扩建、改建房屋和改变房屋用途等不当增加补偿费用的行为；违反规定实施的，不予补偿。房屋征收部门应当将前款所列事项书面通知有关部门暂停办理相关手续。暂停办理相关手续的书面通知应当载明暂停期限。暂停期限最长不得超过 1 年。"按照这一规定，如果在政府确定了房屋征收范围之后，又在征收范围内新建、扩建、改建房屋，或者办理分户等手续，从而使补偿费用增加的，政府可不予补偿。但是，随着城镇化进程的加快和不断推进的旧城改造，许多老旧的住宅区迟早要进行拆迁改造。于是赶在政府确定征收之前，为多获补偿而新建、改建、扩建或者办理分户手续的现象较为普遍。那么，对于发生在征收范围确定之前的新建、扩建、改建或者分户等行为，是否只要因此导致了补偿费的增加就一概不予承认，还是只要求发生在征收范围确定之前，就一律予以认可？对此问题不能一概而论。即时间的先后不能作为确定补偿的唯一条件。理解《条例》第 16 条的规定，应当特别注意该条第一款的一句话："违反规定实施的，不予补偿。"即能否增加补偿费用，关键是看实施的新建、扩建、改建、分户等行为是否符合法定条件，是否依法办理了法定的审批手续。如果答案是肯定的，即使是在征收范围确定之后发生的上述行为，政府也应当予以认可，因此而增加补偿费的，政府应当支付。反之，如果上述行为违反法律规定，即使上述行为发生在征收范围确定之前，也不具有法律效力，政府仍可不予认可，并且不予增加补偿费用。某市就曾发生过，为多获补偿，某棚户区的一些居民，在政府决定征收改造多年之前，便与房产交易中心的个别工作人员串通，办理分户手续，将只能独立使用的住房分成两户或者多户，从而在政府补偿安置时多分房屋或者补偿款。后被查处，不仅多得的补偿款被追缴，有些人还被追究了刑事责任。

还有一点需要注意，在征收范围确定后，政府相关部门应当书面通知有关部门暂停办理相关手续，比如通知房产交易部门暂停办理房屋分户手续等，但暂停的期限不得超过一年，期限届满未进行征收的，有关部门应当恢复办理相关手续。在合法办理相关手续后，如果因此增加征收补偿费的，政府应当支付。

11. 征收房屋对被征收人应给予哪些补偿？补偿标准如何确定？

问 我们小区已被列入征收范围，因为是异地安置，许多居民选择了货币补偿，请问补偿款是如何构成的？补偿标准如何确定？

答：《条例》第 17 条规定："作出房屋征收决定的市、县级人民政府对被征收人给予的补偿包括：（一）被征收房屋价值的补偿；（二）因征收房屋造成的搬迁、临时安置的补偿；（三）因征收房屋造成的停产停业损失的补偿。市、县级人民政府应当制定补助和奖励办法，对被征收人给予补助和奖励。"根据这一规定，对被征收人的补偿主要包括四项：一是房屋本身的价值补偿；二是搬迁费和临时安置补偿费；三是因征收房屋造成的停产停业损失补偿费；四是搬迁补助和奖励费。其中房屋本身的价值补偿在四项补偿中占比最大。在早期的房屋拆迁中，对房屋的价值补偿，各地基本采用的是"拆一还一，结合成新，两相找差"的补偿方法，无论是实物补偿（产权调换），还是货币补偿，对被拆迁人都不甚公平。《条例》实施后，对于房屋的价值补偿，被征收房屋的新旧程度并非主要考虑因素，实践中普遍采用"重置价格"作为确定补偿的依据，即根据在地段、楼层、面积大致相当的情况下重新购置房屋的价格作为补偿依据。对此《条例》第 19 条第一款规定："对被征收房屋价值的补偿，不得低于房屋征收决定公告之日被征收房屋类似房地产的市场价格。被征收房屋的价值，由具有相应资质的房地产价格评估机构按照房屋征收评估办法评估确定。"除此以外，房屋征收也不再实行"拆一还一"，而是在被征收房屋现有面积的基础上增加一定的"住房改善面积"，被征收房屋面积低于当地最低补偿面积标准的，除按最低标准补足外，还可获得增加的住房改善面积。即无论是货币补偿还是实物（房屋）补偿，都应当以被征收房屋位置大致相当的同类新房的市场价格作为补偿依据，在此基础上，还应当使被征收人的住房条件在原有基础上有所改善。

12. 房屋征收补偿主要有哪几种方式？被征收人有选择权吗？

问 我们小区的房屋已被政府列入征收范围，但尚未公告。许多居民对于政府的征收补偿方法心中没底。据说，为抑制城市房价过快增长，今后征收补偿将要取消货币补偿方式，可一些人口少，房子大的家庭并不想要那么多的房子，希望能多补偿一些货币，既可以选择异地购房，也可以将资金用作其他方面的需要。请问，房屋征收补偿的方式有哪几种？我们可以自由选择补偿方式吗？

答：根据《条例》的规定，对被征收人的补偿有货币补偿和实物补偿（产权调换）两种方式，即在征收房屋时，应当按照安置房屋的市场价格给予被征收人一定数额的货币资金，或者给予一定面积的房屋。当然在实践中也有将两种方式结合的做法，即补偿一定面积的房屋加一定数额的货币。而对于采用哪种方式，法律赋予被征收人以自由选择权。《条例》第 21 条规定："被征收人可以选择货币补偿，也可以选择房屋产权调换。被征收人选择房屋产权调换的，市、县级人民政府应当提供用于产权调换的房屋，并与被征收人计算、结清被征收房屋价值与用于产权调换房屋价值的差价。因旧城区改建征收个人住宅，被征收人选择在改建地段进行房屋产权调换的，作出房屋征收决定的市、县级人民政府应当提供改建地段或者就近地段的房屋。"从这一规定的文字表述看，被征收人对于补偿方式有选择权，这一法定权利不能以任何借口加以剥夺。政府在实施房屋征收时，必须提供法定的货币补偿和实物补偿两种方式供被征收人选择，即不能以抑制房价或其他理由只设定一种补偿方式，使被征收人"别无选择"，只能被迫接受政府设定的补偿方式，否则就是对被征收人选择权的侵犯。

此外，征收实践中也普遍实行两种补偿方式结合运用的做法，即允许被征收人选择部分实物补偿，部分货币补偿。从便民利民的角度，这种补偿方式只要不超过应补偿价值总额，就应当允许。

13. 如何选定房地产价格评估机构？

问 征收房屋时，政府有关部门在网站上公示了一些房地产价格评估机构名录，要求拆迁范围内的住户自行协商选定评估机构，但没人出面组织。最近听说政府部门已经指定了评估机构。我们担心，政府指定的评估机构在评估时不能站在老百姓的角度考虑，低评被征收房屋的价值。请问，房地产评估机构的选定谁说了算？政府可以自行指定吗？

答：房地产评估机构选定是房屋征收补偿过程中的重要一环。因为无论是对被征收房屋的价值，还是用于产权调换的安置房屋的价值，其评估结论都会对被征收人的经济利益产生重大影响。虽然按照国家有关部门颁布的评估规范进行的价值评估，必须遵守相关的估价程序和原则，其估价结论主要是对各种客观因素进行量化分析后的结果，专业技术含量极高。但评估过程和评估结论并非没有主观因素的影响，不同的评估机构，甚至不同的估价师，因为专业水准的差异或者认知标准的不同，所出具的评估报告有可能差异极大。因此，选择一家专业能力强，客观公正的评估机构对被征收人来说至关重要。

按照《条例》和《国有土地上房屋征收评估办法》(以下简称《办法》)的规定，房地产评估机构的选定是被征收人的权利，政府部门无权指定。《条例》第20条第一款规定："房地产价格评估机构由被征收人协商选定；协商不成的，通过多数决定、随机选定等方式确定，具体办法由省、自治区、直辖市制定。"《办法》第4条规定："房地产价格评估机构由被征收人在规定时间内协商选定；在规定时间内协商不成的，由房屋征收部门通过组织被征收人按照少数服从多数的原则投票决定，或者采取摇号、抽签等随机方式确定。具体办法由省、自治区、直辖市制定。房地产价格评估机构不得采取迎合征收当事人不当要求、虚假宣传、恶意低收费等不正当手段承揽房屋征收评估业务。"根据以上规定，选定评估机构的方法有：①协商确定。即由被征收人自行协商选定评估机构；②投票确定。即在规定时间内被征收人没有协商或协商不成的，可由征收部门组织被征收人进行投票，按照少数服从多数的原则投票决定评估机构；③摇号、抽签确定。即在公布的评估机构名录中，采用抽签或者摇号的方式随机确定评估机构。无论采用哪种方式，选择评估机构的主体均为被征收人，即使是摇号、抽签，也应由被征收人选出的代表参加。

14. 被征收人对房屋价值评估结果有异议怎么办？

问 我们通过其他小区的拆迁户的介绍，通过投票方式选定了一家在本市口碑不错的评估机构对房屋进行评估。但部分业主对评估部门作出的分户评估报告有意见，认为估值偏低。请问，只是个别业主对评估报告有意见，可以提出异议吗？如何提出？

答：可以。选择评估机构应当遵循少数服从多数的原则，但对评估报告提出异议，无须取得多数人的同意，任何业主认为评估结果有错误均可以提出，何况是对自身利益直接相关的分户评估报告。

根据《办法》第19条至25条的规定，被征收人对评估报告有疑问或者有异议的可以通过如下程序提出：①对评估报告有疑问的，可以要求评估机构作出解释说明。②对评估结果有异议的，应当在收到评估报告之日起10日内，向评估机构提出书面复核评估申请，并指出评估报告存在的问题。③如对复核结果仍有异议的，应当自收到复核结果之日起10日内，向当地的评估专家委员会申请鉴定。经评估专业委员会鉴定，评估报告不存在技术问题的，应当维持评估报告；评估报告存在技术问题的，出具评估报告的评估机构应当改正错误，重新出具评估报告。

15. 房屋征收补偿协议应当如何签订？主要内容有哪些？

问 区政府已经公布了对我们房屋进行征收的决定和征收补偿方案，现在又发出通知，要求征收范围内的居民在规定的期限内与房屋征收部门签订房屋征收补偿协议。通知还说，早签协议、早搬迁的有奖励。可是，很多居民对于如何签订协议心里没底，协议文本都是政府单方面提供的，我们担心吃亏。请问，房屋征收补偿协议该如何签订，对政府提供的协议文本我们可以要求修改吗？协议的主要内容都有什么？

答：签订房屋征收补偿协议是征收工作的重要环节，政府征收部门对这一工作都会高度重视。为提高征收效率和加快建设速度，政府的征收补偿方案往往会包含有速迁奖励的内容。比如规定，被征收人在一定期限内与征收部门签订协议并完成搬迁的，可获得一定数额的货币奖励，并且在选择安置房屋时，按照签约和搬迁的先后顺序就房屋的位置、楼层等优先选择。但是，对于被征收人来说，签订房屋征收补偿协议，也是事关自己切身利益的大事，不能仅为了获得政府的速迁奖就草率从事。要从合同的主体，合同的内容等方面进行认真的审查。比如签订合同的主体，房屋征收部门必须是当地行政法规或者其他政府规范性文件确定的行政部门。如北京市规定"区、县房屋行政部门为本区县房屋征收部门"，青岛市则是由各区设置"房屋征收安置办公室"作为房屋征收部门。如果以其他机构，比如街道办事处或者拆迁公司等与被征收人签订征收补偿协议，则可能因为主体不适格而导致协议无效。关于协议内容，《条例》第25条第一款规定："房屋征收部门与被征收人依照本条例的规定，就补偿方式、补偿金额和支付期限、用于产权调换房屋的地点和面积、搬迁费、临时安置费或者周转用房、停产停业损失、搬迁期限、过渡方式和过渡期限等事项，订立补偿协议。"该条规定即为房屋征收补偿协议的基本条款。在实务操作中，政府部门一般都会印制好包含了基本协议条款的文本，由协议双方填写和签署，但这样的文本并非不可协商和修改，何况其中很多条款的具体内容还是空白状态，必须由当事人协商一致后填写。因此，在签约时，被征收人对于协议基本条款一定要认真审核，特别是对容易产生争议的条款，更要严格、细致、明确、具体，避免歧义。如遇难以把握的专业问题，最好找专业人士咨询、把关。

16. 房屋征收补偿协议签订后还可以变更吗？

问 在签订房屋征收补偿协议时，对于补偿方式我们有两种选择：既可以选择产权调换，也可以选择货币补偿。因为房屋征收后的建设项目全部为商业和娱乐设施，选择产权调换只能异地安置，所以我们当初选择了货币补偿，想自己另选位置购房。但协议签订后，当地房价上涨极快，所以我们想改变补偿方式，变更为部分产权调换，部分货币补偿。但与政府有关部门协商时却遭到拒绝，理由是协议已生效，不能随意修改。请问，协议签订后就不能变更吗？

答：协议签订并且生效后并非不可变更。在实践中，合同当事人对已经生效甚至正在履行的合同进行修改、变更是常有的情形。但是，变更合同不是随心所欲的，更不能未经协商一致，单方变更合同。《合同法》第 77 条第一款规定："当事人协商一致，可以变更合同。"根据这一规定，只要合同当事人经平等协商，就合同变更事项能够达成一致，就可以进行变更。您在签订征收补偿协议后，想要将货币补偿变更为部分货币补偿部分实物（房屋）补偿，这只是补偿方式的变更，并不会因此加重征收人的补偿负担，如果尚有剩余安置房源，征收人应当同意此变更申请。除非该申请有损公众利益或者补偿安置的整体安排等原因，征收人不能仅以"合同已签，不能随意变更"为由拒绝变更。

此外，《合同法》第 54 条还规定："下列合同，当事人一方有权请求人民法院或者仲裁机构变更或者撤销：（一）因重大误解订立的；（二）在订立合同时显失公平的。一方以欺诈、胁迫的手段或者乘人之危，使对方在违背真实意思的情况下订立的合同，受损害方有权请求人民法院或者仲裁机构变更或者撤销。当事人请求变更的，人民法院或者仲裁机构不得撤销。"根据这一规定，如果能够证明，在协议订立过程中存在以上情形，征收人拒绝变更的，被征收人也可以通过诉讼程序请求人民法院依法变更。

17. 如何理解房屋征收应当保障被征收人原有生活标准不降低？

问 我们家的房屋已被列入征收范围，但政府公布的征收补偿方案我认为不合理，虽然多了十平米的"住房改善面积"，但去除公摊面积，其实多不了几平方米，何况我们现在的房屋是一楼，还有七八平方米的小院，而安置房产并没有考虑这一因素。如此安置补偿，我认为并没有达到我们家原有的居住水平，但有官员说，你家的房子已是使用几十年的旧房，而政府安置的是全新的房子，新房屋从使用功能到配套设施都要好于旧房，怎么能说达不到你家老房子的标准呢？请问，如何理解“征收房屋应当保障被征收人原有生活标准不降低”？

答：在早期的城市拆迁中，全国各地基本上采用的是“拆一还一，结合成新，两相找差”的安置补偿方式。即被拆迁的房屋有多少平方，就安置补偿多少平方，而且根据被拆迁房屋的新旧程度进行价值计算，其与新安置房屋的差价部分，被拆迁人还要补足。这种补偿方式没有考虑被拆迁人为城市拆迁做出的牺牲和贡献。拆多少就补偿多少，安置的房屋虽然是新的，但被拆迁人的实际居住条件并没有得到改善和提高，甚至有的还有所降低。这样的补偿安置方式造成了普遍的不满和抵制，因拆迁导致的群体事件和极端维权案例层出不穷。

在20世纪初，许多城市的拆迁补偿办法已有所变化，基本不再要求被拆迁人按照新旧房屋的市场价值补缴差价。2007年颁布的《物权法》第42条第三款规定：“征收单位、个人的房屋及其他不动产，应当依法给予拆迁补偿，维护被征收人的合法权益；征收个人住宅的，还应当保障被征收人的居住条件。”这一规定是在国家立法层面就安置补偿标准的一次重大变化。结合该条第二款规定：“征收集体所有的土地，应当依法足额支付土地补偿费、安置补助费、地上附着物和青苗的补偿费等费用，安排被征地农民的社会保障费用，保障被征地农民的生活，维护被征地农民的合法权益。”该款首次用立法的方式为被征收土地的农民增加了一项新的补偿内容：社会保障费用。因此《物权法》的这一规定普遍被认为，无论是征收农民集体的土地，还是征收城市居民的房屋其最低补偿标准，应当是保障被征收人的生活水平不因征收而降低。

2011年，国务院颁布的《国有土地上房屋征收与补偿条例》(以下简称《条例》)第19条第一款规定：“对被征收房屋价值的补偿，不得低于房屋征收决定公告之日被征收房屋类似房地产的市场价格。被征收房屋的价值，由具有相应资质的房地产价格评估机构按照房屋征收评估办法评估确定。”这一规定确定了征收补偿的最低标准——被征收人所获得的补偿和安置“不低于”原住房标准。事实上，仅仅“不低于”原住房标准是不够的，因为征收补偿本身并不是一个等价交换的过程，而是为了公共利益需要强制性征收公民的财产。因此补偿时，不仅要考虑被征收财产本身的价值，还要考虑被征收人服从国家统一征收所做出的牺牲和贡献。如果将征收补偿理解为拆多少补多少的等价交换，被征收人在交出房屋后只能维持原有的居住条件，那他为什么要“交换”？所以《条例》颁布后，许多城市制定的地方法规都提高了征收补偿标准。如《青岛国有土地上房屋征收与补偿条例》第21条规定：“征收住宅房屋实行就地房屋补偿的，应补偿面积按照下列规定执行：（一）按照被征收房屋面积给予补偿；被征收房屋面积不足二十五平方米的，按照二十五平方米计算；（二）增加十平方米住房改善面积；（三）被征收房屋面积与住房改善面积之和不足四十五平方米的，按照四十五平方米补偿，差额部分按照征收区域新建商品住房市场价格的百分之五十支付房款；（四）补偿房屋的公摊面积单独计入应补偿面积。补偿房屋建筑面积超出前款规定应补偿面积的部分，按照补偿房屋的市场价格结算。市人民政府应当根据本市居民人均住房面积增加的实际，适时提高最低补偿面积标准。县级市人民政府可以根据本地实际，对本条规定的补偿标准作适当调整，报市人民政府备案。”第23条第一款规定：“征收住宅房屋实行货币补偿的，以本条例第二十一条规定计算的应补偿面积，按照征收区域新建商品住房市场价格结算货币补偿金。其中，第二十一条第一款第四项的补偿房屋公摊面积，按照该款第一项至第三项的应补偿面积之和乘以公摊面积比例计算。”各地的征收补偿标准存在差异，但基本原则都是要保障被征收人今后的住房条件要在现有基础上有所改善和提高。

那位官员所谓“新房使用功能和公共配套设施优于旧房，故虽面积相等，住房标准也高于旧房”的观点是不能成立的。因为完善公共配套设施、改善城市居住环境本身就是政府的法定职责，何况作为纳税人，被征收人对城市公共建设也有贡献。而且在评估被征收房屋价值时，也是按照类似房地产的市场价格进行评估。即旧房的环境因素已在评估范围之内。因此，不能以安置房屋的外部环境优于被征收房屋为由降低补偿标准。

18. 被征收房屋占用的土地使用期限是否作为征收补偿的价值评估因素？

问 我经营的一家服装店铺已被政府列入征收范围。当初购买这个店铺时，房产证上注明的土地使用期限是四十年，现在距期限届满也就十几年了。有人说，征收补偿时，剩余土地使用期限越短，所获补偿越少，因为房屋本身根据土地使用期限折旧后，残值就没有多少了。请问，政府征收补偿时，会将土地使用期限作为价值评估因素吗？

答：这个问题涉及土地使用期限届满后，土地使用权和土地附着物将如何处置。如果按照现行立法规定[①]，土地使用权期限届满后土地使用权及地上建筑物、附着物所有权有可能被国家无偿收回，那么将被征收房屋的价值与剩余土地使用期限挂钩就应当是毫无疑问的。即被征收房屋占用土地的剩余使用期限越短，房屋价值越低，所获征收补偿也越少。但是，这一立法规定的合理性值得怀疑。在理论界和实务界也一直存在很大的争议（参见本书第五章第26问：土地使用权期限届满后应如何处理？），如今住宅建设用地使用期限届满后的处理问题在立法上已经作了有限的改进。《物权法》第149条规定："住宅建设用地使用权期间届满的，自动续期。非住宅建设用地使用权期间届满后的续期，依照法律规定办理。该土地上的房屋及其他不动产的归属，有约定的，按照约定；没有约定或者约定不明确的，依照法律、行政法规的规定办理。"但对于如何续期，续期是否需要缴费，尚不明确。实践中对此问题存在不同的解读。尤其是对非住宅用地，比如工业用地、商业用地等，使用期限届满后，按现行的法律规定是有可能由国家无偿收回的。2016年12月8日，国土资源部办公厅《关于妥善处理少数住宅建设用地使用权到期问题的复函》（国土资厅函〔2016〕1712号）提出："在尚未对住宅建设用地等土地使用权到期后续期作出法律安排前，少数住宅建设用地期限届满的，可按以下过渡办法处理：一、不需要提出续期申请。少数住宅建设用地使用权期间届满的，权利人不需要专门提出续期申请。二、不收取费用。市、县国土资源主管部门不收取相关费用。三、正常办理交易和登记手续。此类住房发生交易时，正常办理房地产交易和不动产登记手续，涉及'土地使用期限'仍

---

① 《城市房地产管理法》第22条规定："土地使用权出让合同约定的使用年限届满，土地使用者需要继续使用土地的，应当至迟于届满前一年申请续期，除根据补偿公共利益需要收回该幅土地的，应当予以批准。经批准准予续期的，应当重新签订土地使用权出让合同，依照规定支付土地使用权出让金。土地使用权出让合同的使用年限届满，土地使用者未申请续期或者虽申请续期但依照前款规定未获批准的，土地使用权由国家无偿收回。"《城镇国有土地使用权出让和转让暂行条例》第40条："土地使用权期满，土地使用权及其地上建筑物、其他附着物所有权由国家无偿取得。土地使用者应当交还土地使用证，并依照规定办理注销登记。"第41条："土地使用权期满，土地使用者可以申请续期。需要续期的，应当依照本条例第二章的规定重新签订合同，支付土地使用权出让金，并办理登记。"第42条："国家对土地使用者依法取得的土地使用权不提前收回。在特殊情况下，根据社会公共利益的需要，国家可以依照法律程序提前收回，并根据土地使用者已使用的年限和开发、利用土地的实际情况给予相应的补偿。"

填写该住宅建设用地使用权的原起始日期和到期日期，并注明：‘根据《国土资源部办公厅关于妥善处理少数住宅建设用地使用权到期问题的复函》（国土资厅函〔2016〕1712号）办理相关手续。’”这一“过渡办法”目前仅适用于住宅建设用地，即住宅建设用地期限届满后可不办手续，不收取费用，不影响交易。之所以从立法和政策层面首先解决住宅用地的续期问题，大概是因为住宅用地的续期问题关系千家万户，牵涉面太广，所以已成当务之急，必须加以解决。但是，非住宅建设用地的续期问题对民生和经济也有着巨大的影响，而且土地出让时，许多商业类用地所需交纳的出让金更高。如果在使用期限届满后对商业等用途的土地续期问题在立法上区别对待，强制无偿收回或者再缴纳高额费用，不仅有失公平，而且也一定会受到公众的强烈抵制。2016年8月30日中央全面深化改革领导小组第二十七次会议审议通过了《关于完善产权保护制度依法保护产权的意见》，意见明确提出："研究住宅建设用地等土地使用权到期后续期的法律安排，推动形成全社会对公民财产长久受保护的良好和稳定预期。”相信就各类用途的土地使用权期限届满后的处理问题，在不久的将来，在立法上应当会有所修改。《国有土地上房屋征收评估办法》第14条规定："被征收房屋价值评估应当考虑被征收房屋的区位、用途、建筑结构、新旧程度、建筑面积以及占地面积、土地使用权等影响被征收房屋价值的因素。”虽然该条将“土地使用权”列入被征收房屋价值评估因素，但对于土地剩余使用期限的价值补偿，尚无具体的量化规定。实际上，各地在房屋征收补偿安置中，无论是多少年的老房子，都是按照重置价格，即类似的新房进行安置和补偿，旧房的剩余土地使用期限对新房安置面积或者货币补偿的多少并无影响。

19. 被征收房屋占用土地属于行政划拨方式取得，而补偿安置的新房用地属于有偿出让，被征收人需缴纳土地使用费吗？

问 我们家的房子属于“房改房”，房子占用的土地是划拨地。现在我们的房子要被政府征收，据说征收后要出让给开发商建商业网点和住宅，土地也将由划拨改为出让。有人说，原来的土地是国家无偿划拨的，我们的房子价值不含土地费用，而今后安置的新房占用的土地是有偿出让，所以新房价值就包含土地费用，这部分费用应当由被征收人负担一部分，否则就是占了国家的便宜。请问，这样理解对吗？

答：不能这样理解。

在20世纪90年代住房制度改革之前，城市居民承租的公房用地基本都是采用无偿划拨的方式供应的，在房屋建设成本中，确实不包含土地成本。在房改之后，这些公房大多被承租人以“成本价”“标准价”或者“市场价”购买，购买时的价格构成也不会包含土地成本。那么，是不是因为城市职工住房成本中不含土地费用，就是占国家便宜吗？其实，按照公有制的本质，城市的土地属于全民所有，即人民本来就是公有财产（包括土地）的主人，是财产的所有人，主人使用自己的土地，谁占谁的便宜？何况这些主人们“无偿”使用土地，实际上是用长期的低工资、低福利与国家进行的一种交换，也可以说是对他们劳动价值的补偿，根本不存在占国家便宜的问题。还有，房屋征收补偿也不是一种等价交换的交易行为，否则，作为产权人当然有权拒绝这种“交易”。而作为征收人的政府，利用国家权力征收他人的财产，有义务保障被征收人的居住条件至少不低于征收前的水平。而且，在征收后，将新安置的房屋用地由划拨改为出让，意味着被征收使用的土地由无期限的永久使用权变更为有期限的使用权，两相比较，其实是被征收人为服从国家建设需要做出了牺牲，怎么能再收取他们的土地费用呢？所以，在城市房屋征收中，无论被征收房屋占用的土地是划拨还是出让，在安置补偿标准上都应当是一视同仁、没有区别的。

20. 因房屋征收造成停产停业损失应如何补偿？

问 我经营多年的一家餐厅被政府列入征收范围。餐厅效益一直很好，回头客很多，一旦被政府征收，会导致我的餐厅停业，客源流失。请问，对我的营业损失政府是否应给予补偿？如何补偿？

答：《条例》第23条规定：“对因征收房屋造成停产停业损失的补偿，根据房屋被征收前的效益、停产停业期限等因素确定。具体办法由省、自治区、直辖市制定。”根据这一规定，因房屋征收造成被征收人停产停业损失的，应当给予补偿。补偿数额主要根据被征收前的效益和停产停业时间的长短确定。具体办法国务院授权省级人民政府制定。现在，大多数省级人民政府都已制定了国有土地上房屋征收补偿的条例或者实施细则，对因征收导致被征收人停产停业损失的补偿方法作出规定。如《河北省国有土地上房屋征收与补偿实施办法》第14条规定：“因征收房屋造成停产停业损失的补偿，按征收房屋造成的实际财产损失进行补偿。计算因征收房屋造成的停产停业损失，应当根据纳税情况、经营规模、停产停业期限等因素确定。征收房屋造成停产停业的，应当给停产停业的职工发放生活补助费。停产停业的职工月生活补助费，按当地社会平均工资标准计算；其停产停业职工数量以生产经营者在征收决定发布前 12 个月缴纳社会保险的月平均人数计算；发放停产停业生活补助费期限按 6 个月计算。征收非住宅用房，被征收人选择货币补偿的，被征收房屋的临时安置补偿费按 6 个月计算；被征收人选择产权调换的，被征收房屋的临时安置补偿费按实际期限计算。”《上海市国有土地上房屋征收与补偿实施细则》第 35 条规定：“因征收非居住房屋造成被征收人、公有房屋承租人停产停业损失的补偿标准，按照被征收房屋市场评估价的 10% 确定。被征收人、公有房屋承租人认为其停产停业损失超过被征收房屋的市场评估价 10% 的，应当向房屋征收部门提供房屋被征收前三年的平均效益、停产停业期限等相关证明材料。房屋征收部门应当委托房地产价格评估机构对停产停业损失进行评估，并按照评估结果予以补偿。被征收人、公有房屋承租人对评估结果有异议的，可以按照本细则第二十五条第三款规定申请复核、鉴定。”《青岛市国有土地上房屋征收与补偿条例》第 30 条规定：“征收非住宅房屋，造成被征收人或者公有房屋承租人停产、停业损失的，房屋征收部门应当对其停产停业损失进行补偿。房屋征收部门不能按照规定交付补偿房屋的，应当自逾期之日起按照标准双倍支付停产停业损失补偿金；对周转房的使用人，除继续提供周转房外，还应当自逾期之日起按照停产停业损失补偿金标准支付补偿金。”各地关于停产停业损失补偿的规定，有的较细，有的较粗。但在实践中的具体补偿方法大同小异，补偿数额的确定，基本上是根据停产停业期间的实际损失确定，而确定损失补偿的根据就是生产经营者的纳税记录（通过纳税情况可反映经营者的经济效益）、经营规模和停产停业期限。损失的计算有时需要委托评估机构进行评估。如对评估结果有异议，当事人也可按照《条例》的规定申请复核、鉴定。

21. 由住宅改成的商业网点，征收时有无停产停业损失补偿？

问 20 世纪 90 年代，国企改革时我下岗了，为了生存，我将自家临街的住宅改造成小饭店，生意一直不错，我也办了工商登记等批准手续。请问，如果今后遇到政府征收，我能否在选择房屋安置时主张停业损失补偿？

答：只要将住宅改为商用办理了相关的审批手续，有合法的经营手续，并且因房屋征收客观上导致了被征收人停产停业损失，那么，不论被征收人选择房屋安置还是货币补偿，征收人都应当给予被征收人停产停业损失补偿。即补偿的前提条件有三：第一，当初将住宅改作商用时，改造工程办理了相关的审批手续。比如因经营需要改变住宅的建筑结构，在墙体上开门等，需要到城市建设主管部门办理审批手续。未经审批，特别是危及建筑物结构安全的野蛮施工等违法改变住宅用途的，不能主张停产停业损失。第二，依法办理了工商营业登记，取得营业执照。合法取得营业执照是从事经营活动的法定前提，也是获得停产停业补偿的依据。《物权法》第 77 条规定："业主不得违反法律、法规以及管理规约，将住宅改变为经营性用房。业主将住宅改变为经营性用房的，除遵守法律、法规以及管理规约外，应当经有利害关系的业主同意。"根据这一规定，现在工商管理部门在办理工商登记时，对于将住宅改商用的登记申请均要求申请人提供有利害关系业主同意申请人改变用途的证明。无此证明则不会为其办理工商登记并核发营业执照。未取得营业执照即擅自营业的，不能获得停产停业补偿。第三，确实存在经营活动，有经营效益。如虽已将住宅改为商用，且也办理了合法的审批和工商登记手续，但停业多年，没有实际经营活动，没有效益，也不能获得补偿。因为没有经营活动，就不可能有经营效益，当然也无所谓损失。很多地方的规定是按照房屋被征收前若干年的平均效益计算停产停业损失补偿。因此，如征收前的平均效益为零，或者亏损，是不能获得补偿的。

需要注意的是，未经批准擅自将住宅改变为经营性用房，征收时不能给予停产停业损失补偿。但许多地方对此有例外规定，比如《江苏省贯彻实施〈国有土地上房屋征收与补偿条例〉若干问题的规定》第 15 条规定："被征收人擅自将住宅房屋改变为经营性用房的，征收时不给予停产停业损失补偿；擅自改变非住宅房屋用途的，按照原用途计算停产停业损失。被征收房屋于 2010 年 7 月 1 日前已经改变为经营性用房，并取得工商营业执照、持续营业 1 年以上的，可以结合实际营业年限按照适当比例给予停产停业损失补偿。具体比例由设区的市、县（市、区）人民政府结合本地实际确定。"这样的规定有其合理性，因为城市中大量的"住改商"行为始于 20 世纪 90 年代，因国企改革中有大量职工下岗自谋职业，许多职工便将自住或者租用的临街住宅改造成商业用途。而当时为鼓励职工自谋职业，各地对于"住改商"的审批并不严格，且在客观上，通过"住改商"也解决了很多职工的生活就业，搞活了经济，增加了税收。所以，对于未办理"住改商"审批手续的，在确定停产停业损失补偿时，不能一刀切——只要未办理住改商审批手续就一律不予补偿，而应根据不同时期的法律和政策规定，区别对待。

22. 房屋征收时房屋的承租人有权获得征收补偿吗?

问 七年前,我公司承租了一处工业厂房进行电子产品的加工制作。合同约定的承租期限是15年。今年初政府发布征收公告,我公司承租的厂房被列入征收范围。房东已给我公司发出书面通知,要求限期搬迁。但就补偿问题我们没有达成一致。当初签订租赁合同时,也未就租期内遇国家征收的补偿问题作出约定。房东说,国家征收是不可抗力,租赁合同必须终止,而且我公司也无权主张损失补偿。请问,我们虽然同意终止合同,但因征收导致我公司无法继续经营,我们是否应当获得补偿?该补偿应当向谁主张?

答:一般来说,只要是合法成立的租赁关系,如因政府的征收行为而使租赁合同必须提前终止,并因此给承租人造成损失的,征收人就应当给予补偿。但就此问题的理解和各地的做法并不一致。

有人以《条例》第2条为依据:"为了公共利益的需要,征收国有土地上单位、个人的房屋,应当对被征收房屋所有权人(以下称被征收人)给予公平补偿。"据此认为征收补偿的对象只有被征收房屋的所有权人,不包括房屋的使用权人(承租人)。如因国家征收而使租赁合同终止,并使承租人遭受损失的,征收人无须给予补偿。就损失补偿应当由合同当事人依据合同约定自行解决。也许正是基于这样的理解,许多地方制定的征收条例(细则)对承租人的补偿问题根本未加规定,或者只是就"公有住房承租人"的补偿和安置问题作出了规定。实践中,遇到私有房屋承租人就征收补偿问题提出的异议,也多以其不是被征收人,其损失应由承租合同当事人自行协商解决为由予以答复。还有的地方规定,停产停业损失补偿,出租人与承租人没有约定的,由当事人协商分配(如北京、重庆等)。笔者认为,以《条例》第2条为依据,认为征收补偿的对象只有被征收房屋的所有权人,而不包括房屋使用权人,这样的理解是片面的。

征收行为本质上是通过国家权力强制性地取得公民、法人或者其他组织(产权人)财产所有权的行为,在取得他们财产所有权时,当然要给予公平的补偿。《条例》第2条所强调的就是基于这种征收关系对财产所有权人的补偿原则。该条没有提及被征收使用权人(承租人)的补偿,并不意味着排除了承租人获得补偿的资格。事实上,大部分地方政府的规定都将"公有房屋承租人"作为补偿安置对象,即实际征收中,地方政府并未因《条例》第2条的规定而将公房承租人排除在安置补偿之外。不过,只考虑公房承租人的利益,而对私房承租人因征收行为而受的损失不管不问，明显采用的是双重标准，有失公平。《条例》第 17 条确定的征收补偿有三项：（一）被征收房屋价值的补偿；（二）因征收房屋造成的搬迁、临时安置的补偿；（三）因征收房屋造成的停产停业损失的补偿。对于房屋的价值补偿，毫无疑问补偿对象应是房屋的所有权人。但如果房屋已被出租，因征收行为被迫终止租赁合同，被迫搬迁、停产停业的是承租人，而非出租人（产权人），因此搬迁及停产停业损失补偿理应给予房屋的实际使用人（承租人）。总不能产权人自用房屋就可获得搬迁、停产停业损失补偿，而出租给他人就没有该项补偿，或者承租人遭受了损失却要给产权人补偿吧？

租赁关系是经济生活中的常有形态，大多数经济实体的办公和生产经营场所是通过租赁的方式取得的。维护正常的租赁关系，减少承租人的经营风险有利于稳定经济关系，促进市场繁荣。因此，政府在进行房屋征收时，不能无视承租人的利益，在征收行为与承租人的损失有如此明显的因果关系的情况下却拒绝补偿，或将补偿的责任推给出租人，这不是法治思维。

对于承租人因征收而产生的补偿问题，有些地方的立法规定就比较合理。比如《河北省国有土地上房屋征收与补偿实施办法》第 15 条规定："生产经营者依法承租房屋进行生产经营且租赁合同未到期所承租房屋被征收的，其停产停业损失补偿费应当依照生产经营者与被征收人的约定分配；无约定的，房屋征收部门可将生产经营者的停产停业损失直接补偿给生产经营者。"

综上，承租人因征收行为而遭受损失有权获得补偿，对于租赁期间遇政府征收的损失补偿问题，租赁合同中有约定的依照约定，没有约定的，承租人可以向征收人主张损失补偿。

23. 超过约定的临时过渡期仍不能回迁安置怎么办？

问 我们家的房屋三年前被政府征收，按照征收协议约定，我们在安置房屋建成前选择自行过渡，政府先是一次性支付了 10 个月的临时安置补偿费，以后则按月发放。当时政府承诺回迁期限一年零六个月，现在已经三年了，安置房仍未建成。我们租的房子房东已多次提高房租。我们要求政府提高补助费用，政府都以补偿协议没有约定为由拒绝。我们知道，有些地方，超过过渡期限，补偿费是要加倍支付的。请问，我们可否要求政府增加补偿。

答：你们有权要求征收人增加临时安置补助费。

《条例》第 25 条规定："房屋征收部门与被征收人依照本条例的规定，就补偿方式、补偿金额和支付期限、用于产权调换房屋的地点和面积、搬迁费、临时安置费或者周转用房、停产停业损失、搬迁期限、过渡方式和过渡期限等事项，订立补偿协议。补偿协议订立后，一方当事人不履行补偿协议约定的义务的，另一方当事人可以依法提起诉讼。”根据这一规定，有关过渡方式和过渡期限，临时安置费等内容是协议的必备条款。即保证被征收人按照约定回迁，是征收人的合同义务。征收人未按照期限安置被征收人的，则构成违约，被征收人有权要求征收人承担违约责任或者赔偿损失。因过渡期延长，租金上涨，使被征收人多支付了租金，实际上是因征收人的违约行为造成的损失。就此损失，被征收人有权向征收人主张。

《条例》没有对过渡期限的长短，临时安置补助费标准等作出具体规定，从法理上讲，这些内容征收人和被征收人可以在平等的基础上自愿协商确定。现在许多地方制定的关于征收补偿的地方性法规大都有具体规定。有的地方规定对超期过渡的，应当加倍支付临时安置补助费；有的地方则规定 3 倍支付。如果地方法规对于过渡期限和超期补偿有规定的，则对当地的征收当事人均有约束力，一方违反的，当事人则可按照当地的规定主张权利。

24. 未办理产权登记的房屋是否可以认定为违法建筑而在征收时不予补偿？

问 我们家有一处老房，大约是在 20 世纪 60 年代，由当时的居委会建设并分配给我祖父母居住，他们的户口也落在这里。但这处房子和他们后来自行加盖的一间偏房由于种种原因一直未能办理产权登记。听说他们那片房子很快就要被征收了，但有人说，他们的房子属于无证房，是违法建筑，征收时不能获得补偿。请问，是这样吗？

答:《条例》第 24 条第二款规定:“市、县级人民政府作出房屋征收决定前，应当组织有关部门依法对征收范围内未经登记的建筑进行调查、认定和处理。对认定为合法建筑和未超过批准期限的临时建筑的，应当给予补偿；对认定为违法建筑和超过批准期限的临时建筑的，不予补偿。”根据这一规定，如果你祖父母的房子被认定为违法建筑，确实不能获得相应的征收补偿。但是，无证房并非一定是违法建筑。对于“违法建筑”，国家尚无统一的定义性规定。一般认为，违法建筑是指未取得建设工程规划许可，或者不按照许可的范围要求新建、扩建或者改建的建筑物。但在我国，由于历史原因以及建设规划的立法滞后等，许多老旧的房屋在建设时并未办理建设许可手续，房屋建成后也未办理产权登记，对这样的房屋不能简单认定为违法建筑。

《广州市国有土地上房屋征收与补偿实施办法》第35条规定："对未经产权登记的建筑，属于未超过批准期限的临时建筑的，应当给予补偿。对未经产权登记的建筑，认定为违法建筑或超过批准期限的临时建筑的，不予补偿。不属于第一款、第二款情形的未经产权登记的建筑，存在以下情况的，给予货币补偿：(一)1967年1月1日前建设的未经产权登记的建筑，房屋征收部门可按照住宅房屋进行货币补偿。(二)1967年1月1日后至1990年4月1日《中华人民共和国城市规划法》实施前建设的未经产权登记的建筑，房屋征收部门可按照不超过房屋征收决定公告之日被征收房屋住宅房地产市场评估价的60%给予货币补偿。"其他一些省市也有类似规定。即在认定违法建筑时不以是否办理了产权登记为唯一标准，对于那些未办理产权登记的老旧房屋，应根据当时的相关规定、房屋的建造和使用情况慎重加以认定。从来函所述可知，你祖父母的房子是20世纪60年代建成，当时还没有城市建设规划方面的立法，为了生存，由居民自建或者由单位、居委会组织建房非常普遍。这些房屋有的在后来的确权登记或者公房出售时办理了产权证，有的可能因为各种原因未办登记。但无论办证与否，这些居民在此居住生活几十年的事实就可以说明，他们的居住权是被政府、社会所认可的，而且也没有损害国家和他人的利益。如果要征收这些房屋，他们的居住权（也可以说是生存权），也应当得到保障，即在征收房屋时，他们理应获得相应的补偿。

总之，确定被征收房屋是否属于违法建筑，不能仅凭权属登记与否加以认定，应根据被征收房屋的建成年代、未办登记有无正当理由等情形慎重加以认定。无论如何，征收行为应当保证在征收后，征收范围内的所有人的基本生活居住条件能够得以维持、改善。

25. 房屋征收范围确定后新建、扩建、改建的房屋能否获得补偿？

问 2015年，我们社区的房屋被列入征收范围，相关分户、改扩建工程审批等手续都已暂停办理。但由于政府的征收补偿方案遭到众多居民的反对，征收工作迟迟没有开始。这期间有人说，政府暂停办理相关手续不能超过1年，超期后新建、扩建房屋政府就无权干涉。于是我在自家的二层小楼上又加盖了一层，街坊邻居扩建、改建的也不少。因为都知道房屋征收是迟早的事，用便宜的建材多建一些房子，届时可以多获得一些补偿。请问，超过暂停办理相关手续的期限后，征收时所建的房屋能否获得补偿？

答： 即使超过政府通知暂停办理相关手续的期限，如果新建、扩建房屋未依法办理建设审批手续，新建、扩建的房屋有可能被认定为非法建筑，征收时依然无法获得补偿。

《条例》第16条规定："房屋征收范围确定后，不得在房屋征收范围内实施新建、扩建、改建房屋和改变房屋用途等不当增加补偿费用的行为；违反规定实施的，不予补偿。房屋征收部门应当将前款所列事项书面通知有关部门暂停办理相关手续。暂停办理相关手续的书面通知应当载明暂停期限。暂停期限最长不得超过1年。"依据这一规定，征收范围确定后，征收部门会通知相关部门冻结相关手续的办理，以防新建、扩建等可能导致增加征收补偿的行为合法化。这一冻结期限不得超过1年。但这一规定并不意味着，超过1年的冻结期限，新建、扩建行为就必然得到批准。事实上，即使在征收范围确定之前，也不是所有的新建、扩建行为都会得到批准。即无论是在征收范围确定之前，或是冻结期限届满之后，在城市进行房屋建设都应获得建设规划主管部门批准后方可进行。未经审批的建设行为都有可能被认定为违法行为，不能因此获得补偿。

当然，还有另外一种情形，在冻结期限届满后，一些行政主管部门常常对符合条件的建房、分户等申请也拒绝受理或批准，这种行为就属于不作为的行政违法，对此当事人可以通过行政或者诉讼程序维护权益。

26. 征收人与被征收人达不成补偿协议怎么办？

问 我区人民政府一年前就将我家所在的棚户区列入征收范围。但在规定的签约期限，我和少数业主认为政府补偿方案不合理、不公平，拒绝签约。政府工作人员多次上门劝说，还让邻居做我们的工作，说不能为个人私利损害大多数人的利益，甚至还威胁，达不成协议也不会影响他们征收的进行，届时对待我们这种"钉子户"，他们可以申请法院强拆。请问，没有达成征收补偿协议可以强拆吗？《条例》不是规定"先补偿，后搬迁"吗？我该如何维权呢？

答： 首先需要明确，少数人的合法权益也必须加以保护。在现实生活中，在遇到少数人的利益与多数人的利益冲突时，便常有人以诸如"舍小家，为大家""个人利益服从集体利益"等种种道德说教向坚持维护个人利益的少数人施压。在房屋征收领域，这种情形极为普遍。那些坚持维权不妥协的少数人常被污名化，什么“自私自利”“钉子户”等，几乎成了对他们的标准化评价。当然，在任何社会，大公无私的奉献精神都值得提倡和褒奖，但不能将此作为损害少数人利益的借口，当作一种道德绑架。“房屋征收与补偿应当遵循决策民主、程序正当、结果公开的原则”(《条例》第 3 条)，但这里的“民主决策”并不是指在涉及个体利益的补偿协议的签订过程也要“民主决策”或“少数服从多数”。签订征收补偿协议，必须遵循平等协商、自愿和诚实信用的原则，任何一方都不能把自己的意志强加给相对方。何况，在征收中，个体利益是存在差别的，就这种差别，必须由合同当事人以平等的身份，通过一对一的谈判加以解决。只要少数人的要求有法律和事实依据，就不能以多数人已经签约为由强迫其接受不公平的协议。

当然，也不能曲解“先补偿，后搬迁”的原则，不能将其理解为只要不与政府签订征收补偿协议，就可以永远阻止政府的征收工作。因为《条例》第 27 条规定的是“先补偿，后搬迁”，而不是“先签约，后搬迁”。同时《条例》第 26 条规定：“房屋征收部门与被征收人在征收补偿方案确定的签约期限内达不成补偿协议，或者被征收房屋所有权人不明确的，由房屋征收部门报请作出房屋征收决定的市、县级人民政府依照本条例的规定，按照征收补偿方案作出补偿决定，并在房屋征收范围内予以公告。补偿决定应当公平，包括本条例第二十五条第一款规定的有关补偿协议的事项。被征收人对补偿决定不服的，可以依法申请行政复议，也可以依法提起行政诉讼。”即如果在确定的签约期限内达不成协议的，政府仍然可以按照确定的征收补偿方案作出补偿决定，该决定应当包括对未达成协议的被征收人的安置补偿内容。如果该被征收人对补偿决定不服的，可以依法申请行政复议，或者依法提起行政诉讼。如果在法定期限内被征收人不申请复议或者不提起行政诉讼，在补偿决定规定的期限内又不搬迁的，政府可以申请人民法院强制执行。在申请强制搬迁之前，政府应当支付必要的补偿，如遭被征收人拒绝，可将该补偿款提存，或提供周转用房，这样做并不违背“先补偿，后搬迁”的原则。

27. 强制搬迁应当由谁组织实施？

问 我因为不满政府的征收补偿方案，一直未与政府签订征收补偿协议，也未在政府规定的搬迁期限内搬迁。最近，由政府成立的房屋征收公司给我送达书面通知，让我限期自行搬离，否则他们将强制拆除我的房屋。请问：政府有权自行组织强制拆迁吗？

答：在《条例》颁布之前，究竟谁是强制拆迁的主体并不十分明确。2001 年 6 月 13 日由国务院颁布的《城市房屋拆迁管理条例》第 17 条规定："被拆迁人或者房屋承租人在裁决规定的搬迁期限内未搬迁的，由房屋所在地的市、县人民政府责成有关部门强制拆迁，或者由房屋拆迁管理部门依法申请人民法院强制拆迁。实施强制拆迁前，拆迁人应当就被拆除房屋的有关事项，向公证机关办理证据保全。"按照这一规定，强制拆迁既可以由地方政府组织实施，也可以由人民法院强制拆迁。实践中，以地方政府自行组织实施的强制拆迁居多。但在全国各地，因强制拆迁引发的恶性案件一直居高不下，无论是地方政府还是人民法院，对于组织参与强制拆迁，在主观上都是避之唯恐不及。于是关于谁应承担强制拆迁之责也有两种不同的观点：一种认为，人民法院是居中裁判机构，不能直接介入当事人的争议，甚至成为一方当事人的打手；另一种观点则认为，强制拆迁属于人民法院强制执行的范畴，是其法定职责，由人民法院强制拆迁具有司法权威。2011 年颁布的《条例》第 28 条规定："被征收人在法定期限内不申请行政复议或者不提起行政诉讼，在补偿决定规定的期限内又不搬迁的，由作出房屋征收决定的市、县级人民政府依法申请人民法院强制执行。强制执行申请书应当附具补偿金额和专户存储账号、产权调换房屋和周转用房的地点和面积等材料。"根据这一规定，强制拆迁的主体这回总算明确了：应当由人民法院强制执行。但很快，次年 2 月，最高人民法院便发布了《关于办理申请人民法院强制执行国有土地上房屋征收补偿决定案件若干问题的规定》（法释〔2012〕4 号）（以下简称《若干规定》），该规定第 9 条规定："人民法院裁定准予执行的，一般由作出征收补偿决定的市、县级人民政府组织实施，也可以由人民法院执行。"事实上，通过这一司法解释文件，人民法院巧妙地将《条例》第 28 条解释为，人民法院只是受理强制执行申请的裁决机构，而非必然的强制执行机构。同时又采用了先前既可由政府组织实施强拆，也可由人民法院强制执行模棱两可的措词。据此规定，在实践中，人民法院直接实施强制拆迁的情形少之又少，大多数的强制拆迁是由地方政府组织实施的。但需注意，依照《若干规定》，地方政府可以组织实施强制拆迁工作，但前提是实施前必须经人民法院裁决，取得许可。

28. 申请人民法院强制拆迁应当具备哪些条件？

问 由于拒绝按照政府公布的搬迁期限搬迁，近期政府已向人民法院申请强制执行。我们认为政府制定的征收补偿方案实在有失公平，异地安置的房屋全是高层，不仅位置偏僻，交通不便，而且分摊面积也多。如果接受货币补偿，在相同地段根本买不到和我们住房面积相当的房子。请问：人民法院对如此不公的征收行为也会支持吗？裁决支持政府的强制执行申请有什么条件吗？

答：按照《条例》第28条第二款的规定，市、县级人民政府在申请人民法院强制执行时，所需附具的只有"补偿金额和专户存储账号、产权调换房屋和周转用房的地点和面积等材料"。据此认为，人民法院受理政府的强制执行申请，所进行的只是程序性审查，即只要政府的征收行为以及申请本身在程序上不存在问题，并且已经有专款或者周转用房等用于安置补偿被征收人，则政府的申请就能获得人民法院的批准。但是根据最高人民法院《若干规定》，对地方政府申请人民法院强制执行，则赋予了人民法院实质审查的权力。该《若干规定》第2条规定："申请机关向人民法院申请强制执行，除提供《条例》第二十八条规定的强制执行申请书及附具材料外，还应当提供下列材料：（一）征收补偿决定及相关证据和所依据的规范性文件；（二）征收补偿决定送达凭证、催告情况及房屋被征收人、直接利害关系人的意见；（三）社会稳定风险评估材料；（四）申请强制执行的房屋状况；（五）被执行人的姓名或者名称、住址及与强制执行相关的财产状况等具体情况；（六）法律、行政法规规定应当提交的其他材料。强制执行申请书应当由申请机关负责人签名，加盖申请机关印章，并注明日期。强制执行的申请应当自被执行人的法定起诉期限届满之日起三个月内提出；逾期申请的，除有正当理由外，人民法院不予受理。"第6条规定："征收补偿决定存在下列情形之一的，人民法院应当裁定不准予执行：（一）明显缺乏事实根据；（二）明显缺乏法律、法规依据；（三）明显不符合公平补偿原则，严重损害被执行人合法权益，或者使被执行人基本生活、生产经营条件没有保障；（四）明显违反行政目的，严重损害公共利益；（五）严重违反法定程序或者正当程序；（六）超越职权；（七）法律、法规、规章等规定的其他不宜强制执行的情形。人民法院裁定不准予执行的，应当说明理由，并在五日内将裁定送达申请机关。"根据该规定，在受理地方政府强制执行申请后，人民法院有权对政府征收决定本身的正当性、合法性、公平性进行审查。同时该《若干规定》第5条还规定："人民法院在审查期间，可以根据需要调取相关证据、询问当事人、组织听证或者进行现场调查。”即人民法院有权依照职权自主进行调查、核实。从程序到实体，如果人民法院认为地方政府的征收决定存在缺乏事实和法律依据，补偿方案明显不公，损害被执行人合法权益等情形的，可以裁定不予执行。规定所列人民法院的审查内容，也可以理解为获得人民法院批准强制执行申请的条件，不具备这些条件的，地方政府的强制执行申请就有可能被驳回。

在地方政府向人民法院申请强制执行期间，作为被征收人并非无所作为，可以通过书面形式，或者在人民法院进行调查、听证期间积极陈述自己的意见并提供证据，只要理由正当、证据充分，可以证明政府的征收补偿决定有《若干规定》所列举的情形，则政府的强制执行申请就难以获得批准。在政府的强制执行申请被人民法院驳回后，政府必须重新调整自己的征收补偿方案，以期与被征收人达成征收补偿协议。若政府方面不作调整和改变，仍无法与被征收人达成协议，再行申请人民法院强制执行还将无法获得批准。

29. 哪些情形被征收人可以提起行政复议或者行政诉讼？

问 我们的房子是20世纪60年代陆续建成的，现在已成了脏乱差的棚户区。居民们一直盼望着政府早日拆迁改造。今年初，政府已经公告了征收决定和补偿方案。对政府公布的征收决定和补偿方案，大部分居民是支持的。但在签约时，也有少部分居民认为具体的补偿安置内容不合理、不公平，拒绝签约。我们家就是少数居民之一。现在政府已经作出补偿决定。请问，对政府的征收决定没有意见，只对具体补偿方案有异议，可以提起行政复议或者行政诉讼吗？

答：可以。

无论是对政府的征收决定本身，还是对政府公布的征收补偿方案，被征收人均可提起行政复议或者行政诉讼。即如果被征收人认为政府作出的房屋征收决定不符合《条例》第8条所列情形，根本就不应当征收的，可以针对政府的征收决定提起行政复议或者行政诉讼。或者，虽然同意政府征收，但对政府征收决定所载明的征收补偿方案有异议，也可提起行政复议或者行政诉讼，因为征收补偿方案也是征收决定的组成部分。同意征收，但不同意征收补偿方案，可以在提起行政复议或者行政诉讼时，只要求就该补偿方案进行变更。

还有一种情况值得注意。《条例》第26条规定：“房屋征收部门与被征收人在征收补偿方案确定的签约期限内达不成补偿协议，或者被征收房屋所有权人不明确的，由房屋征收部门报请作出房屋征收决定的市、县级人民政府依照本条例的规定，按照征收补偿方案作出补偿决定，并在房屋征收范围内予以公告。补偿决定应当公平，包括本条例第25条第一款规定的有关补偿协议的事项。被征收人对补偿决定不服的，可以依法申请行政复议，也可以依法提起行政诉讼。”该条规定是指，在征收人与被征收人就具体的补偿安置内容不能达成一致、签订协议的情况下，政府可就该具体补偿事项作出决定，如就该补偿决定不服的，被征收人也可提起行政复议或者行政诉讼。因为虽然对政府征收决定载明的征收补偿方案没有意见，但每一户的房屋等具体情况也会存在差别，如果认为政府的具体补偿决定没有事实或者法律依据，明显不公，或者程序违法等，也可以提起行政复议或者行政诉讼。当然，如果政府具体补偿决定并不违法，也符合征收补偿方案的基本原则，则被征收人提起的复议或者诉讼就有可能被认为是无理要求而被驳回。

30. 被征收人如何提起行政复议或者行政诉讼？

问 我们的房屋坐落在沿海一带，距市中心也很近，且建成才二十多年。最近政府将我们的房屋列入征收范围，要建一个大型的动漫产业园，大部分居民要被异地安置。我们不同意政府的征收决定，更不同意他们的补偿方案，有部分居民想要状告政府，撤销他们的征收决定。请问，我们是提起行政复议还是行政诉讼？是否必须先复议后诉讼？应如何提起复议或者诉讼？

答：你们既可以先申请行政复议，对复议认定不服，再提起行政诉讼。也可以直接提起行政诉讼。即就有关房屋征收的行政行为不服，行政复议不是行政诉讼的前置程序，对政府的房屋征收或者补偿决定不服，可以不经行政复议直接向人民法院提起行政诉讼。

有人认为必须先行复议才能向人民法院提起行政诉讼，主要是对《行政复议法》第30条规定的理解错误。该条规定："公民、法人或者其他组织认为行政机关的具体行政行为侵犯其已经依法取得的土地、矿藏、水流、森林、山岭、草原、荒地、滩涂、海域等自然资源的所有权或者使用权的，应当先申请行政复议；对行政复议决定不服的，可以依法向人民法院提起行政诉讼。根据国务院或者省、自治区、直辖市人民政府对行政区划的勘定、调整或者征用土地的决定，省、自治区、直辖市人民政府确认土地、矿藏、水流、森林、山岭、草原、荒地、滩涂、海域等自然资源的所有权或者使用权的行政复议决定为最终裁决。"有人据此将与土地这一自然资源有关的房屋征收的行政行为也列入须先行复议的范围。但此后最高人民法院就此问题作出过相应的司法解释，[①] 已经明确该条规定仅指平等主体的当事人在发生自然资源权属纠纷后，行政机关确定权利归属的行政裁决行为。即有关房屋征收补偿的行政行为非该条规定所含范围。《条例》第14条规定："被征收人对市、县级人民政府作出的房屋征收决定不服的，可以依法申请行政复议，也可以依法提起行政诉讼。"第26条第三款规定："被征收人对补偿决定不服的，可以依法申请行政复议，也可以依法提起行政诉讼。"这两条规定对于申请行政复议和提起行政诉讼采用的是并列的表述方式，即被征收人对于申请行政复议还是提起行政诉讼有选择权。

就如何申请行政复议或者提起行政诉讼，涉及的问题相当广泛，且专业技术含量很高，因此，申请复议或者提起诉讼最好聘请专业人士代理。作为当事人，特别要注意的是不要超过法定的申请复议和提起诉讼的期限，保留好相关的证据材料（虽然行政诉讼采用被告举证原则，但若原告能够举出被告行政行为违法的证据，对案件结果也能产生重要影响。）

31. 不是房屋所有权人能否因征收补偿事宜提起行政诉讼？

问 我公司承租的一处营业房还有七年的租期，但近期政府公告要进行征收，我们要求停业损失，装修损失补偿却遭到政府部门拒绝。请问，我们作为承租人，可以作为原告提起行政诉讼吗？

答： 可以。

有人以《条例》第2条为依据，认为只有房屋的所有权人才能成为被征收人并取得补偿资格，即只有被征收所有权人有权作为原告就补偿事宜提起民事或者行政诉讼。这样的理解有失偏颇。被征收人虽为房屋所有权人，但有权获得征收补偿的并非只有所有权人，房屋的承租人（使用权人）因征收行为造成损失的，也有获得补偿的权利。如《条例》第17条规定的搬迁、停产停业损失等项补偿，就应当补偿给房屋的实际使用人。如果房屋的承租人认为征收决定或者补偿方案不公，损害了自己的合法权益，有权以自己的名义向人民法院提起行政诉讼，要求征收人履行补偿义务。

---

① 最高人民法院《关于适用〈行政复议法〉第30条第1款有关问题的批复》（法释〔2003〕5号）；最高人民法院《关于行政机关颁发土地、矿藏等自然资源所有权或者使用权证的行为是否属于确认具体行政行为的批复》（〔2005〕行他字第4号）。

《行政诉讼法》第25条第一款规定：“行政行为的相对人以及其他与行政行为有利害关系的公民、法人或者其他组织，有权提起诉讼。”显然，房屋使用权人与政府的征收行为及后果有利害关系，政府拒绝补偿的决定如果损害了房屋使用权人的利益，则房屋使用权人有权作为原告向人民法院提起行政诉讼。

32. 就房屋征收及补偿决定谁应作为行政诉讼的被告？

问 我们小区的征收工作已经开始一年之久，由于大多数居民认为政府的补偿方案不公，所以征收补偿协议到现在也未开始签订。有些业主已准备起诉政府，要求撤销或者变更公布的补偿决定。这次征收工作，具体组织实施的是街道办事处，但公告的房屋征收部门是区房屋征收安置办公室。请问，如果提起诉讼，应以谁作为被告？

答：按照《条例》的规定，房屋征收过程，代表政府参与征收工作的是房屋征收部门和房屋征收实施单位。前者大多是政府下设的房屋征收安置办公室，或者房屋行政管理部门；后者则多由街道办事处等政府基层组织担任。各地对房屋征收部门和房屋征收实施单位的规定不尽相同，但有一点是一致的，这些单位均是政府常设或者临时设立的职能部门。但这些部门不能成为行政诉讼的当事人。《条例》第4条规定：“市、县级人民政府负责本行政区域的房屋征收与补偿工作。市、县级人民政府确定的房屋征收部门（以下称房屋征收部门）组织实施本行政区域的房屋征收与补偿工作。市、县级人民政府有关部门应当依照本条例的规定和本级人民政府规定的职责分工，互相配合，保障房屋征收与补偿工作的顺利进行。”根据这一规定，市、县级人民政府是本行政区房屋征收与补偿工作的责任主体。同时按照《条例》第14条、第26条规定，提起行政复议或者行政诉讼，所针对的也是市、县级人民政府的房屋征收决定和补偿决定。因此，当事人若对房屋征收决定或者补偿决定不服的，应当以市、县级人民政府为被告提起行政复议或者行政诉讼。对此《行政诉讼法》第26条也有规定：“公民、法人或者其他组织直接向人民法院提起诉讼的，作出行政行为的行政机关是被告。经复议的案件，复议机关决定维持原行政行为的，作出原行政行为的行政机关和复议机关是共同被告；复议机关改变原行政行为的，复议机关是被告。复议机关在法定期限内未作出复议决定，公民、法人或者其他组织起诉原行政行为的，作出原行政行为的行政机关是被告；起诉复议机关不作为的，复议机关是被告。两个以上行政机关作出同一行政行为的，共同作出行政行为的行政机关是共同被告。行政机关委托的组织所作的行政行为，委托的行政机关是被告。行政机关被撤销或者职权变更的，继续行使其职权的行政机关是被告。”需要注意的是，根据这一规定，若经过行政复议，则复议机关也可以成为行政诉讼的被告。

33. 已经与政府签订了征收补偿安置协议，领取了补偿费用后，是否还可以就政府的征收决定或者补偿决定提起行政诉讼？

问 经过政府部门的反复宣传、动员，我们片区的居民大多已和政府签订了征收补偿安置协议。但协议签订后，政府迟迟没有开始征收工作。现在有些居民认为，政府的征收补偿标准过低，与最近开始征收的相邻片区相比补偿标准存在很大差距；还有的认为，政府的征收决定本身就有问题，我们小区建成还不足二十年，多是楼层为六七层的多层建筑。而建成后的楼房均是二三十层的高层建筑，只用少部分房屋安置回迁居民，剩下的都是由开发商对外以高价销售，认为征收并不是为了公共利益。请问，已经与政府签订了征收补偿安置协议，还可以针对政府的征收决定或者补偿决定提起行政诉讼吗？

答：可以。

征收人与被征收人所签订的《房屋征收补偿安置协议》只是就房屋的征收、补偿方式、补偿金额及支付方式、用于产权调换的房屋地点和面积、搬迁期限、损失补偿等订立的协议，是双方就征收房屋中有关权利义务的约定。签订协议本身并不意味着政府的征收决定或者补偿决定合法，更不意味着被征收人从此丧失了要求确认政府行政行为合法性的诉权。换言之，已经签订征收补偿安置协议，不能反证政府征收及补偿行为的合法性。政府的征收及补偿决定是否合法，要看该决定本身是否符合法律规定。先不说那些明显不公、损害被征收人合法权益的协议，即使协议本身对被征收人是公平的、合理的，如果征收决定本身违法，比如不符合公共利益要求，根本就不应当征收，则征收决定依然可以被确认违法并撤销，已经签订的协议也可以被确认无效。正如在民事领域，合同签订后，任何一方当事人都有权提起诉讼要求确认合同无效或者因显失公平等要求撤销一样，征收补偿协议签订后，被征收人认为征收决定或者补偿决定违法、有失公平，当然也可以提起诉讼要求撤销或者变更。

而且《行政诉讼法》有关当事人诉权的保护、受案范围等规定，并没有附设条件。即无论行政机关是否与行政相对人达成协议，只要公民、法人或者其他组织的起诉符合该法的规定，人民法院就应当受理。

从来函所述，将被征收人的小区房屋建成尚不足二十年，明显属于合理使用寿命内的建筑。按照《循环经济促进法》第 25 条规定，除非为了公共利益需要，城市人民政府不得决定拆除。将房屋征收并拆除后，建设高层商品住宅，有违背公共利益要求之嫌。因此对政府的征收决定的合法性，被征收人有权提出异议。只要未超过法定起诉期限，即使签订了协议甚至获得了补偿，也有权向人民法院提起诉讼。

34. 被征收人已经在征收补偿协议中承诺不再对政府的征收补偿决定提出异议，如对政府的征收补偿决定不服，还可以提起诉讼吗？

问 在我们与政府签订的征收补偿协议中，有这样一条规定：乙方承诺，在按照本协议约定获得补偿之后，保证不再对政府的征收及补偿决定以任何方式提出异议，也不得向人民法院提起诉讼。现在，小区的大部分居民已经完成搬迁，同意货币补偿的也领取了各项补偿款项。但我们很多人认为，政府在征收补偿中存在欺瞒行为，且补偿标准明显不公。请问，在签订了协议并承诺放弃异议权后，我们还可以提起诉讼要求撤销或者变更政府的征收补偿决定吗？

答：在民事领域，就当事人在合同中约定放弃诉权的效力问题，学者们一直存在争论。有的认为有效，有的认为无效。本人的观点是，放弃诉权的效力可分为程序性效力和实体性效力。程序性效力是指，该放弃诉权的约定是否会影响民事诉讼的程序，即该约定是否对人民法院有约束力。显然，当事人之间放弃诉权的约定对人民法院没有约束力，即使有这样的约定，如果承诺放弃诉权的一方当事人向人民法院提起诉讼，只要符合法定起诉条件，人民法院仍然应当受理。但对于该约定的实体性效力，则应区别对待。放弃诉权的约定一般意味着当事人放弃某些实体性权利，比如不再追究当事人的质量责任或者违约责任等，只要这样的约定不存在欺诈、显失公平、重大误解或者违法无效的情形，就应当承认其效力。《民事诉讼法》第 51 条规定："原告可以放弃或者变更诉讼请求。被告可以承认或者反驳诉讼请求，有权提起反诉。"放弃诉权在实体上也意味着放弃诉讼请求，这属于当事人处分自己民事权利的行为，当事人承诺放弃后又反悔并提起诉讼后，人民法院审理后应当驳回起诉。反之，如果经审理查明，放弃诉权的承诺属于无效或者可撤销的条款，当事人的起诉仍能得到人民法院的支持。

但在行政诉讼领域，如果行政相对人在合同或者书面声明中承诺放弃诉权，则肯定是无效的，这样的约定和声明，既不能产生程序性效力，也不能产生实体性效力。即有这种约定或者声明，既不影响人民法院受理案件，也不影响案件的实体审理。因为行政诉权是一项宪法性权利，是宪法赋予人民监督、批评政府的手段之一。当然，对于任何权利，权利人均可以选择行使和放弃，但行政诉权具有绝对性，行政相对人今天可以选择放弃，明天仍然可以选择行使。行使和放弃都是行政相对人的自由。因此，这种权利不能通过合同的约定转化成行政相对人必须遵守的承诺和义务。行政诉讼，人民法院主要是就行政行为的合法性进行审查。只要行政相对人向人民法院提起诉讼，无论当事人此前是否存在放弃诉权的约定，人民法院都应当对行政行为的合法性进行审查。即行政行为是否合法，不能受当事人合意的影响。换言之，当事人不能通过合意使非法的行政行为合法化。这也是行政诉讼不适用调解（行政赔偿、补偿等除外）的主要原因。同时《行政诉讼法》第 62 条规定：“人民法院对行政案件宣告判决或者裁定前，原告申请撤诉的，或者被告改变其所作的行政行为，原告同意并申请撤诉的，是否准许，由人民法院裁定。”这一规定也说明，行政诉权具有特殊性，当事人并不能随意处分，一旦行使诉权，想要撤回，就必须经过人民法院的批准。

否定在行政行为中相对人放弃诉权的效力在实践中有现实意义。因为任何行政行为，政府与行政相对人并非平等主体，行政行为均是以国家权力为后盾并带有强制性。如果允许政府作出行政行为时要求行政相对人承诺今后放弃诉讼的权利，并承认其效力，那么政府依仗其行政权力总会有办法让行政相对人作出这种“承诺”。如果鼓励这种承诺并承认其效力，无异于鼓励政府滥用权力并排斥监督和制约。因此，对于在征收补偿协议中被征收人不提起行政诉讼的承诺，人民法院不能认定其效力。在协议签订后，甚至是获得安置补偿后，如果认为政府的征收决定或者补偿决定违法，只要未超过法定的起诉期限，被征收人仍可向人民法院提起诉讼，要求撤销或者变更政府的征收或者补偿决定。当然，在征收补偿协议已经实际履行且不能恢复原状的情况下，被征收人也可要求征收人给予赔偿。

35. 房屋征收补偿协议是民事合同还是行政合同？

问 在履行房屋征收补偿协议过程中，我们和政府部门发生争议，经过考虑，我们决定起诉政府相关行政部门。但在进行诉讼准备时，有人认为征收补偿协议是行政合同，应将政府部门作为被告提起行政诉讼。还有人认为房屋征收补偿协议是民事合同，应通过民事诉讼程序解决。请问，这两种意见哪一个是正确的？

答：就征收补偿协议的性质是民事合同还是行政合同，在法学界和司法实务中一直存在争议，甚至不同的法院也有不同的裁决。1996 年，最高人民法院曾就此问题作出过司法解释。该院《关于受理房屋拆迁、补偿、安置等案件问题的批复》(法复〔1996〕12 号) 第 2 条规定："拆迁人与被拆迁人因房屋补偿、安置等问题发生争议，或者双方当事人达成协议后，一方或者双方当事人反悔，未经行政机关裁决，仅就房屋补偿、安置等问题，依法向人民法院提起诉讼的，人民法院应当作为民事案件受理。"但在 2015 年 5 月 1 日修改后的《行政诉讼法》生效后，该司法解释已与《行政诉讼法》的相关规定相抵触，应当不再适用。《行政诉讼法》第 12 条第五项规定："对征收、征用决定及其补偿决定不服的"属于人民法院受理行政诉讼的范围。即《行政诉讼法》已将征收补偿协议认定为行政合同而非民事合同，因征收补偿协议而产生的争议应通过行政诉讼程序解决。

有人认为，如果否认征收补偿协议的民事合同性质，一旦被征收人违反合同的约定，行政机关因不能作为行政诉讼的原先，岂不是剥夺了行政机关的诉权，因此应当认定征收补偿协议的民事合同性质，这样行政机关才可能在被征收人违约时以原告的身份提起诉讼。

事实上，被征收人在征收过程中的义务比较单一，就是交付房屋、按期搬迁。如果被征收人不履行该义务，行政机关仍然是通过行政强制程序解决。因此，从本质上，征收补偿协议中的征收人和被征收人并非平等的民事主体，征收行为只能依靠国家行政权力加以实施。因此，将该征收行为的合法性纳入行政诉讼审查范围应当是顺理成章的。

从诉讼实务角度，将征收补偿争议纳入行政诉讼受理范围对被征收人并无不利。因为行政诉讼实行被告举证原则，即行政机关有义务证明其征收决定或者补偿决定合法，否则就要承担不利的诉讼后果。这在客观上减轻了原告的举证义务。而且，修改后的《行政诉讼法》在案件受理、被征收人诉权保护等方面都有改善，将征收补偿协议定性为行政合同，对于被征收人合法权益的保护不会产生负面影响。

第八章

合作开发房地产合同纠纷

1. 什么叫合作开发？

问 在我国房地产开发市场，普遍存在一方以土地使用权作为出资，另一方投入资金联合开发的情形，但合作的称谓和方式多种多样，有的称为“合作开发”，有的则称为“联建”“参建”等；合作的方式，有的是共同出资、共同经营，有的则是只出资不参与经营。请问，有法定的合作方式吗？具体如何定义？

答：的确，在我国房地产市场，以“合作”方式搞开发普遍存在，且合作方式也是五花八门。《城市房地产管理法》第28条规定：“依法取得的土地使用权，可以依照本法和有关法律、行政法规的规定，作价入股，合资、合作开发经营房地产”。根据这一规定，“合作”是法律允许的房地产开发经营方式之一，但对“合作”方式的内涵和具体表现形式并未规定。2005年，最高人民法院发布了《关于审理涉及国有土地使用权合同纠纷案件适用法律问题的解释》，该《解释》第14条规定：“本解释所称的合作开发房地产合同，是指当事人订立的以提供出让土地使用权、资金等作为共同投资，共享利润、共担风险合作开发房地产为基本内容的协议。”这一规定首次对“合作开发房地产合同”进行了单独定义。根据这一司法解释的规定，合作开发房地产合同具有如下法律特征：

（1）合作开发房地产合同当事人的主体资格有特殊要求。由于我国实行房地产开发的市场准入和开发主体的资质管理制度，即从事房地产开发经营，必须取得国家有关行政主管机关核发的相应的资质证书，才可进入房地产开发市场从事房地产开发经营活动。合作开发是房地产经营的一种特殊方式，法律不要求所有的合作者均具有开发资质，但至少有一方以上的合作者应当具有相应资质，否则合作开发房地产合同就有可能被认定为无效。即法律对合作开发房地产合同的部分当事人的主体资格具有特殊要求。当然，对于取得开发资质以外的其他合作当事人，只要是具有民事权利能力和民事行为能力的一般主体即可。

（2）合作开发的当事人应以提供土地使用权或资金等作为合作条件。共同投资是合作开发房地产合同的基础和前提条件。没有共同投资就无所谓合作开发经营。至于投资的方式可以是多种多样的，可以是资金、实物，也可以是技术或劳务，当然也可以是某种权益。如土地使用权、股权等。但是用以合作开发房地产投资的土地使用权，只能是以出让方式获得的国有土地使用权。集体土地所有权或使用权，以划拨方式取得的国有土地使用权则不能作为投资条件合作开发房地产。不过，对于以划拨方式取得的土地使用权作为出资合作开发房地产的，法律并未绝对禁止，但前提条件是应当取得有批准权的人民政府批准。当然，办理审批手续时一般需要补办土地使用权出让手续，缴纳土地使用权出让金，从这个意义上说，经过批准之后，划拨土地已转性为出让土地。

（3）合作开发的当事人必须“共同投资、共享利润、共担风险”。

这一法律特征其实也是合作开发房地产的主要表现形式，三者缺一不能认为是合作开发房地产合同。比如，一方只以土地使用权出资，但并不与其他合作方共担风险，只收取固定利益的，就不能认为是合作开发房地产合同，而有可能被认定为土地使用权转让合同。

明确合作开发房地产合同的定义和法律特征的法律意义在于，不同性质的合同，其效力认定标准和法律后果往往有明显区别，比如，一些名为合作开发而实为土地使用权转让的合同，因为法律对于土地使用权转让规定了非常严格的条件，而对合作开发的条件则较为宽松和模糊，若按土地使用权转让合同处理，则有可能被认定合同无效，而按合作开发合同处理，则合同可能就是有效的。正因为如此，在房地产开发市场，假合作、真转让的行为长期以来普遍存在。因此，不能准确理解合作开发合同的本质含义，也就难以识别合同的真实性质，从而对合同的效力，当事人权利义务的确认等作出误判。

理解合作开发合同的本质含义，还要注意如下两点：

（1）合作开发房地产并不要求必须以共同经营为必要条件。

在最高人民法院出台《关于审理涉及国有土地使用权合同纠纷案件适用法律问题的解释》之前，在界定合作开发合同时，往往以最高人民法院曾经出台的《关于审理联营合同纠纷案件若干问题解答》为依据，将共同经营也作为合作开发合同的要素之一，如果合同当事人一方不参与共同经营的，则不能认定为合作开发房地产合同。按现在新的司法解释，是否参与共同经营已经不再作为合作开发合同的要件之一。当然，如果合作当事人共同参与经营的，也不影响合作开发合同性质的认定。

（2）不能简单以合同名称认定合同性质

实践中，许多合同虽冠以合作开发房地产的名称，但细看合同内容却并不具备合作开发的实质要件。反之，有些合同虽然名称不叫合作开发合同，比如常见的“联建合同”“参建合同”“合资合同”“联营合同”等，只要合同内容具备合作开发的实质要件，则合同性质也应当认定为合作开发。

2. 合作开发房地产合同效力如何认定？

问 我公司有一处空闲土地，本想将其转让给一家房地产公司，但由于不符合转让条件，在办理相关手续时未能获得政府主管部门的批准，有人建议我们与房地产公司以合作开发的形式共同建设，房屋建成后我单位应得转让费可用分配合作利润或者建成房屋的形式体现。请问，这样的思路可行吗？合作开发合同效力应当如何认定？

答：不知你单位转让土地使用权未获批准的具体原因是什么？有些情况，比如土地是划拨性质，土地规划用途并非房地产开发用地等，如果未经批准或者依法变更用途，既不能转让，也不能进行合作开发。而且，以土地使用权作为出资搞房地产合作开发，如果出地一方是非房地产开发企业，则必须将土地使用权过户至具有开发资质的房地产公司名下，因为今后各项建设手续的办理、销售许可等，都必须以具有开发资质的房地产公司的名义办理，土地使用权证、规划许可证和预售许可证的权利主体也应当保持一致，故虽然是合作开发，也要发生土地使用权的转让，因此有关土地使用权转让的限制性规定并非对合作开发行为就失去效力。也就是说，并不是通过合作开发的形式就可以完全规避土地使用权转让的限制性规定，只要因合作开发而导致土地权属变更的，仍然要适用有关土地使用权转让的规定。

事实上，曾有很长时间，以土地使用权作为出资的合作开发行为一直被认为是“土地使用权转让的一种特殊形式”，并直接以土地使用权转让的法定条件认定合同效力。如 1996 年最高人民法院《关于审理房地产管理法施行前房地产开发经营案件若干问题的解答》第 18 条规定：“享有土地使用权的一方以土地使用权作为投资与他人合作建房，签订的合建合同是土地使用权有偿转让的一种特殊形式，除办理合建审批手续外，还应依法办理土地使用权变更登记手续。未办理土地使用权变更登记手续的，一般应当认定合建合同无效，但双方已实际履行了合同，或房屋已基本建成，又无其他违法行为的，可认定合建合同有效，并责令当事人补办土地使用权变更登记手续。”虽然合作开发房地产合同的履行大多都会发生土地权属的变更，但是因此而将合作开发房地产合同归类于土地使用权转让合同也并不准确，因为无论是从合同效力的认定标准，还是合同当事人权利义务关系的确定，以及合同无效后的处理等，合作开发房地产合同与土地使用权转让合同都存在重大区别，仅用土地使用权转让的规则，难以处理合作开发房地产合同纠纷。

2005年，最高人民法院发布了《关于审理涉及国有土地使用权合同纠纷案件适用法律问题的解释》，该解释不仅对合作开发房地产合同进行了单独定义，而且对合作开发合同的效力认定，合同履行等问题作出特别规定。因此，在处理有关合作开发房地产合同纠纷时，不能再简单地将合作开发房地产合同归类于土地使用权转让合同加以处理，而应按照有关合作开发房地产合同的规范性法律文件加以处理。

就合作开发房地产合同的效力认定，当然最主要的法律依据还是《合同法》第52条的规定，不管什么性质的合同，凡有《合同法》规定的五种无效情形之一，就可以认定合同无效。但在具体实务中，根据最高人民法院的司法解释，合作开发房地产合同的效力则应主要从以下三个方面加以认定：

（1）看开发主体是否合格

按照房地产开发的资质管理规定和最高人民法院的司法解释，合作开发房地产的合作各方，必须有一方具有符合规定的房地产开发经营资质，如果合作各方均不具有房地产开发经营资质，则应当认定合作开发房地产合同无效。但对于合作开发房地产合同纠纷，最高人民法院规定了一个效力补正原则，即“起诉前当事人一方已经取得房地产开发经营资质或者已依法合作成立具有房地产开发经营资质的房地产开发企业的，应当认定合同有效。”

（2）看出资土地是否合格

能否作为出资进行合作开发房地产的土地，只能是以出让方式获得的土地使用权，即国家无偿划拨的土地使用权不能进入市场交易或者进行经营性质的房地产开发。根据最高人民法院的司法解释规定，如果未经有批准权的人民政府批准，土地使用权人以划拨土地使用权作为投资与他人订立合同合作开发房地产的，应当认定合同无效。不过同时也规定了合同补正原则，即在起诉前，如能办理批准手续的，则可认定合同有效。当然，若能获得批准，一般意味着已经补办了土地出让手续，缴纳了土地使用权出让金，即土地性质已由划拨转为出让。

（3）看出资土地的规划用途和使用条件是否被非法改变

土地的规划用途和使用条件，未经依法批准，不得擅自变更，如果土地使用权人以土地使用权作为投资与他人签订合作开发房地产合同时，未经批准改变了原来批准的土地用途和使用条件，不仅所签的合作开发合同因为违法而会被认定无效，在项目建成后还有可能被认定为违法建筑被依法没收或者强制拆除。

3. 土地使用权人没有房地产开发资质，可否与有资质的房地产企业合作开发房地产？

问 我公司是一家商贸公司，没有房地产开发资质，但我公司占用的土地经政府规划部门调整已变更为商住用地，我公司想自己进行开发，但因没有房地产开发经营资质无法办理建设等审批手续。请问，我公司可否找一家有开发资质的房地产企业合作，借用他们的资质办理相关手续，并以一部分开发建设收益作为合作条件进行合作开发？

答：以合作方式进行房地产开发，法律并不要求合作各方都要具备房地产开发经营资质，只要有一方具备房地产开发经营资质，就符合法律的要求。对此最高人民法院《关于审理涉及国有土地使用权合同纠纷案件适用法律问题的解释》第 15 条也规定："合作开发房地产合同的当事人一方具备房地产开发经营资质的，应当认定合同有效。当事人双方均不具备房地产开发经营资质的，应当认定合同无效。但起诉前当事人一方已经取得房地产开发经营资质或者已依法合作成立具有房地产开发经营资质的房地产开发企业的，应当认定合同有效。"根据这一规定，并不要求具备开发资质的一方必须是以土地出资的当事人，提供资金或者其他合作条件的任何一方具备开发资质，合作开发的主体要求就符合法律规定。

但要注意，出借开发资质或者以合作开发之名变相出借资质的行为是法律所禁止的。我国实行房地产开发的市场准入和开发主体的资质管理制度，即从事房地产开发经营，必须取得国家行政主管机关核发的房地产资质证书，并根据核定的资质等级承担不同规模的房地产开发项目。1998 年由国务院颁布的《城市房地产开发经营管理条例》第 9 条规定："房地产开发主管部门应当根据房地产开发企业的资产、专业技术人员和开发经营业绩等，对备案的房地产开发企业核定资质等级。房地产开发企业应当按照核定的资质等级，承担相应的房地产开发项目。具体办法由国务院建设行政主管部门制定。"由国家建设部于 2000 年发布的《房地产开发企业资质管理规定》第 5 条规定了一至四级房地产开发企业的资质标准和条件；第 18 条则规定了不同资质等级的房地产开业企业所能承担业务的范围，同时规定："各资质等级企业应当在规定的业务范围内从事房地产开发经营业务，不得越级承担任务。”第 13 条则规定：“任何单位和个人不得涂改、出租、出借、转让、出卖资质证书。”根据以上规定，如果具备房地产开发资质的一方只是出借或者以其他方式让其他合作方利用自己的开发资质办理相关审批手续，自己并不实际参与经营，则是违法的，一经发现，不仅有可能受到行政主管部门的处罚，而且所签合作开发合同也有可能被认定为无效。因为根据最高人民法院的司法解释，合作开发必须具备“共同投资、共享利润、共担风险”三个特征，缺一则不能认定为合作开发房地产合同，如果房地产开发企业既不投资，也不分担风险，只以开发资质为对价收取固定利益，则是典型的假合作、真出借（卖）资质的行为，这样的行为并不受法律保护。

不过，房地产资质管理制度多年来一直饱受诟病，很多学者建议取消这一制度，因为它不符合市场经济主体平等、自由竞争的基本规则，是一种变相的行政垄断和行业垄断。笔者也持这种观点，在市场经济条件下，完全没有必要再保留市场准入门槛，无论是个人还是单位，完全可以通过市场聘请懂技术、懂管理的专业人员完成建设项目，为什么一定要在房地产开发建设过程中人为地设置一个行业垄断门槛呢？事实上很多成立的房地产公司本身就是一个“空壳”公司，在拿到土地、拿到项目后再临时聘用一些专业人员。而且实际的工程设计、工程施工大都是由专业公司完成的，作为房地产开发公司，在整个开发环节，所承担的专业工作并无多少技术含量，其最重要的“价值”主要体现在拿地和炒房的本事上。这些年我国土地房价的暴涨，不能说没有这些房地产公司的“贡献”。因此，在市场经济条件下，继续保留房地产开发的资质管理制度实属多余。至于所谓的“通过资质门槛保证建设工程质量”的想法也没有根据，因为真正对建设工程负责的不是房地产公司而是承担设计、施工的企业，而且工程质量也完全可以通过事后的监督（竣工验收）和市场（优胜劣汰）机制加以控制。

4. 以土地使用权出资与他人合作开发房地产是否需要办理审批和土地权属变更登记？

问 因建设资金不足而与他人合作开发房地产，请问是否必须办理审批和权属过户登记手续？如果必须办理过户登记，是否会被认定为土地使用权的流转而征收相关税费？

答：在很长一段时间，合作开发房地产一直被认为是土地使用权转让的一种特殊方式，因此不仅要求办理合建审批手续，而且还需办理土地使用权变更登记手续，并以此作为认定合同效力的依据。如最高人民法院《关于审理房地产管理法施行前房地产开发经营案件若干问题的解答》第 18 条规定："享有土地使用权的一方以土地使用权作为投资与他人合作建房，签订的合建合同是土地使用权有偿转让的一种特殊形式，除办理合建审批手续外，还应依法办理土地使用权变更登记手续。未办理土地使用权变更登记手续的，一般应当认定合建合同无效，但双方已实际履行了合同，或房屋已基本建成，又无其他违法行为的，可认定合建合同有效，并责令当事人补办土地使用权变更登记手续。"如今，按照最高人民法院新的司法解释，已对合作开发房地产合同进行了单独定义，不再把合作开发房地产合同作为土地使用权转让的特殊形式。因此，在处理合作开发房地产合同纠纷时，土地使用权转让的限制性规定并不完全适用合作开发房地产合同。何况许多合作开发行为并不会导致土地权属的变更，比如以土地使用权出资的一方为房地产开发企业，而投入资金的一方只分享货币利润而不分配房屋的，就无须办理土地权属的变更登记。即使合作开发利润以房屋体现，也只需办理所分配房屋占用部分的土地权属变更，而无须将用以合作出资的全部土地均办理权属变更。当然，若以土地使用权出资的一方属于非房地产开发企业，则以合作方式开发房地产就应当办理土地权属变更登记，因为房地产开发过程中的各种行政许可手续必须以具有资质的房地产企业的名义办理，而土地使用权主体和各种行政许可的被许可主体必须一致。但也有另外一种情况，如果合作建房只是土地使用权人自用，并不上市交易，则无论是出地还是出资一方有无房地产开发资质，都无须办理土地权属的变更登记。但这并非法律意义上的合作开发经营房地产，而是一种"联建"或者"代建"关系。

如果因合作开发房地产必须办理权属变更登记，即发生土地使用权的转让，仍然要适用土地使用权转让的有关规定，如果不符合法定转让条件，也无法办理权属变更登记。因合作开发而发生土地权属的变更，流转环节的税费仍要按规定缴纳。不过，根据《城市房地产管理法》等法律法规的规定，以出让方式取得土地使用权的转让，并不需要行政机关的批准。而合作开发房地产，也没有须经行政机关审批的规定。至于登记主管机关的登记发证行为，不能理解为一种行政审批和许可，更不是对当事人签订和履行合同的批准，而是通过登记使不动产物权的变动发生物权效力。该登记过程虽然也会审查物权变动的原因——合同，如果合同无效，也难以获得登记。但并不能因此反推，登记行为决定合同效力，更不能将登记行为作为合同生效与否的标志。

5. 以划拨方式取得的土地使用权可以作为出资与他人合作开发房地产吗？

问 有一家由国有企业改制而来的公司，其占用的部分土地属于划拨性质，但城市总体规划经调整后该划拨土地已成为居住用地。该公司欲以该土地使用权出资与某房地产公司合作开发建设商品住宅，请问法律允许吗？

答：城市总体规划调整后，并不意味着土地使用权人可以按照调整后的规划用途自行开发和建设。城市总体规划调整后何时开始实施，由谁实施，应当根据土地具体用途、基本建设计划等，由有批准权的人民政府决定。在许多情况下，原划拨土地变更为商业用途后，政府会依法收回土地使用权并以招标拍卖挂牌等公开竞价的方式重新出让土地，原土地使用权人可以按规定获得相应的补偿，但并不能自动成为土地用途变更后的开发建设单位。如果经政府批准，允许原划拨土地使用权人按照变更后的土地用途自行开发建设的，则需要补办土地使用权出让手续，按规定交纳土地使用权出让金。即以划拨方式取得的土地使用权不能直接进入市场进行商业性开发。划拨土地在被变更用途进入市场之前，必须完成土地供应方式的转换，即由划拨方式改为出让方式。

以划拨土地使用权作为出资，与他人合作开发房地产，不仅会改变原划拨土地用途，而且还会发生土地权属的变更，除非土地使用权人本身具有房地产开发资质。因为房地产开发建设，土地使用权人和开发建设中的各种许可的资格主体必须一致，若原划拨土地使用权人并非房地产开发企业，则合作开发还需办理土地使用权的转让审批手续。《城市房地产管理法》第 40 条规定："以划拨方式取得土地使用权的，转让房地产时，应当按照国务院规定，报有批准权的人民政府审批。有批准权的人民政府准予转让的，应当由受让方办理土地使用权出让手续，并依照国家有关规定缴纳土地使用权出让金。以划拨方式取得土地使用权的，转让房地产报批时，有批准权的人民政府按照国务院规定决定可以不办理土地使用权出让手续的，转让方应当按照国务院规定将转让房地产所获收益中的土地收益上缴国家或者作其他处理。"基于这一规定，如果因合作开发房地产而发生土地权属的变更，则必须取得有批准权的人民政府批准。未经批准，则所签订的合作开发合同有可能被认定为无效。最高人民法院《关于审理涉及国有土地使用权合同纠纷案件适用法律问题的解释》第 16 条规定："土地使用权人未经有批准权的人民政府批准，以划拨土地使用权作为投资与他人订立合同合作开发房地产的，应当认定合同无效。但起诉前已经办理批准手续的，应当认定合同有效。”在城市总体规划调整后，若政府允许原土地使用者自行开发而不是收回土地使用权重新出让，一般也会同意原土地使用权人与他人合作开发，但需补办土地出让手续，并缴纳土地使用权出让金。

6. 以土地使用权出资一方尚未取得土地使用权证，所签订的合作开发房地产合同是否有效？

问 甲公司以土地使用权作为出资与乙公司合作开发房地产项目，合作合同签订时，甲公司虽与政府土地管理部门签订了土地使用权出让合同，但由于未缴清土地使用权出让金，尚未取得政府颁发的土地使用权证。签约时对甲方出资的土地进行了作价评估，并以此为基础确定了双方的投资比例和利润分配比例。合同约定，甲方应在合同签订后半年之内将土地使用权过户至乙方名下。但半年之后，甲方迟迟不能完成过户手续，经乙公司一再催促，甲公司竟声称因其未取得土地使用权证，所签合作合同是无效的，通知乙公司合同作废，不再履行。实际却是，由于土地价格大幅升值，甲公司欲另找合作伙伴。请问，甲公司所称合同无效是否成立？

答：以土地使用权作为出资与他人合作开发房地产，如果以土地出资的一方不具有房地产开发经营资质，则在合作开发时必须将土地使用权过户至具有房地产开发经营资质的合作方，或者过户至双方合作成立的房地产项目公司名下。正是因为合作开发房地产一般均会发生土地权属的变更，所以合作开发房地产以前也一直被看作特殊形式的土地使用权转让。比如最高人民法院《关于审理房地产管理法施行前房地产开发经营案件若干问题的解答》第 18 条就曾规定：“享有土地使用权的一方以土地使用权作为投资与他人合作建房，签订的合建合同是土地使用权有偿转让的一种特殊形式，除办理合建审批手续外，还应依法办理土地使用权变更登记手续。未办理土地使用权变更登记手续的，一般应当认定合建合同无效，但双方已实际履行了合同，或房屋已基本建成，又无其他违法行为的，可认定合建合同有效，并责令当事人补办土地使用权变更登记手续。”这样的规定将以土地使用权出资的合作建房视为土地使用权有偿转让的特殊形式，当然对合同效力的认定标准也与土地使用权转让相同——未取得土地使用权证书即以土地使用权作为出资的合作开发房地产合同无效。

但是，2005 年最高人民法院发布的《关于审理涉及国有土地使用权纠纷案件适用法律问题的解释》已对合作开发房地产合同进行了单独定义，不再把合同开发房地产合同作为土地使用权转让的特殊形式，也未将是否取得土地使用权证作为认定合作开发合同效力的依据。因此，虽然在合作开发合同履行时，如需办理土地权属过户登记，仍然需要符合法定转让条件，如出地一方必须交齐土地使用权出让金，取得土地使用权证，并且投入开发建设资金已经达到投资总额的 25% 以上等，不符合这些条件，政府登记主管机关可不予办理过户登记，但不能据此认定合作合同无效。对于以土地使用权出资的一方，未取得土地使用权证，无法完成土地使用权过户登记，可视为未履行出资义务的违约行为。完成土地使用权过户登记只是合作开发合同的履行内容之一，这一内容的完成，主要体现为金钱给付义务的履行，即支付一定的金钱，如补交了土地使用权出让金，使合作投资达到 25% 以上等即可完成。仅因为合同给付义务没有完成就要求确认整个合同无效，缺少法理依据，对于维护土地市场秩序和当事人权益也无积极意义。相反，无效确认常常会被当事人恶意利用，作为撕毁合同和摆脱合同履行义务及违约责任的依据。因为合同无效的后果和违约后果有重大区别。合同的无效确认具有溯及力——合同自始无效，当事人可不再履行，虽然无效确认后有过错的一方需赔偿无过错一方的经济损失，但过错责任往往难以确认，而且赔偿损失与合同履行后的潜在利益差额巨大，这也是有些合同当事人宁愿确认合同无效赔偿损失也不愿继续履行合同的主要动机所在。而违约责任追究是在确认合同有效的前提下守约方所享有的权利，并且在追究违约方违约责任的同时，守约方仍可要求违约方继续履行合同约定的出地义务。只要合同在客观上存在履行的可能，合同就不能解除，当事人也可通过诉讼由人民法院强制违约方履行合同义务。

综上，合作开发合同不因以土地使用权出资一方尚未取得土地使用权证而被确认无效，因此而致土地使用权无法过户的，则应认定以土地使用权出资一方未履行出资义务，构成违约，守约方在要求出地一方继续履行合同义务的同时还可追究其迟延履行的违约责任。

7. 未经批准以划拨土地出资与他人合作开发房地产合同效力可否补正？

问 某国有企业以划拨土地使用权和闲置厂房作为出资与我公司签订合作开发合同，由我公司出资对闲置厂房进行改建和扩建，建成后作为商贸市场出售或者出租。现项目已基本建成，但对于土地使用权出让金补交和利润分配等问题双方产生争议。我公司欲通过诉讼解决，但有人提醒我们，所签订的合作开发合同有可能被认定无效，这对我公司不利。请问，以划拨土地使用权作为出资合作开发是否违法？所签合同是否无效？有无补救措施？

答：由于划拨土地的供应对象和用途都是特定的，而且是以无偿（或者仅支付少量的安置补偿费用）方式取得的，因此我国法律不允许此类土地进入市场自由流转，更不允许擅自改变公益性用途进行商业性开发。而以划拨土地使用权搞合作开发，不仅意味着要改变特定的使用主体和用途，而且以国家无偿（或低偿）供应的土地作为土地使用者牟利的资本，也有违划拨土地制度的立法本意和社会公平。但是目前在我国，由于以划拨方式取得的土地使用权，很多并非用于公益用途，且普遍存在土地低效利用甚至闲置浪费的情况。特别是在大量占有划拨土地的国有企业普遍效益不好，而近些年土地市场又持续升温、土地价格不断攀升的情况下，全国各地以各种方式将国有划拨土地非法上市交易的情况非常普遍。其中尤以土地使用权作为投资的合作开发房地产的方式最为多见。许多地方为提高国有企业的经济效益，或者以企业改制为名，提出的一些诸如“退二进三”“腾笼换鸟”的土地利用地方性政策，也变相鼓励和刺激了划拨土地使用权人以土地使用权搞投资开发的积极性。对那些以划拨土地使用权搞投资开发的行为，地方政府大多采用宽容的补办手续政策，最多是补交一些土地出让金或象征性地罚些款。像没收违法所得，无偿收回土地使用权等行政处罚措施是极少采用的。甚至有些地方在收回划拨土地使用权并依法拍卖后，还将拍卖所得出让金的70%返还给原使用人。[①] 这些地方性的规定，当然有些内容是和国家法律相冲突的，但这也是许多地方政府面对实际情况的无奈之举。最高人民法院的相关司法解释对于此类合同的效力认定标准也采用了较为宽松的标准，轻易不认定合同无效，而且还规定了合同效力的补正原则，即使按照法定标准合同签订时是无效的，但只要在起诉前补办了相关手续的，也可以认定合同有效。最高人民法院《关于审理涉及国有土地使用权合同纠纷案件适用法律问题的解释》第16条规定：“土地使用权人未经有批准权的人民政府批准，以划拨土地使用权作为投资与他人订立合同合作开发房地产的，应当认定合同无效。但起诉前已经办理批准手续的，应当认定合同有效。”这样的规定主要是考虑我国的具体国情和企业实际情况，以避免因合同的无效确认造成社会财富的浪费，引发社会矛盾。

按照最高人民法院的司法解释，以划拨土地使用权作为出资与他人合作开发

① 青岛市人民政府《关于经营性土地使用权出让有关问题的通知》青政发〔2002〕103号。

房地产，只要经过有批准权的人民政府的同意，就应当认定合同有效。实践中经常发生争议的是，政府批准的标志是什么？在实践中，各地人民政府的具体做法并不统一。有的可能是正式的批准文件，有的则可能只是对合作开发合同的核准登记，还有的是直接给土地使用权受让人办理土地使用权出让手续。笔者认为，既然《司法解释》没有对政府批准的表现形式作出具体解释，审判实践中则应对这一合同效力的补正要件作广义理解，只要有政府书面同意的材料或者政府的具体行为已经表明其认可了划拨土地使用权人的投资行为的，就应当视为政府的批准。这种批准也并不一定是对合作开发房地产合同全部内容的认可，只要批准同意划拨土地使用权人可以土地使用权作为合作投资就已足够。如本问答所述，政府已要求补交土地使用权出让金，说明政府对于土地用途的变更和具体的开发行为已经认可。但为稳妥起见和便于纠纷的解决，当事人最好在起诉前能与政府签订土地使用权出让合同并补交出让金。

8. 名实不符的合作开发房地产合同应如何处理？

问 现在，合作开发房地产合同不仅名称各异，合作方式也多种多样。比如，有的合同虽然约定双方共同投资、共同经营，但是并不共担风险，无论建设项目盈亏，一方都可以获得固定的利益。请问，对于此类名实不符的合作开发合同应如何处理？

答：合作开发房地产合同属于无名合同，《合同法》分则明文规定的十五类合同中并无房地产开发合同。此类合同是在我国房地产开发市场，由当事人自行创设的一种合同类型。对于此类合同名称、合同形式和内容等，在立法上并无统一规定，甚至对于何谓“合作开发房地产合同”，长期以来也一直没有在司法层面做出过严格的界定。这也是在房地产开发市场，合作开发合同名称各异、式样复杂的主要原因。由此造成两种后果，一方面，有些当事人由于对合作开发合同的性质把握不准，误将一些非具有合作性质的合同误称为合作开发合同；另一方面，还有一些人故意以合作之名规避法律的限制性规定，比如土地使用权转让，现行法律就有许多限制，而对于合作开发，限制性规定则较少。因此，打着合作旗号行土地转让之实的行为在房地产开发市场非常普遍。2005 年最高人民法院《关于审理涉及国有土地使用权合同纠纷案件适用法律问题的解释》第 14 条，首次对合作开发房地产合同作出定义性规定：“本解释所称的合作开发房地产合同，是指当事人订立的以提供出让土地使用权、资金等作为共同投资，共享利润、共担风险合作开发房地产为基本内容的协议。”同时该解释还对四种常见的名实不符合同的处理作出专门规定。其中第24条规定：“合作开发房地产合同约定提供土地使用权的当事人不承担经营风险，只收取固定利益的，应当认定为土地使用权转让合同。”第25条规定：“合作开发房地产合同约定提供资金的当事人不承担经营风险，只分配固定数量房屋的，应当认定为房屋买卖合同。”第26条规定：“合作开发房地产合同约定提供资金的当事人不承担经营风险，只收取固定数额货币的，应当认定为借款合同。”第27条规定：“合作开发房地产合同约定提供资金的当事人不承担经营风险，只以租赁或者其他形式使用房屋的，应当认定为房屋租赁合同。”根据以上规定，如果所签合同虽然名为合作开发，但根据合同约定，一方当事人并不承担经营风险，只收取不同形态的固定利益，则当事人之间的法律关系就不是合作开发。在2005年最高人民法院出台该司法解释之前，对于合作合同中，这种一方当事人不承担经营风险，无论盈亏均可收回出资和收取固定利益的条款，按照1990年最高人民法院发布的《关于审理联营合同纠纷案件若干问题的解答》第4条的规定，均被作为“保底条款”并认定无效。现在，按照最高人民法院新的司法解释规定，对合作开发合同中的此类约定，并不当然做无效认定。而是进行“转性”处理，即根据一方当事人获取固定利益的不同形态，分别认定为“土地使用权转让合同”“房屋买卖合同”“借款合同”和“房屋租赁合同”。当然，合同的效力认定，当事人之间权利义务的享有和承担，也应当按照“转性”以后的合同关系，对照相应的法律规定加以认定和处理。比如转性后被认定为“土地使用权转让合同”，如果土地使用权转让不符合法定转让条件，则合同就有可能被认定无效，一方当事人要求办理土地使用权变更登记的要求也不会得到支持。再比如，转性后的合同被认定为“借款合同”，则如果属于为企业之间的资金拆借，则也可能被认定为无效。[1] 需要注意的是，对于名实不符的合作开发房地产合同作转性处理的基本条件就是：“一方不承担经营风险但却可以获得固定利益”。但是，许多合同中往往并无如此明确的表述，在具体处理时，应当以当事人之间权利义务关系的实质作为认定依据，只要合同实际履行的结果表现为一方获取固定利益，但却不承担经营风险，即使合同中没有不

① 2013年，最高人民法院，奚晓明在《商事审判中的几个法律适用问题》则认为：“企业之间，为生产经营需要所进行的临时性资金拆借行为，如提供资金的一方并非以资金融通为常业，不属于违反国家金融管制的强制性规定的情形，不应当认定借款额合同无效。”但目前这一观点仍为个人意见，而非正式的司法解释。

承担经营风险的文字表述，也可作出合同转性的认定和处理。

9. 以合作开发为名的房屋买卖未办理预售许可证，所签合同是否有效？

问 某房地产公司由于建设资金不足，便以合作开发的名义与我公司签订合同，约定合作建设一栋商业写字楼。房屋建成后一半房屋归我公司所有，另一半由该房地产公司自行销售。但我公司不参与经营，无论成本和市场价格如何变化，我公司不再追加投资，应得房屋价格也不作调整，最终建筑面积如发生增减，我公司应得房屋建筑面积不变。合同签订后，因建筑成本和房屋市场价格大幅度提高，该房地产公司以合作开发就应当共担风险为由要求我公司追加投资或者调整房屋价格。我公司认为，双方所签合同实为房屋买卖而非合作，因此拒绝追加投资或者调整价格，但该房地产公司一直未取得商品房预售许可证。请问，这样的合作关系是否属于名为合作开发实为房屋转让的合同？是否应受预售制度约束，即未取得商品房预售许可证所签合同是否无效？

答：最高人民法院《关于审理涉及国有土地使用权合同纠纷案件适用法律问题的解释》第 25 条规定："合作开发房地产合同约定提供资金的当事人不承担经营风险，只分配固定数量房屋的，应当认定为房屋买卖合同。"显然，你公司与某房地产公司所签合作开发房地产合同，属于名为合作实为房屋买卖合同，根据最高人民法院司法解释规定，应当按照合同内容和实质作转性处理。但是，对于转性而来的房屋买卖合同是否应当遵守商品房预售管理规定，即未取得商品房预售许可证，是否会认定转性而来的房屋买卖合同无效，存在不同意见。有一种观点认为"商品房应当是指交易行为社会化、公开化的房屋，其受众也应当具有不确定性。而（转性合同所涉）房屋并不是出卖人以公开的方式面向不确定的社会公众进行销售。其交易对象是特定的，交易过程是非公开的。所以（转性合同所涉）房屋并不属于商品房……所以，除非该房屋买卖合同有其他足以被认定无效的理由，否则不宜根据预售许可证的取得决定该合同的效力"[①] 笔者不同意这一观点。交易对象是否特定，销售行为是否公开等，并不是认定所售房屋是否

① 最高人民法院民事审判第一庭 . 国有土地使用权纠纷司法解释的理解与适用 [M]. 北京：人民法院出版社，2005：266.

属于商品房的依据。建设项目是否属于商品房，在项目立项、土地供应时就已经特定，并且在今后颁发的《商品房预售许可证》中也会有明确的商品房销售范围，行政机关不可能根据开发商的销售对象和销售形式决定商品房的预售许可范围。换言之，建设项目是否属于商品房，是由建设项目本身决定的，与销售对象、销售形式并无关系。一个整体的商品房建设项目，也不可能只将其中一部分列入预售许可范围，而另一部分则排除在外，任由开发商自行处置，不受预售许可约束。况且，无论采取何种销售形式，如无预售许可，也难以办理权属过户登记。因此，不能因房屋买卖合同是由合作开发合同转性而来就不再适用预售许可管理的规定，只要建设项目本身属于商品房，并且纳入行政主管机关的预售许可范围，无论以什么样的方式买卖房屋，都应遵守有关预售许可的规定。最高人民法院《关于审理商品房买卖合同纠纷案件适用法律问题的解释》第 2 条规定："出卖人未取得商品房预售许可证明，与买受人订立的商品房预售合同，应当认定无效，但是在起诉前取得商品房预售许可证明的，可以认定有效。"如果不符合法定预售条件，起诉前尚未取得预售许可证的，对转性而来的房屋买卖合同，也应当认定无效。当然，无效认定并不影响买受人主张损失赔偿的权利，对此最高人民法院相关司法解释也有具体规定。

10. 合作开发房地产投资总额增加，对增加的投资额由谁承担没有约定应如何处理？

问 两公司合作开发房地产，一方出地，一方出资，出地一方为有资质的房地产公司，负责项目的建设和经营。双方约定，项目建成后按照五五分成，双方各获利润的 50%。但在项目建成利润结算时，出资一方提出，由于原材料和人工费用大幅上涨等原因，致使实际投资总额远高于当初签约时约定的投资总额。出资一方要求出地一方分摊增加的投资之后再分配利润。然而合同并无投资额增加后如何分摊的约定。请问，此类纠纷应如何处理呢？

答：合作开发房地产合同的基本法律特征之一就是合作当事人必须"共同投资、共享利润、共担风险"。合作开发过程中由于受市场因素、政策因素以及人为因素影响而引起的投资数额的变化经常发生，当投资总额增加，而当事人又不能就如何分担达成一致，也常会引发纠纷。最高人民法院《关于审理涉及国有土地使用权合同纠纷案件适用法律问题的解释》第 17 条规定："投资数额超出合作开发房地产合同的约定，对增加的投资数额的承担比例，当事人协商不成的，按照当事人的过错确定；因不可归责于当事人的事由或者当事人的过错无法确定的，按照约定的投资比例确定；没有约定投资比例的，按照约定的利润分配比例确定。”根据这一规定，对于投资数额超出合同的约定，首先可以通过当事人协商加以解决。应当说，实践中大部分此类争议通过双方的协商、妥协，都能得到解决。因为毕竟能够共同合作开发建设，一般均有一定的人和基础，而且协商解决争议，也可以避免损失的扩大和争议的久拖不决。如果不能协商一致，则应首先确认对于投资数额的增加当事人是否存在过错。在合作开发房地产的过程中，无论出地一方还是出资一方，都可能因某种过错导致建设成本等费用的增加，比如出地一方提供的土地不符合交地标准，未能及时办理土地权属变更登记和有关行政审批手续而造成的延期损失或者罚款等；作为出资一方，因不能及时拨付工程款而导致的工期延误损失和违约罚款等，因擅自改变规划设计、增加建筑面积而被责令拆除的改造费用和行政罚款等。对于此类由于一方或者双方过错造成的投资额增加，就应当由过错方自行承担，而不能由非过错方分担。但是，实践中大量存在的投资数额增加是“不可归责于当事人或者当事人的过错无法确定”的情形，常见的有，因受市场的影响而发生的原材料价格的大幅上涨；因国家政策调整而导致的税费增加；因建设过程中设计的合理变更而导致的施工费用的增加；因不可抗力等因素而发生的工期延误损失等。因此类原因导致的投资数额的增加，就应当由合作双方分担。如果合同中明确约定了投资比例的，按照约定的投资比例确定分担数额，没有约定投资比例的，则可按约定的利润分配比例确定分担数额。

还有一种情况值得注意，合作开发过程中，经常由于实际负责经营管理的一方擅自扩大建设规模而导致投资数额的增加，但该扩大建设部分如能补办审批手续（很多时候通过补交土地使用权出让金，缴纳罚款后可获得政府追认）也可成为合法建筑并为当事人带来经济利益。对该扩大建设部分，如未经对方当事人同意，则因此增加的投资数额对方当事人可以拒绝分担，但若对方当事人主张分享扩大建设部分的利益的，则就应当分担因此而增加的投资。

11. 合作开发中因提高建筑容积率而增加的建筑面积应如何分配？

问 在合作开发房地产过程中，负责经营的一方未经合同另一方当事人同意，擅自增加了建筑面积，项目建成后，以土地出资的一方对增加的建筑面积要求参与分配但却遭到拒绝，理由是出地一方对增加的建筑面积并无贡献，容积率变更申请、土地使用权出让金和行政罚款均由负责经营的一方办理和缴纳，故增加的建筑面积应全部由实际经营一方享有。请问，这种说法对吗？

答：在我国房地产开发市场，临时变更设计、调整建筑容积率，从而增加建筑面积的情形普遍存在。在补交土地使用权出让金和行政罚款之后，大多数情况下都能获得政府的追认，但补交的土地使用权出让金和行政罚款一般都会远低于因增加建筑面积而获得的经济利益，这也是在房地产市场，房地产开发商经常擅自改变土地使用条件、提高建筑密度和建筑容积率的主要原因之一。在合作开发中如果因提高建筑密度或者建筑容积率而增加建筑面积，当事人对增加的建筑面积或者由此产生的利润分配达不成一致应如何处理？最高人民法院《关于审理涉及国有土地使用权合同纠纷案件适用法律问题的解释》第 20 条规定："房屋实际建筑面积超出规划建筑面积，经有批准权的人民政府主管部门批准后，当事人对超出部分的房屋分配比例协商不成的，按照约定的利润分配比例确定。对增加的投资数额的承担比例，当事人协商不成的，按照约定的投资比例确定；没有约定投资比例的，按照约定的利润分配比例确定。"适用这一规定，应掌握如下要点：

第一，对于超出规划批准的建筑面积，只有经有批准权的人民政府主管部门批准后，才可依法进行分配。

我国实行严格的建设规划管理制度。建设单位必须严格按照经批准的建设规划方案进行建设和施工。未经政府规划主管部门同意，不得擅自改变规划用途和规划条件。一个建设项目的容积率、建设密度和建筑面积是政府规划批准文件的基本内容，这些内容事关城市整体形象、功能布局、市政配套、日照间距以及未来物业使用人的切身利益。因此，没有通过法定程序获得政府主管部门的批准同意，这些基本内容任何人不得随意变更。否则，政府主管部门对于违反规划的行为既可以限期整改、处以罚款，也可以限期拆除或者没收违法建筑物。因此，违反规划批准文件增加的建筑面积，如果不能得到政府主管部门的批准或追认，就存在着被拆除或没收的可能。在这种情况下当然不存在合法分配的问题，更不应该由人民法院通过司法判决加以分配。否则就有可能将当事人的违法所得通过司法的手段加以确认，并造成行政权和司法权的冲突。因此，对于实际建筑面积超出规划面积的分配，以及由此产生的新增投资额的承担问题，如果在起诉前，该改变规划的行为仍未得到有批准权的人民政府的批准，按照《司法解释》第 19 条的规定，就应当不予受理或在受理后驳回起诉。只有在起诉时，改变规划、增加建筑面积的事实已经得到政府主管部门的批准和追认，该超规划建设的部分已成为合法建筑，人民法院才能适用本条的规定，就增加建筑面积的分配和增加投资额承担的诉讼请求加以受理并作出裁决。

第二，当事人对超出部分的房屋分配比例协商不成的，按照约定的利润分配比例确定。

应该说，大多数由于建筑面积增加而产生的利益分配争议都能通过合作各方的友好协商得到解决，真正起诉到人民法院的纠纷还是少数。一旦发生争议，首先要面对的就是如何确定分配比例。对这个问题，除了《司法解释》所确定的处理原则外，另外还有两种意见：一种意见认为应当按照“谁投资、谁受益”的原则处理，而这种投资主要指的是对增加建筑面积直接的资金投入；另一种意见则主张按照投资比例确定增加面积的分配比例。笔者认为，《司法解释》确定的按利润分配比例分配增加建筑面积的原则是合理的。表面看来，“谁投资，谁受益”符合权利义务相一致和公平的原则。但是，这一意见只注意到了表面的直接资金投入对建筑面积增加的贡献，而没有注意到其他潜在投资等非资金投入对建筑面积增加的贡献。在房地产合作开发中，常常是一方出地，另一方或几方出资。对于增加建筑面积的直接建设成本投资，往往是由出资方承担，但这并不等于否认出地一方的贡献。如今，在土地出让的一级市场，土地的价值都是按照“楼面地价”计算的。所谓“楼面地价”就是指单位建筑面积的土地价格。其计算公式为：土地使用权出让金 = 单位楼面地价 × 总建筑面积。即建筑面积越多，土地使用权出让金也越高。也就是说，土地价值隐含在房屋的每一平方米的建筑面积当中。新增加的建筑面积当然也不例外，即新增建筑面积中，同样包含有土地的价值。如果新增建筑面积只归直接进行资金投入的一方所有，则意味着新增建筑面积中的土地价值也被资金投入的一方独占了，这对以土地出资的一方当事人肯定不公平。另外，以投资比例确定新增建筑面积的分配比例有时也未必合理。一般情况下，合作开发房地产合同中的投资比例和利润分配比例是一致的，但不相一致的情形也是常有的。在投资比例和利润分配比例不相一致的，如果对新增建筑面积按照投资比例分配，一是违背当事人的真实意思表示；二是合作开发合同中的投资比例，有时只是按照实际的资金出资额确定的，如果只按照实际出资比例确定新增建筑面积的分配比例，对于可能还有其他潜在投资的合作方也不公平。而按照利润分配比例分配，与当事人的真实意思表示应当是一致的，分配结果既容易被接受，也更显公平。

第三，当事人对增加的投资额的承担比例协商不成的，按照约定的投资比例确定，没有约定投资比例的，则按照利润分配比例确定。

在解决了新增建筑面积的分配问题之后，第二个面临的就是对该增加建筑面积的直接投资如何由合作各方当事人承担的问题。如果对新增建筑面积没有直接投资的一方按照约定的利润分配比例分配了新增房屋，但却不承担新增加的投资费用，显然对实际投资的一方也不公平。因此，根据公平和权利义务相一致的原则，对增加建筑面积没有直接资金投入或投资不足的一方，应当按照一定的标准补足投资款，这也是当事人取得新增建筑面积利润理应支付的对价。应该说，对于新增加的投资额，按照当事人约定的投资比例最能反映当事人的真实意思表示。如无投资比例的约定，按照利润分配比例进行分配也是合理的。因为一般情况下，利润分配比例和投资比例是一致的，或者是非常接近的。

理解这一规定还有一个问题值得注意，就是新增投资额的构成如何确定？直接的资金投入以及建材、人工费的增加都好计算，也不会有太大的争议，即使有争议，找一中立的价格评估机构也很容易得出结论。容易引起争议的是，政府行政主管部门的罚款，责令补交的土地使用权出让金，算不算新增加的投资？该不该由合作各方按比例分担？特别是当补交的土地使用权出让金和罚款总额超过新增建筑面积价值时，责任如何承担？这种情况在现实中并不少见。为避免社会财富的浪费和影响到第三人的利益，现在政府主管部门虽然很少责令当事人拆除超出规划的建筑面积，但为了达到惩罚和制止违规建设的目的，往往在为建设单位补办规划变更批准手续的同时，对当事人处以高额罚款，同时按照新增建筑面积的楼面地价，责令当事人补交土地使用权出让金。采取这种措施常常会使建设单位因擅自变更规划设计而增加建筑面积的行为根本无利可图甚至亏本。对这种情况，笔者认为，只要合作各方当事人按照利润分配比例，分配了新增的房屋或利润，那么按照合作开发房地产合同“共同投资、共享利润、共担风险”的基本原则，无论新增建筑面积的最终结果是盈是亏，对于新增的土地使用权出让金和政府罚款，都应当按照约定的比例由合作各方承担。因为这部分新增的费用也是建筑面积增加的代价之一。只要合作当事人实际上参与了新增建筑面积的分配，无论其对改变规划是否有过错，按照公平和权利义务相一致的原则，以及合作开发房地产合同“共同投资、共享利润、共担风险”的基本要求，对于因新增建筑面积而产生的一切费用都应由实际参与分配的合作各方按比例承担。除非合作当事人放弃该新增建筑面积的分配，并且对擅自改变规划的行为在主观上毫无过错。

12. 合作开发房地产实际建筑面积少于合同约定应如何处理？

问 甲、乙两公司合作开发房地产，双方约定，甲公司出资7000万元，乙公司以土地使用权出资，作价3000万元，计划建设2万平方米商住写字楼，房屋建成后，甲公司和乙公司按照7:3的比例分享房屋或销售利润。但在建设过程中，由于政府规划调整，最终只建成房屋1.6万平方米，少建0.4万多平方米，甲方的实际投资也相应减少。请问，建筑面积减少的责任由谁承担？实际建筑面积的分配比例是否要进行相应调整？

答：最近十多年，我国房地产市场持续热涨，房产价格居高不下，因此，无论采取何种方式开发房地产，开发商的主观愿望都想多建，以使开发利益最大化，在这样的市场背景下，人为减少建筑面积的情形并不多见。一般来说，在市场状况良好时发生的建筑面积减少，主要有两种原因：一是因当事人突发的资金紧张，无力继续投资，不得不压缩建设规模；二是政府行政行为导致的，比如政府重新调整了建设规划，降低了容积率和建筑密度，扩大了绿化用地和市政设施用地等。在处理合作开发房地产因建筑面积减少而引发的纠纷时，应当根据建筑面积减少的不同原因，分别加以处理。对此，最高人民法院《关于审理涉及国有土地使用权合同纠纷案件适用法律问题的解释》第18条规定："房屋实际建筑面积少于合作开发房地产合同的约定，对房屋实际建筑面积的分配比例，当事人协商不成的，按照当事人的过错确定；因不可归责于当事人的事由或者当事人过错无法确定的，按照约定的利润分配比例确定。"这一规定体现了如下处理规则：首先，发生此类纠纷，当事人可通过协商加以解决，事实上，实践中大部分此类纠纷通过当事人互谅、互让的协商，都能得到公平、合理的解决。其次，协商不成的，则应当按照当事人过错确定责任，如果建筑面积减少是因为一方当事人的过错造成的，则减少的份额和利益损失应由过错方自行承担，无过错方应得份额不应减少；如果是双方过错导致的建筑面积减少，则应按照过错责任的比例分担减少的建筑面积份额；再次，因不可归责于当事人的事由或者当事人的过错无法确定的，则应按照合同约定的利润分配比例确定房屋实际建筑面积的分配比例。

如本问答所称"政府规划调整"，显然就属于"不可归责于当事人的事由"，因此而导致建筑面积减少，当事人双方均无过错，因此对实际建筑面积双方仍应按7:3的利润分配比例进行分配，即甲公司分1.12万平方米，乙公司分0.48万平方米。这里面还存在一个成本计算的问题，因为建筑面积减少，甲公司的资金投入也会减少，而利润分配比例与投资比例有直接关系。如果在甲公司减少投资额的情况下仍按原来约定的利润分配比例进行分配，对乙公司是否有失公平？其实，土地价值与建筑面积也有直接关系，或者说土地价值与建筑面积成正比例关系，建筑面积越多，土地价值越高，因为如今土地出让价格大多都是按照楼面地价（单位建筑面积价格乘以总建筑面积）计算的。因此，在建筑面积减少时，政府应当相应地退还乙公司一部分土地使用权出让金。这样乙公司出资的土地价值事实上也会相应减少，因此，按照约定的利润分配比例进行分配，对双方当事人都是公平的。

13. 以划拨土地使用权作为出资合作开发房地产由谁补交土地使用权出让金？

问 某单位以划拨土地使用权作为出资与一家房地产公司合作开发房地产。合作开发合同签订后，在办理有关建设审批手续时，政府行政主管部门同意双方合作开发，但要求补交土地使用权出让金。对该出让金应由谁交纳双方发生分歧。请问，依照法律规定，应当由谁交纳？

答：根据法律规定，以划拨方式供应的土地只能作为国家机关和军事用地，或者城市基础设施用地和公益事业用地，而且划拨土地使用权大多是以无偿或者低偿（仅支付少量补偿、安置费用）方式取得的，因此不允许以划拨方式取得土地使用权进入房地产开发市场。因为这样做不仅意味着改变了土地的公益用途，而且以国家无偿供应的土地作为资本赚取利润也有违社会公平。但是在我国，划拨土地被低效利用甚至闲置浪费的情况也很普遍，很多划拨土地也并非用于公益用途，因此划拨土地进入开发市场也不是绝对禁止，条件是对于进入市场的划拨土地首先要进行“转性”处理，即由划拨地转化为出让地，并补交土地使用权出让金之后才可进入市场交易或者进行商业性开发。但是，对于合作开发模式，由哪一方补交土地使用权出让金，法律并无具体规定，不过，对于以合作方式进行房地产开发，一般都要将土地使用权过户登记至具有开发资质的房地产公司一方名下，那么，能否按照《城市房地产管理法》第 40 条的规定，由受让方，即房地产开发公司交纳呢？根据合作开发共同投资、共享利润、共担风险的本质属性，不应做此简单理解。合作开发过程中发生的土地权属变更与单纯的土地使用权转让是有区别的，土地使用权转让并非合作开发合同履行的目的和结果，而是实现合作目标——获取开发利润的必经过程，因此不能按照土地使用权转让的规定要求由受让方交纳土地使用权出让金。虽然在办理过户登记时，该费用应以实际受让人的名义交纳，但由谁实际出资还是应当依据合作合同的本质属性和当事人的约定加以确定。入股的当事人对于未来合作过程中应当交纳土地使用权出让金有所预见，并且已经约定了承担主体，则应当按照约定执行。如果没有约定，则应根据签订合同时，对于用于出资的土地使用权，是按照当地土地的市场出让价格进行评估作价，还是仅根据划拨土地的取得费用和利用现状进行评估作价，并以该评估作价结果作为投资和利润分配的确定依据？如果是前者，则土地出让金应当由出地一方交纳，而如果是后者，则应当将应当交纳的出让金看作合作开发中的新增加的投资由合作双方按照投资或者利润分配比例分担。如果签约时未经作价评估，或者作价依据不明的，土地出让金也应当由合作双方按照约定的投资或者利润分配比例共同承担。这才符合合作开发的本质属性和“谁投资、谁所有”“多投入、多回报”的基本原则。

当然，如果合作开发合同被认定为“名为合作开发，实为土地使用权转让合同”，则应另当别论。按照最高人民法院《关于审理涉及国有土地使用权合同纠纷案件适用法律问题的解释》第 24 条规定，应当首先对合作开发房地产合同作“转性”处理，即由合作开发合同转性为土地使用权转让合同，然后再按照该解释第 12 条规定，将转让合同按照补偿性质的合同处理，即由受让方办理土地出让手续，支付土地使用权出让金。

14. 合作开发房地产当事人未按合同约定出资还可以按照合同约定的利润分配比例分享利润吗？

问 两家公司以合作开发方式共同建设一住宅小区，合同约定了投资总额和各当事人投资数额、投资期限以及利润分配比例，在建设过程中，一方因资金紧张，未能按期足额出资，另一方为完成建设项目只好追加投资，以补足资金缺口。请问，项目建成后，未足额出资一方是否还可以按照约定的利润分配比例分享利润？

答： 投资数额是决定利润分配比例的最主要依据，一般情况下，当事人约定的投资比例和利润分配比例也是一致的，即“多出资，多收益；少出资，少收益”。这也符合合作开发合同“共同投资、共担风险、共享利润”的本质特征。而且，投资也是产生利润的基础，没有投资就没有利润，当事人不能按照约定的数额和期限投资，也就丧失了按照约定的利润分配比例分享利润的基础。如果完全不按照约定履行出资义务，合作合同目的无法实现，当事人构成根本违约，合同只能解除。而在当事人部分违约，未能足额出资，而另一方又自愿补足资金缺口的情况下，合作合同虽能继续履行，但不能足额出资的一方显然不能再按照合同约定的利润分配比例分享合作项目建成后的利润。对此最高人民法院《关于审理涉及国有土地使用权合同纠纷案件适用法律问题的解释》第 22 条也规定："合作开发房地产合同约定仅以投资数额确定利润分配比例，当事人未足额交纳出资的，按照当事人的实际投资比例分配利润。"这样的规定应当说是公平合理的，既然投资数额决定利润分配比例，在当事人未能足额出资时就应当相应降低其利润分配比例，即按实际投资额重新调整利润分配比例。这也符合权利义务相一致的原则。但在具体适用这一司法解释时，有两个问题值得注意：

第一，降低未足额出资一方的利润分配比例和追究其违约责任是否可以同时并用？

一般来说，合作开发房地产合同都会就当事人不能足额出资的违约责任作出约定。在当事人未能足额出资，在已经根据其实际投资额降低了他的利润分配比例，使其所获利润已经减少的情况下，是否还要追究其相应的违约责任？笔者认为，只要违约责任的约定是明确的，可以计算的，则违约方在减少应得收益的同时，仍应当按照约定承担违约责任。按实际投资额确定投资比例和利润分配，是当事人真实意愿的体现，也符合谁投资，谁受益和权利义务相一致的原则，因此当事人因此减少的收益是因其未足额出资而降低了其收益比例的结果，这并不是一种惩罚，而是对当事人权利义务的真实反映。所以同时追究该当事人的违约责任并不构成"重复处罚"。因此，即使当事人因未足额出资减少了收益，或者其根本没有出资而没有收益，其也应当承担因其未按合同约定出资的违约责任。如果因其违约行为给其他合作当事人造成损失，而支付违约金又不足以弥补其他当事人的损失的，违约一方还应当承担相应的赔偿责任。这是因为"共同投资"是合作开发房地产合同履行的基础和条件。如果一方当事人不按合同约定出资，就有可能使建设项目半途而废并造成巨大的损失。因此其他合作当事人为了维持建设项目的正常运作，常常自己另行筹措资金，以弥补未足额出资当事人造成的资金缺口。这就无形中加重了其他合作当事人的合同义务和风险。所以当事人未足额出资是一种典型的违约行为，这种行为违背了合同履行应当遵循的诚实信用原则。故在减少其应得收益的同时，还应按违约罚则追究其违约责任。

第二，超过了合同约定的出资期限，当事人又补足出资的，是否还要调整利润分配比例？实践中可能会有这种情况，一方当事人虽未按照合同约定的期限出资，但是在项目已经或基本完成，就要进行利润分配时，看到可分配利润远远大于自己欠交的出资，于是匆忙补齐出资，此时是否仅追究该合作当事人逾期出资的违约责任，但仍应允许其按原合同约定的利润分配比例参与分配？即该补交出资的行为发生在什么时间之前可认定为“已足额出资”？回答这个问题还是应当从合作投资的本质属性方面加以分析。合作各方投资，在本质上是一种资本，离开了资本，就不可能产生利润。资本是产生利润的基础和必要条件。另一方面，合作投资也是共担风险的前提和载体。没有投资也就无所谓风险。这里的风险主要是指投入资本的亏损风险。那种“空手套白狼”的投机风险不是法律意义上的“风险”。理解了这一点，我们就可以得出结论，当一个建设项目已经建成或基本建成，甚至已经实现利润时，已基本不再需要新的投资了，此时再补交出资对于利润的形成不仅毫无贡献，而且该出资也不可能再成为开发项目共担风险的载体。

因此可以说，补交出资的必要性是决定该补缴行为是否影响利润分配比例调整的关键。如果资金缺口已经被另一方补足，或者在项目即将完成时，补缴出资已经没有必要，则仍应按补缴之前的实际投资调整利润分配比例。

15. 合作开发中的预收款可否充抵未足额出资一方的投资款？

问 在合作开发中，一方当事人未能按照合同约定足额支付投资款，但房屋开始预售后所收取的预售款已经足以支付建设项目所需投资。请问，在这种情况下，负有出资义务的一方是否还有必要继续出资？他可以要求将预售款充抵自己的投资并按原约定的利润分配比例分享利润吗？

答：对此问题，最高人民法院《关于审理涉及国有土地使用权合同纠纷案件适用法律问题的解释》第23条明确规定：“合作开发房地产合同的当事人要求将房屋预售款充抵投资参与利润分配的，不予支持。”根据这一规定，对于能否将房屋预收款充抵投资参与分配的问题，最高人民法院给出的是否定性回答。结合该解释第22条规定，当事人未能足额交纳出资的，则不能按照合同约定的利润分配比例分配利润，而只能以当事人实际投资比例分配利润。即使收取的预售款足以弥补投资缺口的，也不能免除当事人足额出资的义务。这样的规定既体现了合作开发风险共担的特点，也符合权利义务相一致的原则。

从表面看来，投资款和预售款均表现为一定数额的货币，等量的投资款和预售款在价值符号和价值体现上也没有区别。但从经济属性和法律本质属性两方面加以分析，二者存在重大区别。从经济学角度讲，投资是一种“资本”，即“可以带来剩余价值的价值”，它是实现利润的基础，也是承担风险的载体；而预售款则是投资资本产生的收入（包括成本和利润的毛收入），它本身并不具有资本的属性。虽然因法律的规定，这部分款项在项目竣工前不得挪作他用，而只能用于工程建设，但不能因此视其为一方当事人的投资，它所承载的也并非是出资方的风险。从法律上讲，投资款体现的是合作当事人必须履行的合同义务，而预售款用于在建项目则是基于法律的要求。按法律的要求使用预售款，并不能自动替代当事人履行出资义务。从法律风险角度讲，投资款所承载的风险是出资人应当承担的风险，而预售款投入工程建设后也有风险。但这一风险事实上是由合作双方以及预购人共同承担的风险，如果允许将预售款充抵一方的投资，则事实上将一方应承担的风险转嫁给了他人。因此，即使在回笼的预售款足以弥补投资款缺口的情况下，负有出资义务的一方也无权要求将该投资款充抵自己的应交投资，并且不能按照合同约定的利润分配比例分配利润。

当然，在适用最高人民法院司法解释时也不能过于机械，按照《城市房地产管理法》第 45 条第 3 款规定：“商品房预售所得款项，必须用于有关的工程建设。”如果收取的预售款足以支付工程款项，后续未投入的资金经当事人协商一致也可不再继续投入，但这实际上相当于利润的提前分配，可视为当事人合意用提前分配的利润支付投资款，其资金风险仍应由负有出资义务的当事人承担。如果未经合作对方同意，擅自动用预售款充抵投资，则该充抵行为就是对预售款项的单方处分，因此不受法律保护。

16. 合作开发商品房合同当事人未经协商一致可否将合作开发合同中的权利义务转让给第三方？

问 我公司以土地使用权出资与一房地产公司合作开发房地产，合同约定由该房地产公司负责建设投资和建设项目的实际经营运作。合同签订后我公司已经交付了土地，并且已将土地使用权过户至该房地产公司名下。但在项目建设过程中，该公司未经我公司同意连同土地和建设项目又转让给另一单位。我公司发现后，该房地产公司称，项目转让不会损害我公司利益，项目建成后我公司仍可按原合作合同约定分配利润，而且土地使用权已经过户，所以他们有权转让。请问，这种转让行为是否有效？

答：毫无疑问，该房地产公司转让土地使用权和建设项目的行为构成了对合作开发合同权利义务的转让，根据《合同法》的规定，合同当事人将合同权利和义务一并转让给第三人，应当取得另一方当事人的同意。未经另一方同意，该转让行为无效。合作开发房地产合同，既是一种“资合关系”，即资本与资本的结合，也是一种合作当事人基于彼此之间的相互信任、相互了解的“人和关系”。因此，合作主体不能随意更换，即使新加入的合作一方承诺，仍然按原合作合同履行义务，保证合作当事人原合同利益，如果原合同当事人不同意的，该转让行为也自始无效。

还需要说明，合作合同在履行时发生土地权属的变更，是合作当事人实现合同目的的必经过程，因为根据土地使用权主体和建设项目预售等被许可主体一致的原则，合作开发合同的履行，都要将土地使用权过户至具有开发资质的房地产公司一方名下，但过户之后，并不表明取得土地使用权的房地产公司对于合作开发用地就享有了独立的处分权，其在行使处分权时必须符合合作合同的约定，并且是为了合作当事人共同的利益，比如依据合作合同对外销售房屋，也会发生土地权属的变更，但这样的处分有合同依据并且是为了合作各方共同利益而为之，因此是合法有效的。而像本问答设问情形，一方将土地使用权连同建设项目一同转让给第三方，不仅说明其在转让合同权利义务时已退出合作关系，而且一般在转让的同时所获得的对价往往正是合作合同履行后其应得利润。通过这样的转让行为，自己提前实现了合同目的，却将合作建设的义务和风险留给另一方，因此转让目的和结果都不具有正当性。

可是，在房地产开发市场，这种通过转让合作开发权而牟利的情形并非个别，只不过有的不加遮掩，而有的则是悄悄地或者变相地进行转让。比如，将合作开发合同的权利义务转让后，新加入的合作一方仍以原合作当事人的名义从事合作经营活动；或者以预售为名将建设项目整体或者部分连同经营权一同转让给第三人。无论采取何种方式，这种转让行为都意味着合作当事人退出合作关系，并提前实现合作利益，这有违合作当事人约定，也不符合合作开发“共同投资、共享利润、共担风险”的基本要求，而且事实上也构成了对原合作开发合同的单方终止。这种转让行为如果不能得到合作另一方的追认，则自始无效，即使已经办理了土地使用权的过户登记，合作当事人也可要求确认该转让行为无效，并将产权关系恢复到转让之前的状态。当然，擅自转让权利义务的行为也是一种严重的违约行为，守约方也可依法行使合同解除权，终止合作合同的履行，因此而遭受损失的，还可要求擅自转让方赔偿。

17. 合作开发中的经营决策权应当由谁行使？

问 在签订了合作开发合同之后，我公司并不参与实际经营，建设工程的招投标等具体事项都由具有开发资质的合作方负责。但后来我们发现，在建设过程中，涉及规划的调整，房屋售价等一些关键事项，该公司均未征求我公司意见便单方决定，我们与之理论，他们说合作开发并不需要“共同经营”，因他们公司具有开发资质，合作项目的经营决策权理应归他们公司。请问，这种说法有道理吗？在我们签订的合作开发合同中，虽然约定由该公司负责具体经营，但同时也约定重大事项应经合作双方协商一致后才能作出决定？该公司的行为是否构成违约？

答：不参与实际经营并不意味着就丧失了经营决策权，经营权和决策权也并非同一概念。的确，根据最高人民法院相关司法解释的规定，在定义合作开发合同性质时，并不要求合作各方一定要“共同经营”。实践中，大多数情况下都由具有开发资质的房地产公司一方具体负责建设项目的经营事务。但是，不参与实际经营的一方，对事关自己切身利益的合作开发事项仍然享有发言权、知情权和决策权，即使在合作开发合同中有类似于“全权委托一方处理合作开发经营事务”的授权条款，也不能理解为不参与实际经营的一方就丧失了决策权。因为，即使委托关系成立，当委托人发现受托人的行为损害或者有可能损害自己的利益时也可以随时解除委托。何况，合作开发合同中的这类授权性条款并非委托关系，而是合作过程中具体的业务分工，这种业务分工并不能成为排斥其他合作当事人过问合作事项的理由，更不能以合作分工为由独自决定涉及全体合作人共同利益的重大事项。

一般来说，在合作开发合同中，对于经营决策权事项都会有所表述，只不过有的表述笼统，有的表述具体。无论合同中是否存在经营决策权的约定，也无论表述具体与否，合作当事人的经营决策权都不会因此而丧失，只不过没有表述或者表述过于笼统，比较容易发生争议，负责实际经营的一方哪些经营事项自己可以单独决策、哪些事项需要与另一方协商一致后再作决定可能就缺少了依据。但诸如投资规模的扩大，或者建筑面积的减少，或者以明显不合理的低价处分建设项目，以及其他可能严重损害另一方合作利益的事项等，负责实际经营的一方显然就不能单独决策，这样的事项实际上也构成合同的变更，未经双方协商一致，并不发生变更的效力，如果因此而损害了另一方的利益，另一方可以要求赔偿损失。

为避免此类纠纷，在签订合作开发房地产合同时，对经营决策权条款的约定应当引起足够重视，尽可能具体约定，哪些事项负责实际经营决策的一方可以自行决定，哪些事项必须由合作各方协商一致后方可作出决定，决策机构、方式和程序，以及一方擅自决定共同决策事项的法律后果等，最好在合同中明确加以约定。

18. 合作开发房地产的对外责任由谁承担？

问 *我公司与某房地产公司合作开发房地产，在建设项目招投标时，我公司也参与了有关工作，但中标施工单位只与房地产公司签订了施工合同，我公司并未与施工企业签约，现由于房地产公司拖欠工程款，委托律师给我公司发来律师函，要求我公司连带承担付款义务，理由是我公司与房地产公司是合作关系，是建设项目的共同受益人。请问，这个理由成立吗？*

答：这个理由不能成立。

合作开发房地产的合作模式基本上有两种，一种被称为“紧密型”也称“法人型”合作，即合作各方共同出资成立项目公司，并以项目公司作为开发主体，完成开发事项。当然，对外也以项目公司名义签订协议，承担责任，而合作各方则一般以出资比例（股权比例）确定其在项目公司中的权利和义务。各投资方作为项目公司的股东，并不直接承担对外责任；另一种模式被称为“松散型”或者“合同型”合作，合作各方并不成立一个新的实体组织承担具体开发任务，而是根据合作合同的约定，确定各自在合作开发中应承担的权利和义务。通常的做法是，由具有开发资质的合作方——房地产公司负责具体的开发经营事宜，并以该公司的名义对外签订有关协议。虽然在合同中通常也会约定，合作各方在合作开发中要共同承担对外责任，而且共担风险也是合作开发合同的基本特征之一。但是，这样的约定只具有对内效力，即在发生了对外责任时，由合作各方根据合作合同约定的比例共同承担，这样的约定并不会构成对合同之外不特定的当事人的承诺，当然也不是连带责任。因此，合作合同之外的当事人不能以合作合同为依据，向所有合作合同的当事人主张权利。否则，就违反了《合同法》规定的“合同相对性原则”。所谓相对性，简单讲就是：合同只能在特定的合同当事人之间发生法律约束力，只有合同当事人才能基于合同向对方主张权利或者承担义务。对于施工合同而言，只对发包方和承包方产生约束力，即作为承包方的施工企业，其只能向与其具有合同关系的发包方——房地产公司主张权利，即使工程款的拖欠是由于合作开发合同的另一方出资不到位引发的，施工企业也不能直接向该合作方主张权利。正确的做法和程序应当是，施工企业向房地产开发商主张权利，在开发商履行了给付义务后，再由开发商依据合作合同的约定向其他合作方主张权利。总之，施工合同和合作开发合同是两个不同的法律关系，二者不能混同。因为其他合作方也是建设项目的受益人而向其主张权利的理由是不能成立的。一个建设项目往往会有众多的潜在受益人，如果允许向合作项目的受益人主张权利，每一个施工合同纠纷都可能会有无数个被告。需要提及的是，《民法通则》第 52 条规定："企业之间或者企业、事业单位之间联营，共同经营、不具备法人条件的，由联营各方按照出资比例或者协议的约定，以各自所有的或者经营管理的财产承担民事责任。依照法律的规定或者协议的约定负连带责任的，承担连带责任。" 据此规定，有人认为合作开发房地产合同也可归入 "联营" 之列，因此合作开发的当事人之间的连带责任是成立的。笔者认为不能如此理解。首先不能将合作开发房地产简单归入联营，二者还是存在明显差别的。根据法律规定，无论何种形式的房地产开发，均采用项目法人负责制，即成立具有开发资质的房地产公司是进行房地产开发的先决条件。合作开发房地产也是如此，合作当事人中必须有一方以上的当事人具有房地产开发资质，并且由有资质的一方作为项目法人对外承担法律责任，所以不存在合作开发 "不具备法人条件" 的问题。其次，合作开发房地产，合作开发各方并非一定要 "共同经营"，而是由具有开发资质的一方负责经营事务并对外签约，因此实际运作并不体现 "联营" 特征。再次，按照最高人民法院 1990 年发布的《关于审理联营合同纠纷案件若干问题的解答》的规定，只有合伙型联营，联营各方才承担连带责任，而协作性联营，联营各方则是按照合同约定，分别以各自所有或经营管理的财产承担民事责任。而合作开发房地产，并不存在合伙型联营的问题，即使成立项目公司，也必须具有独立法人资格，并以该法人资产独立承担民事责任。而合作各方只是以股东身份，以出资为限承担有限责任。当然，因为我国实行项目法人责任制，也并不存在合作各方 "各自所有或经营管理财产" 的问题。对外责任均应以项目法人名义独立承担。

19. 合作开发项目未经规划审批，是否可以主张利益分配？

问 甲乙两公司合作开发建设高档公寓，但建设项目既未取得《建设工程规划许可证》也未取得《预售许可证》，负责具体经营业务的甲公司便开始向社会公开预售，并收取了大量的预售款项。后该建设项目被行政主管部门责令停工。因已经取得可观的销售收入，于是乙公司主张分配，但甲公司以项目尚未竣工也未决算为由拒绝分配。其实已经实现的收益，按照约定的分配比例，甲公司可分配利益已基本满足，但补办审批手续需要补交巨额罚款，所以他们对于补办手续非常消极。请问，乙公司可以通过诉讼主张利益分配吗？

答：在没有补办相关规划审批之前，你公司如果起诉要求分配合作建设收益，人民法院一般不会受理。即使受理，也可能被驳回起诉。最高人民法院《关于审理涉及国有土地使用权合同纠纷案件适用法律问题的解释》第19条规定："在下列情形下，合作开发房地产合同的当事人请求分配房地产项目利益的，不予受理；已经受理的，驳回起诉：（一）依法需经批准的房地产建设项目未经有批准权的人民政府主管部门批准；（二）房地产建设项目未取得建设工程规划许可证；（三）擅自变更建设工程规划。"这一规定实际上体现的是违法利益不受司法保护的原则。因为根据有关法律的规定，任何建设工程（无论是永久性建筑还是临时性建筑）在开工前都必须取得政府行政主管部门的批准。在城市，建设工程取得政府主管部门批准的标志主要是要取得"四证"，即《土地使用权证》《建设用地规划许可证》《建设工程规划许可证》《施工许可证》。一般来说，这四证的取得有前后顺序关系，没有前者，也不会有后者，缺少其中一项，或者虽有许可，但建设过程中未经批准改变了原来的许可内容，所建项目都有可能被认定为"违法建筑"。按照法律规定，建设工程未批先建或者擅自改变规划条件的，则有可能被强制拆除。因此，无论是主张分配实物还是销售所得，都不会得到人民法院的支持，否则就会形成行政权和司法权的冲突，并有可能通过司法审判使非法利益合法化。

正确的做法应当是，首先通过行政程序尽可能补办相关许可手续。这种未批先建的情形在我国并非个例，大多数通过补办行政审批手续能够使建设项目合法化。待补办手续之后再依法向人民法院提起诉讼，主张利益分配。如不能补办手续，则应看谁对未批先建的行为负有过错责任，在查明责任的基础上则可依据合作开发合同的约定，追究有过错一方的违约或者赔偿责任。

20. 合作开发房地产项目属于违法建筑被责令拆除，其经济损失由谁承担？

问 我单位利用自己的一处闲置土地与一房地产公司合作开发建设商业网点房。签订合同时土地用途仍为工业用地，但合同约定由该房地产公司负责具体开发建设事宜，并办理土地用途变更和规划审批手续。合同约定，房屋建成后的销售收入按5:5分配。合同签订后，该房地产公司已向行政主管部门递交了土地变更和规划许可等申请材料，但在尚未获得政府主管部门批准的情况下，该公司便开工建设，开工时间不长，便接到政府部门责令停工的通知，但该公司置之不理，继续施工，并私下进行房屋预售。后被政府通过行政程序强制拆除了建成的房屋，并处以罚款。因为土地权属尚未过户至该房地产公司名下，所有的申请手续都是以我公司名义办理的，政府的行政处罚决定书也是下达给我公司的。对于罚款和损失承担问题，我单位与房地产公司各执一词，达不成一致，请问此纠纷应如何解决？

答：我国法律对于基本建设有着严格的程序性规定，首先必须依法取得用于建设的土地使用权，并且建设项目用途必须与土地主管部门核准的土地用途一致；必须取得政府规划主管部门颁发的《建设用地规划许可证》和《建设工程规划许可证》；最后，还必须在开工前取得政府建设主管部门颁发的《施工许可证》。没有取得上述许可证照，或者取得了证照但却擅自改变了许可内容和土地用途，则属于严重的违法行为，建设项目就可能被认定为违法建筑而被拆除或者没收，并对当事人处以行政罚款等处罚。所建的房屋被依法拆除或者没收，并处以行政罚款，必然会产生巨大损失。对于该损失的承担，最高人民法院《关于审理国有土地使用权合同纠纷案件适用法律问题的解释》第21条规定："当事人违反规划开发建设的房屋，被有批准权的人民政府主管部门认定为违法建筑责令拆除，当事人对损失承担协商不成的，按照当事人过错确定责任；过错无法确定的，按照约定的投资比例确定责任；没有约定投资比例的，按照约定的利润分配比例确定责任。"根据这一规定，对于损失（包括建设成本、拆除费用以及行政罚款等）的承担，当事人首先可以通过协商解决、协商不成则按照当事人谁负有过错责任和过错责任的大小确定损失承担比例。毫无疑问，你单位将本属于工业用途的土地，未经批准变更用途即与他人合作进行商业性开发建设，已经违法改变了土地用途，对此你单位负有主要过错；房地产公司在未获得有关工程建设许可的情况下即开工建设，特别是在政府主管部门已经下达责令停止施工通知的情况下仍强行继续建设，不仅存在过错，而且情节严重，而你单位对在自己土地上的违法建设不加制止或者默许，也存在过错。综合分析，你单位和房地产公司对于违法建设都存在过错，但主次责任和过错比例并不好确认，因此可以按照合作合同约定的利润分配比例，确定各自经济损失的承担比例。

21. 以成立项目公司形式合作开发房地产，公司股东违反出资约定，或者侵犯其他股东利益，如何追究责任？

问 我公司与某房地产公司合作开发一房地产项目，双方同意设立项目公司，共同开发。我公司以土地使用权出资，占公司股权比例的40%，房地产公司以货币出资占股权比例的60%。合同签订后，我公司已经按照合同约定对土地价值进行了评估，并过户至新设立的项目公司名下，但房地产公司的出资却迟迟未能足额到位，致使工期延误。另外，我们发现，该房地产公司委派的法定代表人在事关项目公司经营的一些重大事项，未征求我公司意见便擅自决定，公司财务有虚构成本等情形，请问，我公司应当以何种方式维护自身利益？

答：以项目公司的方式合作开发房地产项目，被称为"紧密型"或"法人型"合作。即根据合作各方达成的协议，成立具有法人资格的房地产公司，完成特定的房地产开发建设事项。这样的合作形式在房地产开发市场非常普遍。通常情况下，合作各方就合作开发房地产达成的意向，会以股东协议的形式加以体现，并在设立公司时连同公司章程等作为工商登记必备的法律文件提交工商登记机关作为注册材料。在项目公司成立后，合作各方的合作关系便转化为股东与股东，股东与项目公司之间的法律关系。如果某一股东存在违反股东协议的违约行为，其他股东则可依据股东协议的约定，要求继续履行并追究其违约和赔偿责任。如果公司股东滥用股东权利损害公司或者其他股东利益，则公司股东亦可依据公司章程和公司法的规定追究其相应的法律责任。

无论是作为合作开发合同的当事人还是作为公司股东，都有按照合同约定出资的义务。如果不能足额出资，有可能导致公司成立不能。比如，负有出资义务的一方不能按照公司法规定的最低注册资本要求缴纳出资的，则公司登记无法完成，即项目公司不能依法成立。则负有出资义务的当事人应当按照合作开发或者股东协议承担违约和赔偿责任。在公司已经成立的情况下，负有出资义务的一方不履行出资义务的，根据《公司法》第28条的规定："股东应当按期足额缴纳公司章程中规定的各自所认缴的出资额。股东以货币出资的，应当将货币出资足额存入有限责任公司在银行开设的账户；以非货币财产出资的，应当依法办理其财产权的转移手续。股东不按照前款规定缴纳出资的，除应当向公司足额缴纳外，还应当向已按期足额缴纳出资的股东承担违约责任。"即其他股东有要求负有出资义务的股东继续履行出资义务和承担违约责任的权利。如果因为股东不履行出资义务造成公司管理发生严重困难，并有可能使其他股东遭受重大损失的，其他股东还有权请求人民法院解散公司。对此，《公司法》第183条规定："公司经营管理发生严重困难，继续存续会使股东利益受到重大损失，通过其他途径不能解决的，持有公司全部股东表决权百分之十以上的股东，可以请求人民法院解散公司。"当然，公司解散并不影响其他已足额缴纳出资的股东依法追究未履行出资义务股东的违约和赔偿损失责任的权利。在公司解散后，在项目公司名下的土地使用权则应当重新变更至以土地使用权出资的股东名下。

至于公司法定代表人擅自决定公司重大事项，则属于公司内部管理的问题，因为对于法定代表人职责、股东权利、决策程序等，在公司章程中都会有明确规定。股东会是公司权力机构，公司重大事项，必须经股东会表决同意，公司法定代表人只能在授权范围内执行股东会或者董事会决定，其个人无权决定公司重大事项，如有违反，股东会可通过决议撤销。同时，《公司法》第150条规定："董事、监事、高级管理人员执行公司职务时违反法律、行政法规或者公司章程的规定，给公司造成损失的，应当承担赔偿责任。"第153条规定："董事、高级管理人员违反法律、行政法规或者公司章程的规定，损害股东利益的，股东可以向人民法院提起诉讼。"根据这些规定，以及《公司法》赋予股东的"知情权""质询权""起诉权"等，即使非控股的小股东，也完全可以通过法律程序维护自己的合法权益。按照《公司法》规定的公司治理模式，公司法定代表人或者控股股东，并不能为所欲为。简言之，通过成立项目公司进行合作开发，合作当事人既要遵守合作各方所签订的有关合同的约定，同时还必须按照公司法的规定，接受公司章程的约束。

22. 项目公司股东转让股权是否需征得其他股东同意？未经其他股东同意，转让行为是否有效？

问 一方以土地使用权，另一方以货币作为出资合作设立房地产项目公司开发一房地产项目。项目公司成立后，以货币出资的一方欲退出公司，未得到另一方的同意，该出资方便以股权转让的方式将公司股权全部转让给另一家房地产公司。请问，以股权转让方式变相退出合作关系是否合法？未经其他股东同意，转让行为是否有效？

答：在项目公司成立后，合作开发当事人所持有的公司股权就成为其享有权利和承担义务的载体。一旦当事人将股权全部转让给他人，则意味着该当事人完全退出公司——当事人为开发项目而建立的合作关系。然而，这种以设立公司方式的紧密型合作，不仅是一种资合关系，同时也是一种人和关系，当事人在选择合作伙伴时，除了资本因素外，还要考虑对方的履约能力、社会信誉、合作关系的稳定等综合因素，这种合作关系一旦建立，当事人都应当尽可能维护这种关系的稳定，不能随意退出。根据《公司法》的规定，在公司成立后，股东转让出资（股权）并不绝对禁止，但对转让行为有严格的限制性规定。《公司法》第 72 条规定："有限责任公司的股东之间可以相互转让其全部或者部分股权。股东向股东以外的人转让股权，应当经其他股东过半数同意。股东应就其股权转让事项书面通知其他股东征求同意，其他股东自接到书面通知之日起满三十日未答复的，视为同意转让。其他股东半数以上不同意转让的，不同意的股东应当购买该转让的股权；不购买的，视为同意转让。经股东同意转让的股权，在同等条件下，其他股东有优先购买权。两个以上股东主张行使优先购买权的，协商确定各自的购买比例；协商不成的，按照转让时各自的出资比例行使优先购买权。公司章程对股权转让另有规定的，从其规定。"即股东对外转让其出资，通常有两个方面的限制：一是取得其他过半数的股东同意；二是其他股东在同等条件下有优先购买权。这样的限制性规定应当说是有限度的，如果股东决意转让的，其他股东并不能阻止——不同意的股东在享有优先购买权的情况下仍要购买，不允许其他股东既不同意转让，又不出资购买。这样的法律安排主要是为了平衡股东利益，保护股东的财产处分权。但是，正是基于股东之间的人和因素，对于财产的处分不能随心所欲。《公司法》第 72 条在设置两个有限度的限制转让条件的同时，在第四款还规定："公司章程对股权转让另有规定的，从其规定。"这一规定体现了当事人意思自治原则，允许当事人就转让条件等作出有别于《公司法》的规定。通常情况下，公司章程以及发起人协议或者股东协议，对于股东转让出资或者股权，会约定更为严格的限制条件，比如在履行完全部的出资义务之前，或者建设项目完成之前不得转让出资或者股权等，如果公司章程或者有关协议中有类似约定，则除非其他股东同意转让，股东转让出资或股权时若不符合公司章程或者有关协议的约定，转让行为也可被认定为无效。

23. 什么叫土地使用权出资到位？提供的土地不符合开工条件如何处理？

问 根据合作开发合同的约定，一方以土地使用权作为出资，另一方以货币作为出资，合同约定了出资比例和出资到位的时间，但对于土地出资到位的标准没有具体约定。合同签订后，在办理动迁手续时，有数位“钉子户”拒绝搬迁，使工程无法开工，一拖数年。以货币出资一方认为，土地出资方出资不符合建设条件，构成违约，欲解除合同。请问，这一理由成立吗？

答：一般来说，对于“松散型”合作，即只通过合作合同确定合作关系的合作模式，如果以土地使用权出资的一方是非房地产开发企业，则需将土地使用权过户至有房地产开发资质的合作方名下，那么，完成土地使用权过户登记手续，即可认为出资到位；如果出地一方本身即为有开发资质的房地产企业，则并不需要办理过户登记手续，一般只会要求用以合作开发建设的土地需符合某种开发建设条件，比如应成为“净地”，或者完成“三通一平”等。而对于“紧密型”合作，即以成立房地产项目公司的方式合作开发的，土地使用权应当过户至所成立的项目公司名下。《公司法》第 28 条也规定：“……以非货币财产出资的，应当依法办理其他产权的转移手续。”1995 年，国家工商行政管理局发布的《公司注册资本登记管理暂行规定》对于股东实物出资做出更为具体的规定：“注册资本中以土地使用权出资的，公司章程应当就土地使用权出资事宜做出规定……公司应当于成立之后半年内依照法律、行政法规规定，办理变更土地登记手续，并报公司登记机关备案。”由此可见，如果以土地使用权出资的一方为非房地产开发企业，则土地出资到位的标准就是土地使用权的变更——过户至有开发资质的房地产公司或者合作成立的项目公司名下。如果不能按照约定完成过户登记，在经催告后不能继续履行该出资义务，则合作开发合同就无法履行，即合同的目的无法实现，在这种情况下，以货币出资的一方有权解除合同并追究以土地使用权出资一方的违约和赔偿责任。

对于交付土地的条件，当事人可以约定以“现状交地”，也可以约定必须达到某种标准，比如“三通一平”等。如果属于前者，则动迁工作就应当由负责具体开发经营的一方承担。一般来说，出地一方如果是非房地产开发企业，则场地平整等项工作均会约定由负责实际经营的具有开发资质的一方完成，因为出地一方可能并不具有这方面的资格和能力。因此，违约责任的承担主要应根据合同约定和具体情况而定。但如果因“钉子户”这种合同履行过程中的暂时性障碍造成的违约，一般不能成为解除合同的理由。

24. 合作开发建设项目竣工验收后的质量责任由谁承担？

问 一合作建设项目竣工多年后发生了严重的质量问题，因开发商已下落不明，购房者便将该合建项目的另一合作方作为共同被告，要求承担连带赔偿责任。请问，合作开发房地产的合作各方对建设项目的工程质量应当承担连带责任吗？

答：合作开发房地产合同的法律特征之一就是要求合作各方共担经营风险，这种风险当然包括对外债务。但是，这一法律特征只是合作合同当事人之间内部法律关系的体现，合同中有关共担风险的约定也只是一种内部约定，并不发生对外效力。在发生对外责任时，虽然可由合作各方根据合作合同约定的比例和过错程度共同承担责任，但这样的约定并不构成对合同之外的其他人的承诺，也不是连带责任。（具体理由可参见本章第 18 问答）根据我国法律规定，房地产开发均实行“法人负责制”，即每一个开发项目必须由具有开发资质的房地产公司或者新设立的房地产项目公司负责建设项目的“策划、资金筹措、建设实施、生产经营、债务偿还等责任，并享有相应的权利”[①]，因此有关建设项目的一切对外责任均应由项目法人承担。关于工程质量责任的承担主体，相关法律规定非常明确，如国务院颁布的《城市房地产开发经营管理条例》第 16 条第 2 款规定：“房地产开发企业应当对其开发建设的房地产开发项目的质量承担责任。”《建设工程质量管理条例》第 3 条规定：“建设单位、勘察单位、设计单位、施工单位、工程监理单位依法对建设工程质量负责。”由建设部发布的《房屋建筑工程质量保修办法》第 14 条规定：“在保修期内，因房屋建筑工程质量缺陷造成房屋所有人、使用人或者第三方人身、财产损害的，房屋所有人、使用人或者第三方可以向建设单位提出赔偿要求。建设单位向造成房屋建筑工程质量缺陷的责任方追偿。”根据以上规定，建设单位，即项目法人应对建设项目的工程质量负责，这既是一种合同义务，也是一种法定义务，发生质量问题，购房者可依据购房合同依法追究建设

① 1996 年国家计划委员会发布的《关于实行建设项目法人责任制的暂行规定》第三条：“实行项目法人责任制，由项目法人对项目的策划、资金筹措、建设实施、生产经营、债务偿还和资产的保值增值，实行全过程负责。”

单位即开发商的责任。开发商“下落不明”，并不能成为追究其他利害关系人责任的理由，而且法律上也并不存在“法人”下落不明的问题，有可能法定代表人不知去向，或者项目法人资不抵债，但只要未经依法注销，其法人资格就依法存在，并不因法定代表人的失踪而使法人资格消灭，也不影响债权人主张权利。至于公司无力清偿债务，那是另一个法律问题，总之，无论是作为债务人的建设单位是否存在，是否有能力清偿债务，都不能成为扩大债务人范围的理由。至于合作开发合同约定的“共担风险”条款，一是此类约定只具有内部效力，非合同当事人不能援引该约定主张权利；二是所谓“风险”，指的是共同过错或非过错性风险，比如建设过程中因市场因素导致的成本增加、投资总额增加等，这些风险应当由合作当事人共同承担。而诸如工程质量等单方过错造成的损失，只能由过错方——负责实际经营的房地产开发商承担。当然，按照相关法律规定，开发商在对购房者承担赔偿责任后，可依照与施工、设计、勘察等单位签订的相关合同约定，向具体责任单位追偿。

25. 合作方虚报成本，拖延办理项目结算应如何处理？

问 我公司以土地使用权出资与某房地产公司合作开发房地产，合同约定了各自出资比例和利润分配比例，建设项目的具体经营事务由房地产公司负责。但项目建成后，该房地产公司迟迟不进行项目结算，我公司多次要求按比例分配利润，但对方均以房屋尚未销售完毕拒绝。而且我们还发现，该公司有虚报成本的嫌疑，工程款结算明显高于当初的投标报价。请问，我公司应采取何种方式维护权益？

答：合作开发房地产因结算问题发生纠纷非常普遍。主要原因有四：一是合同对利润分配事项约定不明，往往过于笼统，比如仅约定建设项目完成后按利润分配比例分配，缺少中间结算条款；二是建设工程价款结算专业性强、过程复杂，且涉及当事人众多，比如施工单位、勘察设计单位，材料、设备供应单位等，有关费用的结算经常会因为意见不一而产生争议，从而影响合作当事人之间的结算；三是建设项目工程周期长，建设过程中经常发生设计变更，工程量增减、违约索赔等情况，使合作当事人投资和利润分配预期发生重大变化，从而引起争议；四是合作当事人监督不力，往往是不具有开发资质的合作一方不参与实际经营，也不委托专业人员进行监管，失去监督和制约，合作权益被侵害也难以发现。

对于合作开发合同结算条款约定不明，或者一方以负责实际经营的便利侵害另一方权益的行为，另一方虽然不参与经营，但对建设项目的运作过程和财务支出等仍然享有知情权，可以要求查看账目，并对不实开支提出异议。也可以委托专业人员进行审计。如果发生诉讼，也可要求人民法院委托专门的会计（审计）机构进行审计，并以出具的审计报告作为利润分配的依据。至于利润分配时间，并非没有具体约定分配时间，一方就可以无期限拖延，也不能以房屋没有销售完毕作为拒绝分配的理由，如果这样的理由成立，负责经营的一方故意留存几套房屋就可以永远不进行利润分配，这显然有失公平。按照《合同法》的规定，履行期限不明的，债权人可以随时要求债务人履行，只不过需要给债务人必要的准备时间。只要合作经营事项已经产生利润，并且具备分配条件，合作当事人就有权要求分配。未销售的房屋也可作为利润的实物形态一并分配。

不过，亡羊补牢不如防患于未然，对于合作开发房地产中极易产生的结算纠纷，作为合作开发的当事人，还应当以预防为主，因为一旦发生纠纷，不但处理过程复杂，费时费力，而且往往结果难以预料，甚至有可能两败俱伤。因此，预防和避免纠纷才是最佳选择。主要办法有：（1）选择好合作伙伴，合作开发既是“资合关系”，也是“人和关系”，后者比前者更重要，故应选择既有经营实力，又有良好信誉的企业为合作伙伴；（2）不应放弃重大经营事项的决策权。即使不参与实际经营的一方，也应保留合作开发过程重大事项的决策权，哪些属于重大事项、决策程序等，可在合作合同中明确加以约定；（3）控制好招投标环节和主要原材料、设备的采购环节。承包单位的选择、主要原材料、设备的采购，不仅关系到工程造价和利润率高低，而且还关系到工程质量等项目风险，而在这些环节中，诸如采用“黑白合同”、以次充好等舞弊行为，在建设领域普遍存在。故合作方不应放弃监管，可委托专人或者专业公司参与；（4）加强对预售款的监管，防止被挪用；（5）约定中间结算，在具备利润分配条件时即可要求分配，不一定非要在项目完成后搞一次性结算；（6）共同委托专业机构进行财务审计，在签订合作开发合同时即可明确约定第三方条款，并以该审计机构出具的财务报告作为利润分配的依据；（7）约定严格的违约责任等。总之，合同约定越细致、越严密，不仅会减少和避免纠纷，而且有利于合同顺利履行，实现合作双赢。

26. 合作开发房地产与房屋代建有何区别？

问 我公司为某银行代建一座金融大厦，签订的代建协议约定，由该银行负责提供建设用地和全部建设资金，由我公司负责有关的行政审批手续和具体工程建设事宜，并在工程前期垫付部分工程款项。在项目竣工验收后移交给银行，而银行则以建筑总面积15%的办公用房作为代建收益转让给我公司。但在项目建设成并移交给银行后，银行则以双方系合作开发关系，由于市场变化，成本和投资总额大幅度增加，双方应分担风险为由要求我公司按比例分担增加的投资，否则拒绝转让房屋。请问，银行的要求合理吗？代建房屋也要共担风险吗？

答：合作开发房地产与代建房屋是两种不同的法律关系，而且房屋代建也不是合作开发房地产的特殊方式，二者的外在表现虽然也是一种合作建设行为，但在合同关系的法律特征、权利义务内容以及法律后果等方面均存在明显差别，不能混为一谈。代建合同属于无名合同，我国《合同法》分则并无此类合同，最高人民法院目前也无相关司法解释规定。在建设领域推行代建制，其适用对象主要为政府投资项目。2004年国务院发布的《关于投资体制改革的决定》明确提出："加强政府投资项目管理，改进建设实施方式，对非经营性政府投资项目加快推行'代建制'，即通过招标等方式，选择专业化的项目管理单位负责建设实施，严格控制项目投资、质量和工期，竣工验收后移交给使用单位"。根据国务院的这一决定，许多地方人民政府都相继出台了政府投资建设项目的代建管理办法。比如北京市政府2006年出台的《政府投资建设项目代建制管理办法（试行）》第二条规定："在本市行政区域内，政府投资占项目总投资60%以上的公益性建设项目，适用本办法。本办法所称代建制，是指政府通过招标的方式，选择社会专业化的项目管理单位（以下简称代建单位），负责项目的投资管理和建设组织实施工作，项目建成后交付使用单位的制度。代建期间代建单位按照合同约定代行项目建设的投资主体职责。有关行政部门对实行代建制的建设项目的审批程序不变。"代建制的推行，最初主要适用于政府投资项目，但很快在非政府投资建设领域也被效仿，一些事业性单位，金融机构甚至农村集体经济组织投资建设项目也以代建方式组织实行。由于在立法和司法解释层面至今没有对代建制的法律性质做出规定，理论界也无定论，有主张代建制是委托代理关系，也有人认为是承包关系，故在实务中，不仅法律关系性质容易混淆，一旦发生纠纷，不同的法律关系，法律后果也有重大差异。

不过，从代建合同的约定和一些地方人民政府出台的规定对代建制的定义来看，代建合同与合作开发房地产合同存在明显区别，前者的投资主体就是业主——建设单位，建设单位既是出地一方，也是投资一方，建设风险也由其独自承担；代建合同的代建方并不承担投资义务，也不分享投资利润，其应得代建费一般以管理费的名义收取——既可以是货币，也可是房屋等实物，当然，非代建方过错发生的风险，比如市场因素导致的原材料、人工费成本上升、投资额增加的风险等，也不能由代建方承担。而合作开发房地产合同，则需合作当事人“共同投资、共享利润、共担风险”，非因一方过错导致的损失和投资的增加等，就应当由合作当事人共同承担。

如本文问答所述，全部建设投资由银行负责，建设用地也由银行提供，项目建成后要移交给银行，这显然不属于合作开发，而是委托代建关系，因市场因素导致的成本上升、投资总额的增加，理应由银行承担。至于代建方按约定比例应得的房屋，是以实物体现的代建报酬，只要合同没有具体约定代建报酬的货币数额，则无论房屋市场价值如何变化，银行都应当按约定的比例转让给代建方。这样处理也符合公平原则，作为报酬的房屋，升值利益归代建方，同样，如果房屋贬值，贬值损失也应由代建方承担。因此，银行以房屋成本上升为由要求代建方共同承担增加的成本，没有依据，其拒交房屋构成违约。

27. 军队的土地可以作为出资与房地产企业合作开发房地产吗？

问 某军队干休所将一宗疗养用地作为出资，与某房地产公司合作建房。双方约定，由该房地产公司负责办理各项建设审批手续并承担建设过程中的全部投资和有关费用。建设项目竣工后，干休所和房地产公司按照约定的分配比例和位置分配房屋，投资成本等费用增减均与干休所无关。请问，军队的土地可以作为出资与他人合作开发房地产吗？

答：在 20 世纪 80 年代末和 90 年代初期，社会上曾掀起过一场党政军机关经商办企业的热潮，特别是在 90 年代初席卷全国的房地产开发热潮中，军队也不甘落后，纷纷成立了自己的房地产公司，或者通过与地方企业合资建房、换建、互换等方式直接或间接的从事房地产开发。党政军机关经商办企业，用国家无偿划拨的土地从事房地产经营，不仅有违其根本任务和宗旨，败坏党政军机关形象，滋生官商勾结的腐败，而且也破坏了我国土地的供应和流转制度，甚至造成国有资产的流失，因此在社会上产生了极坏的影响。从 1998 年开始，中共中央和国务院多次出台相关文件，要求清理党政机关和军队开办的各类经济实体，所开办的各类公司一律与开办单位脱钩。1998 年 7 月 25 日，中共中央办公厅、国务院办公厅专门发出了《关于军队武警部队政府机关不再从事经商活动的通知》，解放军总后勤部也出台了《关于军队、武警部队不再从事经商活动的实施方案》。从那时起，军队各建制单位以自己的名义或者开办的企业直接从事房地产投资开发的活动渐渐停止了，但以土地使用权作为出资与地方企业搞合资、合作等间接的房地产投资开发行为仍然普遍存在。

应当说，无论军队是以自己的名义直接从事房地产开发经营活动，还是与地方企业以合作方式经营，都有违中央的政策性规定，因此在审批环节即被严格禁止。但是非以盈利为目的的合作建房，比如军队一方以土地使用权作为出资，项目建成后，军队一方分得固定数额的房屋，这样的合作模式还是允许的。因为从本质上，这种合作模式还是一种土地使用权的转让行为。对此，最高人民法院《关于审理涉及国有土地使用权合同纠纷案件适用法律问题的解释》第 24 条也规定："合作开发房地产合同约定提供土地使用权的当事人不承担经营风险，只收取固定利益的，应当认定为土地使用权转让合同。"对于军队土地使用权的转让，法律并不绝对禁止，只不过对于转让范围，转让程序有着更为严格的规定，且转让审批实行地方和军队双重管理制度，即军队土地使用权的转让，除了要按照划拨土地使用权转让的规定，获得地方政府土地主管部门的批准并办理土地出让手续、补缴出让金外，还必须通过军队系统有批准权的机关的审查和批准。由于合作建房必然发生土地使用权全部或者部分变更，因此，军队若以土地使用权作为出资与地方企业合作建房，其审批程序与土地使用权转让无异，审查的重点还是看土地使用权的转让是否符合法定转让条件。但若在土地使用权转让的同时，军队一方还参与经营活动，或者与合作方共享利润，共担风险，即按照最高人民法院司法解释的规定，合作关系符合"共同投资、共享利润、共担风险"的法律特征，则属于典型的合作开发房地产开发行为，其法律效力应当如何认定？笔者认为，一般来说，这种以合作为名的明显的经商营利活动，不会获得主管机关的批准，即使能够得到批准，其批准效力也应当仅及于土地使用权转让条款，而对于经营、盈利内容则应确认无效。因为这种以合作为名的经营活动不仅违背了禁止军队经商的政策性规定，而且由于军队并无法定的经营主体资格，故其经营行为是违法的，无效的。

就本问答所述，双方事实上是一种土地使用权转让关系，只要依法办理了土地使用权转让审批手续，该合作行为应当受法律保护。

第九章

土地使用权抵押纠纷

1. 什么叫抵押担保？土地使用权可以作为抵押物吗？

问 如今在银行贷款，银行一般不接受第三人的信誉担保，而要求借款人或者第三人提供实物抵押担保。请问：什么叫抵押担保？债务人或者第三人可以用自己拥有的土地使用权提供担保吗？

答：债权人在借贷、买卖等民事活动中，为保障实现债权，认为需要担保的，可以要求债务人对债务履行提供担保。按照《担保法》的规定，担保方式有保证、抵押、质押、定金、留置等五种，而抵押被认为是最安全且不会增加债务人经济负担的方式，特别适合一些大额的、偿还周期较长的债务担保。由于我国实行市场经济的历史较短，在经济交往中因诚信意识的缺乏而导致的违约、毁约行为普遍存在，作为债权人，普遍不愿意接受保证担保，即第三人的信誉担保，而定金和留置担保又影响债务人的资金和财产使用，故不适合大额和偿还期限较长的债务担保。因此，以不转移财产占有关系为特征的抵押担保就成为债权人的首选。

所谓抵押担保，是指债务人或者第三人不转移对某一特定物的占有，而将该财产作为债权的担保，债务人不履行债务时，债权人有权依照担保法的规定以该财产折价或者以拍卖、变卖该财产的价款优先受偿。《物权法》第180条规定："债务人或者第三人有权处分的下列财产可以抵押：（一）建筑物和其他土地附着物；（二）建设用地使用权；（三）以招标、拍卖、公开协商等方式取得的荒地等土地承包经营权；（四）生产设备、原材料、半成品、产品；（五）正在建造的建筑物、船舶、航空器；（六）交通运输工具；（七）法律、行政法规未禁止抵押的其他财产。抵押人可以将前款所列财产一并抵押。"第184条规定："下列财产不得抵押：（一）土地所有权；（二）耕地、宅基地、自留地、自留山等集体所有的土地使用权，但法律规定可以抵押的除外；（三）学校、幼儿园、医院等以公益为目的的事业单位、社会团体的教育设施、医疗卫生设施和其他社会公益设施；（四）所有权、使用权不明或者有争议的财产；（五）依法被查封、扣押、监管的财产；（六）法律、行政法规规定不得抵押的其他财产"（《担保法》也有基本相同的规定）。按照以上规定，符合规定的土地使用权可以作为抵押财产为债务履行提供担保。但并非所有的土地使用权都可以作为抵押财产，比如农村非建设用地使用权，主要包括耕地、宅基地、自留地、自留山等农村集体所有的土地使用权，除法律另有规定外，均不得设定抵押；一些公益性建设用地，如学校、幼儿园、医院等，连同地上建筑物也不能设定抵押。此外，由于我国实行土地公有制、土地所有权归全民所有或者农村集体所有，故土地所有权不能设定抵押。而土地使用权作为从所有权分离出来的用益物权，具有相对独立性，且是具有价值和使用价值的财产权利，以其设定抵押既可以充分发挥物的效用，也可有效保护债权的安全，在经济生活中被普遍采用。

2. 农村集体土地使用权是否可以设定抵押？

问 某村办企业与我公司签订加工承揽合同，委托我公司加工定做一条胶带生产线，合同约定该村办企业先预付30%加工费，余款在设备交付并调试合格后三日内支付。为保证按时支付加工费，该企业以厂房和集体土地使用权作为抵押担保，承诺如不按约定履行付款义务，我公司可以拍卖厂房和土地使用权清偿欠款。请问，农村集体土地使用权可以设定抵押权吗？

答：农村集体土地使用权能否设定抵押不能一概而论。因为农村集体土地使用权是个广义概念，其包括耕地使用权（承包经营权）、宅基地使用权、自留地、自留山土地使用权，以及其他建设用地使用权等。根据法律规定，农村绝大多数土地使用权不得抵押，但一些特定的集体土地使用权在特定条件下也可设定抵押。《物权法》第184条第2项规定："下列财产不得抵押：……（二）耕地、宅基地、自留地、自留山等集体所有的土地使用权，但法律规定可以抵押的除外"。《担保法》第34条第（五）项规定："下列财产可以抵押：……（五）抵押人依法承包并经发包方同意抵押的荒山、荒沟、荒丘、荒滩等荒地的土地使用权"。第36条第3款规定："乡（镇）、村企业的土地使用权不得单独抵押。以乡（镇）、村企业的厂房等建筑物抵押的，其占用范围内的土地使用权同时抵押"，《农村土地承包法》第49条规定："通过招标、拍卖、公开协商等方式承包农村土地，经依法登记取得土地承包经营权证或者林权证等证书的，其土地承包经营权可以依法采取转让、出租、入股、抵押或者其他方式流转。"根据以上规定，可以设定抵押的集体土地使用权有两种，一是通过招标、拍卖、公开协议等方式承包的"四荒"土地（荒山、荒沟、荒丘、荒滩）使用权；二是乡（镇）村企业土地使用权，但该类土地使用权不能单独设定抵押，只有在以乡（镇）村企业的厂房等建筑物设定抵押时，其占用范围内的土地使用权同时抵押。即乡镇村企业建设用地若为“净地”，地上没有房屋等建筑物时是不能抵押的。

综上，可以作为债务人抵押担保的农村集体土地使用权只有“四荒”土地承包权和地上已经建成房屋等建筑物的农村建设用地使用权，除此以外，其他农村土地不能作为抵押物设定担保。另外要注意，可以设定抵押的房屋和建筑物必须是合法建筑并已确权登记发证，否则房屋和建筑物无法办理抵押登记，则占用范围的土地使用权也无法一并抵押。

3. 以出让方式取得的农村集体建设用地使用权可否设定抵押？

问 我公司通过出让方式获得一处农村建设用地使用权，并开始进行厂房建设，由于资金紧张，我们以土地使用权作抵押向银行申请贷款，但村委会通知我公司，未经他们同意，我公司不能以土地设定抵押，政府行政主管部门也拒绝为我们办理抵押登记。请问，农村集体建设用地使用权不能抵押吗？

答：以农村集体建设用地使用权设定抵押，如果抵押人到期不能清偿债务，则抵押权人可以通过拍卖或者变卖土地使用权所得优先受偿，这样就会发生集体建设用地使用权的流转，而我国法律对于集体建设用地使用权流转，一直是严格加以限制的，除了几种特殊形式的土地流转外，其他方式的流转，通过行政程序的审批登记和确权发证环节，事实上是加以禁止的。对有可能导致集体土地使用权流转的抵押行为，也规定了严格的限制条件。《担保法》第 37 条规定：“下列财产不得抵押：……（二）耕地、宅基地、自留地、自留山等集体所有的土地使用权，但本法第 34 条第（五）项、第 36 条第 3 款规定的除外。”第 36 条第 3 款规定：“乡（镇）、村企业的土地使用权不得单独抵押。以乡（镇）、村企业的厂房等建筑物抵押的，其占用范围内的土地使用权同时抵押。”2007 年颁布的《物权法》第 183 条、184 条也有基本相同的规定。根据这些规定，农村集体建设用地在未经建设、未形成厂房等地面建筑时是不能抵押的。而且，允许连同厂房等建筑物与占用范围的土地使用权一并抵押的，也仅指乡镇村企业用地。对于非乡（镇）村企业建设项目，是否也允许与土地一并抵押，《担保法》和《物权法》等相关法律并无规定。现在，许多地区已经放开农村土地流转市场，并且出台地方性规定，允许农村集体建设用地使用权以出让等多种形式流转。从本质上讲，以乡（镇）村企业建设的厂房等建筑物与占用范围的土地使用权一并抵押，与以出让等方式获得的土地使用权连同地面建筑物一并抵押，其法律后果并无二致。因此，既然允许乡（镇）村企业建设的厂房等建筑物与占用范围的土地使用权一并抵押，也应当允许以出让等方式获得的农村集体建设用地使用权的受让方，以其地面建筑物连同土地使用权一并抵押。所不同的只是，以乡（镇）村企业厂房等建筑和土地使用权抵押的，抵押人是土地所有者——农村集体经济组织，而以出让等方式获得土地使用权连同地上建筑一并抵押的，抵押人是土地流转后的受让人。正因为如此，有人认为实现抵押权后必然发生土地使用权的再次流转，而对新的受让人，所有权人并不了解，因此，即使法律允许抵押，也必须先取得土地所有权人——农村集体经济组织同意。这样的观点不能成立。事实上，即使农村集体经济组织作为抵押人，它也无权决定抵押权实现时由谁取得土地使用权。在设定抵押时，对今后可能的受让人，是无法预知的。因此，如果承认通过出让等方式获得的农村集体建设用地使用权是一种独立的物权，则用益物权人以该权利设定抵押就无须他人同意。

实践中还有两个问题，值得注意：

（1）土地使用权人尚未取得土地使用权证书的可否设定抵押？

债务人是否可以尚未取得权属证书的财产设定抵押，理论上存在不同意见。最高人民法院《关于适用〈担保法〉若干问题的解释》第 49 条规定："以尚未办理权属证书的财产抵押的，在第一审法庭辩论终结前能够提供权利证书或者补办登记手续的，可以认定抵押有效。当事人未办理抵押物登记手续的，不得对抗第三人。"根据这一规定，以未取得权属证书的财产设定抵押，法律并不禁止，只不过不能在法定期限内补办抵押登记手续的，不能取得对抗第三人的物权效力。在我国农村，这种情况并不少见，包括农村土地承包经营权在内，相当多的农村土地尚未完成土地确权和登记发证工作，如果土地使用权人未取得土地使用证，就不允许其以土地使用权设定抵押，将极大地影响土地权利人的权益。但客观事实是，如果未取得土地使用权证书，则无法办理抵押登记。《担保法》第 44 条规定："办理抵押物登记，应当向登记部门提供下列文件或者其复印件：（一）主合同和抵押合同；（二）抵押物的所有权或者使用权证书。"依据这一规定，尚未取得土地权利证书申请办理抵押登记，一般都会被登记主管部门拒绝。但是依据合同效力和物权效力相区分的原则，未经登记虽然不能取得对抗第三人的效力，但合同效力并不受影响。

（2）地上建筑物尚未完成，即"期房"是否可以连同土地使用权一并抵押？

根据《担保法》的规定，农村集体建设用地使用权的抵押必须是与地上厂房等建筑物一并抵押，换句话说，没有建筑物的“净地”是不能单独设定抵押的。但是，如果地上建筑物尚未完工，尚未取得房屋产权时，可否将在建建筑物和土地使用权一并抵押？对此问题，《担保法》没有明确规定。《物权法》第180条规定可以抵押的财产范围则包括“正在建造的建筑物、船舶、航空器。”最高人民法院《关于适用〈担保法〉若干问题的解释》第47条也规定：“以依法获准尚未建造的或者正在建造中的房屋或者其他建筑物抵押的，当事人办理了抵押物登记，人民法院可以认定抵押有效。”根据以上规定，以“期房”连同土地使用权一并抵押法律是允许的。

4. 抵押担保合同签订后未办理抵押登记，合同是否有效？

问 债务人为担保债务履行，自愿以其拥有的土地使用权作为抵押担保并与抵押权人签订了抵押担保合同，约定债务履行期限届满后，如债务人未清偿债务，则债权人有权以该土地使用权折价转让所得清偿债务。但合同签订后双方因故未到登记主管部门办理抵押登记。请问，抵押合同是否有效？债权人可否依据合同处分抵押的土地使用权？

答：关于未办理抵押登记，抵押合同是否有效的问题，目前在立法上存在不同规定。《担保法》第41条规定：“当事人以本法第四十二条规定的财产抵押的，应当办理抵押物登记，抵押合同自登记之日起生效。”最高人民法院《关于适用〈中华人民共和国担保法〉若干问题的解释》第49条第2款规定：“当事人未办理抵押物登记手续的，不得对抗第三人。”《物权法》第187条规定：“以本法第一百八十条第一款第一项至第三项规定的财产或者第五项规定的正在建造的建筑物抵押的，应当办理抵押登记。抵押权自登记时设立。”从以上规定可以看出，对于未办理抵押物登记的抵押担保合同，经历了一个从“合同未生效”到“不能对抗第三人”的变化过程。最高人民法院的司法解释和《物权法》的规定体现的是“合同效力和物权效力相区分”的原则，即未经登记，不发生物权效力，但并不因此影响设立物权的合同效力。对此《物权法》第9条规定：“不动产物权的设立、变更、转让和消灭，经依法登记，发生效力；未经登记，不发生效力，但法律另有规定的除外。”第15条规定：“当事人之间订立有关设立、变更、转让和消灭不动产物权的合同，除法律另有规定或者合同另有约定外，自合同成立时生效；未办理物权登记的，不影响合同效力。”应当说，《物权法》的规定既体现了“尊重当事人意思自治”的现代合同法理论，也遵循了“物权公示”的基本原则。

《物权法》第 178 条规定："担保法与本法的规定不一致的，适用本法。"因此对于抵押合同签订后未办理抵押登记的，应当按照《物权法》的规定，将合同效力和物权效力加以区分，未经登记，不发生物权效力即对抗第三人的效力，而抵押担保合同本身只要没有法定的无效情形，或者当事人另有约定的，则自合同成立时生效。

以土地使用权等财产设定抵押担保，其保证债权实现的手段就是通过行使对抵押物折价或者拍卖、变卖所得款项的优先受偿权而实现债权。而对抗第三人的效力则是行使优先受偿权的基础，失去了对抗效力，优先受偿权也就不复存在。从这个意义上讲，如果不办理抵押登记，不能取得物权效力，即使认定抵押担保合同有效似乎也没有实际意义。但事实并非如此，在未办理抵押登记的情况下，虽然不能对抗其他第三人，但只要合同有效，就仍然可以对债务人产生约束力，即在抵押物未被转让、查封或者为其他债权人设定抵押的情况下，债权人和债务人仍可依据抵押担保合同的约定，协议以抵押财产折价或者拍卖、变卖该抵押所得价款受偿；协议不成时，仍可依据该合同向人民法院起诉，要求以该抵押财产清偿债务，在处分该抵押财产不会损害第三人利益的情况下，该请求应能得到人民法院支持。而若认定抵押合同未经登记不生效或者无效，则会丧失该项请求权。

5. 土地使用权人尚未取得土地使用权证书，可否以土地使用权设定抵押？

问 在我国农村，许多地方尚未完成确权登记发证工作，土地虽由农民长期使用，但并没有取得政府主管机关颁发的土地使用权证书。在城市也有很多虽然签订了土地使用权出让合同，交纳了土地使用权出让金并实际使用土地但却没有取得土地使用权证的情况。请问，债务人在没有取得土地使用权证的情况下，可否以自己已实际占有、使用的土地设定抵押担保？

答：债务人是否可以尚未取得权属证书的土地使用权设定抵押，抵押合同是否有效，理论上存在不同意见。有种观点认为，尚未取得土地权属证书，即未办理权属登记，土地使用权本身还不具有物权效力，因此，在不具有物权效力的财产之上设立担保物权是不能成立的。何况在没有取得权属证书的情况下，登记机关也不可能办理抵押登记，因此，不应允许以未取得权属证书的财产设定抵押，签订的抵押担保合同也应认定无效。但笔者认为，是否取得权属证书，能否办理抵押登记，并不能成为禁止以无证土地使用权设定抵押的理由，也不能据此认定抵押合同无效。因为第一，法律并无禁止无证土地使用权设定抵押的规定；第二，登记机关因当事人缺少形式要件而不予办理抵押登记并不能反推是对抵押行为本身的禁止；第三，不予办理抵押登记，抵押行为不发生物权效力，但并不因此影响抵押合同的债权效力。根据《物权法》合同效力与物权效力相区分的原则，未经登记，不发生物权效力，但并不影响为设立物权而订立的合同效力。当事人协商一致，自愿以其占有使用的土地作为债务履行担保，并不损害社会公益和当事人利益，即使不发生物权效力，而只是一种债权关系，也并非不能实现合同目的，国家没有必要加以干预，更不应当以未经登记为由否定当事人之间清偿债务的合意。在司法层面，所采用的其实也是不干涉原则。如最高人民法院《关于适用〈中华人民共和国担保法〉若干问题的解释》第 49 条规定："以尚未办理权属证书的财产抵押的，在第一审法庭辩论终结前能够提供权利证书或者补办登记手续的，可以认定抵押有效。当事人未办理抵押物登记手续的，不得对抗第三人。"这一规定体现了两个原则：一是物权效力待定的原则，如在法定期限内能够提供权利证书或者补办登记手续的，仍可认定抵押有效；二是即使未办理抵押登记手续的，该抵押行为也只是不具有对抗第三人的效力，但抵押合同的债权效力并不因未登记而丧失。

无论是我国农村还是城市，当事人虽已实际占有和使用土地，但未取得土地使用权属证书的情况是存在的，如果因未取得土地使用权证书就不允许当事人以土地使用权设定抵押，既是对权利人处分权的限制，也影响物的效用的发挥，是一种财富的浪费。

综上，债务人以未取得权属证书的土地使用权作为抵押，只要债权人自愿接受即可。当然实务中还存在一个抵押权如何实现的问题，因为实现抵押权，必然会发生土地使用权的转让，未取得土地权属证书，有可能发生转让不能。但这是另外一个层面的问题，土地使用权能否实现转让与能否设定抵押并不存在必然联系，因为即使办理了抵押登记，也未必就一定能够实现土地使用权的转让，比如因土地灭失、国家因公共利益需要依法征收等，土地使用权就无法拍卖、变卖或者折价转让。而且，未办理土地权属证书，未必就不能转让土地使用权，只要具备办证条件，通过补办权属登记手续，或者通过司法程序依然能够实现转让，并以转让所得清偿债务。

6. 只办理了土地使用权抵押登记，实现抵押权时地上房屋应如何处置？

问 某公司以土地使用权为债务履行设定了抵押担保，并办理了抵押登记，但地上房屋并没有抵押。请问，实现抵押权时可以连同地上房屋一并处置吗？

答：可以。

《物权法》第182条规定："以建筑物抵押的，该建筑物占用范围内的建设用地使用权一并抵押。以建设用地使用权抵押的，该土地上的建筑物一并抵押。抵押人未依照前款规定一并抵押的，未抵押的财产视为一并抵押。"这样的规定体现了"房地合一"的原则，即俗称的"地随房走"或者"房随地走"。因为一旦实现抵押权，必然会发生土地或者房屋权属的变更。由于房产和土地的不可分性，房屋所有权的转让，必然发生土地使用权的转让；同样，土地使用权依法转让，地上房屋也必然一并转让。因此，在土地和房屋已经形成一体的情况下必须一并处分，否则就有可能出现房屋所有权与土地使用权主体不一致的情况，不仅会造成产权关系的混乱和权利的冲突，而且也不利于债权人权利的保护。所以，不管债权人和债务人在签订抵押担保合同时是否达成将土地使用权和地上房屋一并抵押的合意，也不管在办理抵押登记时是否将二者一并抵押，只要将土地使用权或者房屋所有权其中之一设定抵押的，抵押权就可以自动及于未达成抵押合意或者未办理抵押登记的土地使用权或者房屋所有权。在实现抵押权时，也应当将二者一并加以处分（拍卖、变卖或者折价），并由债权人（抵押权人）以处分所得优先受偿。

由于我国许多地方尚未实现土地和房产的统一登记制度，土地和房产仍然由各自独立的土地或房产行政主管部门分别管理，办理土地和房产的抵押登记要分别到两个部门办理，所以不能取得房地合一的抵押权登记。并且由于两个行政主管部门的办证程序、要求、时限、效率不同，在土地管理部门办理了土地使用权抵押登记，在房产部门未必能办理房屋所有权抵押登记，反之亦然。二者办理抵押登记的不同步，必然会形成一个时间差，这又容易造成土地使用权抵押给一个债权人，而地上房屋又抵押给另一个债权人的情形，这样势必造成权利的冲突。故在设定抵押权时必须将土地和房产一并抵押，没有一并抵押的，则由法律强制赋予一并抵押的效力，并且在实现抵押权时也应一并处分。

7. 土地使用权和地上房屋所有权分别抵押给不同的债权人，实现抵押权后所得价款应如何分配？

问 甲公司将自己以出让方式取得的土地使用权连同地上已经竣工的建筑物一并抵押给乙公司，在办理了土地使用权抵押登记后并未办理地上建筑物抵押登记，之后不久，甲公司又将地上建筑物抵押给丙公司并且也办理了抵押登记。请问，若甲公司到期不能清偿债务，而将土地使用权连同地上建筑物一同拍卖，价款应如何分配？可否区分土地和建筑物拍卖价值后由乙、丙公司分别受偿？

答：应当由乙公司先受偿。《物权法》第 199 条规定："同一财产向两个以上债权人抵押的，拍卖、变卖抵押财产所得的价款依照下列规定清偿：（一）抵押权已登记的，按照登记的先后顺序清偿；顺序相同的，按照债权比例清偿；（二）抵押权已登记的先于未登记的受偿；（三）抵押权未登记的，按照债权比例清偿。"虽然乙公司未办理地上建筑物抵押登记，但按照《物权法》第 182 条规定，"以建设用地使用权抵押的，该土地上的建筑物一并抵押"。即乙公司在办理土地使用权抵押登记时，地上建筑物已经一并抵押，由于乙公司抵押登记在先，故应当先于丙公司受偿。

土地使用权和地上建筑物一同拍卖后，从财务角度区分土地使用权价值和地上建筑物的价值并不存在技术障碍，但这并不能够成为土地使用权和建筑物可以分别折价受偿的理由，先办理抵押登记的一方，其抵押权可以及于全部的土地使用权和地上建筑物所有权。分配拍卖所得价款时，先办理抵押登记的一方可供分配的价款也为包括土地使用权和地上建筑物的全部折价或者拍卖、变卖所得。而顺序在后的地上建筑物的抵押权人，只有在顺序在先的抵押权人实现债权后尚有剩余时，才可就剩余部分进行分配。

8. 以土地使用权设定抵押后，土地上新增的房屋是否属于抵押财产并可在实现抵押权时一并处置？

问 某房地产开发商以土地使用权作为抵押担保向银行贷款，合同签订时地上房屋刚开始建设。请问，今后房屋建成后，银行的抵押权可否及于房屋，在实现抵押权时将土地使用权和地上房屋一并处分，并以二者的处分所得清偿欠付银行的贷款？

答：以土地使用权设定抵押的，如果地上房屋已经建成的，抵押权可以自动及于建成的房屋，哪怕抵押合同仅约定以土地使用权设定抵押，土地使用权和地上房屋也应一并抵押并且在实现抵押权时一并处分。但是，在以土地使用权设定抵押权以后，地上新增的房屋则不属于抵押财产，虽然实现抵押权时仍需将土地和房屋一并处分，但对新增房屋的处分所得，抵押权人并无优先受偿权。对此《物权法》第200条规定："建设用地使用权抵押后，该土地上新增的建筑物不属于抵押财产。该建设用地使用权实现抵押权时，应当将该土地上新增的建筑物与建设用地使用权一并处分，但新增建筑物所得的价款，抵押权人无权优先受偿"（《担保法》第55条第1款的规定基本相同）。根据这一规定，如果债务人不能清偿到期债务，在实现抵押权时，应当连同土地使用权和地上新增房屋一同折价或拍卖、变卖，但债权人仅能就所得价款中的土地价值部分优先受偿，而对地上新增房屋的处分所得债权人不能优先受偿。

一般来说，银行在放贷时，都会对用以抵押的土地使用权进行评估、贷款额度都会按照低于土地评估价的一定比例发放，因此从理论上说，在实现抵押权时，仅就土地使用权处分所得优先受偿就足以实现债权，只要土地的市场价值不发生大幅贬值，抵押权不能及于地上新增房屋也不会有太大风险，但若地上新增房屋已被另行出售，且买受人已经支付了全部或者大部分房款时，则抵押权不能对抗买受人，即存在银行抵押权无法实现的风险。为避免此风险，银行在贷款时可以将在建房屋一并设定抵押，因为根据《物权法》第180条规定："正在建造的建筑物"即"期房"已允许设定抵押。这样，在实现抵押权时，银行对土地使用权和地上新增房屋的处分所得均可享有优先受偿权。但若避免与买受人的冲突，在抵押权设定后还应限制抵押人的转让行为。根据《物权法》第191条规定，对于转让抵押物的行为，抵押权人有否决权，在债务人不能将转让所得的价款提前清偿债务，或者受让人不能代为清偿债务的情况下，银行可以不予同意债务人转让房屋，以使转让行为不发生法律效力。

9. 未经抵押权人同意，抵押人可以将已经设定抵押权的土地使用权或者地上房屋转让给他人吗？

问 甲公司将已设定抵押的土地使用权转让给乙公司，甲公司告知了乙公司土地使用权已设定抵押的情况，但承诺所收取的转让费先偿付银行贷款，以解除土地抵押。但在甲公司将房屋即将建成时，甲公司被银行起诉，并列乙公司为第三人。理由是甲公司未按期偿还贷款，且转让上地使用权未取得银行同意，因此转让合同无效。请问，转让已设定抵押的财产一定要经抵押权人同意？否则转让合同就无效？

答：对于抵押人转让抵押物是否需要抵押权人同意等限制性规定，我国现行有效的法律和相关司法解释规定并不一致。目前关于抵押物转让的限制性规定主要有四个：① 1988 年最高人民法院发布的《关于贯彻民法通则若干问题的意见》第 115 条规定："抵押物如由抵押人自己占有并负责保管，在抵押期间，非经债权人同意，抵押人将同一抵押物转让他人，或者就抵押物价值已设置抵押部分再作抵押的，其行为无效。债务人以抵押物清偿债务时，如果一项抵押物有数个抵押权人的，应当按照设定抵押权的先后顺序受偿。" ② 1995 年《担保法》第 49 条规定："抵押期间，抵押人转让已办理登记的抵押物的，应当通知抵押权人并告知受让人转让物已经抵押的情况；抵押人未通知抵押权人或者未告知受让人的，转让行为无效。转让抵押物的价款明显低于其价值的，抵押权人可以要求抵押人提供相应的担保；抵押人不提供的，不得转让抵押物。抵押人转让抵押物所得的价款，应当向抵押权人提前清偿所担保的债权或者向与抵押权人约定的第三人提存。超过债权数额的部分，归抵押人所有，不足部分由债务人清偿。" ③ 2000 年最高人民法院发布的《关于适用担保法若干问题的解释》第 67 条规定："抵押权存续期间，抵押人转让抵押物未通知抵押权人或者未告知受让人的，如果抵押物已经登记的，抵押权人仍可以行使抵押权；取得抵押物所有权的受让人，可以代替债务人清偿其全部债务，使抵押权消灭。受让人清偿债务后可以向抵押人追偿。如果抵押物未经登记的，抵押权不得对抗受让人，因此给抵押权人造成损失的，由抵押人承担赔偿责任。" ④ 2007 年颁布的《物权法》第 191 条规定："抵押期间，抵押人经抵押权人同意转让抵押财产的，应当将转让所得的价款向抵押权人提前清偿债务或者提存。转让的价款超过债权数额的部分归抵押人所有，不足部分由债务人清偿。抵押期间，抵押人未经抵押权人同意，不得转让抵押财产，但受让人代为清偿债务消灭抵押权的除外。" 比较以上规定，《担保法》和最高人民法院《关于适用担保法的解释》对抵押物转让的限制性规定较为宽松。虽然也规定了抵押人转让抵押物应当履行"通知、告知、提存"等义务，但并未赋予抵押权人对抵押物转让行为的"否决权"，即转让抵押物并不需要取得抵押权人同意。但是，1988 年最高人民法院关于贯彻民法通则的意见和 2007 年《物权法》的规定，对于抵押物转让的限制性规定则采取了严格标准，即赋予抵押权人对转让行为的否决权，不仅转让抵押物必须事先征得抵押权人的同意，而且司法解释直接规定：未经债权人同意，转让行为无效。

按照传统民法理论，抵押权具有排他性和绝对性，即抵押权具有追及效力，在抵押期间，无论抵押物经过多少次流转，最终流入何人之手，抵押权都不会消灭，只要债务人到期不能清偿债务，抵押权人仍可要求对已经转让的抵押物拍卖、变卖，并以拍卖、变卖所得优先受偿。然而有学者认为，从我国《物权法》的具体规定来看，并没有承认抵押权人的追及权。一方面，如果承认抵押权人享有追及权，就没有必要要求抵押人转让抵押财产时取得抵押权人的同意。另一方面，取得抵押权人的同意以后，转让抵押财产的价款应当提前清偿债务或提存，这实际上也已经替代了追及权的行使。此种方式也可以认为抵押权已经提前实现，既然抵押权已经因实现而消灭，就不存在追及权行使的可能。[①] 笔者同意这种观点，并且从我国司法实务角度，抵押权人的追及权确实难以实现。首先，抵押权并不能对抗买受人。按照最高人民法院《关于建设工程价款优先受偿问题的批复》规定："建筑工程的承包人的优先受偿权优于抵押权和其他债权"，同时该《批复》第二条规定："消费者交付购买商品房的全部或者大部分款项后，承包人就该商品房享有的工程价款优先受偿权不得对抗买受人。"既然承包人的法定优先权可以对抗抵押权但却不能对抗买受人，按照基本的逻辑关系，抵押权当然也不能对抗买受人。其次，按照最高人民法院《关于人民法院民事执行中查封、扣押、冻结财产的规定》第六条规定："对被执行人及其所扶养家属生活所必需的居住房屋，人民法院可以查封，但不得拍卖、变卖或者抵债。"根据以上司法解释的相关规定，抵押的房产如果转让以后，抵押权因为不能对抗买受人，故抵押权难以实现。也正因为如此，赋予抵押权人以抵押物转让行为的否决权还是有意义的，未经抵押权人同意，则抵押物的转让行为无效，即使签订了转让合同，甚至完成了抵押物的转让过户（在存在抵押权的情况下，如无抵押权人的书面同意，登记机构一般不会办理过户登记），由于转让行为自始无效，故抵押权实现不受影响。

不过，大多数学者认为，抵押权人应当对抵押物享有追及权，著名学者王利明教授也认为"《物权法》不承认抵押权人享有追及权，从立法技术上看，仍然值得商榷。"由于抵押权人不享有追及权，在客观上影响了物的流转和物的效用，无论是土地还是房产，或者其他动产，在抵押以后，若想再行流转，都是不可能

① 王利明．物权法研究（下卷）[M]. 北京：中国人民大学出版社，2007：468.

的。因为在抵押物经流转后有可能使抵押权难以实现的情况下，任何抵押权人都不会同意在债权未清偿前，抵押人转让抵押物。

10. 可以将已经设定抵押的土地使用权作为出资与他人合作开发房地产吗？

问 某房地产公司以出让方式取得一宗建设用地使用权，现该公司欲以该建设用地使用权作为出资与我公司合作开发房地产，并按照出资比例分配房屋建成的利润，但该土地使用权已被房地产公司抵押给银行。请问，未经银行同意，可以该土地使用权作为出资搞合作开发吗？

答：根据《物权法》等相关法律的规定，已经设定抵押的财产只有经抵押权人同意方可转让，并且还要将转让所得的价款向抵押权人提前清偿债务或者提存。但是，合作开发房地产并非都会发生土地使用权的转让，当以土地使用权作为出资的一方是具有开发资质的房地产企业时，一般无须办理土地使用权的转让过户手续，因此合作开发房地产不必取得抵押权人的同意。但是，如果以土地使用权出资的一方是没有开发资质的非房地产企业，或者合作双方共同成立房地产项目公司，则要将土地使用权过户至具有开发资质的房地产公司一方或者共同成立的项目公司名下，这种因合作开发之需而发生的土地使用权转让同样应当取得抵押权人的同意。

不过，合作开发房地产过程中发生的土地权属的变更需要征得抵押权人的同意，并不意味着合作开发合同本身也要经抵押权人同意才发生效力，因未经抵押权人同意产生的是合同履行不能的后果而非合同无效的后果。因为未经抵押权人同意转让并办理解押手续，登记主管机关一般不会为合作当事人办理土地权属的过户登记，这会导致以土地出资的一方出资不到位，合同无法继续履行，但并不会产生合同自始无效的后果，否则合同另一方就丧失了要求以土地出资一方继续履行合同并承担违约责任的依据。只要在办理土地权属变更之前，债务人或者合作双方共同向抵押权人清偿了债务，抵押权人就应当同意转让并办理解押手续，合作开发合同仍然能够继续履行。

11. 已经签订土地使用权转让合同并实际占有和使用土地，转让方又将土地使用权抵押给他人，可以吗？抵押权可否对抗受让人？

问 某公司将一宗国有建设用地使用权转让给我公司，我公司已交纳了部分转让款，因尚未达到土地使用权转让需要完成开发投资总额 25% 以上的量化标准，尚未申请办理土地使用权过户登记手续，但我公司已经实际占有并开工建设。在此期间，转让方未经我公司同意，又以该土地使用权作为抵押向银行贷款，而后因其未按时还款被银行起诉，并查封了该宗土地。请问，未经我公司同意，转让方可以将已经转让给他人的土地设定抵押吗？银行的债权就应当优先保护吗？

答：你公司虽然与转让方签订了土地使用权转让合同并实际占有使用了土地，但因尚未办理土地使用权过户登记手续，所以不发生土地物权变动的法律后果，即你公司尚未取得具有物权效力的土地使用权，转让行为不发生物权效力，当然也不能对抗第三人。《物权法》第 9 条第一款规定："不动产物权的设立、变更、转让和消灭，经依法登记，发生效力；未经登记，不发生效力，但法律另有规定的除外。"没有办理土地使用权转让登记，不仅转让行为不发生物权效力，而且在法律上，转让方仍然拥有对该土地的使用权并有权处分。在此情况下，以该土地使用权设定的抵押权受法律保护并具有对抗包括受让方在内的第三人的效力。因为该抵押行为已经登记，具有物权效力。根据"物权优先于债权"的原则，在同一物上，既有债权又有物权的，物权可以对抗债权并可优先履行。因为物权效力具有对世性，可以对抗任何第三人；而债权效力具有相对性，只能对抗合同相对人。因此，如果转让方不能清偿银行贷款，则银行有权要求人民法院查封设定抵押的土地使用权，并以该土地使用权折价或者拍卖、变卖所得价款优先受偿，这些权利并不因为此前发生的转让行为而受到影响。当然，后设定的抵押行为也不能影响之前发生的转让合同的效力。事实上，如果转让方能够及时清偿对银行的债务，即使将转让的土地使用权设定了抵押，也不会影响转让合同的履行。若因转让方不能及时清偿银行债务，而使银行实现抵押权造成土地使用权转让不能，你公司仍可依据转让合同追究转让方的违约及赔偿责任。另外，你公司也可以将应付转让款向银行提前清偿债务或者提存，也可代转让方清偿债务使抵押权消灭，则转让合同仍可继续履行。

12. 土地使用权抵押合同签订后，未办理抵押登记，在债务人不能清偿债务时能实现抵押权吗？

问 甲、乙公司签订一笔货物买卖合同，丙公司自愿以其拥有的土地使用权为乙公司提供抵押担保，三方共同签订了抵押担保合同，但该合同签订后一直未办理抵押登记手续。后由于乙公司未履行付款义务，甲公司要求丙公司履行担保义务，连带承担还款义务，但被丙公司拒绝，理由是抵押担保合同签订后并未办理抵押登记，因此抵押担保合同无效。请问，丙公司的理由成立吗？

答：丙公司的理由不能成立。

《物权法》第 9 条规定："不动产物权的设立、变更、转让和消灭，经依法登记，发生效力；未经登记，不发生效力，但法律另有规定的除外。"同时该法第 15 条规定："当事人之间订立有关设立、变更、转让和消灭不动产物权的合同，除法律另有规定或者合同另有约定外，自合同成立时生效；未办理物权登记的，不影响合同效力。"根据以上规定，虽然抵押担保合同签订后，设立的担保物权未经登记不发生物权效力，即抵押权不能产生对抗第三人的效力，在处分抵押物时，对处分所得债权人不具有优先受偿权。但并不因此而影响抵押担保合同的效力，该合同自成立时生效，即对合同当事人仍然具有约束力。只要该抵押物上没有其他债权人设立并经登记的抵押权，则甲公司就可以依据抵押担保合同要求丙公司履行担保义务，即以丙公司的土地使用权折价或者拍卖、变卖所得清偿债务。如果该抵押物上还有不同债权人设定的抵押担保，则可按法定顺序清偿。对此《物权法》第 199 条规定："同一财产向两个以上债权人抵押的，拍卖、变卖抵押财产所得的价款依照下列规定清偿：（一）抵押权已登记的，按照登记的先后顺序清偿；顺序相同的，按照债权比例清偿；（二）抵押权已登记的先于未登记的受偿；（三）抵押权未登记的，按照债权比例清偿。"从这一规定也可以看出，未经登记，债权人丧失的是优先受偿权，但在没有顺序在先的其他债权人，或者顺序在先的债权人受偿后还有剩余时，其仍可依据抵押合同实现抵押权。

实践中，许多小额的、短期的债务，经当事人协商一致常常不去办理抵押登记，通过向债权人交付物权凭证，使债务人或者担保人短时间内不能再以抵押财产为他人债权设定抵押并登记，则抵押权仍能得以实现。当然，若长时间不办理登记还是存在风险，比如债务人（抵押人）将权利凭证挂失，重新办理权属证书等，但这毕竟需要时间。在效率、成本和风险之间，大多数当事人能够作出正确的选择。

13. 农村宅基地是否可以抵押？

问 如今在农村，农民除了进行传统的农业经营外，其他工业或者商业经营行为也很普遍，为保障经济交往的安全，比较有效的办法就是由债务人提供合法有效的担保，而在农村，房屋和宅基地就是农民最具担保价值的财产了，然而根据法律规定，农民的房屋和宅基地不准向城市居民出售，宅基地也不允许抵押。请问，这种限制的依据是什么？如果是本村村民之间的债务，可以用宅基地抵押担保吗？

答：我国《物权法》和《担保法》均有明确规定：农村宅基地不得抵押。这种限制性规定的根据是源于我国法律对农村集体土地自由流转的限制。因为如果以农民的宅基地和房屋设定抵押，一旦实现抵押权，则必然发生宅基地使用权和房屋所有权主体的变更，形成事实上的流转，故限制转让的，当然也要限制抵押。但是，对于同一集体经济组织成员之间的宅基地和房屋买卖，法律并无禁止性规定，即使是向城市居民出售住房和宅基地，法律也无直接的禁止性规定，目前这样的规定还仅为政策层面的，如 1999 年国务院办公厅发出《关于加强土地转让管理严禁炒卖土地的通知》规定："农民的住宅不得向城市居民出售，也不得批准城市居民占用农民集体土地建住宅，有关部门不得为违法建造和购买的住宅发放土地使用证和房产证。"至于有人根据《土地管理法》第 62 条"一户一宅"的规定引申为不能一户多宅，或者将其作为禁止农村宅基地和房屋流转的根据，则显得有些牵强。事实上，在我国农村，由于婚姻、继承、赠与等民事行为而发生的一户多宅非常普遍，客观上无法禁止。《土地管理法》一户一宅的制度应当仅限于农村土地的初始分配环节，即每一农户，只有一次分配宅基地的机会。由于我国农村人多地少，"一宅多户"也很常见，很多新增加的农户家庭通过初始分配根本没有机会分得宅基地，而只能通过转让方式从其他一户多宅或者已迁往外地的农户手中获得宅基地和房屋。所以，无论从法律层面还是政策层面，并没有禁止农村村民之间宅基地和房屋转让的规定。既然农村村民之间的宅基地和房屋的流转法律上并不禁止，那么法律对村民之间宅基地的抵押加以限制就实属多余。有人担心，放开农村宅基地和房屋的抵押限制，有可能会使农民因无力偿债而流离失所，无处安身。这样的担心毫无必要。正如有的学者所说：农民属于弱势群体，但并不弱智，农民会根据自己的家庭状况、偿还能力等决定自己的负债水平，如果有使自己的家庭失去未来栖身之地的风险，农民也会三思而行的。事实上，无论城市还是农村，真正因欠债不还而被处分抵押物的情况所占比例极低，不能因个别人有可能因欠债不还失去宅基地和房屋而限制所有人对自己财产的处分权。

最近几年，许多地方已经开始了农村土地流转的试点，在2013年10月27日的《新闻联播》节目中播出一个消息，黑龙江省已经开始推行农村土地经营权的抵押业务，并准备向所有金融机构放开。由此也可以看出，放开农村土地流转市场，允许农民以自己所拥有的土地承包经营权、宅基地使用权等作为融资手段是大势所趋。不过根据现行法律规定，如果以宅基地和房屋作为抵押，登记机关仍然不会办理抵押登记，而不能登记，抵押权就不能产生可对抗第三人的物权效力，抵押权人不能享有优先受偿权。但根据合同效力和物权效力相区分的原则，设立抵押担保的合同并不因此无效，债权人和债务人如果同为本集体经济组织成员，则以宅基地或者房屋折价抵偿债务的行为并不违法，即使不能办理抵押登记，在债务人不能按期清偿债务时，以抵押的房屋和宅基地折价或者变卖所得清偿债务也是允许的。

14. 划拨土地使用权可以设定抵押吗？实现抵押权是否要先交纳土地使用权出让金？

问 某公司欲以厂房、设备和建设用地使用权作为担保向银行贷款，但土地使用权属于行政划拨性质，请问，划拨土地使用权可以设定抵押吗？如果该公司不能偿还贷款，抵押权实现时，所得价款是否要优先支付土地使用权出让金？

答：由于划拨土地使用权是以无偿（或低偿）方式供应的，且土地用途也具有特定性，一般只有公益性建设项目才可通过划拨方式取得土地使用权，因此，如同划拨土地使用权转让的限制一样，以划拨土地使用权设定抵押同样也有较为严格的限制条件。《城镇国有土地使用权出让和转让暂行条例》第45条规定：“符合下列条件的，经市、县人民政府土地管理部门和房产管理部门批准，其划拨土地使用权和地上和地上建筑物、其他附着物所有权可以转让、出租、抵押：……（一）土地使用者为公司、企业、其他经济组织和个人；（三）具有地上建筑物、其他附着物合法的产权证明。”根据这一规定，以划拨土地使用权设定抵押的，首先必须取得有批准权的人民政府土地管理部门批准。未经批准，不得以划拨土地设定抵押。2003 年 4 月 16 日，最高人民法院《关于破产企业国有划拨土地使用权应否列入破产财产问题的批复》第 2 条也有规定："企业对其以划拨方式取得的国有土地使用权无处分权，以该土地使用权为标的物设定抵押，除依法办理抵押登记手续外，还应经具有审批权限的人民政府土地行政管理部门批准。否则，应认定抵押无效。"其次，能够以划拨土地使用权设定抵押的主体具有特定性，只有"土地使用者为公司、企业、其他经济组织和个人"，即只有经营性实体或者个人，才能以其拥有的划拨土地使用权设定抵押。《物权法》和《担保法》的相关规定也体现了这一规定。比如《物权法》第 184 条规定："下列财产不得抵押：……（三）学校、幼儿园、医院等以公益为目的的事业单位、社会团体的教育设施、医疗卫生设施和其他社会公益设施"（《担保法》第 37 条也有相同规定）。当然，这些机构相关设施占用的划拨土地也不能抵押，除非这些设施和占用的划拨土地已经改变用途用于非公益目的。再次，划拨土地若为"净地"，即地上没有建筑物和附着物并且已经取得合法产权证明的情况下，划拨土地使用权也不能单独抵押，即划拨土地使用权只能连同地上建筑物、其他附着物一并抵押。

此外，《城市房地产管理法》第 51 条还规定："设定房地产抵押权的土地使用权是以划拨方式取得的，依法拍卖该房地产后，应当从拍卖所得的价款中缴纳相当于应缴纳的土地使用权出让金的款额后，抵押权人方可优先受偿。"因为以划拨土地使用权设定抵押，抵押权实现时必然会发生土地使用权的转让，如同划拨土地使用权转让需要补交土地使用权出让金一样，因抵押权实现而发生的划拨土地使用权转让同样需要补交土地使用权出让金，即在抵押权实现时，因拍卖、变卖划拨土地使用权而取得的款项，抵押权人的优先受偿权是受到限制的，该转让款项只有在补交土地使用权出让金后尚有剩余的，抵押权人才可优先受偿。由于划拨土地使用权的转让所得与土地使用权出让金差别不大，所以抵押权人能够行使优先受偿权的范围只能是地上建筑物、附着物的转让所得。因此，有些划拨土地使用权虽然可以设定抵押，但接受这样的抵押担保应当慎重，在签订合同时，最好对地上建筑物、附着物价值进行评估，如价值过低，在补交出让金后不足以清偿债务，则这样的抵押就失去了担保的意义。

15. 通过抵押方式转让划拨土地使用权行得通吗？

问 我公司欲受让一宗划拨土地使用权及地上建筑物搞经营性开发，但转让申请未获得政府批准。于是有人给我们出主意，可以将该土地使用权和地上建筑物设定抵押，然后通过司法程序以该土地使用权和地上建筑物折价或者变卖方式转让给我公司。请问，这样的做法在法律上行得通吗？

答：先不说这种做法有明显的造假案嫌疑，就是从实务操作上看也很难行得通。

首先，如果政府主管机关不予批准该划拨土地使用权的转让，一般也不会批准该土地使用权的抵押。因为根据法律规定，划拨土地使用权转让和抵押的法定条件基本相同。甚至划拨土地使用权的抵押与转让相比在某些方面还更为严格，比如根据《物权法》和《担保法》的规定，学校、幼儿园、医院等单位的公益设施占用的划拨土地就不能抵押。因此，不能批准划拨土地使用权的抵押，就不能办理抵押登记，而未经登记的抵押并不发生物权效力，即使通过司法程序，人民法院也会认定抵押无效，不会支持抵押权的实现。对此，最高人民法院 2003 年《关于破产企业国有划拨土地使用权应否列入破产财产等问题的批复》第 2 条也规定：“企业对其以划拨方式取得国有土地使用权为标的设定抵押，除依法办理抵押登记手续外，还应经具有审批权限的人民政府土地行政管理部门批准。否则，应认定抵押无效。”而若当事人不通过司法程序，只依据抵押合同以自行折价方式转让，土地主管部门同样会拒绝办理过户手续。

其次，即使能够取得政府主管部门的批准并办理了抵押登记手续，当事人也未必能按照约定的受让对象和转让价格完成交易。《房地产管理法》第 51 条规定：“设定房地产抵押权的土地使用权是以划拨方式取得的，依法拍卖该房地产后，应当从拍卖所得的价款中缴纳相当于应缴纳的土地使用权出让金的款额后，抵押权人方可优先受偿。”按此规定，拍卖所得要首先交纳土地使用权出让金，而出让金的高低要通过市场竞价的方式决定，这样谁能最终竞得土地就成为未知数。在全面推行经营性土地招标、拍卖、挂牌等公开出让方式之前，土地使用权的出让大多采用协议方式，即政府和潜在的受让人通过一对一的协商确定土地受让对象和价格。如今，经营性土地的协议出让方式已被禁止，包括划拨土地使用权的转让，只要转让后的土地用途不再属于公益性质，就必须补办土地出让手续并交纳土地使用权出让金，而土地出让必须采取公开竞价的方式由价高者得。在这种模式下，想通过实现抵押权方式受让土地的人，如果没有竞争实力，就不可能成为土地竞得者。即通过设定抵押变相实现转让的目的很难实现。

16. 以土地使用权设定抵押可否约定债务人到期不能清偿债务，土地使用权即归债权人所有？

问 某公司以土地使用权和房屋设定抵押，为自己的一笔债务提供担保。在抵押担保合同中约定，如到期不能清偿债务，则土地使用权和地上房屋便归债权人所有，届时双方不再对抵押物作价评估，无论抵押物升值、贬值，转让后双方债务便一笔勾销。请问，这样的约定合法吗？签订的抵押合同是否有效？

答：这样的约定被称为“流质契约”或者“绝押契约”，是法律所禁止的。《物权法》第 186 条规定：“抵押权人在债务履行期届满前，不得与抵押人约定债务人不履行到期债务时抵押财产归债权人所有。”《担保法》第 40 条规定：“订立抵押合同时，抵押权人和抵押人在合同中不得约定在债务履行期届满抵押权人未受清偿时，抵押物的所有权转移为债权人所有。”法律之所以禁止“流质契约”，主要有三个方面的考虑：

第一，公平保护债务人和债权人的利益。

从债务人角度讲，用较高价值的抵押物为较小的债权担保，由于一时的经济困难所迫而接受流质契约，一旦不能按期清偿债务，则抵押物就自动归债权人所有，抵押物价值高于债务的部分也一并归债权人所有，对债务人而言显失公平；而从债权人的角度，如果抵押物在债务清偿期届满后大幅贬值，抵押物价值已经小于所担保的债权，以该抵押物归属债权人而消灭债务，对债权人也不公平。因此，为了维护基本的公平原则，也防止一方当事人利用优势地位迫使另一方接受不平等的合同条件，禁止流质契约实有必要。

第二，流质契约与抵押担保的本质属性相悖。设定抵押，最根本的目的还是担保债务的履行而不是以物抵债，在债务履行期限届满不能清偿债务时，债权人获得的是以该抵押物处分所得价款的优先受偿权，而不是该抵押物本身。处分所得高于未清偿的债务部分，仍应归债务人所有。当然，处分所得少于未清偿债务时，债务人还应当继续清偿，不因处分了抵押物而消灭全部债务。流质契约直接以物抵债，显然有违抵押担保制度的初衷。

第三，流质契约有可能损害其他债权人的利益。

同一债务人可能会有多个债权人，设有抵押担保的债权人，与未设抵押或者抵押在后的债权人相比，其债权实现顺序具有优先性，即对处分抵押物所得价款可以优先受偿。但受偿之后还有剩余的，其他债权人仍然可以受偿。但若通过流质契约直接将抵押物归设定抵押的债权人所有，超过该债权部分，其他债权人也无法受偿，则必然会损害其他顺序在后的债权人的利益。

基于以上考虑，如果债权人和债务人在抵押合同中约定，土地使用权等抵押物在债务人到期不能清偿债务时自动归债权人所有的条款是无效的，即使抵押合同办理了抵押登记，该约定也是无效的，不能对抗第三人，债务人或者其他债权人均可援引禁止流质契约的规定抗辩，主张抵押物归属抵押权人的约定和行为无效。但在适用禁止流质契约的规定时还应注意理解最高人民法院《关于适用担保法若干问题的解释》第 57 条规定："当事人在抵押合同中约定，债务履行期届满抵押权人未受清偿时，抵押物的所有权转移为债权人所有的内容无效。该内容的无效不影响抵押合同其他部分内容的效力。债务履行期届满后抵押权人未受清偿时，抵押权人和抵押人可以协议以抵押物折价取得抵押物。但是，损害顺序在后的担保物权人和其他债权人利益的，人民法院可以适用合同法第七十四条、第七十五条的有关规定。"这一规定体现了两个原则：一是流质契约条款无效并不影响抵押担保合同其他部分内容的效力，即对处分抵押物所得价款的优先受偿权仍受法律保护。二是允许债权人和债务人在债务履行期届满后协议以抵押物折价取得抵押物。但前提条件是协议折价应当合理，并且不能损害顺序在后的抵押权人或者其他债权人的利益，否则其他债权人可以依照《合同法》第 74 条规定行使撤销权。[①]

17. 工程价款优先权是否及于建筑物所占用的建设用地使用权？

问 一建筑工程，地面建筑物和占用范围内的建设用地使用权已抵押给银行，因开发商拖欠施工企业的工程款被起诉并查封了在建工程和土地使用权。请问，如果进入执行程序，拍卖该建筑物和建设用地使用权，施工企业和银行谁应当优先受偿？

答：1999 年开始施行的《合同法》第 286 条规定："发包人未按照约定支付

① 《合同法》第 74 条规定："因债务人放弃其到期债权或者无偿转让财产，对债权人造成损害的，债权人可以请求人民法院撤销债务人的行为。债务人以明显不合理的低价转让财产，对债权人造成损害，并且受让人知道该情形的，债权人也可以请求人民法院撤销债务人的行为。撤销权的行使范围以债权人的债权为限。债权人行使撤销权的必要费用，由债务人负担。"

价款的，承包人可以催告发包人在合理期限内支付价款。发包人逾期不支付的，除按照建设工程的性质不宜折价、拍卖的以外，承包人可以与发包人协议将该工程折价，也可以申请人民法院将该工程依法拍卖。建设工程的价款就该工程折价或者拍卖的价款优先受偿。”这一规定虽然明确规定建设工程价款可以优先受偿，但是否可以优先于已经设立的抵押权并不明确，直到 2002 年最高人民法院发布《关于建设工程价款优先受偿权问题的批复》(以下简称《批复》) 才做出明确规定。该《批复》第一条规定：“人民法院在审理房地产纠纷案件和办理执行案件中，应当依照《中华人民共和国合同法》第二百八十六条的规定，认定建筑工程的承包人的优先受偿权优于抵押权和其他债权。”《批复》发布后，理论上对工程价款优先权和抵押权孰先孰后的争论虽然平息，但在实务中，对于工程价款优先权客体的范围，主要是工程价款优先受偿权是否及于建筑物所占用的建设用地使用权部分仍然存在争议。一种意见认为，建设工程价款优先受偿权的客体及于建设工程的建设用地使用权部分，主要理由有三：

一是《物权法》第 182 条规定：“以建筑物抵押的，该建筑物占用范围的建设用地使用权一并抵押。以建设用地使用权抵押的，该土地上的建筑物一并抵押。抵押人未依照前款规定一并抵押的，未抵押的财产视为一并抵押。”因此，根据该条规定，作为建设工程价款优先权的法定抵押权也一并及于建筑物和其所占用的建设用地使用权的价值，在拍卖、变卖的时候应一并进行。此外，在实际生活中，建筑物是在建设用地上所建造，基于“房地一体”的原则，二者已经不能区分彼此的价值。

二是《批复》第 1 条规定：“人民法院在审理房地产纠纷案件和办理执行案件中，应当依照《中华人民共和国合同法》第 286 条的规定，认定建设工程的承包人的优先受偿权优于抵押权和其他债权。”因此，根据该条的规定，建设工程价款优先权优先于建设用地使用权上设立的抵押权。

三是我国《物权法》关于抵押权的相关规定使用的术语为“建筑物”“正在建造的建筑物”和“建设用地使用权”，而合同法使用的是“工程”，并没有《物权法》上的这种区分，可见工程是物权法规定的“建筑物或正在建造的建筑物和建设用地使用权”的综合体。

第二种意见认为，建设工程价款优先受偿权不及于建设用地使用权价值部分，并且在判决中要予以明确，以避免引起歧义。具体理由是：一是《担保法》第 55 条规定：“城市房地产抵押合同签订后，土地上新增的房屋不属于抵押物。需要拍卖该抵押的房地产时，可以依法将该土地上新增的房屋与抵押物一同拍卖，但对拍卖新增房屋所得，抵押权人无权优先受偿。”根据该条规定的原理，在具体拍卖抵押物时是可以区分建设用地使用权价值和建筑物价值的份额的。二是《合同法》第286条规定的建设工程并不包括建设用地使用权价值，只包括基于承包人的劳动和投入的材料而形成的建筑部分价值。所以，这里的工程折价或者拍卖的价款应该理解为扣除了土地价值部分的价款。[①]

笔者同意第二种意见，主要理由如下：

第一，工程价款优先权仅及于建筑物本身已足以保证承包人基本债权的实现。

《合同法》第286条所规定的承包人工程价款的优先受偿权，其立法考量的基础是为了维护劳动者的基本生存权利和社会秩序。多年以来，在工程建设领域拖欠承包企业工程款的现象已成为久治不愈的顽疾，每年都有因农民工因讨薪引发的恶性案件。这种工程款拖欠行为，不仅严重影响了我国建筑市场的健康发展，而且危及社会稳定。因此立法上对承包人应得工程价款给予特别保护确有必要。但这种保护并非是无限度的，更不能因过度保护给其他债权人造成太大损失。这一精神在最高人民法院的《批复》中已有体现。该《批复》第三条规定：“建筑工程价款包括承包人为建设工程应当支付的工作人员报酬、材料款等实际支出的费用，不包括承包人因发包人违约所造成的损失。”这一规定仅将人员报酬、材料款等实际支出费用列入优先受偿范围有其合理性，因为这部分费用通常是由承包人垫付的，如不能得到清偿会直接危及承包人及所属劳动者的基本生存和发展。但是承包人应获得的利润和违约损失等，则已超出立法加以特别关怀的价值考量范围，该债权与其他债权人利益，在本质上并不存在差别，因此无须立法加以特别保护。而人员报酬和材料等支出，只是已经物化的建筑物价值中的部分构成，从理论上说，仅以折价或者拍卖建筑物本身的价款足以清偿人员报酬和材料款等支出费用，无需将优先受偿权客体范围扩大至建筑物占用范围的建设用地使用权。

第二，即使由于建筑物本身价值不足以支付承包人应得工程价款，也不应当以土地使用权拍卖所得清偿，因为，承包人对于土地价值的形成和升值并无贡献，其劳动力价值和材料价值凝结在建筑物而非土地之中。因此，牺牲土地权利人的利益并不公平。

第三，建设用地使用权和建筑物一并处分并不影响二者价值的区分，房地产价值评估在技术上，完全可以在二者一并处分时，区分各自的价值。因此“房地

① 奚晓明.民事审判指导与参考[M].北京：法律出版社，2011：205-206.

一体”的原则并不能成为工程价款优先权必须及于土地使用权和建筑物的理由。

综上，承包人的工程价款优先权不能及于建设用地使用权，折价或者拍卖建设工程后，对其中的土地使用权拍卖所得，承包人并无优先受偿权。即银行作为抵押权人，就建筑物占用范围的土地使用权拍卖所得享有优先受偿权。

18. 土地使用权抵押权与地上新增房屋买受人的权利冲突如何解决？

问 在房地产开发市场，开发商在领取国有土地使用权证后，大都会以土地使用权作为抵押向银行贷款。此时，抵押土地还是尚未开发的“净地”，地上房屋尚未开建（或正在建设中）。当符合商品房预售条件后，开发商就会将地上新建的房屋对外销售。请问，如果开发商不能按期清偿银行贷款，那么银行可以将土地使用权和地上房屋一同拍卖吗？抵押权可以对抗地上新增房屋买受人吗？

答：《物权法》第 200 条规定：“建设用地使用权抵押后，该土地上新增的建筑物不属于抵押财产。该建设用地使用权实现抵押权时，应当将该土地上新增的建筑物与建设用地使用权一并处分，但新增建筑物所得的价款，抵押权人无权优先受偿。”《担保法》第 55 条第 1 款规定与《物权法》的规定基本相同。根据这一规定，债权人在实现抵押权时，虽然对地上新增房屋的拍卖所得无权优先受偿，但却可以将土地使用权和地上新增房屋一同拍卖。如果地上房屋尚未出售，一并拍卖不会有什么问题，但是，当地上房屋已经出售时，一并拍卖则必然影响买受人的利益，产生抵押权与房屋买受人之间的利益冲突。在这种情况下，谁的利益应当优先保护？最高人民法院《关于建设工程价款优先受偿问题的批复》第二条规定：“消费者交付购买商品房的全部或者大部分款项后，承包人就该商品房享有的工程价款优先受偿权不得对抗买受人。”在承包人的法定优先权可以对抗抵押权但却不能对抗买受人的情况下，按照一般的逻辑关系，抵押权当然也不能对抗买受人，即应当优先保护买受人的利益。所以，一旦土地使用权设定抵押后，地上新增房屋又被他人买受，且买受人已经支付了全部或者大部分房款，则抵押权不能对抗买受人，即以该新增房屋占用范围的土地使用权设定的抵押权无法实现。

有人认为，虽然法律规定对地上新增房屋的拍卖所得抵押权人无权优先受偿，但允许一同拍卖，而一同拍卖并不会损害买受人的利益，抵押权人可仅就土地使用权拍卖所得行使优先受偿权，而新增房屋拍卖所得仍归买受人。何况买受人事后还可以向抵押人——开发商追偿。这样的理由不能成立，实务操作也不可能。一是买受人支付的购房款已包含了土地成本，且土地成本所占房价比例最高，仅就房屋本身的拍卖所得清偿买受人有失公平；二是强制拍卖地上房屋意味着强制解除开发商与买受人签订的购房合同，或者不承认其效力，其结果必然会使买受人失去所购买的房屋，但这并无法律依据，未经法定程序，购房合同不能解除或者被认定无效；三是通过拍卖进行的房屋转让也是一种交易行为，新的买受人的权利并不能优先于原买受人。因此，在不能通过法定程序认定原买受人所签订的购房合同无效，或者解除的情况下，抵押权事实上是无法实现的，因为没有人会去竞买一宗地上房屋属于他人的土地。

不过，还有另外一种情况，如果开发商在将土地使用权设定抵押时也将尚未建成的房屋——“期房”一同抵押，则抵押权就可以对抗买受人。按照《物权法》第 180 条第（三）项规定，正在建造的建筑物也可以设定抵押。在“期房”连同土地使用权已经一并抵押的情况下，如果开发商转让“期房”就必须取得抵押权人的同意，如未经抵押权人同意，则转让合同即可认定为无效。此时，抵押权自然可以对抗无效合同买受人。当然，如果不解除抵押，一般也不会有人购买已经设定了抵押权的房屋。为不影响销售，通常的做法是以购房款清偿银行相应的债务以换取银行同意转让或者解除抵押；如以按揭方式购买房屋，也可由购房人在抵押权人——银行办理按揭贷款业务，并以所购房屋设定抵押，即在银行和新的买受人之间建立新的抵押担保关系，则银行的抵押权就可得以实现。

19. 同一宗土地使用权可否重复抵押？抵押权冲突如何解决？

问 我公司以自有土地使用权设定抵押向银行贷款，但银行只按土地评估价值的 60% 发放贷款，因不能解决资金缺口，我公司欲以该土地使用权再次抵押贷款，但土地管理部门拒绝办理抵押登记，理由是构成重复抵押。请问，法律是否禁止重复抵押？如发生两个以上的抵押权冲突如何解决？

答：对于同一财产能否重复抵押的问题，我国《担保法》和《物权法》有着不同的规定。《担保法》第 35 条规定：“抵押人所担保的债权不得超出其抵押物的价值。财产抵押后，该财产的价值大于所担保债权的余额部分，可以再次抵押，但不得超出其余额部分。”从这一规定可以看出，《担保法》虽对重复抵押无禁止性规定的直接表述，但按照这一条的规定，重复抵押是不可能发生的，且抵押人只能在抵押物的价值大于已设定抵押所担保的债权额时，才能就大于已抵押担保债权的余额部分再次设定抵押。比如抵押人以价值 100 万元的房地产向银行抵押贷款 80 万元，其抵押物价值与贷款额的 20 万元差额部分，还可再次设定抵押，即抵押担保的债权总额不能超过 100 万元。可能同一抵押物上有两个抵押担保债权，但由于不同的担保债权所追及的抵押物价值范围并不重叠，因此这种在同一抵押物不同价值范围内分别设定的抵押关系，并非法律意义上的重复抵押。因此，按照《担保法》的规定，真正意义上的重复抵押，即在同一抵押物的同一价值范围内是不允许重复设定抵押的。

在制定《物权法》时，许多学者认为，《担保法》的规定存在局限性，主要有：(1) 限制了抵押财产的充分利用，没有充分发挥抵押财产的融资作用和担保效益，不利于市场经济条件下债务人对融资的需求；(2) 要求被担保债权不超出抵押财产的价值，限制了当事人设定抵押的意愿。债权人是否接受抵押担保，并不完全取决于抵押财产的价值是否大于或者与被担保债权数额相当，债权人还要综合考虑债务人的偿还能力、信用状况以及是否存在其他担保形式等诸多因素。在此条件下，即使抵押财产的价值小于被担保债权的数额，债权人仍然愿意接受该抵押担保，则担保法的规定限制了债权人的这种意愿。(3) 实践中，登记部门往往以担保法规定的"抵押人所担保的债权不得超出其抵押物的价值"为由，在办理抵押登记时，强制要求对抵押财产进行评估，有的甚至要求一年评估一次，借评估高收费。强制评估致使很多当事人不去办理抵押登记。[①]

基于以上考虑，最终通过的《物权法》没有保留《担保法》关于只能在抵押物价值范围内设定抵押的限制性规定。该法第 199 条规定："同一财产向两个以上债权人抵押的，拍卖、变卖抵押财产所得的价款依照下列规定清偿：(一) 抵押权已登记的，按照登记的先后顺序清偿；顺序相同的，按照债权比例清偿；(二) 抵押权已登记的先于未登记的受偿；(三) 抵押权未登记的，按照债权比例清偿。"从这一规定可以看出，《物权法》已经不再对重复抵押行为加以限制，而只是就重复抵押时可能发生的权利冲突规定了相应的清偿顺序。

但是《物权法》颁布后，这一规定执行得并不好，一是许多当事人仍然拒绝接受已经设定了抵押的土地使用权的再次抵押；二是许多土地管理部门仍然以风险为由拒绝为二次以上的抵押办理登记。因此在实践中依当事人的约定在同一物上设立两个或者两个以上抵押权的情形并不多见。但由于某种事实行为而"自

① 胡康生．中华人民共和国物权法释义 [M]. 北京：法律出版社，2007：434-435.

动”发生的重复抵押仍很常见。因为在我国许多地方，土地和房产分属于不同的行政机关管理，因此，土地和房产的抵押是在不同的行政管理机关分别办理的，如果债务人以自己拥有的土地使用权和房屋所有权，为不同的债权人分别设定抵押担保，并且分别在不同的抵押登记机关办理了抵押登记，则根据法律关于“以土地使用权抵押的，地上建筑物一并抵押；以建筑物抵押的，该建筑物占用范围的土地使用权一并抵押”的规定，重复抵押“自动”发生。还有另外一种情形也有可能“自动”发生重复抵押。根据法律法规，以土地使用权设定抵押的，该土地上新增的房屋不属于抵押财产，但对新增房屋法律并不禁止设定抵押，如果土地使用权人或者新增房屋买受人以该新增房屋设定抵押，则根据法律“以房屋抵押的其占用范围内的土地使用权一并抵押”的规定，其占用范围内的土地使用权“自动”发生了重复抵押。

其实，在日常的经济生活中，真正通过实现抵押权而清偿债务的比例极低，绝大多数债权都是通过债务人自动履行债务实现的，因此，即使发生重复抵押，不同的抵押权人之间一般也不会产生实际冲突，而一旦真的发生冲突，依照《担保法》和《物权法》的规定也不难解决。基本的处理原则就是“登记在先”和“登记对抗”主义，即抵押登记在先的先受偿，登记的优先于未登记的，同时抵押登记或者均未办理抵押登记的，则按债权比例清偿。

20. 土地使用权设定抵押后被国家依法征收，补偿款项如何分配？

问 某单位以国有土地使用权和地上房屋设定抵押担保，在债务履行期限届满之前，该宗土地和地上房屋被政府依法征收。请问，因国家征收行为而使债务人丧失土地使用权和房屋所有权，抵押权是否消灭？债务人获得的征收补偿款抵押权人可以分配吗？

答：因国家征收行为而使债务人丧失土地使用权和房屋所有权并不能自动消灭抵押权。抵押权属于担保物权，具有绝对性和对世性，在债务未清偿之前，无论抵押物位于何处，流于何人之手，抵押权均可对抗第三人及新的所有人，包括国家。根据《物权法》第177条规定，抵押权等担保物权消灭的法定情形有四种：“（一）主债权消灭；（二）担保物权实现；（三）债权人放弃担保物权；（四）法律规定担保物权消灭的其他情形。”国家征收行为并不属于抵押权消灭的法定情形。同时根据《物权法》第174条规定：“担保期间，担保财产毁损、灭失或者被征收等，担保物权人可以就获得的保险金、赔偿金或者补偿金等优先受偿。被担保债权的履行期未届满的，也可以提存该保险金、赔偿金或者补偿金等。”即当国家依法征收了债务人用以抵押担保的土地和房屋后，抵押权即可自动及于国家支付的征收补偿款项，即对该补偿款项，抵押权人享有优先受偿权，在抵押权人受偿之后仍有剩余的，抵押人才可分配。如果在国家征收时，债务履行期限尚未届满的，则可将该补偿金提存，待债务履行期限届满后，如债务人仍不能履行清偿义务，则抵押权人可就该提存款项优先受偿。如果政府在征收时将已设定抵押的土地使用权和房屋的征收补偿款直接支付给债务人而使抵押权人无法分配补偿款，则根据抵押权的绝对性和对世性，抵押权人则可向政府追偿。

21. 已设定抵押的土地使用权被人民法院查封并强制执行，抵押权的效力能否对抗申请执行人？

问 2013 年，某公司因不履行债务被我公司起诉，在起诉同时，我公司申请人民法院查封了债务人的房屋及占用范围的土地使用权。但在查封时发现，该房屋和土地使用权已被债务人抵押给银行，因银行被担保的债权履行期尚未届满，银行尚未提起诉讼。请问，我公司已先行查封了土地和房屋，并且法院已经作出判决，是否可先于银行执行？银行的抵押权是否能对抗人民法院的执行？

答：土地使用权或房屋所有权设定了抵押并不影响人民法院采取查封等诉讼保全措施，也不能对抗人民法院的执行。即根据法定程序和债权人的申请（无论债权人是否是该财产的抵押权人）人民法院有权对已经设定抵押的财产采取查封或者执行措施。对此最高人民法院《关于人民法院执行设定抵押的房屋的规定》第一条规定：“对于被执行人所有的已经依法设定抵押的房屋，人民法院可以查封，并可以根据抵押权人的申请，依法拍卖、变卖或者抵债。”但是对于拍卖所得，并不是谁先申请查封或者谁先申请执行谁先受偿，抵押权人对于该拍卖所得仍然享有优先受偿权。最高人民法院《关于适用担保法若干问题的解释》第 55 条规定：“已经设定抵押的财产被采取查封、扣押等财产保全或者执行措施的，不影响抵押权的效力。”最高人民法院《关于人民法院执行工作若干问题的规定（试行）》第 88 条第 2 款规定：“多个债权人的债权种类不同的，基于所有权和担保物权而享有的债权，优先于金钱债权受偿。有多个担保物权的，按照各担保物权成立的先后顺序清偿。”第 93 条规定：“对人民法院查封、扣押或冻结的财产有优先权、担保物权的债权人，可以申请参加参与分配程序，主张优先受偿权。”以上规定仍然是抵押权绝对性和对世性的体现，即不管采取何种方式转让抵押物，也不管抵押物流于何人之手，抵押权追及效力都不受影响。虽然人民法院可以通过司法权力强制查封和执行抵押财产，但该司法行为并不能消灭抵押权，对于执行所得，抵押权仍可对抗其他未设定抵押的普通债权而优先受偿。即使其他债权先到期并先申请执行，也不能先于未到期债权的抵押权人受偿，在执行款分配时，应将未到期的抵押权人应受偿份额办理提存，只有在扣除抵押权人应受偿份额后尚有剩余的，对剩余部分，其他债权人可以受偿。

第十章

其他土地纠纷

1. 备案登记与预售登记有何区别？要防止一地二卖，是办理备案登记还是预告登记？

问 一方以土地使用权作为出资，另一方以货币出资合作开发房地产，按照合同约定，出地一方应将土地使用权过户至具有开发资质的一方名下，但因尚不具备过户条件，无法完成过户手续。以货币出资的一方担心，在过户以前出地一方再以应出资土地与他方另行合作。请问，是否可以通过备案登记对出地一方进行限制，防止出地一方以土地与其他单位另行合作或者“一地二卖”？

答：“登记备案”是适用于商品房预售的专门性规定。《城市房地产管理法》第45条第2款规定：“商品房预售人应当按照国家有关规定将预售合同报县级以上人民政府房产管理部门和土地管理部门登记备案”，建设部发布的《城市商品房预售管理办法》又将这一制度具体化，该《办法》第10条规定：“商品房预售，开发企业应当与承购人签订商品房预售合同。开发企业应当自签约之日起30日内，向房地产管理部门和市、县人民政府土地管理部门办理商品房预售合同登记备案手续。房地产管理部门应当积极应用网络信息技术，逐步推行商品房预售合同网上登记备案。”此后，许多地方政府相继出台了商品房预售网上签约和登记备案办法，规定商品房预售必须实行网上签约和登记备案，网上登记备案未经撤销，则开发商不能就同一房屋进行二次网上签约和登记备案，而要想撤销网上登记备案，则必须买卖双方协商一致共同到登记机关办理手续，或者通过司法程序解除预售合同、网上登记备案才能撤销。[①] 这样的规定虽然本意上也是出于维护

---

① 如《青岛市商品房销售合同网上备案和登记办法》第14条规定：“在申请房地产权证前，当事人双方经协商一致，需要变更商品房销售合同条款或解除商品房销售合同的，应当由当事人双方持身份证明、房地产登记申请受理书、取得备案证明的书面合同、变更或解除合同的书面协议和其他规定的登记材料，向备案和登记机构办理变更或注销合同备案申请的手续。发生前款情形的，备案和登记机构应当通过网上操作系统，及时在商品房的楼盘表内注明该单元（套）商品房销售合同的变更情况或商品房销售合同已解除。”

房地产交易市场秩序，保护买受人的利益，以行政手段防止开发商一房二卖，但这样的规定仍然只是一种行政管理手段，法律并没有赋予登记备案的合同买受人以优先权或者对抗其他第三人的效力。况且，登记备案制适用对象也是特定的，即除了商品房预售合同外，其他诸如土地使用权转让、合作开发房地产合同等，并无登记备案要求，登记机构也无此项业务。当然，也不可能通过登记备案防止合同当事人将同一土地另行转让或与他人再行合作。

但是，2007 年颁布的《物权法》“预告登记”制度则赋予房屋等不动产转让协议的权利人通过办理预告登记取得对抗第三人的物权效力，从而避免同一不动产一物二卖。《物权法》第 20 条规定：“当事人签订买卖房屋或者其他不动产物权的协议，为保障将来实现物权，按照约定可以向登记机构申请预告登记。预告登记后，未经预告登记的权利人同意，处分该不动产的，不发生物权效力。预告登记后，债权消灭或者自能够进行不动产登记之日起三个月内未申请登记的，预告登记失效。”这便是预告登记制度，也是《物权法》中的一项创新制度。[①] 所谓预告登记，即通过对房屋等不动产交易合同的登记，实现对债权请求权的一种“保全”作用。也就是说，虽然预告登记并非不动产物权登记，但通过预告登记的“保全”作用，使得被登记的债权请求权具有了物权的效力。即进行了预告登记的请求权，对后来发生的与该项请求权内容相同的不动产处分行为，具有对抗效力。如果在预告登记之后，未经预告登记的权利人同意而处分该不动产的，则不发生物权效力。

预告登记制度对于保证不动产交易安全，促进合同的履行确实行之有效，但在实务操作中应注意以下三个问题：

（1）预告登记应当按照协议约定办理，如果没有约定，则一方当事人不能单方强迫另一方办理。《物权法》第 20 条并不是办理预告登记的强制性条款，即并非所有买卖房屋或者其他不动产物权的协议都必须办理预告登记。就是否办理预告登记，该条规定属于任意性规范，即是否办理预告登记，尊重当事人意思自治。因此，如果当事人拟在签订合同后办理预告登记，首先必须在合同中约定办理预告登记的内容，而且对于何时办理？由谁负责办理？对方的配合义务、费用的承担等，也必须约定明确。否则因预告登记的约束，处分权受到影响的一方，很容易找出借口不予办理预告登记。

① 所谓“创新制度”，仅指中国立法而言，事实上，这项制度最早是由德国民法学者在中世纪时期所创立。

（2）预告登记是有期限的。《物权法》第 20 条第二款规定了预告登记失效的两种情形：“债权消灭或者自能够进行不动产登记之日起三个月内未申请登记的，预告登记失效。”

债权请求权存在是预告登记的前提，债权一旦消灭，预告登记也就失去了存在的基础。债权可因履行、合同撤销等多种原因消灭。无论何种原因，只要债权消灭预告登记也就自动失效。

由于预告登记具有限制开发商等债务人处分权的功能，因此，如果预告登记权利人能够进行不动产登记而却不申请登记，则有可能使相对人的处分权长期处于受限制状态，不利于发挥财产的经济效益。因此法律对于预告登记的期限作出必要的限制性规定。只是对何为“能够”，要根据具体情况加以确定。比如土地使用权的转让登记，转让方已取得土地使用权证，并且开发量达到投资总额的 25% 以上，就应该认为已经能够办理转移登记。而对于商品房买卖（包括预售）引起的“转移登记”，在完成初始登记后就应该能够进行。

（3）预告登记的适用范围并非仅是商品房预售。预告登记制度对于商品房预售合同的安全履行效果明显，但在适用时不必仅局限于商品房预售，在其他涉及土地等不动产交易时，均可通过预告登记赋予债权请求权以对抗效力，保证交易安全。像本问答提到的合作开发房地产合同，在土地使用权过户之前，可通过办理预告登记，防止出地一方以土地使用权与第三方再行合作，或者将土地使用权转让给他人。

2. 对于已经设定抵押的土地使用权可否办理查封登记？

问 因某债务人拖欠贷款，债权人向人民法院提起诉讼并要求查封债务人拥有的土地使用权。但在人民法院办理查封登记时，土地登记部门告知，该土地使用权已经设定抵押，因为根据法律规定，未经抵押权人同意，抵押人不得转让抵押财产，因查封的目的是为了保证判决执行，届时必然会发生土地使用权的转让，以此为由，土地登记部门拒绝办理查封登记。请问，土地登记部门的做法对吗？

答：土地部门的做法没有法律依据。

《物权法》《担保法》等有关法律确有规定，抵押期间，抵押人未经抵押权人同意，不得转让抵押财产。但这一规定并不能成为登记主管部门拒绝为设定抵押的财产办理查封登记的依据，土地使用权等财产设定了抵押，并不影响人民法院采取查封措施。最高人民法院《关于人民法院执行工作若干问题的规定（试行）》第 40 条规定："人民法院对被执行人所有的其他人享有抵押权、质押权或留置权的财产，可以采取查封、扣押措施。财产拍卖、变卖后所得价款，应当在抵押权人、质押权人或留置权人优先受偿后，其余额部分用于清偿申请执行人的债权。"以土地使用权等财产设定抵押的目的是为了担保债权的实现，在债务人不能清偿到期债务时，抵押权人可以通过对抵押财产的拍卖、变卖或者折价所得优先受偿。对抵押财产采取查封措施并不会妨碍抵押权人行使优先受偿权。查封的目的在于限制财产所有权人转移财产、逃避债务。因为抵押权可因债务的清偿等原因随时消灭，一旦抵押权消灭，抵押物的转让就不受任何限制。因此，对设定抵押的财产采取查封措施，无论抵押权是否消灭，抵押物所有权人（使用权人）均不得随意转让被查封的财产，当抵押权人因债务人不履行到期债务而行使抵押权，即对抵押物拍卖、变卖或者折价所得优先受偿后，如果仍有剩余的，人民法院的查封可以自动给予该剩余所得，并可以将剩余所得清偿申请查封的债权人。

3. 处理权属登记争议应当先行政还是先民事？

问 甲公司将其拥有的一宗国有建设用地使用权转让给乙公司，并办理了过户登记手续。但此后不久，甲公司的股东 A 便以土地登记机关为被告，以乙公司为第三人向人民法院提起行政诉讼，要求撤销为乙公司颁发的建设用地使用权证书，理由是该宗土地并不符合法定转让条件，甲、乙公司办理过户登记时所提交的材料存在虚假和伪造，土地登记机关审查不严、滥用权力。之后，A 又以甲公司和股东 B 以及乙公司为被告提起民事诉讼，以 B 股东滥用股东支配地位侵犯其他股东利益，采用虚假材料骗取过户登记为由，要求确认甲、乙公司所签的土地使用权转让合同无效并返还已交付的土地。请问，对于该争议，是先审理行政案件还是民事案件，或者行政民事案件各自审理？

答：司法实践中，当事人提起行政诉讼要求撤销行政机关颁发的权属证书，同时又提起民事诉讼要求确认据以取得权属证书的民事行为无效，即行政和民事诉讼相交叉的案件很常见。虽然行政诉讼和民事诉讼程序不同，诉讼请求不同，但案件审理结果却会相互影响，并且法律后果存在明显的相通性。比如，如果行政诉讼撤销了颁发的土地使用权证书，则大多意味着取得土地使用权的基础民事行为无效或者无法履行；反之，通过民事诉讼确认取得权属证书的合同等基础民事行为无效，也意味着所取得的权属证书应予撤销。对于此类行政和民事诉讼相互交叉的案件是先审理行政案件还是先审理民事案件，然后以先审理的案件所认定事实和判决作为另一案件判决的依据，理论上一直存在争论，最高人民法院2010年11月5日发布的《关于审理房屋登记案件若干问题的规定》（法释〔2010〕15号）第八条规定："当事人以作为房屋登记行为基础的买卖、共有、赠与、抵押、婚姻、继承等民事法律关系无效或者应当撤销为由，对房屋登记行为提起行政诉讼的，人民法院应当告知当事人先行解决民事争议，民事争议处理期间不计算在行政诉讼起诉期限内；已经受理的，裁定中止诉讼。"新修订的《行政诉讼法》第61条规定："在涉及行政许可、登记、征收、征用和行政机关对民事争议所作的裁决的行政诉讼中，当事人申请一并解决相关民事争议的，人民法院可以一并审理。在行政诉讼中，人民法院认为行政案件的审理需以民事诉讼的裁判为依据的，可以裁定中止行政诉讼。"即对于行民交叉的案件，司法审判采取的是先民后行的原则。因为许多行政登记行为所依据的基础材料最主要的是民事合同，虽然民事合同的效力与确权发证的行政登记行为之间有因果关系，但确认民事合同的效力，显然不属于行政诉讼的审理范围，人民法院不能通过行政诉讼变相审理民事纠纷。而以生效民事判决作为行政诉讼的判决依据则是顺理成章的，只要该民事行为确为行政机关登记发证的主要依据，该民事行为无效，所颁发的证照自然应当撤销；反之，该民事行为有效，行政确权发证行为就应当维持。

但是，先民后行的原则并不能绝对化，在有些情况下，虽然存在行政诉讼与民事诉讼的交叉，但行政诉讼并不需要等民事诉讼有了结果才能作出判决，比如行政登记机关的登记发证行为明显违反法定程序，无论其办证的基础民事行为是否有效，人民法院通过行政诉讼均可直接予以撤销，而不必等到民事诉讼确认合同效力之后再作出判决。即使今后民事诉讼判决结果认定民事合同有效，因程序违法而被撤销的行政发证行为也不会影响民事合同的履行，因为行政行为因违反法定程序被撤销之后，只要基础民事合同有效，行政登记机关仍可按照正确的程序重新办理确权登记。

还有一种情况，如果当事人就存在行、民交叉的案件只提起行政诉讼而拒绝提起民事诉讼应当如何处理？青岛市中级人民法院《关于对行、民交叉案件适用程序的意见》规定："行、民交叉案件当事人已提起行政诉讼而未提起民事诉讼的，行政审判法官应当告知当事人另行提起民事诉讼；对于当事人坚持要求人民法院适用行政诉讼程序的，应对案件所涉及的具体行政行为的合法性进行审查，依法裁判驳回或支持当事人的诉讼请求。”是否提起民事诉讼属于当事人的诉权，人民法院不能强迫当事人行使，如果当事人拒绝行使民事诉权的，即使该民事诉讼与已经受理的行政诉讼存在因果关系，人民法院也不能以此为由拒绝作出行政判决，而应当根据案件具体情况分别作出处理：如果作出的民事登记行为所依据的民事合同效力未经民事诉讼程序加以认定，而行政登记发证行为又不存在其他违法行为，则应驳回原告的起诉；反之，如果行政登记发证行为存在其他违法行为，当事人是否提起民事诉讼均不影响人民法院依法撤销行政机关颁发的权属证书。

就本问答所述，股东A既提起行政诉讼也提起民事诉讼，前者要求撤证，后者则要求确认转让行为无效并返还土地使用权。显然二者的诉讼理由相似：办证材料存在虚假和伪造。即B股东与甲、乙公司在办理过户登记时存在民事欺诈。显然，是否存在欺诈，该欺诈行为是否导致转让行为无效，应当属于民事案件审理范围。故该争议应当按照“先民后行”的原则，先行审理民事案件，待民事案件审结之后再恢复行政案件的审理。

4. 对于登记机关协助人民法院执行行为是否可以提起行政诉讼？

问 某公司因债务纠纷被人民法院查封了其以出让方式取得的一宗国有建设用地使用权，终审判决该公司败诉后，人民法院作出执行裁定书和协助执行通知书，要求当地土地管理部门将该宗土地过户至债权人名下。当地土地管理部门依据人民法院的裁定和执行通知办理了过户登记后，某公司向人民法院提起行政诉讼，认为人民法院的生效判决存在错误，其已向人民法院提出申诉，并且该宗土地根本不符合法定转让条件，土地部门办理过户登记是违法的，要求人民法院撤销为债权人颁发的土地使用权证书。请问，行政登记机关依照人民法院的生效法律文书及协助执行通知书办理土地登记的行为可诉吗？

答：此类诉讼，人民法院不应受理，已经受理的，则应当驳回原告的起诉。

2004年7月13日，最高人民法院颁布《关于行政机关根据法院的协助执行通知书实施的行政行为是否属于人民法院行政诉讼受案范围的批复》规定：“行政机关根据人民法院的协助执行通知书实施的行为，是行政机关必须履行的法定协助义务，不属于人民法院行政诉讼受案范围。但如果当事人认为行政机关在协助执行时扩大了范围或采取措施造成其损害，提起诉讼的，人民法院应当受理。”这一批复的法理基础是，协助人民法院执行生效法律文书是任何个人、单位（包括行政机关）的法定义务，是尊重司法权威的体现。《民事诉讼法》第 251 条也规定：“在执行中，需要办理有关财产权证照转移手续的，人民法院可以向有关单位发出协助执行通知书，有关单位必须办理。”如果允许对于行政机关按照人民法院的协助执行通知书作出的行政行为提起行政诉讼，则审理的对象其实并非行政行为本身，而是行政行为所依据的司法行为——协助执行通知及相关生效法律文书的合法性。这意味着通过行政诉讼审查的不是行政行为而是司法行为，这是没有法律依据的。即使行政机关协助执行所依据的法律文书存在错误，也不能通过行政诉讼程序加以纠正，当事人可以通过申诉、审判监督等法定程序实现救济。如果经过法定程序撤销了人民法院的生效法律文书，当事人可凭人民法院新的判决或者裁定要求行政机关变更登记行为。

理论和实务中经常存在争论的一个问题是，对于土地使用权是否符合法定转让（过户）条件，应当属于土地主管部门的审查范围，如果人民法院要求协助办理过户登记的土地使用权不符合法定转让条件，而行政机关却以人民法院的协助执行通知为依据办理了过户登记手续，是否应当承担把关不严的行政责任，作为该行政行为的相对人，是否可以行政机关行政行为违法要求撤销？这一问题的实质是：①行政机关如果认为人民法院的协助执行通知存在错误，即要求协助执行的事项不符合法律规定，可否拒绝协助执行？②如果对不符合法定转让条件的土地使用权，协助办理了过户登记，行政机关的行政行为是否违法并可通过行政诉讼程序撤销？对第一个问题，2004 年，最高人民法院、国土资源部、建设部联合发布的《关于依法规范人民法院执行和国土资源房地产管理部门协助若干问题的通知》第 3 条第 2 款规定：“国土资源、房地产管理部门在协助人民法院执行土地使用权、房屋时，不对生效法律文书和协助执行通知书进行实体审查。”据此规定，有人认为，对于人民法院以土地使用权为标的的协助执行事项，无论对错，无论是否符合法定转让条件，行政机关都应当无条件协助执行。但笔者不这样认为，土地使用权是否符合法定转让条件属于行政机关的专属审查职权，行政机关不能让渡，司法机关也不能代为行使。《通知》中所称“实体审查”应当理解为对于人民法院事实认定、法律适用等，行政机关无权审查，而土地使用权是否符合法定的转让条件，并非人民法院实体确认内容，该转让条件成就与否的判断应当属于行政机关的法定职权。比如划拨土地使用权的转让问题就非常典型，1997 年 8 月 8 日，原国家土地局《关于人民法院裁定转移土地使用权问题对最高人民法院法经〔1997〕18 号函的复函》(国土函字〔1997〕第 96 号）规定："对通过划拨方式取得的土地使用权，由于不属于当事人的自有资产，不能当作当事人的财产进行裁定。"对这一《复函》，理论界和实务界都有不同意见，因此，对以土地使用权为标的的协助执行事项，各地做法存在很大差异。这便引出第二个问题：如果行政机关依照人民法院的协助执行通知，为不符合法定转让条件的土地使用权办理了过户登记，是否构成失职并可通过行政程序撤销？笔者的意见是否定的。因为，一旦行政机关依照人民法院的协助执行通知办理了协助执行事项，行政行为就成为司法行为的结果，这一结果无论对错，都不能通过对行政行为本身的审查加以纠正。假设通过行政诉讼撤销了行政登记行为，那么，行政行为所依据的人民法院的生效法律文书，是否还发生效力？未经审判监督等司法程序，可以否定人民法院生效法律文书的效力吗？显然，不通过法定程序先撤销人民法院协助执行通知书等司法文书而径行撤销依据该协助执行通知所作出的行政行为，不仅不能从根本上纠正错误，而且还会造成司法程序的混乱和冲突。

5. 不动产异议登记后应提起民事诉讼还是行政诉讼？

问 按照《物权法》第 19 条的规定，如果利害关系人要求更正不动产登记簿记载的事项而登记簿上的权利人又不同意更正的，利害关系人可以申请异议登记，但利害关系人不在登记机构办理异议登记之日起十五日之内起诉的，则异议登记失效。请问，利害关系人若提起诉讼，是应当以登记机构错误登记为由提起行政诉讼，还是以登记簿上的权利人为被告提起民事诉讼？

答：根据《物权法》第 19 条的规定提出异议登记之后，应当在法定期限内提起民事诉讼还是行政诉讼，在理论和实务中存在不同意见。一种观点认为，因为登记行为是由行政机关作出的，异议登记的前提是利害关系人认为登记事项存在错误，而提起诉讼的目的就是要纠正错误的登记行为，当然应当以行政机关为被告提起行政诉讼。第二种意见认为，利害关系人要求办理更正登记，其实质是为解决不动产权利归属，即争议性质属于平等民事主体之间的权属纠纷，因此利害关系人应当以登记簿上的权利人为被告提起民事诉讼。第三种意见则认为，是提起行政诉讼还是民事诉讼不能一概而论，应当视引发更正登记的事由性质而定，如果更正登记是因物权变动的基础法律关系存在争议而提起，则应提起民事诉讼；如果以登记机构违反法定程序，未尽审查义务致错误登记而要求更正的，则应提起行政诉讼。笔者同意第三种意见。实践中，当事人要求对不动产登记簿内容进行更正，大多是对不动产物权的归属存在异议，而不动产归属争议的根源则在于当事人对物权变动的原因——民事合同的效力及履行存在争议，基于此类争议而引发的更正登记，如果不通过民事诉讼程序是难以解决的。因此，若登记簿上的权利人不同意更正登记的，则提出更正登记申请的利害关系人，在异议登记之后应向人民法院提起民事诉讼，通过民事确权之诉解决了物的归属之后，当事人可凭人民法院的生效法律文书要求登记主管部门办理更正登记。但是，许多登记错误不是因为引起物权变动的基础法律关系存在争议，而是因为登记机构自身的错误造成的，即当事人对登记行为本身的合法性有异议，比如当事人认为登记机构未尽审查义务，违反法定程序而使登记簿记载的权利人与真实权利人不一致；对于不符合物权变动法定条件的，办理物权变动登记等，则当事人应当提起行政诉讼，由人民法院对登记机构的行政行为的合法性进行审查，如登记行为被裁决撤销的，当事人可凭人民法院生效裁决办理更正登记。

还有一种情况，如果当事人既对引起物权变动的基础法律关系有异议，也对登记机构登记行为本身的合法性有异议，则可分别提起民事诉讼或者行政诉讼。当然，若民事诉讼与行政诉讼的审理结果之间存在因果关系，其中一个诉讼依赖于另一个诉讼的结果而定，则可先中止一案的审理，待另一案审理终结后再作出判决。在大多数情况下，人民法院会按照“先民后行”的原则，先行审理民事诉讼后再审理行政诉讼。

6. 房屋多次转让后，土地使用权过户登记如何办理？

问 李某从王某手中购买了一处房产，并办理了房屋所有权证。后来，当地实行土地使用证和房屋所有权证两证合一，李某在办理登记手续时发现房屋占用范围的土地使用权都在张某名下，经了解，房屋最初的所有权人是张某，在李某购买前已转让多手，但土地使用权一直未办理过户登记。登记机构告知李某，要办理权属登记，必须找到张某与其签订土地使用权转让协议并补交中间转让环节的有关税费，否则不能转让。而张某早已调出本地，无法联系。请问，如果找不到张某，真的不能办理土地使用权的过户登记吗？

答：在我国城市，由于长期以来土地和房产分属两个相互独立的行政机关管理，在办理房产过户登记时，房产管理部门有时并不要求当事人提供土地权属的证明，有些地方则只办理房产证，不办理土地证。所以在不动产交易中，城市居民普遍重视房产证的办理而忽视土地证。故经常会发生房屋已交易多手，而土地使用权却没有过户的情形。如果发生此种情形，最终的房屋受让人要求一并办理土地权属的过户登记，登记机构应当如何办理？目前无论是法律、法规还是行政规章均无具体规定，实践中的做法也并不统一。有的地方要求，申请办理土地和房屋的权属过户登记，土地使用权人和房屋所有权人必须到场并签署相关文件，提交身份证明，交回土地使用权证书和房屋所有权证书，否则不能办理。还有的地方要求当事人向人民法院提起确权之诉，然后凭人民法院的生效法律文书办理过户登记。还有的则要求当事人补交中间交易环节涉及土地使用权转让的相关税费后才能办理。笔者认为以上做法均不妥当，缺乏法律依据。现在，城市人口流动、工作调动、搬迁都比以前频繁，让一个普通公民在一个城市寻找一个素不相识的人并非易事，将这一义务强加给买房人并不公平。如果真要是找不到土地的原使用权人，难道就永远不能过户而使土地和房屋权属处于分离状态？而且，既然先前的房屋所有权转让，登记部门未要求同时办理土地使用权的过户登记，说明登记机构本身的工作也有待完善与改进，如果登记机构在每一次办理房屋过户登记时，都按照房屋土地权属一致的原则要求当事人出具土地和房屋产权证明并同时办理过户登记，就不会出现房屋多次转让而土地还未过户的情形，让房屋最终的买受人去寻找最初的土地使用权人，这种做法欠妥。让最终的买受人向人民法院起诉也行不通，因为买受人和登记簿上的土地权利人之间既无合同关系，也不存在权属争议，即原土地使用权人并不能成为诉讼的对象，这样的诉讼法院一般也不会受理。而要求当事人补交中间交易环节涉及的税费则更无道理，因为当事人只能为自己的交易行为纳税，而没有义务为他人的交易行为补税。按照我国《物权法》《城市房地产管理法》等“房地一致”的原则，房屋转让的，房屋占用范围的土地使用权同时转让。根据这一原则，无论房屋权属转让了多少手，最终的受让人都应当同时取得受让房屋占用范围的土地使用权。如果发生因为房屋所有权和土地使用权过户登记的不同步而导致的土地使用权人和房屋所有权人不一致，作为登记机构，有义务与登记簿上的权利人联系核实，确实无法联系的，可对转让情况进行公告，公告期满后无人提出异议的，则应当为最终的房屋买受人办理土地权属的过户登记，同时还应当注销原土地使用权证。

7. 土地使用权人长期闲置土地，登记机关可否直接注销土地登记和土地使用权证书？

问 我公司以出让方式受让一宗国有建设用地使用权，并且取得土地使用权证书。由于政府规划调整，周边居民上访和资金等方面的原因，土地交付后一直未开工建设，至今已有五年多的时间。近日，当地报纸登出公告，注销我公司的土地使用权证书，看到消息后，我们去当地土地管理部门交涉，被告知，因我公司长期闲置土地，土地使用权已被收回，因无法与我公司联系，故采用公告注销的方法。请问，土地登记部门的做法有法律依据吗？是否符合程序？

答：根据有关法律规定，如果土地出让后使用人闲置土地超过两年的，可以无偿收回土地使用权。但是收回土地使用权必须查明土地闲置的原因。如果因为政府行为或者不可抗力等原因造成的土地闲置，就不能收回（《城市房地产管理法》第26条）。从提问所述，土地闲置既有可能是政府方面的原因——规划调整，也有可能是使用权人自身的原因——资金不足，还有可能是非使用权人可以控制的外部原因——上访（群体上访）。故在决定收回土地使用权之前，必须查明导致土地闲置的原因，区分主次之后方能作出决定。事实上，许多土地闲置都有诸多综合性因素影响，不能不问清原因、不分主次，就以闲置超过两年收回土地。

由国土资源部发布的《闲置土地处理办法》第8条规定："有下列情形之一，属于政府、政府有关部门的行为造成动工开发延迟的，国有建设用地使用权人应当向市、县国土资源主管部门提供土地闲置原因说明材料，经审核属实的，依照本办法第十二条和第十三条规定处置：（一）因未按照国有建设用地使用权有偿使用合同或者划拨决定书约定、规定的期限、条件将土地交付给国有建设用地使用权人，致使项目不具备动工开发条件的；（二）因土地利用总体规划、城乡规划依法修改，造成国有建设用地使用权人不能按照国有建设用地使用权有偿使用合同或者划拨决定书约定、规定的用途、规划和建设条件开发的；（三）因国家出台相关政策，需要对约定、规定的规划和建设条件进行修改的；（四）因处置土地上相关群众信访事项等无法动工开发的；（五）因军事管制、文物保护等无法动工开发的；（六）政府、政府有关部门的其他行为。因自然灾害等不可抗力导致土地闲置的，依照前款规定办理。"第12条规定："因本办法第八条规定情形造成土地闲置的，市、县国土资源主管部门应当与国有建设用地使用权人协商，选择下列方式处置：（一）延长动工开发期限。签订补充协议，重新约定动工开发、竣工期限和违约责任。从补充协议约定的动工开发日期起，延长动工开发期限最长不得超过一年；（二）调整土地用途、规划条件。按照新用途或者新规划条件重新办理相关用地手续，并按照新用途或者新规划条件核算、收缴或者退还土地价款。改变用途后的土地利用必须符合土地利用总体规划和城乡规划；（三）由政府安排临时使用。待原项目具备开发建设条件，国有建设用地使用权人重新开发建设。从安排临时使用之日起，临时使用期限最长不得超过两年；（四）协议有偿收回国有建设用地使用权；（五）置换土地。对已缴清土地价款、落实项目资金，且因规划依法修改造成闲置的，可以为国有建设用地使用权人置换其他价值相当、用途相同的国有建设用地进行开发建设。涉及出让土地的，应当重新签订土地出让合同，并在合同中注明为置换土地；（六）市、县国土资源主管部门还可以根据实际情况规定其他处置方式。除前款第四项规定外，动工开发时间按照新约定、规定的时间重新起算。符合本办法第二条第二款规定情形的闲置土地，依照本条规定的方式处置。”第 13 条规定：“市、县国土资源主管部门与国有建设用地使用权人协商一致后，应当拟订闲置土地处置方案，报本级人民政府批准后实施。闲置土地设有抵押权的，市、县国土资源主管部门在拟订闲置土地处置方案时，应当书面通知相关抵押权人。”根据以上规定，由于政府方面的原因导致的土地闲置，可采取延长动工开发期限等方式处理，但不能收回土地使用权。同时该《办法》第 14 条规定：“除本办法第八条规定情形外，闲置土地按照下列方式处理：（一）未动工开发满一年的，由市、县国土资源主管部门报经本级人民政府批准后，向国有建设用地使用权人下达《征缴土地闲置费决定书》，按照土地出让或者划拨价款的百分之二十征缴土地闲置费。土地闲置费不得列入生产成本；（二）未动工开发满两年的，由市、县国土资源主管部门按照《中华人民共和国土地管理法》第三十七条和《中华人民共和国城市房地产管理法》第二十六条的规定，报经有批准权的人民政府批准后，向国有建设用地使用权人下达《收回国有建设用地使用权决定书》，无偿收回国有建设用地使用权。闲置土地设有抵押权的，同时抄送相关土地抵押权人。”第 15 条规定：“市、县国土资源主管部门在依照本办法第十四条规定作出征缴土地闲置费、收回国有建设用地使用权决定前，应当书面告知国有建设用地使用权人有申请听证的权利。国有建设用地使用权人要求举行听证的，市、县国土资源主管部门应当依照《国土资源听证规定》依法组织听证。”第 16 条规定:"《征缴土地闲置费决定书》和《收回国有建设用地使用权决定书》应当包括下列内容:(一)国有建设用地使用权人的姓名或者名称、地址;(二)违反法律、法规或者规章的事实和证据;(三)决定的种类和依据;(四)决定的履行方式和期限;(五)申请行政复议或者提起行政诉讼的途径和期限;(六)作出决定的行政机关名称和作出决定的日期;(七)其他需要说明的事项。"第17条规定:"国有建设用地使用权人应当自《征缴土地闲置费决定书》送达之日起三十日内,按照规定缴纳土地闲置费;自《收回国有建设用地使用权决定书》送达之日起三十日内,到市、县国土资源主管部门办理国有建设用地使用权注销登记,交回土地权利证书。国有建设用地使用权人对《征缴土地闲置费决定书》和《收回国有建设用地使用权决定书》不服的,可以依法申请行政复议或者提起行政诉讼。"第18条规定:"国有建设用地使用权人逾期不申请行政复议、不提起行政诉讼,也不履行相关义务的,市、县国土资源主管部门可以采取下列措施:(一)逾期不办理国有建设用地使用权注销登记,不交回土地权利证书的,直接公告注销国有建设用地使用权登记和土地权利证书;(二)申请人民法院强制执行。"根据以上规定,非因政府原因造成的土地闲置超过一定期限,可以征缴土地闲置费或者无偿收回土地使用权,但必须按照法定程序办理,即国土资源部门必须将《征缴土地闲置费决定书》《收回国有建设用地使用权决定书》送达土地使用权人,告知土地使用权人有申请听证及行政复议或者提起行政诉讼的权利。只有在土地使用权人逾期既不申请行政复议或者提起行政诉讼,也不主动办理注销登记、交回土地权利证书的情况下,才可直接公告注销国有建设用地使用权登记和土地权利证书。

收回土地使用权并注销权利证书,意味着土地权利人财产权的丧失,故采取这种措施必须慎之又慎。以无法联系为由直接公告注销是不负责任的。按照《闲置土地处置办法》的规定,土地权利人可以选择听证、行政复议或者行政诉讼程序寻求救济。除此以外,由于作为土地使用权出让合同的受让方,其与出让方属于平等的民事主体,土地出让合同属于民事合同,故作为出让方的国土资源管理部门若决定收回土地使用权、注销土地权利证书,也可视为对土地使用权出让合同的解除,若受让方不同意解除的,也可依法提起民事诉讼,经人民法院审理后认为符合解除条件的,出让方方可收回土地使用权并注销土地权利证书。否则,即使出让方已经作出收回土地使用权的决定,也可被认定无效。

8. 土地储备机构是否有权决定收回用地单位的土地使用权?

问 我厂是一家国有企业，因经济效益不好已停业多年，厂房、设备以及占用范围的土地也处于闲置状态。两年前，我厂的土地被政府纳入收购储备计划，但由于我厂对政府的收购补偿计划有不同意见，该计划一直未予实施。今年初，我厂忽然收到当地土地储备整理中心的文件，决定收回我厂土地使用权纳入储备，并限定我厂在规定时间内办理土地移交及补偿签约事宜。请问，土地储备中心属于什么性质的机构？它们有权决定收回用地单位的土地使用权吗？

答：土地储备制度在我国应属新生事物。20 世纪 90 年代末，一些地方开始土地储备的试点和探索。较早制定地方性规定的有杭州、山东等省市。[①] 最早提出建立土地储备制度的政策性文件是 2001 年国务院发出的《关于加强国有土地资产管理的通知》(国发〔2001〕15 号文件)。该《通知》提出:“为增强对土地市场的调控能力，有条件的地方政府要对建设用地试行收购储备制度。”但《通知》并未对这一制度的概念、运作机构和程序作出进一步的规定。直到 2007 年，由国土资源部、财政部、中国人民银行联合发布了《土地储备制度管理办法》。该办法出台后，土地储备制度开始在全国范围全面推行，各地相继建立了隶属于国土资源管理部门的土地储备机构。

《土地储备制度管理办法》第 3 条规定:“土地储备机构应为市、县人民政府批准成立、具有独立的法人资格、隶属于国土资源管理部门、统一承担本行政辖区内土地储备工作的事业单位。”根据这一规定，土地储备机构虽具有独立法人资格，但属于隶属于国土资源管理部门的事业单位，即储备机构并非拥有行政权力的行政机构。按照《土地管理法》以及《城市房地产管理法》等法律、法规的规定，国有土地使用权的出让、收回等，应当由县级以上人民政府批准，由政府土地管理部门具体组织实施，其他任何单位和机构无此权力。作为土地储备机构，只能代表政府从事一些土地储备的具体工作，但却不能以自己的名义代为行使政府本身所具有的行政权力。因为权力与权利不同，相对于义务而言的权利，可以依照法律的规定或者当事人的约定进行转让，当事人也可以主

① 如山东省 2001 年 10 月 1 日起施行的《山东省国有土地储备办法》；杭州市人民政府 1999 年 3 月 10 日发布的《杭州市土地储备实施办法》等。

动放弃权利。但是对于具有专属性质的权力，则不允许转让，更不允许放弃。权力只能由法律所规定的特定机关部门或个人行使。权力部门可以委托有关单位或者个人从事其职权范围内的具体工作，但不能将权力交由隶属机构或个人直接行使。作为隶属于政府职能部门的土地储备机构，可以在政府的授权下，承担土地储备的一些具体事务性工作，但是应当由政府直接行使的行政权力，则不能由土地储备机构行使。在土地使用权收回或者出让时，签约主体也只能是政府土地管理部门。

9. 农村集体土地是否可以纳入储备？哪些土地可以纳入储备？

问 我们是一家乡镇企业，企业用地属于农村集体建设用地。前不久，市国土局土地储备中心下发通知，称因土地利用总体规划的调整，拟将我厂土地纳入土地储备，要求我们按规定办理有关补偿搬迁事宜。请问，集体土地也可以被纳入国有土地储备范围吗？哪些土地可以纳入储备？

答：集体土地可以纳入土地储备范围，但前提是必须按规定办理农用地转用以及土地征收补偿批准手续，即只有在农村集体土地“转性”为国有土地之后，该宗土地才可被土地储备机构纳入储备。在集体土地尚未“转性”之前，土地储备机构以规划调整为由直接下文通知，将集体土地纳入储备并要求办理相关手续，没有法律依据，这种做法不仅是对土地的收储行为，还意味着土地储备机构代行了集体土地的征收审批权，而按照法律规定，对集体土地的征收，只有省级以上人民政府才有权审批。

由国土资源部、财政部、人民银行联合发布的《土地储备管理办法》第10条规定：“下列土地可以纳入土地储备范围：(一)依法收回的国有土地；(二)收购的土地；(三)行使优先购买权取得的土地；(四)已办理农用地转用、土地征收批准手续的土地；(五)其他依法取得的土地。”按照这一规定，可以纳入土地储备的范围，基本涵盖了我国所有土地类型，只不过在纳入储备之前，必须依法办理土地的收回，收购或者农用地转用及征收审批手续。

10. 土地被纳入储备后，储备机构可以对外出租吗？

问 因我厂土地和厂房长期闲置被政府收回后纳入储备。但不久后我们发现，纳入储备的土地和厂房，被土地储备机构稍加整理改造后，作为农贸批发市场对外出租。虽然在收回工厂土地使用权时，已按规定支付了补偿款，但我厂部分职工仍然很有意见，说政府收回我们的土地就是为了赚钱，为什么当初不允许我们进行改造利用。请问，被纳入储备的土地可以对外出租吗？

答：这个问题涉及土地储备机构的职责范围。需要注意的是，不能仅根据储备机构的名称，将其职责理解为单纯的土地储存。《土地储备管理办法》第2条规定："本办法所称土地储备，是指市、县人民政府国土资源管理部门为实现调控土地市场、促进土地资源合理利用目标，依法取得土地，进行前期开发、储存以备供应土地的行为。土地储备工作的具体实施，由土地储备机构承担。"根据这一定义性规定，土地储备事实上包括了三个环节，即土地的取得，土地的储存和土地的供应。这三个环节也可理解为土地储备机构的职责和工作范围。即土地储备并非将土地收回后登记在储备机构名下就完成了任务。事实上，储备机构最主要的工作体现在土地的储存环节，在这一环节上，土地储备机构要负责对收回的土地进行必要的整理，比如完成对土地的"五通一平"等，使之达到使用条件。正因为如此，大多地方的储备机构的全称均为"土地储备整理中心"。除了进行土地的整理之外，在储存环节，储备机构还应负责对土地进行前期开发、保护及临时利用。对此，《土地储备管理办法》第16条规定："对纳入储备的土地，经市、县人民政府国土资源管理部门批准，土地储备机构有权对储备土地进行前期开发、保护、管理、临时利用及为储备土地、实施前期开发进行融资等活动。"第18条规定："土地储备机构应对储备土地特别是依法征收后纳入储备的土地进行必要的前期开发，使之具备供应条件。"第20条规定："土地储备机构应对纳入储备的土地采取必要的措施予以保护管理，防止侵害储备土地权利行为的发生。"第21条规定："在储备土地未供应前，土地储备机构可将储备土地或连同地上建（构）筑物，通过出租、临时使用等方式加以利用。设立抵押权的储备土地临时利用，应征得抵押权人同意。储备土地的临时利用，一般不超过两年，且不能影响土地供应。"从以上规定可以看出，在土地储存环节，由土地储备机构对收回的土地进行必要的前期开发和合理利用是允许的。但必须强调，前期开发的目的主要是为今后土地的顺利供应做准备，而在收储期间的合理利用主要是为防止土地资源的闲置和浪费，即无论是前期开发还是利用，均不应当以营利为目的，不能因此影响今后土地的顺利供应。规定"储备土地的临时利用，一般不超过两年"，主要也是为了防止储备机构利用收储的土地变相进行经营活动。若土地储备机构打着土地储备的名义将收回的土地长期用于营利性活动，既不符合设立土地储备机构的初衷，也违反有关禁止党政机关经商办企业的规定。

11. 将用地单位使用权收回纳入储备应当如何进行补偿？

问 我公司欲将自己所有的土地使用权连同地上房屋一同转让，政府土地储备机构获悉后，要求将我公司土地和房产一同收购后纳入储备，但就补偿标准，储备机构要求按政府评估机构确定的评估价值确定，而我公司不同意，要求参照同类地段的市场价格确定。请问，由政府储备机构收购土地，收购价格应由谁确定？按什么标准确定？

答：因土地使用权人转让土地使用权，储备机构就强制要求将欲转让的土地纳入储备并无法律依据。即只要土地使用权符合法定转让条件，土地使用权人就有交易的自由，包括向谁转让，转让价格的确定等。如果认为储备机构支付的土地补偿款过低，土地使用权人当然有权拒绝与其交易。

需要注意的是，按照《城镇国有土地使用权出让和转让暂行条例》第 6 条规定，如果土地使用权转让价格明显低于市场价格的，市、县人民政府有优先购买权。《土地储备管理办法》第 10 条第（三）项规定，行使优先购买权取得的土地，可以纳入土地储备范围。即只有当土地使用权人转让土地使用权的价格低于市场价，并由政府行使优先购买权时，才可由储备机构纳入储备。事实上，真正由政府通过行使优先购买权而被纳入储备情况很难发生，因为政府行使优先购买权的条件是“转让价格过低”。如果转让人不想将土地交给政府，方法很简单：提高报价即可。其实，关于政府优先购买权的规定还是带有计划经济的色彩，是为了方便政府对土地二级市场的干预，这一规定缺乏法理基础，因此在后来的《城市房地产管理法》以及《物权法》中，已无此类规定。

排除政府行使优先购买权收购土地的可能，那么，可以纳入土地储备范围的土地，按照《土地储备管理办法》第 10 条的规定，主要有三种情形：一是依法收回的国有土地；二是已办理农用地转用、土地征收批准手续的土地；三是收购的土地。对于第一种情形，收回土地使用权可以是有偿的，也可以是无偿的。如《土地管理法》第 58 条规定：“有下列情形之一的，由有关人民政府自然资源主管部门报经原批准用地的人民政府或者有批准权的人民政府批准，可以收回国有土地使用权：（一）为实施城市规划进行旧城区改建以及其他公共利益需要，确需使用土地的；（二）土地出让等有偿使用合同约定的使用期限届满，土地使用者未申请续期或者申请续期未获批准的；（三）因单位撤销、迁移等原因，停止使用原划拨的国有土地的；（四）公路、铁路、机场、矿场等经核准报废的。依照前款第（一）项的规定收回国有土地使用权的，对土地使用权人应当给予适当补偿。”另外，按照《城市房地产管理法》第 26 条规定，如果无正当理由长期闲置土地的，也可以无偿收回土地使用权。在实务中，许多地方政府在收回用地单位土地使用权时，也有一些地方性规定，比如按照收回的土地重新出让时出让价格的一定比例返还原土地使用权人。完全无偿收回土地使用权的情形在实践中并不多见。而对第二种情形，即将农村集体土地纳入储备，首先必须完成土地的农转用和征收审批手续，而征收补偿标准，有关法律及地方性法规均有明确规定。对于第三种情形，则是由政府土地储备机构以平等民事主体的身份与土地使用权人通过平等协商确定收购价格。对此《土地储备管理办法》第 13 条规定：“根据土地储备计划收购国有土地使用权的，土地储备机构应与土地使用权人签订土地使用权收购合同。收购土地的补偿标准，由土地储备机构与土地使用权人根据土地评估结果协商，经国土资源管理、财政部门或地方法规规定的机构批准确认。完成收购程序后的土地，由土地登记机关办理注销土地登记手续后纳入土地储备。”即以收购的方式纳入储备的土地，其收购价格等交易条件是按评估价值协商确定的结果，土地储备机构并不能强制。

12. 国有建设用地使用权是否可以租赁方式取得？

问 我公司想在城乡接合部建一处仓储基地，考虑到成本和物流业激烈的竞争，市场变化太快，所以不打算长期使用。请问，可否以租赁的方式取得国有建设用地使用权进行建设，然后按年向政府交付租金，租赁期满后将土地使用权连同地上建筑物无偿交还给政府？

答：国有土地租赁，一直是法律允许的一种土地使用方式。如《土地管理法实施条例》第 29 条规定：“国有土地有偿使用的方式包括：（二）国有土地租赁。”根据这一规定，1999 年，国土资源部专门制订了《规范国有土地租赁若干意见》，该《意见》不仅对国有土地租赁首次作出定义性规定，同时对国有土地租赁的范围、方式、期限等也作出规定。根据该《意见》，国有土地租赁是指国家将土地租赁给使用者使用，由使用者与县级以上人民政府土地行政主管部门签订一定年限的土地租赁合同，并支付租金的行为。但同时仍然强调，国有土地租赁，是出让方式的补充，当前仍然应当以完善国有土地出让为主，稳妥地推行国有土地租赁。对于国有土地租赁的范围，则要求以存量国有土地为限，即只有“因发生土地转让、场地出租、企业改制和改变土地用途后依然应当有偿使用的，可以实行租赁。”而对于增量土地，“重点仍应推行和完善国有土地出让，租赁只作为出让方式的补充。”对于经营性房地产开发用地，无论是利用原有建设用地（存量），还是利用新增建设用地（增量），都必须实行出让，不实行租赁。该《意见》出台后，许多地方人民政府也制定了有关国有土地租赁的办法。但在各地实践中，真正采用土地租赁方式的少之又少。主要原因是，实行租赁方式，租金不能一次性收取，一般是按年度缴纳，在地方政府普遍依赖土地财政的情况下，一次性收取几十年土地使用费的出让方式更受地方政府青睐。虽然早有专家学者指出，这种“寅吃卯粮”的出让方式，透支土地资源，是一种短期行为，会造成土地资源的枯竭，因此建议采用土地“年租制”，即国家作为土地所有者，在法定的土地最高使用期限内，约定一定的租赁年限，然后按年度向使用人收取租金。这种模式不仅可以实现财政收入的细水长流，而且可以降低用地单位的一次性初始投入成本，有利于平抑房价。然而到目前为止，年租制仍然停留在理论探讨阶段，从国家到地方，并未出台相应规定。包括年租制在内的国有土地租赁模式一直难以推广。无论是工业用地还是房地产开发用地，无论是长期用地还是短期用地，无论是存量地还是增量地，目前基本上都是采用出让方式。

13. 以租赁方式取得的国有土地使用权属于物权还是债权？可否处分和设定抵押？

问 我公司是一家小型企业，想租赁一处国有土地办农贸市场。请问，以租赁方式取得的国有土地使用权属于物权还是债权？可否用承租取得的土地使用权作融资抵押担保？

答：根据土地出租主体的不同，我国的土地租赁模式实际上分为两种：一种是国家作为土地所有者将国有土地出租给使用者使用，由使用者向政府土地管理部门按期支付租金。以这种模式租赁土地，除了土地使用费分期交纳外，其他诸如租赁期限、出租方式等，按照国土资源部制定的《规范国有土地租赁若干意见》以及一些地方性规定，都参照了国有土地出让的有关规定，并且可以为承租方颁发土地使用权证书。同时也规定，在按规定支付土地租金并完成开发建设后，经土地行政主管部门同意，承租方可以转租、转让或者设定抵押。[①] 由此可以看出，以这种模式取得的国有土地使用权，具有"准物权"的性质。但在2007年颁布的《物权法》中，建设用地使用权的取得只规定了两种方式，即出让和划拨，没有规定租赁方式。[②] 因此，按照物权法定原则，以这种租赁方式取得的建设用地使用权，虽然也要办理登记并为使用者颁发土地使用权证书，能够产生公示效果，但在法律上仍然不能认为是物权。由于这种土地供应模式接近于出让方式，而土地收益又不能像出让方式那样一次性取得，在地方政府普遍依赖土地财政的当下，这种租赁方式很少被采用。

另外一种方式是以出让或者划拨方式取得土地使用权之后，土地使用权人将土地使用权或者连同地上建筑物一同出租给他人。这种出租方式，按照传统的民法学理论，是一种典型的债权关系，即承租人通过租赁方式取得的土地使用权是一种债权性质的权利，而在债权之上，当然不能设立具有物权性质的抵押权。未经出租方同意，承租方也不得转租。

---

① 如国土资源部制定的《规范国有土地租赁若干意见》第六条规定："国有土地租赁，承租人取得承租土地使用权。承租人在按规定支付土地租金并完成开发建设后，经土地行政主管部门同意或根据租赁合同约定，可将承租土地使用权转租、转让或抵押。承租土地使用权转租、转让或抵押，必须依法登记。承租人将承租土地转租或分租给第三人的，承租土地使用权仍由原承租人持有，承租人与第三人建立了附加租赁关系，第三人取得土地的他项权利。承租人转让土地租赁合同的，租赁合同约定的权利义务随之转给第三人，承租土地使用权由第三人取得，租赁合同经更名后继续有效。地上房屋等建筑物、构筑物依法抵押的，承租土地使用权可随之抵押，但承租土地使用权只能按合同租金与市场租金的差值及租期估价，抵押权实现时土地租赁合同同时转让。在使用年期内，承租人有优先受让权，租赁土地在办理出让手续后，终止租赁关系。"《山东省国有土地租赁办法》第八条规定："国有土地租赁可以采取协议、招标或者拍卖的方式。通过招标、拍卖方式租赁国有土地的，参照国有土地使用权出让招标、拍卖的有关程序进行。"第十条规定："国有土地的，应当按照建设用地审批程序报有批准权的人民政府批准。非经营性单位将国有划拨土地随地上建筑物出租的，应当依法办理土地变更登记，并将租金收益中所含的土地纯收益上缴县（市）以上人民政府。"第十六条规定："在国有土地租赁期限内，承租人转让、转租或者抵押租赁土地的，必须经出租人同意并符合以下条件：（一）持有国有土地使用证；（二）按合同约定支付租金；（三）实现租赁合同约定的土地开发利用条件；（四）法律、法规规定的其他条件。"

②《物权法》第137条第1款规定："设立建设用地使用权，可以采取出让或者划拨等方式。"

14. 将尚未开发利用的空地出租给他人，出租合同无效吗？

问 我公司以出让方式取得一宗国有建设用地使用权。由于资金紧张，我公司将其中部分土地出租给他人，由其自行开发建设。但政府主管部门说，将尚未开发利用的空地出租是违法的，我们签订的土地出租合同无效，并拒绝办理开工建设手续。请问，这种说法有法律依据吗？

答：法律确有规定，以出让方式取得土地使用权后，若未按出让合同规定的条件投资开发、利用土地的，土地使用权不得转让或者出租，即未进行实际开发利用的空地，是不允许转让或者出租的。如《城镇国有土地使用权出让和转让暂行条例》第 19 条第 2 款规定："未按土地使用权出让合同规定的期限和条件投资开发、利用土地的，土地使用权不得转让。"第 28 条第 2 款规定："未按土地使用权出让合同规定的期限和条件投资开发、利用土地的，土地使用权不得出租。"《城市房地产管理法》第 39 条规定："以出让方式取得土地使用权的，转让房地产时，应当符合下列条件：（一）按照出让合同约定已经支付全部土地使用权出让金，并取得土地使用权证书；（二）按照出让合同约定进行投资开发，属于房屋建设工程的，完成开发投资总额的百分之二十五以上，属于成片开发土地的，形成工业用地或者其他建设用地条件。转让房地产时房屋已经建成的，还应当持有房屋所有权证书。"这样的规定主要是为了防止土地使用权的空手炒卖、推高地价、并形成房地产泡沫。20 世纪 90 年代初，我国房地产市场经历了第一次热胀，主要特征之一就是炒批文、炒土地，土地使用权经过多手交易后仍然是空地一片。投机性的炒作迅速推高房地产价格并形成泡沫。当泡沫破灭后，在海南、北海以及东部沿海一带，到处可见烂尾工程和圈而未建的成片荒地，给我国的国民经济造成重大损失。就是在这一背景之下，出台了上述以防止土地炒卖为目的的立法性规定，即取得土地使用权后，土地使用者未投资建设达到一定的量化标准，不允许转让。但这样的规定极容易规避，方法有二：一是先签约后办转让手续，当受让方完成的开发量符合法定的量化标准后再办理转让登记手续；第二就是通过租赁方式变相转让。直到 2002 年国土资源部出台《招标拍卖挂牌出让国有土地使用权规定》之后，经营性土地必须通过公开竞价的方式出让，不允许再以协议方式出让国有土地使用权，土地炒作的利润空间大为减少，房地产市场上的土地空手炒作自此也极为少见，建设单位取得土地使用权后大多自行开发建设。于是，有专家认为，这种以防止土地空手炒作为目的的限制性规定已无必要。因为有这样的规定，正常的土地交易也受到影响，一些因突发的资金紧张而无力开发的项目，因不能顺利转让也会形成闲置和浪费。

2004年，最高人民法院发布了《关于审理涉及国有土地使用权合同纠纷案件适用法律问题的解释》，该《解释》并未将尚未完成一定的量化投资标准即行转让或者出租行为列为无效情形。同时该《解释》第8条还规定："土地使用权人作为转让方与受让方订立土地使用权转让合同后，当事人一方以双方之间未办理土地使用权变更登记手续为由，请求确认合同无效的，不予支持。"据此规定，即使因当事人转让或者出租不符合量化投资标准的土地使用权而不能取得土地行政管理部门的同意，或者拒绝办理变更登记手续，所签订的土地使用权转让或者出租合同也不能因此认定无效。

但是需要注意的是，虽然司法实践中并不将空地出租合同作无效认定，即出租合同作为债权合同，对合同当事人仍有约束力，但以出租方式并不能取得具有物权性质的建设用地使用权，承租方也不能成为建设主体，当然不能取得开工建设手续。即使地上房屋建成后，承租方也不能成为房屋的产权人，这就意味着，承租期限届满后，出租方可以无偿收回土地使用权和地上房屋。因此，以出租方式变相转让土地使用权，看似规避了法律，但对承租方来说风险过大，也不公平。所以建议，若一方有长期使用土地并拥有建成房屋产权的意向，可采用一方出地、一方出资合作开发的方式。这样既可以解决出地方开发资金不足的风险，也可以保证受让方的安全，并且以这种方式合作开发，即使用于合作开发的土地是尚未开发利用的空地，签订的合同也不会因此而被认定无效。

15. 土地侵权争议和土地权属争议有何区别？二者的处理程序是怎样的？

问 某国有企业在进行企业改制时被分为A、B两公司，原厂长与一些管理人员和职工以集资入股的方式组建了有限责任公司B公司。改制后对原厂的土地和厂房等设施也进行了分割，各自重新办理了土地和房产权属证书。但若干年后，B公司将自己所拥有的工业用地变更为商业用地，并进行开发建设，A公司才发现，B公司占用的土地范围与改制时的财产分割协议不一致，多占了十余亩土地，为此A公司以侵权为由起诉B公司，但人民法院认为该案应属土地权属争议，当事人应当首先通过行政程序处理，对行政处理结果不服的，可以向人民法院提起行政诉讼，直接提起民事的，法院不予受理。请问，此类纠纷属于土地侵权争议还是土地权属争议？二者有何区别？处理程序是怎样的？

答：土地权属争议和土地侵权争议所涉及的争议内容都是土地权利（土地所有权和土地使用权），因此这两类争议也被统称为土地权利争议。但在法律定义、表现形式以及处理程序等方面，二者有明显区别。

土地权属争议，按照国土资源部制定的《土地权属争议调查处理办法》第2条规定："本办法所称土地权属争议，是指土地所有权或者使用权归属争议。"即争议当事人就某宗土地的所有权或者使用权应当归谁所有产生的争议。此类争议大多发生在尚未对争议土地进行确权发证或者正在办理确权发证，土地权属关系尚未得到国家确认的情况下。而土地侵权争议则是在土地权属关系已经明确，即土地所有人或者使用权人的土地权利已被国家依法确认的情况下，因土地权利被他人不法侵占而产生的争议。在实践中，那种公然的、明知是他人的土地而非法侵占的情况并不多见，许多表面上看似土地侵权争议，但追根溯源仍然属于权属争议。比如被诉侵权的一方认为自己并未侵权，所占有的土地本就应当归自己所有，只是因为权利人提供虚假材料骗取登记或者土地管理部门违反法定程序导致确权发证错误而产生的争议，此类争议，本质上也应属于土地权属争议，应当按照权属纠纷的处理程序处理。

土地权属争议和土地侵权争议的处理程序不尽相同。对于土地侵权争议，当事人可以先通过调解解决，当事人调解不成或者不愿调解的，也可直接向人民法院起诉。而对于土地权属争议，也可以由当事人先行调解，调解不成的，一般要先经过行政程序处理，对行政处理结果不服的，才可向人民法院提起行政诉讼。对此《土地管理法》第14条规定："土地所有权和使用权争议，由当事人协商解决；协商不成的，由人民政府处理。单位之间的争议，由县级以上人民政府处理；个人之间、个人与单位之间的争议，由乡级人民政府或者县级以上人民政府处理。当事人对有关人民政府的处理决定不服的，可以自接到处理决定通知之日起三十日内，向人民法院起诉。在土地所有权和使用权争议解决前，任何一方不得改变土地利用现状。"但是，并非所有的土地权属争议都必须经过行政处理程序后方可提起诉讼，以下两类权属争议当事人即可直接提起民事诉讼或者行政诉讼：一类是，土地权属争议是由民事法律关系引发的，如本问答提问所说，确权登记结果与土地分割协议的约定不一致，即民事合同的履行不当所致，解决此类纠纷必须审查合同的效力、内容及合同履行情况才可判断确权结果是否存在错误并最终确定土地权利的归属。此类争议当事人可以直接通过民事诉讼程序解决。第二类是，当事人认为土地登记主管部门违反法定程序，徇私舞弊或者由于失职导致错误登记和确权发证，则可以登记主管部门为被告直接提起行政诉讼。但处理此类争议亦须注意，如果要求撤销权属登记的行政行为，理由是该行政行为所依据的民事法律关系无效或者应当撤销，则应当提起民事诉讼。最高人民法院《关于审理房屋登记案件若干问题的规定》第 8 条规定："当事人以作为房屋登记行为基础的买卖、共有、赠与、抵押、婚姻、继承等民事法律关系无效或者应当撤销为由，对房屋登记行为提起行政诉讼的，人民法院应当告知当事人先行解决民事争议，民事争议处理期间不计算在行政诉讼起诉期限内；已经受理的，裁定中止诉讼。"该规定虽然针对的是房屋登记行为，但与土地登记在本质上并无分别，因此该规定的原则可适用于土地权属登记。

根据以上分析可以看出，本问答所涉争议虽然属于权属争议，但该争议的起因是"B 公司占用的土地范围与改制时的财产分割协议不一致"，即权属争议的根源是由于双方对民事合同的履行存在争议所致，因此该案本质上仍属于民事争议，当事人无须通过行政程序解决，可以直接提起民事诉讼。A 公司以侵权为由提起民事诉讼，人民法院应当受理。经法庭审理，只要查明合同约定与确权登记结果是否一致，即可确认该争议土地的权属，同时也可确认 B 公司是否构成侵权，并据此作出判决。

16. 如何界定国家或者集体所有土地的范围？

问 在 20 世纪 80 年代初，我村组织村民在城市郊区的一处荒山上植树造林，之后又将该荒山交与本村村民承包经营，承包期限定为四十年。但就该荒山的土地所有权归属，一直未办理确权登记，随着城市的发展，包括该荒山在内，我村全部土地均已列入城市规划区范围，形成"城中村"。2013 年，我村土地被列入征收改造范围，但在确定征收补偿范围时，政府有关部门认为该荒山的土地所有权应属国有，不应列入补偿范围。请问，政府的说法有法律依据吗？

答：在我国，国家与农民集体两类土地所有权界定不清的问题一直存在。原因主要有：一是我国农村集体土地所有制的演变历史比较复杂。中华人民共和国成立初期，经过土地改革，使广大农民取得了土地所有权，但随着农村集体化运动的兴起，经过短短七八年的时间，农村土地私有制迅速转变为集体所有制。在人民公社化的初期，曾出现“一平二调”的“共产风”，即打破集体组织之间的所有权界限，在全社乃至全县范围内任意调用土地生产资料，造成土地所有权关系的极大混乱。即从那时起，就已经埋下了土地权属不清的隐患。二是我国大部分农村土地一直没有完成土地确权发证工作。虽然早在20世纪80年代制定的《土地管理法》就明确规定：“农民集体所有的土地，由县级人民政府登记造册，核发证书，确认所有权。”但直到今天，许多农村地区仍未完成登记发证工作，没有经过国家权威部门的测量登记和确权发证，发生土地权属不清、界址不明的争议也就在所难免。三是立法滞后，法律规定不明确。长期以来无论是农村土地等生产资料的集体改造，还是后来实行的农村土地承包责任制等，我们都是以政策代替法律。比如实行了近三十年的“三级所有，队为基础”的农村土地权属关系，就主要是根据1962年中共中央发布的《农村人民公社工作条例修改草案》（又称《人民公社六十条》）这一政策性规定确定的。虽然这些政策性规定在特定的历史时期，对于确定和稳定农村土地的产权关系起着重要的作用，但与法律相比，政策的不稳定性和随意性在我国非常明显，易变的政策也是造成农村土地产权关系界定不清的一个主因。从20世纪80年代开始，我国开始加强了土地立法，但受观念和立法技术等方面因素的影响，现行土地立法对于土地权属，特别是对国家或者集体土地所有权客体范围的界定，仍然存在不全面、不明确，甚至互相冲突的规定。比如，《土地管理法》第9条规定：“城市市区的土地属于国家所有”。但对于何为“城市市区的土地”并未作进一步的细化，也无相应的解释，因此在实践中，对何为城市市区的土地，就分别有“城市建成区”和“城市规划区”的不同解释。

综上所述，便是我国土地权属经常发生界定不清的原因，而一旦因权属界定发生争议，解决起来也非常复杂、棘手。如本问答所涉纠纷，首先需要解决的一个法律问题就是举证问题。当因土地权属究竟属于国有还是集体所有产生争议时，由谁负责举证？确权原则是什么？民法理论有著名的“无主地属于国有”的规则，若适用这一规则，如发生国家与农民集体对土地权属的争议时，似乎应由农民集体负举证责任。如果农民集体不能证明争议土地属于自己所有，则应推定该土地属于国有。然而我国法律规定似乎与此规则正好相反。《土地管理法》第9条第2款规定：“农村和城市郊区的土地，除由法律规定属于国家所有的以外，属于农民集体所有。”《土地管理法实施条例》第2条规定：“下列土地属于全民所有即国家所有：（一）城市市区的土地；（二）农村和城市郊区中已经依法没收、征收、征购为国有的土地；（三）国家依法征收的土地；（四）依法不属于集体所有的林地、草地、荒地、滩涂及其他土地；（五）农村集体经济组织全部成员转为城镇居民的，原属于其成员集体所有的土地；（六）因国家组织移民、自然灾害等原因，农民成建制地集体迁移后不再使用的原属于迁移农民集体所有的土地。”这一规定并无“其他”兜底性条款，即国家所有土地的范围是具体的、特定的，超出这一规定范围的土地就应当属于集体所有。如果认为争议土地属于法定国有范围，举证责任当然应由国家承担。当然，对于土地权属的确认并非单纯地举证责任问题，不能简单适用“谁主张、谁举证”的规则。无论如何，这一举证责任不能由农民集体承担。在我国农村大部分地区的土地确权登记工作还未完成，农民和农村集体尚未取得土地权属证书的情况下，除了可以证明自己的实际使用情况外，农民或农村集体很难举出有效的权属证明。《土地管理法》第 9 条确定的“无主土地属于集体”的原则并非偶然，是符合我国土地所有制和土地开发、利用的实际情况的。因为我国土地所有权类型只有两种，非国家所有即集体所有，那些城市郊区以外的荒山、荒地，除了以国家名义进行的地质勘察、矿产开发外，都是由农村集体经济组织组织农民进行开发利用，对于这部分已被农民长期实际占有、使用的土地，只要代表国家行使土地所有权和管理权的人民政府不能证明农民属于违法占有和开发（比如违反森林法、草原法的规定毁林、毁草、开荒等），也不能证明该争议土地属于法定国有范围，就应当推定为集体所有。这样理解符合《土地管理法》的立法本意。

还需要提及的是，由国土资源部于 1995 年制定的《确定土地所有权和使用权的若干规定》第 18 条规定：“土地所有权有争议，不能依法证明争议土地属于农民集体所有的，属于国家所有。”这一规定与《土地管理法》第 9 条规定所体现的原则正好相反，即“无主土地属于国家”。根据“下位法服从上位法”的原则，国土资源部的规定显然与上位法《土地管理法》的规定相冲突，因此不能作为争议土地确权的依据。

17. 围海造地形成的土地如何确定权属？

问 某房地产公司通过招标方式取得一处海域使用权，根据海域使用权出让合同的约定，该海域用途为旅游、娱乐，使用期限为 25 年。合同签订后，该房地产公司以建设旅游、娱乐配套设施等为名，围海造地，欲建设别墅式酒店对外经营。在建设过程中，被政府主管部门责令停工，并处以罚款。该公司认为，酒店建设是进行旅游、娱乐经营的必备设施，要求补办建设审批手续，并将已经围海造地部分的海域使用证换发为土地使用权证。但政府主管部门以建设项目违反海域出让合同约定，不符合海洋功能区划要求为由拒绝了房地产公司的请求。请问：(1)该房地产公司围海造地的行为是否违法？(2)围海形成的土地是否可以确定土地权属，换发土地使用权证？

答：根据有关法律规定，与土地管理一样，对海域的使用，我国也实行用途管制制度。无论以何种方式取得海域使用权，都必须按照规定的用途使用海域，未经法定程序批准，海域使用权人不得擅自变更海域用途。如《海域使用管理法》第4条规定："国家实行海洋功能区划制度。海域使用必须符合海洋功能区划。国家严格管理填海、围海等改变海域自然属性的用海活动。"第28条规定："海域使用权人不得擅自改变经批准的海域用途；确需改变的，应当在符合海洋功能区划的前提下，报原批准用海的人民政府批准。"根据以上规定，海域使用权人取得海域使用权后，对占用范围的海域使用并不是随心所欲的。首先，在海域使用范围内进行填海、围海等改变海域自然属性的用海活动，必须接受国家行政主管部门的管理，该用海活动必须符合海洋功能区划的要求。填海造地若不符合海洋功能区划要求，则属违法用海。其次，取得海域使用权后，使用权人必须按照批准的海域用途使用海域，不得擅自变更。确需变更的，如果该变更符合海洋功能区划要求，也应报原批准用海的人民政府批准后方可实施。未经批准即开始填海施工作业的，本身也是一种违法行为。再次，填海造地是否改变了批准的海域使用用途，不能以填海造地后的建设项目作何用途加以确定。比如，批准的海域用途是旅游、娱乐，不能认为填海造地后的酒店也是用于旅游、娱乐，就是合法的。旅游、娱乐一般需要建设一些配套设施，但是否需要填海造地，是否需要建设酒店等工程项目，则必须以经批准的建设规划为准，如果建设规划批准文件无此建设项目，则可认定为擅自改变海域使用用途的行为。《海域使用管理法》第46条规定："违反本法第二十八条规定，擅自改变海域用途的，责令限期改正，没收违法所得，并处非法改变海域用途的期间内该海域面积应缴纳的海域使用金五倍以上十五倍以下的罚款；对拒不改正的，由颁发海域使用权证书的人民政府注销海域使用权证书，收回海域使用权。"根据这一规定，如果认定围海造地属于擅自改变海域用途的行为，不但无法办理建设审批手续，围海形成的土地还有可能被没收，并被收回海域使用权。

如果围海造地符合海洋功能区划要求及批准的海域使用用途的，则应将围海形成的土地纳入国有土地管理体系，并办理有关确权登记手续。2011年，由国土资源部、国家海洋局制定的《关于加强围海造地管理有关问题的通知》(国土资发〔2010〕219号）规定：“海洋功能区划已明确围海造地规模和范围的，应纳入土地利用总体规划。未明确规模和范围的，可暂不纳入土地利用总体规划，需要安排围海造地时，涉及修改土地利用总体规划和海洋功能区划的，应当按法定程序修改并分别报国土资源部、国家海洋局备案。”围海之前是海，造地之后是地，海域一旦经围填成为土地后，就会产生海域使用管理和土地管理的衔接问题。为此，该《通知》要求，海洋主管部门在审查围海填海项目时，应征求国土资源主管部门的意见，国土资源主管部门要配合做好围海填海项目中涉及土地内容的审查。《海域使用管理法》第32条规定：“填海项目竣工后形成的土地，属于国家所有。海域使用权人应当自填海项目竣工之日起三个月内，凭海域使用权证书，向县级以上人民政府土地行政主管部门提出土地登记申请，由县级以上人民政府登记造册，换发国有土地使用权证书，确认土地使用权。”《国土资源部关于海域使用权证换发国有土地使用权证有关问题的复函》（国土资厅函〔2005〕455号）规定：“填海项目中海域（不含滩涂）变为土地后，其土地利用应当符合土地利用总体规划，并按现行土地管理法律法规规定办理建设用地审批手续，核发国有土地使用权证。”

综上所述，海域使用权人围海造地进行建设，必须事先征得海洋及国土资源管理部门的同意，未经批准或者事后不能补办审批手续的，则构成违法用海，海域使用权人不仅无法取得相关的建设审批手续，建设项目会被认定为违法建筑，还会受到相应的处罚。只有在围海造地及建设项目符合海洋功能区划要求和批准的使用用途，并办理了相关的审批手续之后，围海形成的土地及在此之上的建设项目才具有合法性，并可办理土地及建成项目的确权登记。

18. 矿业用地是否属于建设用地？取得采矿许可证而未取得建设用地使用权证，可否占地开采？

问 我们是一家私营采矿企业，通过公开招标的方式取得一处铜矿采矿权，并取得主管部门颁发的采矿许可证。该处矿产拟采用井下开采的方式，占用地表土地不多，但需建设一处选矿厂和其他一些生产生活设施。请问，采矿用地是否属于建设用地？取得了采矿许可证，是否还需办理建设用地审批后方可动工开采？

答：采矿用地应当属于建设用地。《土地管理法》第4条规定：“……建设用地是指建造建筑物、构筑物的土地，包括城乡住宅和公共设施用地、工矿用地、交通水利设施用地、旅游用地、军事设施用地等。”矿产资源的开采主要有两种方式：露天开采和地下开采（或称井下开采），前者占用地表土地面积较大，后者占用面积相对较少。但无论多少，开采矿产资源都必然要使用一定数量的土地。既然采矿用地属于建设用地，因此，采矿企业在申请取得采矿用地时，必须按照法定程序办理建设用地审批手续，并取得占用范围的土地使用权后方可占地开采。即取得了采矿许可，并不当然地取得采矿范围内的土地所有权或者使用权。同样，拥有土地所有权或者使用权，也并不当然拥有土地范围内的矿产资源的所有权或者开采权。《物权法》第136条规定：“建设用地使用权可以在土地的地表、地上或者地下分别设立。新设立的建设用地使用权，不得损害已设立的用益物权。”即按照土地用益物权可以分层设立的原则，土地地表的使用权和地下资源的开采权也可以分别设立，二者既可以同属一个权利人，也可以分属不同的权利人，但无论权属归于同一权利人还是分属不同的权利人，都应当履行法定的确权登记审批手续。不过在实践中，办理采矿许可和用地许可往往并不同步，虽然采矿权和土地使用权的取得均属国土资源管理部门审批范围，但采矿权与土地使用权的取得和审批程序并不相同。目前，土地使用权的取得大多采用招标拍卖挂牌方式出让，而采矿权则仍然以协议方式取得为主。在国土资源管理部门内部，采矿权和土地使用权审批和出让，也大多分属不同的部门，因此，采矿许可与采矿用地使用权的审批常常存在程序上的脱节。尤其是那些地处边远的矿产资源，需要占用的土地主要是荒山、荒地、未利用地等农村集体土地，土地利用价值小，于是采矿企业往往采用承包、租赁等方式以低廉的价格从农民手中取得土地后便动工开采，以采矿权替代土地使用权。

目前，我国法律对于矿业用地尚无明确的定义性规定，对于矿业用地的取得方式，《土地管理法》《矿产资源法》均未涉及，至今也无全国统一适用的行政规章对此作出规定。虽然《土地管理法》第4条明确将工矿用地列入建设用地范畴，但由于工矿用地有其自身特点，完全照搬建设用地取得方式并不妥当。比如，采矿作业既有露天开采，也有井下开采；既有矿区用地，又有配套道路和生活设施用地；既有永久性建筑，又有临时性建筑；既有短期的探矿临时用地，又有长期采矿用地。不同的采矿方式和用地方式，使得矿业用地的供应方式非常复杂。另外，矿业用地范围如何界定？采矿区范围是仅限于露天开采区域或者井口部分，还是包括整个开采范围地表覆盖部分？目前仍然缺少明确的解释性规定。如果简单按照工业用地最长50年的出让期限办理矿业用地的有偿出让，显然不符合实际。但正是由于矿业用地使用和取得方式的复杂性，而目前又缺少全国统一的法律规范，使得矿业用地的管理在一些地区显得非常混乱，普遍存在以采矿权甚至探矿权代替土地使用权。滥采、滥挖、乱占土地的现象在矿产开采中绝非个别现象。好在这些年，这一问题已经引起政府行政主管部门的注意，一些地方政府也出台了一些地方性管理规定。[①] 将矿业用地严格纳入土地管理范畴，根据用地方式、范围、期限的不同，制定具体而又有区别的矿业用地管理法规，应当是今后的立法趋势。

19. 占用农村集体土地探矿、采矿是否需要办理农转用和征收补偿手续？

问 根据国家地质部门的初步勘察，发现在某农村集体牧场之下有丰富的稀有金属矿藏资源。我公司已经取得该地域矿藏范围的探矿许可证，并临时占用了部分牧场用地进行探矿作业。经探矿发现可供工业开发价值的矿藏储量后，我们又申请取得了采矿许可证并准备建矿开采。在探矿阶段，由于占用土地较少，我们只与当地村委签订了短期的租赁合同，支付了少量租金。但建矿开采，占用土地范围要大得多，而且时间较长，请问还可以用租赁或承包方式取得占用范围的土地使用权吗？

答：按照《土地管理法》第 4 条的规定，“工矿用地”属于建设用地。第 57 条规定：“建设项目施工和地质勘查需要临时使用国有土地或者农民集体所有的土地的，由县级以上人民政府土地行政主管部门批准。其中，在城市规划区内的临时用地，在报批前，应当先经有关城市规划行政主管部门同意。土地使用者应当根据土地权属，与有关土地行政主管部门或者农村集体经济组织、村民委员会签订临时使用土地合同，并按照合同的约定支付临时使用土地补偿费。临时使用土地的使用者应当按照临时使用土地合同约定的用途使用土地，并不得修建永

① 如 2011 年新疆国土资源厅制定的《关于加强矿业用地管理工作的通知》，对矿业用地的范围进行了界定，明确规定应当办理建设用地使用权的情形。如该《通知》第三条规定：“采矿权人在矿区范围内有下列情形之一的，应当申请办理建设用地使用权。（一）露天采场；（二）井巷工程设施分布范围的地表垂直投影面积；（三）采矿、选矿作业及所需机械设备用地；（四）采矿所需的堆场用地；（五）采矿所需的交通、电力设施用地；（六）采矿所需的其他生产生活用地。采矿用地面积大的露天矿，可采取按年度滚动开发的方式申请建设用地。”同时还规定，因地质勘查临时使用国有或者农民集体土地也应当办理临时用地手续，并按规定支付补偿费。对于未取得建设用地批准手续擅自用地的，按非法用地行为处理。

久性建筑物。临时使用上地期限一般不超过二年。"《土地管理法实施条例》第28条规定："建设项目施工和地质勘查需要临时占用耕地的，土地使用者应当自临时用地期满之日起1年内恢复种植条件。"按以上规定，除短时间的临时用地外，如果采矿需要占用的土地属于农村集体土地，则应依法办理农转用及土地征收、征用和补偿手续，将集体土地转性为国有之后，再以划拨或者出让方式供应给矿业企业。但如此操作，不仅会加重企业的用地成本，而且更容易造成土地的闲置和浪费。矿业用地的使用类型比较复杂，既有临时性探矿用地，也有用地时间较长的采矿用地和附属设施用地；既有用地较少的井下开采模式，也有用地较多的露天开采模式；既有开采周期几十年上百年的矿种，也有短短几年就可开采完毕的矿种。如果不加区别，只要占用农村集体土地探矿、采矿就必须先征为国有然后再出让或者划拨给矿业企业，显然不符合实际。那些用地时间较短的探矿、采矿用地，如果也一律办理征收手续再出让或者划拨给矿业企业，只经过短短几年使用之后，还要交给农民恢复耕种，而此时土地已经转性为国有，并且已向农民支付了补偿，再交还农民使用是否还需办理权属变更，农民是有偿取得还是无偿取得？

正是由于对矿业用地一律采用先征后用的方式并不符合实际，且国家至今仍未出台统一的法律规范，所以对矿业用地的管理也不够规范。特别是，我国的矿业资源大多分布在远离城市的农村地区，所以普遍存在以采矿权甚至探矿权替代土地使用权现象。占用农村土地探矿、采矿，大多是与农村集体签订一定期限的租赁或承包合同，支付少量的补偿后便开始探矿、采矿作业。这种用地模式虽然不符合现行法律规定，但确实在一些地方被矿业企业所采用。

不过最近几年，对于存在的矿业用地违法违规现象，已经引起了政府主管部门的重视，一些地方人民政府行政主管部门也出台了一些地方性管理规定。比如，新疆国土资源厅2011年发布的《关于加强矿业用地管理工作的通知》（新国土资发〔2011〕228号）明确要求："采矿权人在矿区范围内有下列情形之一的，应当申请办理建设用地使用权：（一）露天采场；（二）井巷工程设施分布范围的地表垂直投影面积；（三）采矿、选矿作业及所需机械设备用地；（四）采矿所需的堆物用地；（五）采矿所需的交通、电力设施用地；（六）采矿所需的生产生活用地。"对于探矿临时用地，该通知也要求"探矿权人应持勘查许可证到县（市）级以上国土资源行政管理部门申请办理地质勘查工程临时用地手续。因临时用地造成土地损毁、地上附着物以及青苗损失的，应当参照征地补偿标准给予补偿。临时用地范围内不得修建永久性建（构）筑物。"这一通知要求意味着，需要占用土地较长时间的采矿用地，如果属于农村集体土地，则应当办理农转用及土地征收手续后取得建设用地使用权；而对于探矿临时用地，则不必办理农转用及征收手续，但需办理临时用地审批，并对占地范围的地面附着物和青苗损失给予补偿。虽然有些地方政府行政主管部门已对采矿用地和探矿用地的审批手续采用了区别对待的方法，但这显然不够，因为采矿用地因不同的矿种和采矿方式，对土地的使用期限、使用范围、对地表的影响程度差异也很大，一律都要求办理农转用和征地手续也不符合实际。比如采用露天开采或者铝土矿等矿种的开采，采矿周期一般很短，也就是几年时间，如果办理征收手续变为国有土地并给予农民补偿，只短短几年还得交还农民耕种使用，这不仅会造成土地权属的重复变更，还会造成国家补偿支出的浪费。因此，对于采矿用地也没有必要一律要求先征后用，应当根据不同的使用期限、开采模式等分别加以规定。①

20. 矿业用地的使用期限如何确定？矿产开采完毕，但土地使用期限未满，应如何处置土地？

问 我公司于2001年取得一处铁矿石的采矿许可证，当时核发的采矿许可证有效期限是二十年。后来按照自治区国土资源厅的文件要求，我公司补办了土地使用权出让手续，土地使用期限是按照工业用地最高50年确定的，并由我公司一次性交纳了土地使用权出让金。经过十多年的开采，矿区内的铁矿石已基本开采完毕，我们已准备关闭矿井，拆除矿区的生产设施。请问，采矿完毕，但矿区占用的土地使用期限未满，我公司应如何处置该土地？

答：目前，我国法律和行政法规并无矿业用地使用期限的专门规定。矿业用地分为探矿用地和采矿用地。对于探矿用地，一般是按照《土地管理法》第57条执行，即将探矿用地作为临时用地对待并办理相关用地审批手续，使用期限一般不超过两年。但对于用地周期较长的采矿用地，如何确定期限一直没有明确的规定。由于《土地管理法》将“工矿用地”纳入建设用地范畴，故将采矿用地作

① 有些地方已经出台了类似规定，比如2004年安徽省国土资源厅制定的《关于加强矿业用地管理的通知》（皖国土资〔2004〕203号）第五条规定：“开采矿区占用农用地，属于浅层开采、压占、取土区以及地下开采引起地面塌陷造成土地破坏且能够复垦的，矿山企业可以不办理征地手续，但应当按照国家有关规定负责复垦，并向遭受损失的单位支付土地损失补偿费。没有条件复垦或者复垦不符合要求的，应当依法缴纳土地复垦费，专项用于土地复垦；不能复垦的，应当依法办理农用地转用和征地手续。”

为建设用地有偿出让时，则比照工业用地最长使用期限50年的规定确定采矿用地使用期限。但是，简单地以工业用地期限确定采矿用地期限并不合理。根据不同的矿种、不同的开采方式，开采期限的长短差异很大，有的可能三五年就开采完毕，而有些矿种、开采期限则有可能超过50年。因此，不应以工业用地出让期限作为矿业用地出让期限的标准，更不能以土地使用期限替代矿业权期限。1998年国务院发布的《矿产资源开采登记管理办法》(国务院令第241号)第7条规定："采矿许可证有效期，按照矿山建设规模确定：大型以上的，采矿许可证有效期最长为30年；中型的，采矿许可证有效期最长为20年；小型的，采矿许可证有效期最长为10年。采矿许可证有效期满，需要继续采矿的，采矿权人应当在采矿许可证有效期届满的30日前，到登记管理机关办理延续登记手续。采矿权人逾期不办理延续登记手续的，采矿许可证自行废止。"按此规定，采矿许可证的有效期最长是30年，虽然同时规定，采矿许可证有效期届满，需要继续采矿的，可以申请延期，但该期限与土地使用期限各自独立，还是会经常发生采矿许可证有效期和土地使用期限不一致的情形，特别是该规定确定采矿许可证有效期依据的是"矿山建设规模"，而实际的开采期与开采方式、开采矿种、市场需要等关系密切，因此，依据"矿山建设规模"确定的开采期限与实际开采期限往往并不一致。更与土地使用期限脱节，故经常发生的是，矿产已开采完毕，土地使用期限尚未届满，或者相反，土地使用期限届满，但尚未开采完毕，且开采许可期限还未到期的情形。虽然现在有些地方性规定要求在确定土地使用期限时不得超过已确定的开采期限，但由于实际开采期因多种因素导致的不确定性，与土地使用期限不同步的问题还是难以避免。普遍存在的是，矿产已开采完毕，但土地使用期限还未届满，特别是早期矿业用地使用权大多是以划拨方式无偿供应给企业，而且没有使用期限，这就造成，虽然已经停产、闭坑，不再需要使用土地，但土地使用权仍然属于企业所有的局面。此时，矿业企业该如何处置使用期限尚未届满的土地呢？

对于企业关闭开采完毕的矿山，我国法律有严格的程序性规定。如《矿产资源法》第21条规定："关闭矿山，必须提出矿山闭坑报告及有关采掘工程、不安全隐患、土地复垦利用、环境保护的资料，并按照国家规定报请审查批准。"《矿产资源法实施细则》第33条规定："矿山企业关闭矿山，应当按照下列程序办理审批手续：(一)开采活动结束的前一年，向原批准开办矿山的主管部门提出关闭矿山申请，并提交闭坑地质报告；(二)闭坑地质报告经原批准开办矿山的主管部门审核同意后，报地质矿产主管部门会同矿产储量审批机构批准；(三)闭坑地质报告批准后，采矿权人应当编写关闭矿山报告，报请原批准开办矿山的主管部门会同同级地质矿产主管部门和有关主管部门按照有关行业规定批准。”第34条规定：“关闭矿山报告批准后，矿山企业应当完成下列工作：（一）按照国家有关规定将地质、测量、采矿资料整理归档，并汇交闭坑地质报告、关闭矿山报告及其他有关资料；（二）按照批准的关闭矿山报告，完成有关劳动安全、水土保持、土地复垦和环境保护工作，或者缴清土地复垦和环境保护的有关费用。矿山企业凭关闭矿山报告批准文件和有关部门对完成上述工作提供的证明，报请原颁发采矿许可证的机关办理采矿许可证注销手续。”根据以上规定，矿产开采完毕，企业不能一关了之，而应办理包括水土保持、土地复垦、许可证注销等一系列手续。然而，对于矿产开采完毕，但土地使用权期限尚未届满，应当如何处置土地，相关法律并无具体规定。《土地管理法》第58条规定：“有下列情形之一的，由有关人民政府自然资源主管部门报经原批准用地的人民政府或者有批准权的人民政府批准，可以收回国有土地使用权：（一）为实施城市规划进行旧城区改建以及其他公共利益需要，确需使用土地的；（二）土地出让等有偿使用合同约定的使用期限届满，土地使用者未申请续期或者申请续期未获批准的；（三）因单位撤销、迁移等原因，停止使用原划拨的国有土地的；（四）公路、铁路、机场、矿场等经核准报废的。依照前款第（一）项的规定收回国有土地使用权的，对土地使用权人应当给予适当补偿。”有人据此认为，根据这一规定，矿产开采完毕后，矿业用地使用权即可由政府无偿收回。这种观点有失偏颇。因为虽然矿业开采完毕，矿业用地失去了开采价值，但并非同时失去了其他使用价值，在经过复垦、改造之后，仍然可以作为农业用地或者其他用途使用，何况，矿业企业在取得矿业用地使用权时，已经一次性交纳了数十年的土地出让金，因此，只要使用期限未满，该土地在法律上就属于矿业企业的财产，一旦停止使用就由国家无偿收回并不公平。如此简单处理，也不利于土地的复垦和恢复使用。虽然《土地复垦条例》第20条规定：“土地复垦义务人不依法履行复垦义务的，在申请新的建设用地时，有批准权的人民政府不得批准；在申请新的采矿许可证或者申请采矿许可证延期、变更、注销时，有批准权的国土资源主管部门不得批准。”这样的规定对那些有连续开采业务的企业或许有一定的制约力，但现在许多中、小矿企业都存在短期行为，发现有开采价值的矿产后，临时注册一个公司，开采完毕后将有使用价值的设备、设施拆除后就一走了之。即使土地使用期限不满，如果不能实现剩余使用期限的价值，或者剩余使用价值小于复垦、改造投入，其宁可让土地闲置，也不会办理土地使用权的交回手续。

目前看来，矿产开采完毕就强制收回尚未到期的土地并不可行，也缺少法理支持，而以复垦为主要内容的矿业用地退出机制，对于防止土地的闲置，发挥土地效能，效果也不理想。实践证明，对于矿业用地的取得和退出，单纯依靠行政手段的思路已经过时，虽然有些地方早已开始实行矿业用地的有偿出让，但使用期限的确定仍然带有明显的行政和人为色彩，而矿业用地的退出，则仍然沿用计划经济时代划拨用地的通行模式。这样的机制显然不利于土地权利人权利的保护，也不利于土地资源的持续开发和利用。好在这些问题已经引起国家立法机构的重视。最近发布的《国土资源法律评价报告 2013》蓝皮书建议，在修订《矿产资源法》或《土地管理法》时，应专设"矿业用地"一章："明确探矿权临时用地和采矿用地的取得方式和程序、矿业用地期限确定、不同期限的矿业用地价款确定、矿业用地退出、矿业用地与相邻土地关系的处理，以及矿业权转让之后土地使用权如何办理转让等制度。"

21. 矿业权转让，土地使用权是否应一并转让？

问 A 公司将其拥有的铝土矿的采矿权连同采矿设备和矿区的生产、生活设施一并转让给 B 公司并办理了过户登记手续。B 公司也已付清了全部转让费，但在办理交接手续时，A 公司又提出增加费用的要求，理由是他们转让给 B 公司的只是采矿权，而土地使用权并未转让，B 公司欲取得开采范围的土地使用权必须另行支付费用。请问，A 公司的做法是否有法律依据？

答：关于在取得矿业权或者处分矿业权时，如何取得矿业用地使用权或者如何处分矿业用地，我国法律一直没有明确具体的规定。实践中，一般是将矿业用地看作工业用地，并按照建设用地的取得方式供应土地。而在转让矿业权利时，是否一并转让矿业用地，则只能按照转让合同的约定和法律的一般规定理解和认定。

大多数情况下，在转让矿业权时，都会约定矿业权连同生产、生活设施及占用范围的土地一并转让，但由于法律意识等方面的原因，有些转让合同过于简单，只约定了矿业权转让的内容，而没有约定矿业用地使用权的转让。如果因此而产生争议，笔者认为应当认定矿业权转让，土地使用权也一并转让。理由如下：

（1）矿业权与矿业用地使用权不可分割。虽然《物权法》有土地权利可以在土地的地表、地上或者地下分别设立的规定，但分层设立的前提是相互之间不能存在冲突。取得矿业权，必然要使用探矿或者采矿范围的土地，也就是说，只转让矿业权而不转让矿业勘探及开采范围的土地使用权，转让的矿业权也毫无价值和意义。至于说矿业权和土地使用权的取得要分别在不同的部门办理审批和出让（划拨）或者过户登记手续，那是行政管理层面的问题。实践中也确实存在矿业权的审批和土地使用权的审批脱节、不同步的问题。但按照物权的排他性和一物一权的原则，无论二者是否同时设立，只要设定了矿业权，就应当允许该矿业权人使用矿业范围的土地。即矿业权和土地使用权的权利主体必须一致，转让了矿业权，也就意味着矿业用地使用权也应一并转让。至于支付的矿业权转让费对价是否包括土地使用权，也是一个证据认定的问题，如果当事人确实约定，土地使用权的价款另行支付，不计算在矿业权转让价款范围之内，则转让方当然有权拒绝交付土地和办理土地过户手续。但若无此约定，则应当推定矿业权转让应当包括土地使用权的转让。

（2）在颁发探矿或采矿许可证时，都会附有探矿、采矿具体范围的图纸，并注明坐标界址及生产、生活设施用地位置。在办理矿业权的转让过户登记手续时，这些附图材料等同样应当登记在新的受让人名下。即无论转让合同约定的转让范围是否明确，只要矿业权转让一经登记过户，该矿业权登记项下的财产权就应当一并归新的受让人所有。

22. 什么叫地役权？

问 我们家的承包地与本村另一农户家的承包地相邻，该户承包地的另一侧紧靠河流和乡村公路，如果能够通过该户土地取水和通行都很方便，否则就要走很远才能取水和通行。但通过该户土地取水和通行也会占用他们的土地，影响他们耕种，因此他们一直不同意。有人建议我们可以签订地役权合同，给他们一定的经济补偿解决这一问题。请问，什么叫地役权？

答：地役权概念源于罗马法，是最早的他物权制度。世界上一些民法制度比较发达的国家和地区，比如法国、德国、意大利、瑞士、日本以及我国台湾地区，均在其民法当中规定有地役权制度。然而这项古老的他物权制度一直是我国民事立法的空白。在我国《物权法》起草过程中，对于是否要规定地役权制度曾有不同意见。一种意见认为，物权法不应当规定地役权，地役权可以被相邻关系所包括。多年来我国没有地役权制度，有关地役权纠纷大多是按相邻关系处理的，这已表明地役权没有独立存在的必要。另一种意见认为，相邻关系不能替代地役权，物权法应当规定地役权。相邻关系是对不动产的利用作最低限度的调节；而地役权则必须通过双方当事人约定，对他人不动产的利用来提高自己不动产的价值。[①] 最终第二种意见被大多数人所接受。新颁布的《物权法》用专章规定了我国的地役权制度。这一规定不仅填补了我国民事立法的空白，丰富了土地用益物权制度，对于发挥土地效能、保护权利人利益也具有重要作用，值得认真研究。

按照《物权法》第156条规定："地役权人有权按照合同约定，利用他人的不动产，以提高自己的不动产的效益。前款所称他人的不动产为供役地，自己的不动产为需役地。"这一规定是我国《物权法》对地役权的基本定义。但这一定义性规定过于简略。依传统民法理论，地役权是指土地上的权利人（包括土地所有人、土地使用权人），为了自己使用土地的方便或者土地利用价值的提高，通过约定而对他人土地得以支配和利用的权利。在地役关系中，一般均涉及两个不同土地权利主体分别所有或使用的两块或两块以上的土地。其中一块土地需要利用另一块土地来提高自身的效益。需要利用他人土地的地块称为需役地，而供他人利用的地块则称为供役地。需役地土地所有权人或者使用权人称为地役权人，供役地土地所有权人或使用权人则被称为地役人。从以上地役权的概念可以看出其有如下特点：

（1）地役权依照合同而设立

地役权属于用益物权，但这一用益物权的设立是当事人以合同的方式约定的结果，而不是依"物权法定"的原则由法律直接设定的权利。地役权的设立以地役权合同生效为标志，即地役权合同生效之日为地役权设立之日。

（2）地役权具有从属性和不可分性

即地役权从属于需役地所有权或者使用权。当土地所有权或使用权转移时，地役权随之转移。同时，地役权也不能与需役地所有权或者使用权分离而单独转让或抵押。对此《物权法》第164条和165条有具体规定。

（3）地役权是权利人为了提高自己不动产的效益而利用他人土地的用益物权

地役权的设立，必须以增加需役地的利用价值和提高其效益为前提。此种"效益"既包括生活上得到的便利，也包括经营上获得的效益。如为需役地的便利而在供役地上设立的排水、通行、铺设管线等。

（4）地役权一般需要有偿取得

地役权应当通过当事人合同约定而设定，而费用及其支付方法一般应为合同主要条款。需役地权利人通常要向供役地人支付合理费用，而且按照《物权法》

① 胡康生.中华人民共和国物权法释义[M].北京：法律出版社，2007：344.

的规定，如果需役地权利人不按约定的期限支付费用，在经两次催告后仍未支付的，则供役地权利人有权解除地役权合同。

地役权制度对于处理不动产之间的毗连关系非常重要，尤其是在农村，农户之间承包经营的土地经常会因通行、取水等发生争议，通过地役权的设定，既可以化解矛盾，也有利于提高土地的效益，因此，地役权制度具有很高的实用价值。

23. 地役权与相邻权有何区别？

问 A、B两住宅小区相互毗邻，A小区内的道路与城市主干道相连，B小区内的居民若从A小区穿行，路途较近，上下班及学生上学都方便，否则就要从另一出口绕行很远的距离。但随着车辆的增多，A小区居民认为B小区车辆在他们小区穿行不仅经常造成拥堵，而且也不安全，于是封堵了两小区之间的车辆通道，只允许人员步行通过，车辆禁止通行。B小区居民认为，A小区的做法侵犯了他们的相邻权，而A小区居民则认为，小区道路用地属于A小区居民共有的土地，在购房时，该土地成本已由小区全体居民分担，因此他们有权决定是否允许其他小区居民通行。请问，这一争议属于地役权纠纷还是相邻权纠纷？应当如何解决？

答：长期以来，我国没有地役权制度，有关地役权纠纷大多是按相邻关系处理的。也正因为如此，一些学者认为我国没有必要建立独立的地役权制度。的确，作为主要调节毗邻的不动产利用关系的两种相类似法律制度，在发生条件和效力方面，相邻关系和地役权制度存在重叠或交叉之处。而且二者主要以调节相邻不动产利用过程中权利人的利益冲突为目的，其具体效力主要体现在对邻地的通行、取水、排水、铺设管线、眺望等方面权利的限制或扩张。[①] 但二者也存在本质区别。

（1）相邻权是法定权利，而地役权是约定权利

相邻权是法律为规范并保护良好的相邻秩序，而通过立法的方式直接赋予相邻各方某种权利或强加于相邻各方某种义务。比如相邻各方所拥有的取水、排水、通行、通风、采光等不受妨碍的权利，就是基于法律的直接规定而取得。而不得侵害、妨碍相邻一方行使这些权利，就成为另一相邻方的法定义务。而地役权则是基于需役地的某种特殊要求，与供役地权利人通过平等协商，以合同的形

① 刘智慧．物权法立法观念与疑难制度评注 [M]. 南京：江苏人民出版社，2007：129.

式加以约定而获得的权利。

（2）权利性质不同

相邻权不是一项独立的民事权利，更非一项独立的物权类型，其本质是对相邻不动产所有权人或使用权人行使权利的限制与扩张，应属所有权范畴。我国《物权法》也是将"相邻关系"一章，置于"所有权编"之中。而地役权是为特定土地的利益而使用他人土地的权利，是地役权人通过合同方式获得的一项独立的用益物权，属于他物权范畴。

（3）法律调整强度不同

相邻权是法律对相邻土地利用关系进行最低限度调节的结果，即相邻权的行使一般以权利人"必须"或者"最低容忍度"为限制。比如邻地通行权，《物权法》第87条规定："不动产权利人对相邻权利人因通行等必须利用其土地的，应当提供必要的便利。"再比如第88条管线铺设权，"不动产权利人因建造、修缮建筑物以及铺设电线、电缆、水管、暖气和燃气管线等必须利用相邻土地、建筑物的，该土地、建筑物的权利人应当提供必要的便利。"从这两条可以看出，因通行或管线铺设而利用相邻土地，应当以"必须"为条件，所谓"必须"，一般是指邻地是唯一通道，舍此别无他途。在这种情况下，邻地所有权人或使用权人必须"容忍"相邻他方利用自己的土地，并且还应当"提供必要的便利"。再如通风、采光等权利，相邻方的最低容忍度就是其他相邻方对其通风、采光的影响不得超过国家规定的标准，如建筑间距、采光时间的要求等。超过这一限度，则相邻权人有权请求排除妨碍，并且要求赔偿损失。也正因为如此，相邻权的取得无需向相邻他方支付费用。而地役权的取得不存在最低限度问题，即地役权的取得不以"必须"为条件。按照《物权法》第156条规定，利用他人的不动产，即取得地役权的直接目的是为了提高自己不动产的效益。比如通过邻地路途最短、最经济，但邻地道路并非唯一通道，通过其他道路绕行也可出行，此时借用邻地通行就不是必需的。如果想提高自己的出行效率，实际上就是提高自己土地的利用效益，则可通过与土地所有权人或者土地使用权人协商的方式通过合同的方式获得地役权。正因为如此，地役权的取得无须国家强制力的介入。而获得地役权而使自己土地效益提高的权利人一般还要向供役地人支付必要的费用。关于费用的支付，应注意，行使相邻权有时也需支付费用，但前提是因为利用相邻不动产给相邻方造成损害。对此《物权法》第92条规定："不动产权利人因用水、排水、通行、铺设管线等利用相邻不动产的，应当尽量避免对相邻的不动产权利人造成损害；造成损害的，应当给予赔偿。"而地役权的取得是否需要支付费用，则不以损害为前提，只要当事人协商一致，没有损害也需支付费用。

（4）相邻权无须登记即可产生对抗第三人的效力，而地役权不经登记则不能对抗第三人

相邻权是一种法定权利，只要存在相邻关系，则相邻各方就自动取得相邻权，这种权利的取得无须登记就可对抗其他相邻方。而地役权则是通过合同约定取得的权利，根据《物权法》的规定，地役权自地役合同生效时设立，即地役权合同生效后，地役权同时设立，地役权人可以行使地役权利，但是如果该地役权未经登记机构登记，则不具有对抗善意第三人的效力。

（5）地役权的设立条件与相邻权不同

相邻权以不动产相邻为条件，而地役权的设立并不以需役地和供役地相邻为限，不相毗邻的土地权利人之间，也可设立地役权关系，但大多数情况下，地役权关系是土地相邻各方之间设定的。

就本问答所述争议而言，如果确如 A 小区居民所称，小区道路用地属于小区全体居民共有，而小区道路又并非 B 小区居民出行的必经通道，则 A 小区居民有权禁止 B 小区居民通行，B 小区居民若要借道通行，以提高自己小区居民的出行效率，可与 A 小区居民签订地役权合同，在支付一定补偿的同时，取得在 A 小区的道路通行权。但若该道路属于 B 小区居民出行的唯一通道，则 A 小区居民必须允许 B 小区居民通行，否则就是对 B 小区居民相邻权的侵犯。

24. 地役权必须登记才能生效？

问 早在《物权法》颁布之前，我就和本村另一农户签订过协议，在他家的承包地内开辟一条道路专门供我承包的砖厂运输之用，为此我每年给他们支付一定的费用。当时合同约定的使用期限和土地的承包期限相同。但协议名称不叫地役权合同，而叫道路使用协议。最近该农户要求与我重新签订协议，大幅提高使用费，并称我们原来签订的协议未经登记没有法律效力。请问，是这样的吗？我们签订的协议是否属于地役权合同？

答：首先可以确定，你们所签订的协议应当属于地役权合同。在《物权法》颁布以前，虽然没有地役权表述，但在实践中，尤其是农村地区，通过合同设立的相邻不动产之间的相互利用关系已很普遍，其法律关系已经完全具备地役权的性质。在《物权法》颁布后，对这种已经设立的法律关系当然应当承认其地役权性质，并按照地役权的相关规定处理。

《物权法》第158条规定："地役权自地役权合同生效时设立。当事人要求登记的，可以向登记机构申请地役权登记；未经登记，不得对抗善意第三人。"按此规定，地役权合同生效之日即为地役权设立之时。即不经登记，只要地役权合同生效，所设定的地役权就对地役权合同双方当事人发生法律效力。但这种效力只在地役权合同当事人之间产生作用，如果未经依法登记则不能对抗善意第三人。在《物权法》制定过程中，对于地役权是否必须登记才发生效力曾有不同意见：一种意见认为，地役权应当登记，如果该权利不通过登记予以公示，必然会损害第三人的利益。例如，地役权人和地役人达成协议设立了地役权，这实际上是在供役地上设立了负担，供役地的价值将因此而减少。如果地役人将其土地的使用权转让给第三人，第三人在受让该土地时，不知道该土地上已设立了地役权，仍然以没有负担的土地的价值购买，必然会蒙受损失。另一种意见认为，应将地役权登记生效作为基本原则，登记对抗作为例外。

在我国，设定地役权的情形在农村比较多见，而在农村，地役权设立后80%～90%是不登记的。[①] 为了方便群众、减少成本，《物权法》对地役权实行登记对抗主义。即地役权合同签订后，如果未依法办理登记手续，则该权利不能对抗善意第三人。即如果地役权设定后，供役地使用权又发生了转让，而新的受让人不知道或者不应当知道受让土地上设定了地役权，即为善意受让人，该地役权对新的受让人没有约束力。如果地役权人因此而蒙受损失，其只能向供役地人主张。综上所述，以所签订的合同未经登记，主张合同没有法律效力，并单方变更合同内容是没有法律依据的。但为安全起见，最好还是补办登记手续。否则，若供役地一方又将需役地一方专用的通道转让给他人使用，虽然需役地一方可以向供役地一方主张损失赔偿，但已设定的地役权不能对抗善意第三人，则道路的专用权必然会受影响。

25. 未经用益物权人同意，土地所有权人可以在其所有的土地上设立地役权吗？

问 某采石场为运输方便，想要在某农户的承包地上修建一条简易公路，但因补偿问题意见不一，未达成协议。于是该采石厂又找到村委会负责人做工作。村委会认为，该承包地的所有权归集体所有，作为土地所有权的代表，村委

① 宗和．怎样设定和保障地役权[J]．中国国土资源报．人地法周刊，2014-4-26.

会有权决定在农户承包的土地上修建公路等设施。至于农户因此所受的损失，他们可以给予补偿。但农户仍然不同意修建公路，于是村委会与采石厂签订地役权合同后便强行组织施工。请问，村委会的做法对吗？

答： 村委会的做法是一种违法侵权行为。

《物权法》第 13 条规定："土地上已设立土地承包经营权、建设用地使用权、宅基地使用权等权利的，未经用益物权人同意，土地所有权人不得设立地役权。"这一规定既是对土地所有权人的权利限制，也是对土地用益物权人权利的保护。我国实行土地所有权与土地使用权相分离的制度，无论是国有土地所有权人还是集体土地所有权人，其权利主体本身并不实际使用土地，而是将土地使用权分别以土地承包经营权、建设用地使用权、宅基地使用权等用益物权形式让渡给他人独立使用。权利一经让渡，受让人在使用期限内就对土地拥有占有、使用、收益和有条件转让的权利。这些权利一旦获得，即具有排他性，即可以排除包括土地所有权人在内的一切他人的干涉。土地所有权人将土地使用权以不同的用益物权形式让渡以后，也就同时负有不干涉、不侵犯受让人土地使用权的义务，而未经土地使用权人同意，就在其土地上设定地役权负担，显然损害了土地使用权人的利益。为采石厂运输方便修路并非公益性质，因此承包经营权人没有服从的义务，即使村委会或者采石厂给予足够的补偿，该农户如果仍然反对修路的，村委会或者采石厂也无权强行占地修路。

26. 地役权期限如何确定？

问 两相邻不动产使用权人欲签订一份地役权合同，因供役地使用期限再有几年即将届满，需役地一方不知如何确定地役权期限。担心一旦土地使用期限届满，地役权也会被终止。请问，地役权合同期限应当如何约定？

答：《物权法》第 161 条规定："地役权的期限由当事人约定，但不得超过土地承包经营权、建设用地使用权等用益物权的剩余期限。"依此规定，地役权的期限可以由当事人自由约定，但前提是所约定的期限不得超过土地承包经营权、建设用地使用权等用益物权的剩余期限。这一规定的本意很好理解，即土地承包经营权等用益物权期满后，土地所有权人可以收回土地使用权，即期限届满土地使用权人就可能丧失土地使用权。既然期限届满土地使用权本身都将丧失，则依附于其上的地役权也应当同时丧失，如果约定的地役权期限超过土地使用权期限，则不仅地役权成为脱离土地使用权的一种独立存在的权利，而且也有损土地所有权人的利益。故不应当允许地役权期限超过供役地或需役地本身的使用期限。但考虑到无论是土地承包经营权，还是建设用地使用权，都存在依法续期的可能，故在地役权合同中可以约定："如土地使用期限届满后自动续期，或者土地所有权人与土地使用权人达成延期使用协议的，则地役权期限也自动顺延"。既然《物权法》明确规定"不得超过剩余期限"，若当事人在地役权合同中约定的地役权期限超过了土地承包经营权等用益物权的剩余期限，则超过部分可被认定为无效。但若约定地役权期限随土地使用期限顺延而自动顺延，则这样的约定并不违法，应为有效约定。因为这样的约定本身以及实际效果都没有也不会发生地役权期限超过土地使用期限的后果，而且也不会损害土地所有权人的利益。

27. 因生产建设损毁土地的复垦责任应当由谁承担？

问 因修建高速铁路，我村近200亩耕地被临时征用，按照当时签订的征地补偿协议，临时用地期限为12个月，自协议生效之日起至土地复垦并验收合格之日止。协议签订后，政府向我村支付了青苗及地上附着物补偿。但征用土地一年期满后，用地单位虽然对施工现场进行了土方回填，但回填土掺杂了大量石沙，并非原耕作层，根本无法耕种使用。我们与当地政府交涉，政府答复说，该建设项目属于国家建设项目，建设单位也是国有企业，地方政府只负责征地，土地复垦应由建设单位完成。我们又找到建设单位，建设单位又称该建设项目是采用招标方式确定的施工单位，而施工单位中标后已向政府缴纳了复垦保证金，但该施工单位已无法联系，而政府方面则否认收到复垦保证金。如今，被征土地因无法耕作已荒芜近三年。请问，土地复垦义务应由谁承担？我村因此所遭受的损失应由谁赔偿？

答：土地复垦的基本原则就是："谁破坏，谁复垦"。《土地管理法》地43条规定："因挖损、塌陷、压占等造成土地破坏，用地单位和个人应当按照国家有关规定负责复垦；没有条件复垦或者复垦不符合要求的，应当缴纳土地复垦费，专项用于土地复垦。复垦的土地应当优先用于农业。"由国务院发布的《土地复垦条例》第3条规定："生产建设活动损毁的土地，按照'谁损毁，谁复垦'的原则，由生产建设单位或者个人（以下称土地复垦义务人）负责复垦。但是，由于历史原因无法确定土地复垦义务人的生产建设活动损毁的土地，由县级以上人民政府负责组织复垦。自然灾害损毁的土地，由县级以上人民政府负责组织复垦。"

第 10 条规定："下列损毁土地由土地复垦义务人负责复垦：(一) 露天采矿、烧制砖瓦、挖沙取土等地表挖掘所损毁的土地；(二) 地下采矿等造成地表塌陷的土地；(三) 堆放采矿剥离物、废石、矿渣、粉煤灰等固体废弃物压占的土地；(四) 能源、交通、水利等基础设施建设和其他生产建设活动临时占用所损毁的土地。"根据以上规定，除因历史原因无法确定复垦义务人，或者因自然灾害损毁的土地应当由政府负责组织复垦外，因生产建设活动损毁土地的，复垦义务人就是因生产建设活动占用土地的单位或者个人。

但是，如果复垦义务人不履行复垦义务和损失赔偿责任，作为土地权利人，比如被占用土地的所有权人、使用权人应当向谁主张权利？按照现行法律、法规规定，应当由复垦义务人与土地权利人签订协议，即由土地权利人向复垦义务人主张复垦及损失赔偿的权利。《土地复垦条例》第 19 条规定："土地复垦义务人对在生产建设活动中损毁的由其他单位或者个人使用的国有土地或者农民集体所有的土地，除负责复垦外，还应当向遭受损失的单位或者个人支付损失补偿费。损失补偿费由土地复垦义务人与遭受损失的单位或者个人按照造成的实际损失协商确定；协商不成的，可以向土地所在地人民政府国土资源主管部门申请调解或者依法向人民法院提起民事诉讼。"实践中的做法也是如此，由政府出面协调用地单位与农村集体经济组织等土地权利人签订土地使用及补偿协议，由用地单位直接支付补偿，若土地使用完毕后不能完成复垦，并支付损失补偿费，则由土地权利人向用地单位主张权利或者提起诉讼。但这样的制度安排并不合理，对土地权利人也有失公平。

在 2004 年《土地管理法》修改之前，没有区分征收和征用的概念。对于国家征地行为统称为"征用"。因此，按当时的规定，对于临时性用地，如不改变土地权属性质的，则不实行征用，即国家不动用征地权，而由具体用地单位与农村集体经济组织签订临时用地及补偿协议，土地使用完毕后，由用地单位交还土地，造成毁损的，则应由用地单位负责复垦及赔偿。按照当时的规定，由于土地使用并非以国家的名义进行的，即没有动用国家征地权，因此由用地单位直接与农村集体经济组织签订临时用地及补偿协议，并负责土地使用完毕后的复垦及赔偿，似乎有一定的合理性。因为政府并未以国家的名义征用土地，即政府并非土地使用法律关系中的当事人。但是，自 2004 年《土地管理法》修改以后，明确区分了土地征收和征用的概念，前者导致土地所有权的改变，征收以后不存在土地返还的问题；而后者则不发生土地所有权的变更，使用期满后土地应返还农村集体。这样的区分意味着，即使临时使用农村集体土地，也须动用国家征地权，即实行国家征用——由国家依法征用后再交由具体建设单位使用。显然，按照新的《土地管理法》的规定，临时性的征用，也应当由国家作为土地使用法律关系的当事人，与农民集体签订征用土地补偿协议，当然，临时用地返还时，复垦及赔偿责任也应由国家承担。因为，如果不是以国家的名义征用农民的土地，其他单位和个人出再高的价钱，农民也有权拒绝。在以公共利益和国家的名义征用土地后，土地的返还、复垦以及补偿却与国家没有关系，只能由被征土地的农村集体和农民向具体用地单位主张权利，这样的设计安排对被征地农民有失公平。事实上，在以国家名义征用农民集体土地并交由用地单位使用的过程中，应当存在两个法律关系：一个是国家与农民集体之间的征用及补偿关系；另一个则是国家与具体用地单位的土地供应和使用关系。不能将两个法律关系强行合并为一个，然后将因征地产生的法律责任完全批给用地单位。

没错，法律规定的土地复垦原则是："谁破坏，谁复垦"。具体用地单位使用被征用土的土地造成破坏的，必须由其负责复垦并赔偿损失，因为用地单位是土地的实际使用者和破坏者，往往也是土地使用的直接或间接受益人，根据权利义务相一致的原则，当然应当由具体用地单位承担土地复垦及赔偿责任。但用地单位实际上应当是向政府负责，因为是政府而不是农民集体将土地交给用地单位的。虽然按照政府的要求，农民集体要与具体用地单位签订土地使用及补偿协议，但政府并不能以此为由，在用地单位使用土地后不能履行土地复垦及赔偿义务时，简单地以农民集体和用地单位之间的合同纠纷为由将他们推向法庭，自己却置身事外。因为，在农民集体和政府之间，还存在一个征地法律关系，征用了土地却不能按期返还或者返还时不符合要求，政府就理应承担相应责任。即农民集体既可以按照与具体用地单位之间的土地使用协议，要求用地单位履行土地复垦和赔偿义务，也可以依据事实上与政府之间的土地征用协议，要求政府按期返还土地，返还时，未完成土地复垦的，则视为没有返还，应由政府承担复垦及赔偿责任。至于向谁主张，农民集体应拥有选择权。况且，具体的用地单位是政府而不是农民集体选择的，用地单位是否有土地复垦能力，土地复垦方案是否可行，应当交纳多少复垦费（保证金）是由政府审查和决定的。《土地复垦条例实施办法》第 17 条规定："土地复垦义务人应当与损毁土地所在地县级国土资源主管部门、银行共同签订土地复垦费用使用监管协议，按照本办法规定的原则明确土地复垦费用预存和使用的时间、数额、程序、条件和违约责任等。土地复垦费用使用监管协议对当事人具有法律效力。"即有权要求用地单位预存并监管和使用土地复垦费的是政府而不是农民集体。因此，当用地单位不能复垦时，组织复垦的义务当然应由政府承担。如果用地单位未交纳土地复垦费，或者交纳的土地复垦费不足以完成复垦和赔偿农民损失，则理应由政府出资复垦和补偿。在政府出资完成复垦和补偿之后，用地单位的责任应当由政府通过法定程序处理和追究。

但是需要注意的是，在《土地管理法》修正之前的临时用地以及相当多的矿业用地，国家并不实行征用，而是由用地单位直接与农村集体经济组织签订土地使用和补偿协议，尤其是临时性、短时间的探矿、采矿用地，《土地管理法》修正后，仍然不实行征用，许多地方性规定均允许在平等协商的基础上签订用地及补偿协议。对于此类由农民集体或其他土地权利人自主决定的以出租等形式使用的土地造成的毁损，应当由农民集体向用地单位主张复垦和赔偿，而不能向政府主张。

28. 因历史遗留损毁土地和自然灾害损毁土地由谁负责复垦？

问 20 世纪七八十年代，我村村办企业烧制砖瓦、挖沙损毁了大片耕地。最近，因地震、泥石流等自然灾害，许多农户的承包地也被掩埋。因当初的村办企业已不复存在，加上土地复垦投资巨大，这些被损毁的土地一直闲置荒芜。请问，这些土地的复垦责任应由谁承担？

答：我国人多地少，土地资源十分珍贵。但因人为破坏和自然灾害等原因损毁土地的情况也很严重。特别是因历史遗留损毁的土地和自然灾害损毁的土地长期得不到复垦而造成的土地资源的闲置和浪费现象，在全国普遍存在。1988 年，国务院曾发布《土地复垦规定》，但该规定主要是规范生产建设活动中损毁土地的复垦行为，而对历史遗留和自然灾害损毁土地的复垦未有涉及。2011 年，国务院发布了《土地复垦条例》，该《条例》施行的同时，原《土地复垦规定》废止。新《条例》专章规定了历史遗留和自然灾害损毁土地的复垦问题。对于土地复垦，采用的是国家投资、社会投资和鼓励土地权利人自行复垦的模式。如《条例》第 23 条规定："对历史遗留损毁土地和自然灾害损毁土地，县级以上人民政府应当投入资金进行复垦，或者按照'谁投资，谁受益'的原则，吸引社会投资进行复垦。土地权利人明确的，可以采取扶持、优惠措施，鼓励土地权利人自行复垦。"根据这一规定，对于历史遗留损毁土地和自然灾害损毁土地的复垦，政府负有投资义务，但也可以按照"谁投资，谁受益"的原则，吸引社会投资进行复垦。如果由土地权利人自行复垦的，政府可给予补偿。为此还专设"土地复垦激励措施”一章。如《条例》第33条规定：“社会投资复垦的历史遗留损毁土地或者自然灾害损毁土地，属于无使用权人的国有土地的，经县级以上人民政府依法批准，可以确定给投资单位或者个人长期从事种植业、林业、畜牧业或者渔业生产。社会投资复垦的历史遗留损毁土地或者自然灾害损毁土地，属于农民集体所有土地或者有使用权人的国有土地的，有关国土资源主管部门应当组织投资单位或者个人与土地权利人签订土地复垦协议，明确复垦的目标任务以及复垦后的土地使用和收益分配。”第34条规定：“历史遗留损毁和自然灾害损毁的国有土地的使用权人，以及历史遗留损毁和自然灾害损毁的农民集体所有土地的所有权人、使用权人，自行将损毁土地复垦为耕地的，由县级以上地方人民政府给予补贴。”但需注意，无论是国家直接出资复垦，还是由社会力量或者土地权利人自行复垦，都必须按照规定的程序进行。比如首先要由政府土地管理部门对损毁土地进行调查评价，在此基础上编制土地复垦专项规划、土地复垦项目设计书，并经政府主管部门批准后方可实施，未经法定程序审查和批准，则土地复垦难以获得政府资金支持。

综上，你村可申请人民政府对你村因历史遗留和自然灾害损毁的土地进行调查评估，在此基础上编制土地复垦设计书，并报政府土地主管部门审查批准后，即可按当地规定标准申请土地复垦补助资金。

29. 土地复垦是否达标由谁说了算？对政府出具的复垦验收合格证明有异议怎么办？

问 某矿业企业因采矿致使大片农田塌陷，无法耕种。经与土地所有权人——某农村集体经济组织协商，由该矿业企业先行向承包土地的农户支付一定的损失补偿，然后在一年内完成塌陷土地的复垦。一年之后，该企业虽然对塌陷土地进行了土方回填，平整了土地，村委会也对复垦结果加以确认。但承包农户认为，回填土主要取自不适合种植的临海盐碱地，回填表层几乎没有原耕作层，根本无法耕种，因此拒绝接收土地并向当地政府土地主管部门投诉。土地主管部门核查后，提出整改意见要求企业返工。经整改后，土地主管部门进行了验收并出具了验收合格确认书。但承包农户认为整改后的土地仍然不符合耕种标准，试种两年后几乎颗粒无收。但该矿业企业以复垦结果已得到村委确认，并已取得政府颁发的土地复垦验收合格证为由，拒绝进一步的整改，也不同意农民的赔偿要求。请问，对土地复垦结果，谁有权确认？对政府的验收有异议怎么办？

答：首先，按照“谁破坏，谁复垦”的原则，该矿业企业应为复垦义务人，应当按照有关规定对其损毁的土地负责复垦，因土地损毁给土地权利人造成损失的，还应当支付损失补偿费。如果被损毁的土地是由政府征用后供应给企业使用，则被征地农民也有权要求政府组织复垦并给予赔偿。

对于损毁土地的复垦和验收，按照《土地复垦条例》的规定，有着严格的程序性要求，不能仅凭与农村集体经济组织达成的协议就实施土地复垦。对于土地复垦结果，农村集体经济组织也无权确认。如《条例》第 11 条规定：“土地复垦义务人应当按照土地复垦标准和国务院国土资源主管部门的规定编制土地复垦方案。”第 28 条规定：“土地复垦义务人按照土地复垦方案的要求完成土地复垦任务后，应当按照国务院国土资源主管部门的规定向所在地县级以上地方人民政府国土资源主管部门申请验收，接到申请的国土资源主管部门应当会同同级农业、林业、环境保护等有关部门进行验收。进行土地复垦验收，应当邀请有关专家进行现场踏勘，查验复垦后的土地是否符合土地复垦标准以及土地复垦方案的要求，核实复垦后的土地类型、面积和质量等情况，并将初步验收结果公告，听取相关权利人的意见。相关权利人对土地复垦完成情况提出异议的，国土资源主管部门应当会同有关部门进一步核查，并将核查情况向相关权利人反馈；情况属实的，应当向土地复垦义务人提出整改意见。”第 29 条规定：“负责组织验收的国土资源主管部门应当会同有关部门在接到土地复垦验收申请之日起 60 个工作日内完成验收，经验收合格的，向土地复垦义务人出具验收合格确认书；经验收不合格的，向土地复垦义务人出具书面整改意见，列明需要整改的事项，由土地复垦义务人整改完成后重新申请验收。”根据以上规定，复垦义务人首先应当编制土地复垦方案，该方案在办理建设用地审批时，应随有关报批材料一同报送，经审查合格后才能批准用地。组织复垦时，必须严格按照报送的复垦方案进行复垦。复垦结束后应当由县级以上人民政府国土资源主管部门会同农业、林业、环境保护等有关部门进行验收。即只有县级以上人民政府国土资源主管部门才是土地复垦的法定验收部门，有权出具验收合格证明。但对政府主管部门出具的验收合格证明，相关土地权利人有权提出异议。因为政府出具土地复垦验收合格的证明的行为属于具体行政行为，并且该行为与土地权利人的利益存在法律上的利害关系，故土地承包经营权人也可以向人民法院提起行政诉讼，要求撤销已颁发的土地复垦验收合格证明，并重新组织验收。

另外，《土地复垦条例》第 31 条规定：“复垦为农用地的，负责组织验收的国土资源主管部门应当会同有关部门在验收合格后的5年内对土地复垦效果进行跟踪评价，并提出改善土地质量的建议和措施。”据此规定，既然农民试种两年仍不能收获，说明土地复垦结果确实不符合耕地标准，对此，政府土地主管部门理应要求用地企业重新组织复垦。当然，受损失的农户也可以此客观事实为依据，向人民法院提起民事诉讼，要求用地企业继续履行复垦义务，并赔偿复垦期间因不能耕种收获遭受的损失。

30. 土地违法行为可否追究刑事责任？

问 20世纪末，在我村附近发现了储量丰富的稀土资源，于是短时间内许多采矿企业来此设矿开采，一些村民发现采矿利润可观，也纷纷弃耕抛荒，加入采矿队伍，有的还把自己承包的耕地转让给采矿企业使用。为采掘方便和减少成本，甚至采用露天开采的方式，致使大片耕地被毁，无法耕种。当地政府虽然也曾派出土地执法部门出面制止，但最多是采用警告、罚款等行政措施，效果甚微，致使野蛮开采之风愈演愈烈。请问，有什么办法制止这种野蛮开采和毁坏耕地的行为？可否追究有关人员的刑事责任？

答：长期以来，我国土地违法行为屡禁不止，特别是在一些边远的矿产地区，滥占耕地，毁田开矿之风还有蔓延的趋势，其中一个重要的原因就是处罚太轻，打击不力，以行政责任替代刑事责任。1979年新颁布的《刑法》对几种常见的土地违法行为规定了相应的刑事责任。如《刑法》第228条规定：“以牟利为目的，违反土地管理法规，非法转让、倒卖土地使用权，情节严重的，处三年以下有期徒刑或者拘役，并处或者单处非法转让、倒卖土地使用权价额百分之五以上百分之二十以下罚金；情节特别严重的，处三年以上七年以下有期徒刑，并处非法转让、倒卖土地使用权价额百分之五以上百分之二十以下罚金。”第342条规定：“违反土地管理法规，非法占用耕地、林地等农用地，改变被占用土地用途，数量较大，造成耕地、林地等农用地大量毁坏的，处五年以下有期徒刑或者拘役，并处或者单处罚金。”第410条规定：“国家机关工作人员徇私舞弊，违反土地管理法规，滥用职权，非法批准征收、征用、占用土地，或者非法低价出让国有土地使用权，情节严重的，处三年以下有期徒刑或者拘役；致使国家或者集体利益遭受特别重大损失的，处三年以上七年以下有期徒刑。”但新刑法颁布后，依据这些规定追究土地违法行为人刑事责任的并不多见。原因主要是罪与非罪的界限难以把握。对于许多土地违法行为，究竟是给予行政处罚还是施以刑事制裁，主要的界限就是“情节轻重”与否。情节轻微的，可只追究行政责任，情节严重的，则应追究刑事责任。对于何为“情节严重”，即土地违法行为应当追究刑事责任的量化标准，2000 年最高人民法院曾发布《关于审理破坏土地资源刑事案件具体应用法律若干问题的解释》(法释〔2000〕14 号)，对于所涉及的四种土地违法行为的刑事责任追诉标准作出明确规定：

(一)非法转让、倒卖土地使用权罪的构成及加重处罚标准

(1)该罪的构成标准即情节严重的情形为：

①非法转让、倒卖基本农田五亩以上的；

②非法转让、倒卖基本农田以外的耕地十亩以上的；

③非法转让、倒卖其他土地二十亩以上的；

④非法获利五十万元以上的；

⑤非法转让、倒卖土地接近上述数量标准并且有其他恶劣情节的，如曾因非法转让、倒卖土地使用权受过行政处罚或者造成严重后果等。

(2)该罪从重处罚标准即情节特别严重的情形为：

①非法转让、倒卖基本农田十亩以上的；

②非法转让、倒卖基本农田以外的耕地二十亩以上的；

③非法转让、倒卖其他土地四十亩以上的；

④非法获利一百万元以上的；

⑤非法转让、倒卖土地接近上述数量标准并且有其他恶劣情节，如造成严重后果等。

(二)非法占用耕地罪的构成标准

该罪的构成必须符合两个条件：一是非法占用耕地数量较大；二是造成耕地大量毁坏。

(1)非法占用耕地“数量较大”，是指非法占用基本农田五亩以上或者非法占用基本农田以外的耕地十亩以上。

(2)非法占用耕地“造成耕地大量毁坏”，是指行为人非法占用耕地建窑、建坟、建房、挖沙、采石、采矿、取土、堆放固体废弃物或者进行其他非农业建设，造成基本农田五亩以上或者基本农田以外的耕地十亩以上种植条件严重毁坏或者严重污染。

（三）非法批准征用、占用土地罪的构成及从重处罚标准

（1）该罪构成标准即“情节严重”的情形为：

①非法批准征用、占用基本农田十亩以上的；

②非法批准征用、占用基本农田以外的耕地三十亩以上的；

③非法批准征用、占用其他土地五十亩以上的；

④虽未达到上述数量标准，但非法批准征用、占用土地造成直接经济损失三十万以上；造成耕地大量毁坏等恶劣情节的。

（2）该罪从重处罚标准即“致使国家或集体利益遭受特别重大损失”的情形为：

①非法批准征用、占用基本农田二十亩以上的；

②非法批准征用、占用基本农田以外的耕地六十亩以上的；

③非法批准征用、占用其他土地一百亩以上的；

④非法批准征用、占用土地造成基本农田五亩以上，其他耕地十亩以上严重毁坏的；

⑤非法批准征用、占用土地造成直接经济损失五十万元以上等恶劣情节的。

（四）非法低价出让国有土地使用权罪的构成及从重处罚标准

（1）该罪构成标准即“情节严重”的情形为：

①出让国有土地使用权面积在三十亩以上，并且出让价额低于国家规定的最低价额标准的百分之六十的；

②造成国有土地资产流失价额在三十万元以上的。

（2）该罪从重处罚标准即“致使国家或集体利益遭受特别重大损失”的情形为：

①非法低价出让国有土地使用权面积在六十亩以上，并且出让价额低于国家规定的最低价额标准的百分之四十的；

②造成国有土地资产流失价额在五十万元以上的。

应当说，以土地面积和损失价款作为追究刑事责任的量化标准比较容易把握，然而，此量化标准出台后，对于发生的土地违法行为，追究刑事责任的情形仍然不多见。究其原因，监督举报机制存在缺陷，特别是许多土地违法行为与土地管理部门监管不力甚至滥用职权、贪污腐败有关，加之对行政机关自行查处的土地违法案件移送司法的机制不健全等，使得许多本应受到刑事制裁的严重土地违法行为人，仅以轻微的行政责任为代价，既逃避了刑事责任，又可获得可观的经济利益，土地违法行为的猖獗势头难以遏制，也就不足为怪了。

另外，对于非法采矿行为，《刑法》第342条规定："违反土地管理法规，非法占用耕地、林地等农用地，改变被占用土地用途，数量较大，造成耕地、林地等农用地大量毁坏的，处五年以下有期徒刑或者拘役，并处或者单处罚金。"即非法采矿的同时又非法占用和毁坏耕地，可对行为人的非法采矿罪和非法占用耕地罪数罪并罚。

31. 经营性墓地使用期限是如何规定的？期限届满应如何续期？如何缴费？

问 20世纪90年代初，我在市郊一处经营性公墓为病故的父亲购买了一处2平方米多一点的墓地安放父亲的骨灰，几年后母亲去世，也将骨灰安葬在此处。当时连同建墓工料费和20年的管理费我一共交纳了1万多元。今年初，公墓经营单位通知我，说20年使用期限已经届满，要求我补办续期手续，并按两个墓穴计算，一次性交纳10余万元的墓地管理费。我认为不合理，拒绝了他们的要求，他们就发来书面函件，限我半年内付清款项，否则就要强行拆除墓碑，收回墓地使用权。请问，墓地使用期限只有二十年吗？期满后公墓经营单位想收多少费就收多少？另外，我当时是按墓地面积交纳的费用，将母亲骨灰安放于此并未增加占地面积，他们有权按安葬人数收费吗？

答：所谓墓地使用期限只有二十年的说法并无法律依据。实际上是对"一次性缴费周期不得超过二十年"规定的误读。1992年由民政部发布的《公墓管理暂行办法》第16条规定："经营性公墓的墓穴使用管理费一次性收取最长不得超过二十年"。即经营性墓穴管理费可以一次性收取，也可以按年度收取，但一次性收取最长不得超过二十年，这一规定并不是对墓地使用期限的规定，不能将收费期限理解为墓地最长使用期限。事实上，就墓地的最长使用期限，至今国家在立法层面并未作出专门性规定。由国务院颁布的《殡葬管理条例》第11条规定："严格限制公墓墓穴占地面积和使用年限。按照规划允许土葬或者允许埋葬骨灰的，埋葬遗体或者埋葬骨灰的墓穴占地面积和使用年限，由省、自治区、直辖市人民政府按照节约土地、不占耕地的原则规定。"即对公墓墓穴占地面积和使用期限，国务院授权省级人民政府作出规定。如今，几乎所有的省级人民政府和一些市级人民政府均出台了地方性殡葬管理办法，但对墓地使用期限的规定并不一致。大多数省市仍然按照民政部《公墓管理暂行办法》的规定，仅规定墓穴安葬管理费一次性收费最长不得超过 20 年，而没有规定墓地最长使用期限。① 但也有一些省区，既规定了一次性收费的最长期限，也规定了墓地使用期限。② 还有的地方规定墓穴的使用年限以 20 年为一个周期。期满需保留的，必须按规定办理延期手续。

将一次性交纳管理费的最长期限理解为墓地使用的最长期限肯定有问题，一些地方直接将墓地使用期限规定为 20 年也没有法律依据。③ 经营性公墓用地也属于建设用地，因此经营单位应当以出让方式取得公墓建设用地的使用权。在早期，墓地等殡葬用品的建设生产高度垄断，大多由民政系统的企事业单位经营，因此早期的墓地使用权也多以划拨方式取得。如果墓地经营单位是以出让方式取得公墓建设用地使用权，那么在土地出让合同中必然会约定土地出让期限，而土地出让合同中的土地使用期限，一般为 50 ～ 70 年。而购买墓地的行为也属于土地使用权的转让行为，按照有关法律的规定，受让人的土地使用期限应当是土地使用权出让合同规定的使用年限减去原土地使用者已使用年限后的剩余年限。④ 如果是以划拨方式取得公墓用地使用权，则没有使用期限的规定，除因公共利益等法定原因由国家收回外，土地使用者，包括新的土地使用权受让人，可永久使用。

不过，在签订墓地购买协议时，一般都会有墓地使用期限或者缴费期限的约定，而墓地经营者往往会利用垄断优势，直接将期限定为 20 年。但对于期限届

---

① 如《辽宁省殡葬管理实施办法》第 15 条规定："在公墓内安葬骨灰的，应按规定交纳墓穴安葬管理费。墓穴安葬管理费按年计算，一次性收费最长不得超过 20 年。期满继续使用的，仍交纳费用；逾期 3 个月不交纳的，按无主墓穴处理。公墓墓穴的最低收费标准，由县以上民政部门会同物价部门制定。"《山东省殡葬管理办法》第 17 条规定："在公墓内安葬骨灰，当事人应同公墓主办单位签订骨灰安葬协议，并一次性交纳有关费用。缴费期按年计算，最长不超过 20 年。期满仍需保留墓穴（含骨灰堂骨灰存放格位）的，公墓主办单位应当在期满前 180 日内通知户主办理继续使用手续；逾期不办理的，按无主墓处理。"

② 如《江苏省殡葬管理办法》第 12 条第 2 款规定："经营性骨灰公墓的墓穴和塔陵的塔位的使用年限一般不超过20年，墓穴（塔位）的管理费一次性收取最长不得超过20年；墓穴（塔位）使用年限到期后，要求继续使用的，按有关规定办理续用手续，缴纳使用费。"

③ 如《江西省殡葬管理办法》第 15 条第 2 款规定："在公墓内安葬遗体或骨灰，应当交纳墓穴安装管理费。墓穴和骨灰存放格位的使用年限以 20 年为一个周期。期满需保留的，必须按规定办理延期手续，逾期 6 个月不办理的，按无主墓处理。"

④《国有土地使用权出让和转让暂行条例》第 22 条规定："土地使用者通过转让方式取得的土地使用权，其使用年限为土地使用权出让合同规定的使用年限减去原土地使用者已使用年限后的剩余年限。"

满后如何办理续期手续，要么没有约定，要么仅笼统地约定期限届满应当另行办理续期手续。实际上，就墓地使用产生的争议主要不在于期限的长短，而在于期限届满后如何续期，或者说续期时如何收费？这一问题在我国土地使用的立法和实务领域一直是争论不休的难点。《物权法》虽然规定了住宅建设用地使用期限届满可自动续期，但对如何续期，是有偿续期还是无偿续期，仍然未加规定，而对其他类型的土地的续期问题则采取了回避的态度。一些地方性规定，虽然规定墓地使用期限届满应当办理续期手续，并缴纳费用，但对于缴费标准，是按年缴纳还是仍然一次性交纳，也少有规定。早期的墓地购买协议，对于墓地的使用期限及期满后如何办理续期手续，如何缴费等也很少有具体约定，更不会直接约定期满后墓主必须以数倍的市场重置价格才能取得墓地的继续使用权。在既无法定也无约定的情况下，如何办理续期，按何标准缴费，就应当遵循公平原则由双方协商确定。公墓经营单位单方要求期限届满后墓主必须按当前的市场价格再一次性交纳二十年的使用费既缺少依据，也不公平，这等于一块墓地两次出售，即经营者将同一块墓地按新墓地的市场价再出售一次。事实上，在经营者第一次出售墓地时，在售价中已经包含了土地使用权取得成本，期限届满后如需收费也只能是墓地的管理费用，不能再包含土地取得成本。而对于管理费的收取标准，一般都由地方人民政府民政部门会同物价部门制定，或者由公墓经营单位将收费标准报当地物价部门批准后执行。至于续期后管理费是按年度交纳，还是一次性交纳若干年度，应由公墓经营单位与墓主协商确定，不能强迫。

另外，墓地出售是以墓穴为单位并根据墓穴的占地面积等确定收费标准，同一墓穴两人合葬，并不增加墓地面积和管理成本，因此，按安葬人数计算收费并不合理。

32. 城市居民可否在农村公益性墓地安葬？

问 多年前，我父亲去世后，按照他的遗愿，将骨灰安葬在老家的公益性墓地，同时也为母亲预留了墓穴。但最近村里要把为母亲预留的墓穴收回分给他人。理由是按照规定，农村公益性墓地只能用于安葬本村村民，城市居民不能在农村公墓安葬。今后我母亲若去世，骨灰也不能在村里安葬。请问，是有这样的规定吗？

答：由国务院制定的《殡葬管理条例》第 9 条第 2 款规定："农村的公益性墓地不得对村民以外的其他人员提供墓穴用地。"第 3 款："禁止建立或者恢复宗族墓地。”民政部制定的《公墓管理暂行办法》第 3 条规定：“公墓分为公益性公墓和经营性公墓。公益性公墓是为农村村民提供遗体或骨灰安葬服务的公共墓地。经营性公墓是为城镇居民提供骨灰或遗体安葬实行有偿服务的公共墓地。”在执行和理解上述规定时不能过于机械，应当考虑当地的风俗习惯。“叶落归根”的传统观念在我国，特别是农村地区根深蒂固，随着城镇化的发展，许多进城务工的农民也取得了城市户口，但他们与家乡的联系仍然很紧密，有的甚至仍然保留着自己在农村的宅基地和承包地。即使已在城市生活多年的人，也难断思乡之情，许多人都希望自己百年之后能回归故里，入土为安。因此，在处理返乡安葬问题时应当慎重，要充分考虑要求回乡安葬人的情感和当地习惯，不能仅以城乡户籍作为能否在农村安葬的条件。一般来说，对于从小生活在农村，迁入城市时间不长，或者主要亲属仍在农村的城市居民，应当允许他们回乡安葬。特别是对配偶已经在农村安葬并已预留合葬墓穴的，更没有理由仅以城市户口为由拒绝他们安葬。《江苏省殡葬管理条例》第 13 条规定：“禁止为尚未死亡的人员购置墓穴（塔位），但为死者的健在配偶留作合葬的寿穴除外。”在我国许多农村地区，有为健在配偶或者后人预留穴位的习惯，只要当地规定或习惯允许，就应当加以尊重，不能一概将这种亲属合葬墓地视为宗族墓地而加以禁止。

随着城乡一体化进程的加快，单纯以户籍因素决定买房和安葬资格的规定恐怕迟早都会成为历史。

33. 我国是否有取得时效制度？占用他人土地超过二十年就可以自动取得该占用土地的所有权吗？

问 二十多年前，我村有一处荒坡地被邻村借用办木材加工厂，当时也没签任何协议，就是两名村的村干部商量了一下就定了。二十多年来，虽然我村几位村委领导也曾与邻村就土地返还交涉过几回，但由于一直没有确权发证，加之土地收回后的利用价值也不大，便一直拖到今天也没解决。最近，该处土地列入国家征收范围，所以两村就土地权属又起争执。邻村认为，即使当初土地权属归我村，由于他们已经合法占有超过二十年，所以按照取得时效的规定，该处土地也应确权给他们。请问，是有这样的规定吗？

答：我国并没有取得时效的法律规定。

所谓取得时效，是指财产的占有人以所有的意思（即以所有人的名义），善意地、公开地、和平地持续占有他人财产达到法定期间，即依法取得该项财产所有权的法律制度。例如，基于某种原因，甲将乙的某项财产当作自己的财产进行占有、使用，而乙对此不闻不问，这种状态持续一定期间，甲就依法取得了对该项财产的所有权。取得时效又称为占有时效。取得时效是民法中的一项重要法律制度，起源于古罗马法。如今大多大陆法系的国家（如法国、德国、日本等）均已承袭了这一制度。我国在制定《物权法》时，许多法律专家也主张引入取得时效制度，但争论之后，此种观点未被采纳，最终颁布的《物权法》没有规定取得时效制度。

现在有些人认为我国已经有取得时效的规定，大概是源于对原国家土地管理局 1995 年制定的《确定土地所有权和使用权若干规定》（1995 国土〔籍〕字第 26 号）有关规定的误读。该《规定》第 21 条规定："农民集体连续使用其他农民集体所有的土地已满二十年的，应视为现使用者所有；连续使用不满二十年，或者虽满二十年但在二十年期满之前所有者曾向现使用者或有关部门提出归还的，由县级以上人民政府根据具体情况确定土地所有权。"这一规定主要是为了解决农村土地确权中的一些历史遗留问题，并不具有普遍适用的效力。况且，该规定效力级别较低，仅为国家行政机关的部门规章，因此也不能作为人民法院处理此类争议的法律依据。按照《立法法》的规定，对于民事基本制度，只能由全国人民代表大会及其常务委员会制定法律。时效制度显然属于民事基本制度范畴，作为国家行政机关，并无权就此做出规定。也许正是基于这种原因，适用《规定》第 21 条处理此类土地权属争议的案件几乎没有。

综上，本问答中邻村以取得时效为由主张对占用的土地确定权属是不能成立的。而且即使将《规定》第 21 条视为取得时效规定，该邻村所占用的土地也不符合取得时效适用条件。因为虽然该村连续占用土地已超过二十年，但该村并非以土地所有人的名义占有，两村尽管没有签订租借协议，但借用关系两村均是认可的，并且期间出借土地的一方也曾多次与借用方交涉归还土地事宜，因此，该占用行为不能适用取得时效确定权属。

当然，如果发生土地征收，对于邻村建设的厂房等地面附着物的补偿，应归邻村所有，而土地补偿费等则应归原土地所有人。

附录 1　相关法律、法规及司法解释名录

中华人民共和国民法典

中华人民共和国土地管理法

中华人民共和国土地管理法实施条例

中华人民共和国物权法

中华人民共和国城市房地产管理法

中华人民共和国城乡规划法

中华人民共和国农村土地承包法

中华人民共和国矿产资源法

中华人民共和国海域使用管理法

中华人民共和国招标投标法

中华人民共和国城镇国有土地使用权出让和转让暂行条例

国有土地上房屋征收与补偿条例

土地复垦条例

城市房地产开发经营管理条例

招标拍卖挂牌出让国有建设用地使用权规定

最高人民法院关于审理涉及国有土地使用权合同纠纷案件适用法律问题的解释

最高人民法院关于审理涉及农村土地承包纠纷案件适用法律问题的解释

土地储备管理办法

不动产登记暂行条例

不动产登记暂行条例实施细则

附录 2 《中华人民共和国土地管理法》(2019 修正)

（1986 年 6 月 25 日第六届全国人民代表大会常务委员会第十六次会议通过根据 1988 年 12 月 29 日第七届全国人民代表大会常务委员会第五次会议《关于修改〈中华人民共和国土地管理法〉的决定》第一次修正 1998 年 8 月 29 日第九届全国人民代表大会常务委员会第四次会议修订根据 2004 年 8 月 28 日第十届全国人民代表大会常务委员会第十一次会议《关于修改〈中华人民共和国土地管理法〉的决定》第二次修正根据 2019 年 8 月 26 日第十三届全国人民代表大会常务委员会第十二次会议《关于修改〈中华人民共和国土地管理法〉、〈中华人民共和国城市房地产管理法〉的决定》第三次修正）

第一章　总　则

第一条　为了加强土地管理，维护土地的社会主义公有制，保护、开发土地资源，合理利用土地，切实保护耕地，促进社会经济的可持续发展，根据宪法，制定本法。

第二条　中华人民共和国实行土地的社会主义公有制，即全民所有制和劳动群众集体所有制。

全民所有，即国家所有土地的所有权由国务院代表国家行使。

任何单位和个人不得侵占、买卖或者以其他形式非法转让土地。土地使用权可以依法转让。

国家为了公共利益的需要，可以依法对土地实行征收或者征用并给予补偿。

国家依法实行国有土地有偿使用制度。但是，国家在法律规定的范围内划拨国有土地使用权的除外。

第三条　十分珍惜、合理利用土地和切实保护耕地是我国的基本国策。各级人民政府应当采取措施，全面规划，严格管理，保护、开发土地资源，制止非法占用土地的行为。

第四条　国家实行土地用途管制制度。

国家编制土地利用总体规划，规定土地用途，将土地分为农用地、建设用地和未利用地。严格限制农用地转为建设用地，控制建设用地总量，对耕地实行特殊保护。

前款所称农用地是指直接用于农业生产的土地，包括耕地、林地、草地、农田水利用地、养殖水面等；建设用地是指建造建筑物、构筑物的土地，包括城乡住宅和公共设施用地、工矿用地、交通水利设施用地、旅游用地、军事设施用地等；未利用地是指农用地和建设用地以外的土地。

使用土地的单位和个人必须严格按照土地利用总体规划确定的用途使用土地。

第五条 国务院自然资源主管部门统一负责全国土地的管理和监督工作。

县级以上地方人民政府自然资源主管部门的设置及其职责，由省、自治区、直辖市人民政府根据国务院有关规定确定。

第六条 国务院授权的机构对省、自治区、直辖市人民政府以及国务院确定的城市人民政府土地利用和土地管理情况进行督察。

第七条 任何单位和个人都有遵守土地管理法律、法规的义务，并有权对违反土地管理法律、法规的行为提出检举和控告。

第八条 在保护和开发土地资源、合理利用土地以及进行有关的科学研究等方面成绩显著的单位和个人，由人民政府给予奖励。

第二章 土地的所有权和使用权

第九条 城市市区的土地属于国家所有。

农村和城市郊区的土地，除由法律规定属于国家所有的以外，属于农民集体所有；宅基地和自留地、自留山，属于农民集体所有。

第十条 国有土地和农民集体所有的土地，可以依法确定给单位或者个人使用。使用土地的单位和个人，有保护、管理和合理利用土地的义务。

第十一条 农民集体所有的土地依法属于村农民集体所有的，由村集体经济组织或者村民委员会经营、管理；已经分别属于村内两个以上农村集体经济组织的农民集体所有的，由村内各该农村集体经济组织或者村民小组经营、管理；已经属于乡（镇）农民集体所有的，由乡（镇）农村集体经济组织经营、管理。

第十二条 土地的所有权和使用权的登记，依照有关不动产登记的法律、行政法规执行。

依法登记的土地的所有权和使用权受法律保护，任何单位和个人不得侵犯。

第十三条 农民集体所有和国家所有依法由农民集体使用的耕地、林地、草地，以及其他依法用于农业的土地，采取农村集体经济组织内部的家庭承包方式承包，不宜采取家庭承包方式的荒山、荒沟、荒丘、荒滩等，可以采取招标、拍卖、公开协商等方式承包，从事种植业、林业、畜牧业、渔业生产。家庭承包的耕地的承包期为三十年，草地的承包期为三十年至五十年，林地的承包期为三十年至七十年；耕地承包期届满后再延长三十年，草地、林地承包期届满后依法相应延长。

国家所有依法用于农业的土地可以由单位或者个人承包经营，从事种植业、林业、畜牧业、渔业生产。

发包方和承包方应当依法订立承包合同，约定双方的权利和义务。承包经营土地的单位和个人，有保护和按照承包合同约定的用途合理利用土地的义务。

第十四条 土地所有权和使用权争议，由当事人协商解决；协商不成的，由人民政府处理。

单位之间的争议，由县级以上人民政府处理；个人之间、个人与单位之间的争议，由乡级人民政府或者县级以上人民政府处理。

当事人对有关人民政府的处理决定不服的，可以自接到处理决定通知之日起三十日内，向人民法院起诉。

在土地所有权和使用权争议解决前，任何一方不得改变土地利用现状。

第三章 土地利用总体规划

第十五条 各级人民政府应当依据国民经济和社会发展规划、国土整治和资源环境保护的要求、土地供给能力以及各项建设对土地的需求，组织编制土地利用总体规划。

土地利用总体规划的规划期限由国务院规定。

第十六条 下级土地利用总体规划应当依据上一级土地利用总体规划编制。

地方各级人民政府编制的土地利用总体规划中的建设用地总量不得超过上一级土地利用总体规划确定的控制指标，耕地保有量不得低于上一级土地利用总体规划确定的控制指标。

省、自治区、直辖市人民政府编制的土地利用总体规划，应当确保本行政区域内耕地总量不减少。

第十七条 土地利用总体规划按照下列原则编制：

（一）落实国土空间开发保护要求，严格土地用途管制；

（二）严格保护永久基本农田，严格控制非农业建设占用农用地；

（三）提高土地节约集约利用水平；

（四）统筹安排城乡生产、生活、生态用地，满足乡村产业和基础设施用地合理需求，促进城乡融合发展；

（五）保护和改善生态环境，保障土地的可持续利用；

（六）占用耕地与开发复垦耕地数量平衡、质量相当。

第十八条 国家建立国土空间规划体系。编制国土空间规划应当坚持生态优先，绿色、可持续发展，科学有序统筹安排生态、农业、城镇等功能空间，优化国土空间结构和布局，提升国土空间开发、保护的质量和效率。

经依法批准的国土空间规划是各类开发、保护、建设活动的基本依据。已经编制国十空间规划的，不再编制土地利用总体规划和城乡规划。

第十九条 县级土地利用总体规划应当划分土地利用区，明确土地用途。

乡（镇）土地利用总体规划应当划分土地利用区，根据土地使用条件，确定每一块土地的用途，并予以公告。

第二十条 土地利用总体规划实行分级审批。

省、自治区、直辖市的土地利用总体规划，报国务院批准。

省、自治区人民政府所在地的市、人口在一百万以上的城市以及国务院指定的城市的土地利用总体规划，经省、自治区人民政府审查同意后，报国务院批准。

本条第二款、第三款规定以外的土地利用总体规划，逐级上报省、自治区、直辖市人民政府批准；其中，乡（镇）土地利用总体规划可以由省级人民政府授权的设区的市、自治州人民政府批准。

土地利用总体规划一经批准，必须严格执行。

第二十一条 城市建设用地规模应当符合国家规定的标准，充分利用现有建设用地，不占或者尽量少占农用地。

城市总体规划、村庄和集镇规划，应当与土地利用总体规划相衔接，城市总体规划、村庄和集镇规划中建设用地规模不得超过土地利用总体规划确定的城市和村庄、集镇建设用地规模。

在城市规划区内、村庄和集镇规划区内，城市和村庄、集镇建设用地应当符合城市规划、村庄和集镇规划。

第二十二条 江河、湖泊综合治理和开发利用规划，应当与土地利用总体规划相衔接。在江河、湖泊、水库的管理和保护范围以及蓄洪滞洪区内，土地利用应当符合江河、湖泊综合治理和开发利用规划，符合河道、湖泊行洪、蓄洪和输水的要求。

第二十三条 各级人民政府应当加强土地利用计划管理，实行建设用地总量控制。

土地利用年度计划，根据国民经济和社会发展计划、国家产业政策、土地利用总体规划以及建设用地和土地利用的实际状况编制。土地利用年度计划应当对本法第六十三条规定的集体经营性建设用地作出合理安排。土地利用年度计划的编制审批程序与土地利用总体规划的编制审批程序相同，一经审批下达，必须严格执行。

第二十四条 省、自治区、直辖市人民政府应当将土地利用年度计划的执行情况列为国民经济和社会发展计划执行情况的内容，向同级人民代表大会报告。

第二十五条 经批准的土地利用总体规划的修改，须经原批准机关批准；未经批准，不得改变土地利用总体规划确定的土地用途。

经国务院批准的大型能源、交通、水利等基础设施建设用地，需要改变土地利用总体规划的，根据国务院的批准文件修改土地利用总体规划。

经省、自治区、直辖市人民政府批准的能源、交通、水利等基础设施建设用地，需要改变土地利用总体规划的，属于省级人民政府土地利用总体规划批准权限内的，根据省级人民政府的批准文件修改土地利用总体规划。

第二十六条 国家建立土地调查制度。

县级以上人民政府自然资源主管部门会同同级有关部门进行土地调查。土地所有者或者使用者应当配合调查，并提供有关资料。

第二十七条 县级以上人民政府自然资源主管部门会同同级有关部门根据土地调查成果、规划土地用途和国家制定的统一标准，评定土地等级。

第二十八条 国家建立土地统计制度。

县级以上人民政府统计机构和自然资源主管部门依法进行土地统计调查，定期发布土地统计资料。土地所有者或者使用者应当提供有关资料，不得拒报、迟报，不得提供不真实、不完整的资料。

统计机构和自然资源主管部门共同发布的土地面积统计资料是各级人民政府编制土地利用总体规划的依据。

第二十九条 国家建立全国土地管理信息系统，对土地利用状况进行动态监测。

第四章 耕地保护

第三十条 国家保护耕地，严格控制耕地转为非耕地。

国家实行占用耕地补偿制度。非农业建设经批准占用耕地的，按照“占多少，垦多少”的原则，由占用耕地的单位负责开垦与所占用耕地的数量和质量相当的耕地；没有条件开垦或者开垦的耕地不符合要求的，应当按照省、自治区、直辖市的规定缴纳耕地开垦费，专款用于开垦新的耕地。

省、自治区、直辖市人民政府应当制定开垦耕地计划，监督占用耕地的单位按照计划开垦耕地或者按照计划组织开垦耕地，并进行验收。

第三十一条 县级以上地方人民政府可以要求占用耕地的单位将所占用耕地耕作层的土壤用于新开垦耕地、劣质地或者其他耕地的土壤改良。

第三十二条 省、自治区、直辖市人民政府应当严格执行土地利用总体规划和土地利用年度计划，采取措施，确保本行政区域内耕地总量不减少、质量不降低。耕地总量减少的，由国务院责令在规定期限内组织开垦与所减少耕地的数量与质量相当的耕地；耕地质量降低的，由国务院责令在规定期限内组织整治。新开垦和整治的耕地由国务院自然资源主管部门会同农业农村主管部门验收。

个别省、直辖市确因土地后备资源匮乏，新增建设用地后，新开垦耕地的数量不足以补偿所占用耕地的数量的，必须报经国务院批准减免本行政区域内开垦耕地的数量，易地开垦数量和质量相当的耕地。

第三十三条 国家实行永久基本农田保护制度。下列耕地应当根据土地利用总体规划划为永久基本农田，实行严格保护：

（一）经国务院农业农村主管部门或者县级以上地方人民政府批准确定的粮、棉、油、糖等重要农产品生产基地内的耕地；

（二）有良好的水利与水土保持设施的耕地，正在实施改造计划以及可以改造的中、低产田和已建成的高标准农田；

（三）蔬菜生产基地；

（四）农业科研、教学试验田；

（五）国务院规定应当划为永久基本农田的其他耕地。

各省、自治区、直辖市划定的永久基本农田一般应当占本行政区域内耕地的百分之八十以上，具体比例由国务院根据各省、自治区、直辖市耕地实际情况规定。

第三十四条 永久基本农田划定以乡（镇）为单位进行，由县级人民政府自然资源主管部门会同同级农业农村主管部门组织实施。永久基本农田应当落实到地块，纳入国家永久基本农田数据库严格管理。

乡（镇）人民政府应当将永久基本农田的位置、范围向社会公告，并设立保护标志。

第三十五条 永久基本农田经依法划定后，任何单位和个人不得擅自占用或者改变其用途。国家能源、交通、水利、军事设施等重点建设项目选址确实难以避让永久基本农田，涉及农用地转用或者土地征收的，必须经国务院批准。

禁止通过擅自调整县级土地利用总体规划、乡（镇）土地利用总体规划等方式规避永久基本农田农用地转用或者土地征收的审批。

第三十六条 各级人民政府应当采取措施，引导因地制宜轮作休耕，改良土壤，提高地力，维护排灌工程设施，防止土地荒漠化、盐渍化、水土流失和土壤污染。

第三十七条 非农业建设必须节约使用土地，可以利用荒地的，不得占用耕地；可以利用劣地的，不得占用好地。

禁止占用耕地建窑、建坟或者擅自在耕地上建房、挖砂、采石、采矿、取土等。

禁止占用永久基本农田发展林果业和挖塘养鱼。

第三十八条 禁止任何单位和个人闲置、荒芜耕地。已经办理审批手续的非农业建设占用耕地，一年内不用而又可以耕种并收获的，应当由原耕种该幅耕地的集体或者个人恢复耕种，也可以由用地单位组织耕种；一年以上未动工建设的，应当按照省、自治区、直辖市的规定缴纳闲置费；连续二年未使用的，经原批准机关批准，由县级以上人民政府无偿收回用地单位的土地使用权；该幅土地原为农民集体所有的，应当交由原农村集体经济组织恢复耕种。

在城市规划区范围内，以出让方式取得土地使用权进行房地产开发的闲置土地，依照《中华人民共和国城市房地产管理法》的有关规定办理。

第三十九条 国家鼓励单位和个人按照土地利用总体规划，在保护和改善生态环境、防止水土流失和土地荒漠化的前提下，开发未利用的土地；适宜开发为农用地的，应当优先开发成农用地。

国家依法保护开发者的合法权益。

第四十条 开垦未利用的土地，必须经过科学论证和评估，在土地利用总体规划划定的可开垦的区域内，经依法批准后进行。禁止毁坏森林、草原开垦耕地，禁止围湖造田和侵占江河滩地。

根据土地利用总体规划，对破坏生态环境开垦、围垦的土地，有计划有步骤地退耕还林、还牧、还湖。

第四十一条 开发未确定使用权的国有荒山、荒地、荒滩从事种植业、林业、畜牧业、渔业生产的，经县级以上人民政府依法批准，可以确定给开发单位或者个人长期使用。

第四十二条 国家鼓励土地整理。县、乡（镇）人民政府应当组织农村集体经济组织，按照土地利用总体规划，对田、水、路、林、村综合整治，提高耕地质量，增加有效耕地面积，改善农业生产条件和生态环境。

地方各级人民政府应当采取措施，改造中、低产田，整治闲散地和废弃地。

第四十三条 因挖损、塌陷、压占等造成土地破坏，用地单位和个人应当按照国家有关规定负责复垦；没有条件复垦或者复垦不符合要求的，应当缴纳土地复垦费，专项用于土地复垦。复垦的土地应当优先用于农业。

第五章 建设用地

第四十四条 建设占用土地，涉及农用地转为建设用地的，应当办理农用地转用审批手续。

永久基本农田转为建设用地的，由国务院批准。

在土地利用总体规划确定的城市和村庄、集镇建设用地规模范围内，为实施该规划而将永久基本农田以外的农用地转为建设用地的，按土地利用年度计划分批次按照国务院规定由原批准土地利用总体规划的机关或者其授权的机关批准。在已批准的农用地转用范围内，具体建设项目用地可以由市、县人民政府批准。

在土地利用总体规划确定的城市和村庄、集镇建设用地规模范围外，将永久基本农田以外的农用地转为建设用地的，由国务院或者国务院授权的省、自治区、直辖市人民政府批准。

第四十五条 为了公共利益的需要，有下列情形之一，确需征收农民集体所有的土地的，可以依法实施征收：

（一）军事和外交需要用地的；

（二）由政府组织实施的能源、交通、水利、通信、邮政等基础设施建设需要用地的；

（三）由政府组织实施的科技、教育、文化、卫生、体育、生态环境和资源保护、防灾减灾、文物保护、社区综合服务、社会福利、市政公用、优抚安置、英烈保护等公共事业需要用地的；

（四）由政府组织实施的扶贫搬迁、保障性安居工程建设需要用地的；

（五）在土地利用总体规划确定的城镇建设用地范围内，经省级以上人民政府批准由县级以上地方人民政府组织实施的成片开发建设需要用地的；

（六）法律规定为公共利益需要可以征收农民集体所有的土地的其他情形。

前款规定的建设活动，应当符合国民经济和社会发展规划、土地利用总体规划、城乡规划和专项规划；第（四）项、第（五）项规定的建设活动，还应当纳入国民经济和社会发展年度计划；第（五）项规定的成片开发并应当符合国务院自然资源主管部门规定的标准。

第四十六条 征收下列土地的，由国务院批准：

（一）永久基本农田；

（二）永久基本农田以外的耕地超过三十五公顷的；

（三）其他土地超过七十公顷的。

征收前款规定以外的土地的，由省、自治区、直辖市人民政府批准。

征收农用地的，应当依照本法第四十四条的规定先行办理农用地转用审批。其中，经国务院批准农用地转用的，同时办理征地审批手续，不再另行办理征地审批；经省、自治区、直辖市人民政府在征地批准权限内批准农用地转用的，同时办理征地审批手续，不再另行办理征地审批，超过征地批准权限的，应当依照本条第一款的规定另行办理征地审批。

第四十七条 国家征收土地的，依照法定程序批准后，由县级以上地方人民政府予以公告并组织实施。

县级以上地方人民政府拟申请征收土地的，应当开展拟征收土地现状调查和社会稳定风险评估，并将征收范围、土地现状、征收目的、补偿标准、安置方式和社会保障等在拟征收土地所在的乡（镇）和村、村民小组范围内公告至少三十日，听取被征地的农村集体经济组织及其成员、村民委员会和其他利害关系人的意见。

多数被征地的农村集体经济组织成员认为征地补偿安置方案不符合法律、法规规定的，县级以上地方人民政府应当组织召开听证会，并根据法律、法规的规定和听证会情况修改方案。

拟征收土地的所有权人、使用权人应当在公告规定期限内，持不动产权属证明材料办理补偿登记。县级以上地方人民政府应当组织有关部门测算并落实有关费用，保证足额到位，与拟征收土地的所有权人、使用权人就补偿、安置等签订协议；个别确实难以达成协议的，应当在申请征收土地时如实说明。

相关前期工作完成后，县级以上地方人民政府方可申请征收土地。

第四十八条 征收土地应当给予公平、合理的补偿，保障被征地农民原有生活水平不降低、长远生计有保障。

征收土地应当依法及时足额支付土地补偿费、安置补助费以及农村村民住宅、其他地上附着物和青苗等的补偿费用，并安排被征地农民的社会保障费用。

征收农用地的土地补偿费、安置补助费标准由省、自治区、直辖市通过制定公布区片综合地价确定。制定区片综合地价应当综合考虑土地原用途、土地资源条件、土地产值、土地区位、土地供求关系、人口以及经济社会发展水平等因素，并至少每三年调整或者重新公布一次。

征收农用地以外的其他土地、地上附着物和青苗等的补偿标准，由省、自治区、直辖市制定。对其中的农村村民住宅，应当按照先补偿后搬迁、居住条件有改善的原则，尊重农村村民意愿，采取重新安排宅基地建房、提供安置房或者货币补偿等方式给予公平、合理的补偿，并对因征收造成的搬迁、临时安置等费用予以补偿，保障农村村民居住的权利和合法的住房财产权益。

县级以上地方人民政府应当将被征地农民纳入相应的养老等社会保障体系。被征地农民的社会保障费用主要用于符合条件的被征地农民的养老保险等社会保险缴费补贴。被征地农民社会保障费用的筹集、管理和使用办法，由省、自治区、直辖市制定。

第四十九条 被征地的农村集体经济组织应当将征收土地的补偿费用的收支状况向本集体经济组织的成员公布，接受监督。

禁止侵占、挪用被征收土地单位的征地补偿费用和其他有关费用。

第五十条 地方各级人民政府应当支持被征地的农村集体经济组织和农民从事开发经营，兴办企业。

第五十一条 大中型水利、水电工程建设征收土地的补偿费标准和移民安置办法，由国务院另行规定。

第五十二条 建设项目可行性研究论证时，自然资源主管部门可以根据土地利用总体规划、土地利用年度计划和建设用地标准，对建设用地有关事项进行审查，并提出意见。

第五十三条 经批准的建设项目需要使用国有建设用地的，建设单位应当持法律、行政法规规定的有关文件，向有批准权的县级以上人民政府自然资源主管部门提出建设用地申请，经自然资源主管部门审查，报本级人民政府批准。

第五十四条 建设单位使用国有土地，应当以出让等有偿使用方式取得；但是，下列建设用地，经县级以上人民政府依法批准，可以以划拨方式取得：

（一）国家机关用地和军事用地；

（二）城市基础设施用地和公益事业用地；

（三）国家重点扶持的能源、交通、水利等基础设施用地；

（四）法律、行政法规规定的其他用地。

第五十五条 以出让等有偿使用方式取得国有土地使用权的建设单位，按照国务院规定的标准和办法，缴纳土地使用权出让金等土地有偿使用费和其他费用后，方可使用土地。

自本法施行之日起，新增建设用地的土地有偿使用费，百分之三十上缴中央财政，百分之七十留给有关地方人民政府。具体使用管理办法由国务院财政部门会同有关部门制定，并报国务院批准。

第五十六条 建设单位使用国有土地的，应当按照土地使用权出让等有偿使用合同的约定或者土地使用权划拨批准文件的规定使用土地；确需改变该幅土地建设用途的，应当经有关人民政府自然资源主管部门同意，报原批准用地的人民政府批准。其中，在城市规划区内改变土地用途的，在报批前，应当先经有关城市规划行政主管部门同意。

第五十七条 建设项目施工和地质勘查需要临时使用国有土地或者农民集体所有的土地的，由县级以上人民政府自然资源主管部门批准。其中，在城市规划区内的临时用地，在报批前，应当先经有关城市规划行政主管部门同意。土地使用者应当根据土地权属，与有关自然资源主管部门或者农村集体经济组织、村民委员会签订临时使用土地合同，并按照合同的约定支付临时使用土地补偿费。

临时使用土地的使用者应当按照临时使用土地合同约定的用途使用土地，并不得修建永久性建筑物。

临时使用土地期限一般不超过二年。

第五十八条 有下列情形之一的，由有关人民政府自然资源主管部门报经原批准用地的人民政府或者有批准权的人民政府批准，可以收回国有土地使用权：

（一）为实施城市规划进行旧城区改建以及其他公共利益需要，确需使用土地的；

（二）土地出让等有偿使用合同约定的使用期限届满，土地使用者未申请续期或者申请续期未获批准的；

（三）因单位撤销、迁移等原因，停止使用原划拨的国有土地的；

（四）公路、铁路、机场、矿场等经核准报废的。

依照前款第（一）项的规定收回国有土地使用权的，对土地使用权人应当给予适当补偿。

第五十九条 乡镇企业、乡（镇）村公共设施、公益事业、农村村民住宅等乡（镇）村建设，应当按照村庄和集镇规划，合理布局，综合开发，配套建设；建设用地，应当符合乡（镇）土地利用总体规划和土地利用年度计划，并依照本法第四十四条、第六十条、第六十一条、第六十二条的规定办理审批手续。

第六十条 农村集体经济组织使用乡（镇）土地利用总体规划确定的建设用地兴办企业或者与其他单位、个人以土地使用权入股、联营等形式共同举办企业的，应当持有关批准文件，向县级以上地方人民政府自然资源主管部门提出申请，按照省、自治区、直辖市规定的批准权限，由县级以上地方人民政府批准；其中，涉及占用农用地的，依照本法第四十四条的规定办理审批手续。

按照前款规定兴办企业的建设用地，必须严格控制。省、自治区、直辖市可以按照乡镇企业的不同行业和经营规模，分别规定用地标准。

第六十一条 乡（镇）村公共设施、公益事业建设，需要使用土地的，经乡（镇）人民政府审核，向县级以上地方人民政府自然资源主管部门提出申请，按照省、自治区、直辖市规定的批准权限，由县级以上地方人民政府批准；其中，涉及占用农用地的，依照本法第四十四条的规定办理审批手续。

第六十二条 农村村民一户只能拥有一处宅基地，其宅基地的面积不得超过省、自治区、直辖市规定的标准。

人均土地少、不能保障一户拥有一处宅基地的地区，县级人民政府在充分尊重农村村民意愿的基础上，可以采取措施，按照省、自治区、直辖市规定的标准保障农村村民实现户有所居。

农村村民建住宅，应当符合乡（镇）土地利用总体规划、村庄规划，不得占用永久基本农田，并尽量使用原有的宅基地和村内空闲地。编制乡（镇）土地利用总体规划、村庄规划应当统筹并合理安排宅基地用地，改善农村村民居住环境和条件。

农村村民住宅用地，由乡（镇）人民政府审核批准；其中，涉及占用农用地的，依照本法第四十四条的规定办理审批手续。

农村村民出卖、出租、赠与住宅后，再申请宅基地的，不予批准。

国家允许进城落户的农村村民依法自愿有偿退出宅基地，鼓励农村集体经济组织及其成员盘活利用闲置宅基地和闲置住宅。

国务院农业农村主管部门负责全国农村宅基地改革和管理有关工作。

第六十三条 土地利用总体规划、城乡规划确定为工业、商业等经营性用途，并经依法登记的集体经营性建设用地，土地所有权人可以通过出让、出租等方式交由单位或者个人使用，并应当签订书面合同，载明土地界址、面积、动工期限、使用期限、土地用途、规划条件和双方其他权利义务。

前款规定的集体经营性建设用地出让、出租等，应当经本集体经济组织成员的村民会议三分之二以上成员或者三分之二以上村民代表的同意。

通过出让等方式取得的集体经营性建设用地使用权可以转让、互换、出资、赠与或者抵押，但法律、行政法规另有规定或者土地所有权人、土地使用权人签订的书面合同另有约定的除外。

集体经营性建设用地的出租，集体建设用地使用权的出让及其最高年限、转让、互换、出资、赠与、抵押等，参照同类用途的国有建设用地执行。具体办法由国务院制定。

第六十四条 集体建设用地的使用者应当严格按照土地利用总体规划、城乡规划确定的用途使用土地。

第六十五条 在土地利用总体规划制定前已建的不符合土地利用总体规划确定的用途的建筑物、构筑物，不得重建、扩建。

第六十六条 有下列情形之一的，农村集体经济组织报经原批准用地的人民政府批准，可以收回土地使用权：

（一）为乡（镇）村公共设施和公益事业建设，需要使用土地的；

（二）不按照批准的用途使用土地的；

（三）因撤销、迁移等原因而停止使用土地的。

依照前款第（一）项规定收回农民集体所有的土地的，对土地使用权人应当给予适当补偿。

收回集体经营性建设用地使用权，依照双方签订的书面合同办理，法律、行政法规另有规定的除外。

第六章　监督检查

第六十七条　县级以上人民政府自然资源主管部门对违反土地管理法律、法规的行为进行监督检查。

县级以上人民政府农业农村主管部门对违反农村宅基地管理法律、法规的行为进行监督检查的，适用本法关于自然资源主管部门监督检查的规定。

土地管理监督检查人员应当熟悉土地管理法律、法规，忠于职守、秉公执法。

第六十八条　县级以上人民政府自然资源主管部门履行监督检查职责时，有权采取下列措施：

（一）要求被检查的单位或者个人提供有关土地权利的文件和资料，进行查阅或者予以复制；

（二）要求被检查的单位或者个人就有关土地权利的问题作出说明；

（三）进入被检查单位或者个人非法占用的土地现场进行勘测；

（四）责令非法占用土地的单位或者个人停止违反土地管理法律、法规的行为。

第六十九条　土地管理监督检查人员履行职责，需要进入现场进行勘测、要求有关单位或者个人提供文件、资料和作出说明的，应当出示土地管理监督检查证件。

第七十条　有关单位和个人对县级以上人民政府自然资源主管部门就土地违法行为进行的监督检查应当支持与配合，并提供工作方便，不得拒绝与阻碍土地管理监督检查人员依法执行职务。

第七十一条　县级以上人民政府自然资源主管部门在监督检查工作中发现国家工作人员的违法行为，依法应当给予处分的，应当依法予以处理；自己无权处理的，应当依法移送监察机关或者有关机关处理。

第七十二条　县级以上人民政府自然资源主管部门在监督检查工作中发现土地违法行为构成犯罪的，应当将案件移送有关机关，依法追究刑事责任；尚不构成犯罪的，应当依法给予行政处罚。

第七十三条　依照本法规定应当给予行政处罚，而有关自然资源主管部门不给予行政处罚的，上级人民政府自然资源主管部门有权责令有关自然资源主管部门作出行政处罚决定或者直接给予行政处罚，并给予有关自然资源主管部门的负责人处分。

第七章　法律责任

第七十四条　买卖或者以其他形式非法转让土地的，由县级以上人民政府自然资源主管部门没收违法所得；对违反土地利用总体规划擅自将农用地改为建设用地的，限期拆除在非法转让的土地上新建的建筑物和其他设施，恢复土地原状，对符合土地利用总体规划的，没收在非法转让的土地上新建的建筑物和其他设施；可以并处罚款；对直接负责的主管人员和其他直接责任人员，依法给予处分；构成犯罪的，依法追究刑事责任。

第七十五条　违反本法规定，占用耕地建窑、建坟或者擅自在耕地上建房、挖砂、采石、采矿、取土等，破坏种植条件的，或者因开发土地造成土地荒漠化、盐渍化的，由县级以上人民政府自然资源主管部门、农业农村主管部门等按照职责责令限期改正或者治理，可以并处罚款；构成犯罪的，依法追究刑事责任。

第七十六条　违反本法规定，拒不履行土地复垦义务的，由县级以上人民政府自然资源主管部门责令限期改正；逾期不改正的，责令缴纳复垦费，专项用于土地复垦，可以处以罚款。

第七十七条　未经批准或者采取欺骗手段骗取批准，非法占用土地的，由县级以上人民政府自然资源主管部门责令退还非法占用的土地，对违反土地利用总体规划擅自将农用地改为建设用地的，限期拆除在非法占用的土地上新建的建筑物和其他设施，恢复土地原状，对符合土地利用总体规划的，没收在非法占用的土地上新建的建筑物和其他设施，可以并处罚款；对非法占用土地单位的直接负责的主管人员和其他直接责任人员，依法给予处分；构成犯罪的，依法追究刑事责任。

超过批准的数量占用土地，多占的土地以非法占用土地论处。

第七十八条　农村村民未经批准或者采取欺骗手段骗取批准，非法占用土地建住宅的，由县级以上人民政府农业农村主管部门责令退还非法占用的土地，限期拆除在非法占用的土地上新建的房屋。

超过省、自治区、直辖市规定的标准，多占的土地以非法占用土地论处。

第七十九条　无权批准征收、使用土地的单位或者个人非法批准占用土地的，超越批准权限非法批准占用土地的，不按照土地利用总体规划确定的用途批准用地的，或者违反法律规定的程序批准占用、征收土地的，其批准文件无效，对非法批准征收、使用土地的直接负责的主管人员和其他直接责任人员，依法给予处分；构成犯罪的，依法追究刑事责任。非法批准、使用的土地应当收回，有关当事人拒不归还的，以非法占用土地论处。

非法批准征收、使用土地，对当事人造成损失的，依法应当承担赔偿责任。

第八十条 侵占、挪用被征收土地单位的征地补偿费用和其他有关费用，构成犯罪的，依法追究刑事责任；尚不构成犯罪的，依法给予处分。

第八十一条 依法收回国有土地使用权当事人拒不交出土地的，临时使用土地期满拒不归还的，或者不按照批准的用途使用国有土地的，由县级以上人民政府自然资源主管部门责令交还土地，处以罚款。

第八十二条 擅自将农民集体所有的土地通过出让、转让使用权或者出租等方式用于非农业建设，或者违反本法规定，将集体经营性建设用地通过出让、出租等方式交由单位或者个人使用的，由县级以上人民政府自然资源主管部门责令限期改正，没收违法所得，并处罚款。

第八十三条 依照本法规定，责令限期拆除在非法占用的土地上新建的建筑物和其他设施的，建设单位或者个人必须立即停止施工，自行拆除；对继续施工的，作出处罚决定的机关有权制止。建设单位或者个人对责令限期拆除的行政处罚决定不服的，可以在接到责令限期拆除决定之日起十五日内，向人民法院起诉；期满不起诉又不自行拆除的，由作出处罚决定的机关依法申请人民法院强制执行，费用由违法者承担。

第八十四条 自然资源主管部门、农业农村主管部门的工作人员玩忽职守、滥用职权、徇私舞弊，构成犯罪的，依法追究刑事责任；尚不构成犯罪的，依法给予处分。

第八章 附 则

第八十五条 外商投资企业使用土地的，适用本法；法律另有规定的，从其规定。

第八十六条 在根据本法第十八条的规定编制国土空间规划前，经依法批准的土地利用总体规划和城乡规划继续执行。

第八十七条 本法自 1999 年 1 月 1 日起施行。

附录3 《中华人民共和国城市房地产管理法》(2019修正)

（1994年7月5日第八届全国人民代表大会常务委员会第八次会议通过根据2007年8月30日第十届全国人民代表大会常务委员会第二十九次会议《关于修改〈中华人民共和国城市房地产管理法〉的决定》第一次修正根据2009年8月27日第十一届全国人民代表大会常务委员会第十次会议《关于修改部分法律的决定》第二次修正根据2019年8月26日第十三届全国人民代表大会常务委员会第十二次会议《关于修改〈中华人民共和国土地管理法〉、〈中华人民共和国城市房地产管理法〉的决定》第三次修正）

第一章 总 则

第一条 为了加强对城市房地产的管理，维护房地产市场秩序，保障房地产权利人的合法权益，促进房地产业的健康发展，制定本法。

第二条 在中华人民共和国城市规划区国有土地（以下简称国有土地）范围内取得房地产开发用地的土地使用权，从事房地产开发、房地产交易，实施房地产管理，应当遵守本法。

本法所称房屋，是指土地上的房屋等建筑物及构筑物。

本法所称房地产开发，是指在依据本法取得国有土地使用权的土地上进行基础设施、房屋建设的行为。

本法所称房地产交易，包括房地产转让、房地产抵押和房屋租赁。

第三条 国家依法实行国有土地有偿、有限期使用制度。但是，国家在本法规定的范围内划拨国有土地使用权的除外。

第四条 国家根据社会、经济发展水平，扶持发展居民住宅建设，逐步改善居民的居住条件。

第五条 房地产权利人应当遵守法律和行政法规，依法纳税。房地产权利人的合法权益受法律保护，任何单位和个人不得侵犯。

第六条 为了公共利益的需要，国家可以征收国有土地上单位和个人的房屋，并依法给予拆迁补偿，维护被征收人的合法权益；征收个人住宅的，还应当保障被征收人的居住条件。具体办法由国务院规定。

第七条 国务院建设行政主管部门、土地管理部门依照国务院规定的职权划分，各司其职，密切配合，管理全国房地产工作。

县级以上地方人民政府房产管理、土地管理部门的机构设置及其职权由省、自治区、直辖市人民政府确定。

第二章 房地产开发用地

第一节 土地使用权出让

第八条 土地使用权出让，是指国家将国有土地使用权（以下简称土地使用权）在一定年限内出让给土地使用者，由土地使用者向国家支付土地使用权出让金的行为。

第九条 城市规划区内的集体所有的土地，经依法征收转为国有土地后，该幅国有土地的使用权方可有偿出让，但法律另有规定的除外。

第十条 土地使用权出让，必须符合土地利用总体规划、城市规划和年度建设用地计划。

第十一条 县级以上地方人民政府出让土地使用权用于房地产开发的，须根据省级以上人民政府下达的控制指标拟订年度出让土地使用权总面积方案，按照国务院规定，报国务院或者省级人民政府批准。

第十二条 土地使用权出让，由市、县人民政府有计划、有步骤地进行。出让的每幅地块、用途、年限和其他条件，由市、县人民政府土地管理部门会同城市规划、建设、房产管理部门共同拟定方案，按照国务院规定，报经有批准权的人民政府批准后，由市、县人民政府土地管理部门实施。

直辖市的县人民政府及其有关部门行使前款规定的权限，由直辖市人民政府规定。

第十三条 土地使用权出让，可以采取拍卖、招标或者双方协议的方式。

商业、旅游、娱乐和豪华住宅用地，有条件的，必须采取拍卖、招标方式；没有条件，不能采取拍卖、招标方式的，可以采取双方协议的方式。

采取双方协议方式出让土地使用权的出让金不得低于按国家规定所确定的最低价。

第十四条 土地使用权出让最高年限由国务院规定。

第十五条 土地使用权出让，应当签订书面出让合同。

土地使用权出让合同由市、县人民政府土地管理部门与土地使用者签订。

第十六条 土地使用者必须按照出让合同约定，支付土地使用权出让金；未按照出让合同约定支付土地使用权出让金的，土地管理部门有权解除合同，并可以请求违约赔偿。

第十七条 土地使用者按照出让合同约定支付土地使用权出让金的，市、县人民政府土地管理部门必须按照出让合同约定，提供出让的土地；未按照出让合同约定提供出让的土地的，土地使用者有权解除合同，由土地管理部门返还土地使用权出让金，土地使用者并可以请求违约赔偿。

第十八条 土地使用者需要改变土地使用权出让合同约定的土地用途的，必须取得出让方和市、县人民政府城市规划行政主管部门的同意，签订土地使用权出让合同变更协议或者重新签订土地使用权出让合同，相应调整土地使用权出让金。

第十九条 土地使用权出让金应当全部上缴财政，列入预算，用于城市基础设施建设和土地开发。土地使用权出让金上缴和使用的具体办法由国务院规定。

第二十条 国家对土地使用者依法取得的土地使用权，在出让合同约定的使用年限届满前不收回；在特殊情况下，根据社会公共利益的需要，可以依照法律程序提前收回，并根据土地使用者使用土地的实际年限和开发土地的实际情况给予相应的补偿。

第二十一条 土地使用权因土地灭失而终止。

第二十二条 土地使用权出让合同约定的使用年限届满，土地使用者需要继续使用土地的，应当至迟于届满前一年申请续期，除根据社会公共利益需要收回该幅土地的，应当予以批准。经批准准予续期的，应当重新签订土地使用权出让合同，依照规定支付土地使用权出让金。

土地使用权出让合同约定的使用年限届满，土地使用者未申请续期或者虽申请续期但依照前款规定未获批准的，土地使用权由国家无偿收回。

第二节　土地使用权划拨

第二十三条 土地使用权划拨，是指县级以上人民政府依法批准，在土地使用者缴纳补偿、安置等费用后将该幅土地交付其使用，或者将土地使用权无偿交付给土地使用者使用的行为。

依照本法规定以划拨方式取得土地使用权的，除法律、行政法规另有规定外，没有使用期限的限制。

第二十四条 下列建设用地的土地使用权，确属必需的，可以由县级以上人民政府依法批准划拨：

（一）国家机关用地和军事用地；

（二）城市基础设施用地和公益事业用地；

（三）国家重点扶持的能源、交通、水利等项目用地；

（四）法律、行政法规规定的其他用地。

第三章　房地产开发

第二十五条 房地产开发必须严格执行城市规划，按照经济效益、社会效益、环境效益相统一的原则，实行全面规划、合理布局、综合开发、配套建设。

第二十六条 以出让方式取得土地使用权进行房地产开发的，必须按照土地使用权出让合同约定的土地用途、动工开发期限开发土地。超过出让合同约定的动工开发日期满一年未动工开发的，可以征收相当于土地使用权出让金百分之二十以下的土地闲置费；满二年未动工开发的，可以无偿收回土地使用权；但是，因不可抗力或者政府、政府有关部门的行为或者动工开发必需的前期工作造成动工开发迟延的除外。

第二十七条 房地产开发项目的设计、施工，必须符合国家的有关标准和规范。

房地产开发项目竣工，经验收合格后，方可交付使用。

第二十八条 依法取得的土地使用权，可以依照本法和有关法律、行政法规的规定，作价入股，合资、合作开发经营房地产。

第二十九条 国家采取税收等方面的优惠措施鼓励和扶持房地产开发企业开发建设居民住宅。

第三十条 房地产开发企业是以营利为目的，从事房地产开发和经营的企业。设立房地产开发企业，应当具备下列条件：

（一）有自己的名称和组织机构；

（二）有固定的经营场所；

（三）有符合国务院规定的注册资本；

（四）有足够的专业技术人员；

（五）法律、行政法规规定的其他条件。

设立房地产开发企业，应当向工商行政管理部门申请设立登记。工商行政管理部门对符合本法规定条件的，应当予以登记，发给营业执照；对不符合本法规定条件的，不予登记。

设立有限责任公司、股份有限公司，从事房地产开发经营的，还应当执行公司法的有关规定。

房地产开发企业在领取营业执照后的一个月内，应当到登记机关所在地的县级以上地方人民政府规定的部门备案。

第三十一条 房地产开发企业的注册资本与投资总额的比例应当符合国家有关规定。

房地产开发企业分期开发房地产的，分期投资额应当与项目规模相适应，并按照土地使用权出让合同的约定，按期投入资金，用于项目建设。

第四章　房地产交易

第一节　一般规定

第三十二条 房地产转让、抵押时，房屋的所有权和该房屋占用范围内的土地使用权同时转让、抵押。

第三十三条 基准地价、标定地价和各类房屋的重置价格应当定期确定并公布。具体办法由国务院规定。

第三十四条 国家实行房地产价格评估制度。

房地产价格评估，应当遵循公正、公平、公开的原则，按照国家规定的技术标准和评估程序，以基准地价、标定地价和各类房屋的重置价格为基础，参照当地的市场价格进行评估。

第三十五条 国家实行房地产成交价格申报制度。

房地产权利人转让房地产，应当向县级以上地方人民政府规定的部门如实申报成交价，不得瞒报或者作不实的申报。

第三十六条 房地产转让、抵押，当事人应当依照本法第五章的规定办理权属登记。

第二节 房地产转让

第三十七条 房地产转让，是指房地产权利人通过买卖、赠与或者其他合法方式将其房地产转移给他人的行为。

第三十八条 下列房地产，不得转让：

（一）以出让方式取得土地使用权的，不符合本法第三十九条规定的条件的；

（二）司法机关和行政机关依法裁定、决定查封或者以其他形式限制房地产权利的；

（三）依法收回土地使用权的；

（四）共有房地产，未经其他共有人书面同意的；

（五）权属有争议的；

（六）未依法登记领取权属证书的；

（七）法律、行政法规规定禁止转让的其他情形。

第三十九条 以出让方式取得土地使用权的，转让房地产时，应当符合下列条件：

（一）按照出让合同约定已经支付全部土地使用权出让金，并取得土地使用权证书；

（二）按照出让合同约定进行投资开发，属于房屋建设工程的，完成开发投资总额的百分之二十五以上，属于成片开发土地的，形成工业用地或者其他建设用地条件。

转让房地产时房屋已经建成的，还应当持有房屋所有权证书。

第四十条 以划拨方式取得土地使用权的，转让房地产时，应当按照国务院规定，报有批准权的人民政府审批。有批准权的人民政府准予转让的，应当由受让方办理土地使用权出让手续，并依照国家有关规定缴纳土地使用权出让金。

以划拨方式取得土地使用权的，转让房地产报批时，有批准权的人民政府按照国务院规定决定可以不办理土地使用权出让手续的，转让方应当按照国务院规定将转让房地产所获收益中的土地收益上缴国家或者作其他处理。

第四十一条 房地产转让，应当签订书面转让合同，合同中应当载明土地使用权取得的方式。

第四十二条 房地产转让时，土地使用权出让合同载明的权利、义务随之转移。

第四十三条 以出让方式取得土地使用权的，转让房地产后，其土地使用权的使用年限为原土地使用权出让合同约定的使用年限减去原土地使用者已经使用年限后的剩余年限。

第四十四条 以出让方式取得土地使用权的，转让房地产后，受让人改变原土地使用权出让合同约定的土地用途的，必须取得原出让方和市、县人民政府城市规划行政主管部门的同意，签订土地使用权出让合同变更协议或者重新签订土地使用权出让合同，相应调整土地使用权出让金。

第四十五条 商品房预售，应当符合下列条件：

（一）已交付全部土地使用权出让金，取得土地使用权证书；

（二）持有建设工程规划许可证；

（三）按提供预售的商品房计算，投入开发建设的资金达到工程建设总投资的百分之二十五以上，并已经确定施工进度和竣工交付日期；

（四）向县级以上人民政府房产管理部门办理预售登记，取得商品房预售许可证明。

商品房预售人应当按照国家有关规定将预售合同报县级以上人民政府房产管理部门和土地管理部门登记备案。

商品房预售所得款项，必须用于有关的工程建设。

第四十六条 商品房预售的，商品房预购人将购买的未竣工的预售商品房再行转让的问题，由国务院规定。

第三节 房地产抵押

第四十七条 房地产抵押，是指抵押人以其合法的房地产以不转移占有的方式向抵押权人提供债务履行担保的行为。债务人不履行债务时，抵押权人有权依法以抵押的房地产拍卖所得的价款优先受偿。

第四十八条 依法取得的房屋所有权连同该房屋占用范围内的土地使用权，可以设定抵押权。

以出让方式取得的土地使用权，可以设定抵押权。

第四十九条 房地产抵押，应当凭土地使用权证书、房屋所有权证书办理。

第五十条 房地产抵押，抵押人和抵押权人应当签订书面抵押合同。

第五十一条 设定房地产抵押权的土地使用权是以划拨方式取得的，依法拍卖该房地产后，应当从拍卖所得的价款中缴纳相当于应缴纳的土地使用权出让金的款额后，抵押权人方可优先受偿。

第五十二条 房地产抵押合同签订后，土地上新增的房屋不属于抵押财产。需要拍卖该抵押的房地产时，可以依法将土地上新增的房屋与抵押财产一同拍卖，但对拍卖新增房屋所得，抵押权人无权优先受偿。

第四节　房屋租赁

第五十三条　房屋租赁，是指房屋所有权人作为出租人将其房屋出租给承租人使用，由承租人向出租人支付租金的行为。

第五十四条　房屋租赁，出租人和承租人应当签订书面租赁合同，约定租赁期限、租赁用途、租赁价格、修缮责任等条款，以及双方的其他权利和义务，并向房产管理部门登记备案。

第五十五条　住宅用房的租赁，应当执行国家和房屋所在城市人民政府规定的租赁政策。租用房屋从事生产、经营活动的，由租赁双方协商议定租金和其他租赁条款。

第五十六条　以营利为目的，房屋所有权人将以划拨方式取得使用权的国有土地上建成的房屋出租的，应当将租金中所含土地收益上缴国家。具体办法由国务院规定。

第五节　中介服务机构

第五十七条　房地产中介服务机构包括房地产咨询机构、房地产价格评估机构、房地产经纪机构等。

第五十八条　房地产中介服务机构应当具备下列条件：

（一）有自己的名称和组织机构；

（二）有固定的服务场所；

（三）有必要的财产和经费；

（四）有足够数量的专业人员；

（五）法律、行政法规规定的其他条件。

设立房地产中介服务机构，应当向工商行政管理部门申请设立登记，领取营业执照后，方可开业。

第五十九条　国家实行房地产价格评估人员资格认证制度。

第五章　房地产权属登记管理

第六十条　国家实行土地使用权和房屋所有权登记发证制度。

第六十一条　以出让或者划拨方式取得土地使用权，应当向县级以上地方人民政府土地管理部门申请登记，经县级以上地方人民政府土地管理部门核实，由同级人民政府颁发土地使用权证书。

在依法取得的房地产开发用地上建成房屋的，应当凭土地使用权证书向县级以上地方人民政府房产管理部门申请登记，由县级以上地方人民政府房产管理部门核实并颁发房屋所有权证书。

房地产转让或者变更时，应当向县级以上地方人民政府房产管理部门申请房产变更登记，并凭变更后的房屋所有权证书向同级人民政府土地管理部门申请土地使用权变更登记，经同级人民政府土地管理部门核实，由同级人民政府更换或者更改土地使用权证书。

法律另有规定的，依照有关法律的规定办理。

第六十二条 房地产抵押时，应当向县级以上地方人民政府规定的部门办理抵押登记。

因处分抵押房地产而取得土地使用权和房屋所有权的，应当依照本章规定办理过户登记。

第六十三条 经省、自治区、直辖市人民政府确定，县级以上地方人民政府由一个部门统一负责房产管理和土地管理工作的，可以制作、颁发统一的房地产权证书，依照本法第六十一条的规定，将房屋的所有权和该房屋占用范围内的土地使用权的确认和变更，分别载入房地产权证书。

第六章 法律责任

第六十四条 违反本法第十一条、第十二条的规定，擅自批准出让或者擅自出让土地使用权用于房地产开发的，由上级机关或者所在单位给予有关责任人员行政处分。

第六十五条 违反本法第三十条的规定，未取得营业执照擅自从事房地产开发业务的，由县级以上人民政府工商行政管理部门责令停止房地产开发业务活动，没收违法所得，可以并处罚款。

第六十六条 违反本法第三十九条第一款的规定转让土地使用权的，由县级以上人民政府土地管理部门没收违法所得，可以并处罚款。

第六十七条 违反本法第四十条第一款的规定转让房地产的，由县级以上人民政府土地管理部门责令缴纳土地使用权出让金，没收违法所得，可以并处罚款。

第六十八条 违反本法第四十五条第一款的规定预售商品房的，由县级以上人民政府房产管理部门责令停止预售活动，没收违法所得，可以并处罚款。

第六十九条 违反本法第五十八条的规定，未取得营业执照擅自从事房地产中介服务业务的，由县级以上人民政府工商行政管理部门责令停止房地产中介服务业务活动，没收违法所得，可以并处罚款。

第七十条 没有法律、法规的依据，向房地产开发企业收费的，上级机关应当责令退回所收取的钱款；情节严重的，由上级机关或者所在单位给予直接责任人员行政处分。

第七十一条 房产管理部门、土地管理部门工作人员玩忽职守、滥用职权，构成犯罪的，依法追究刑事责任；不构成犯罪的，给予行政处分。

房产管理部门、土地管理部门工作人员利用职务上的便利，索取他人财物，或者非法收受他人财物为他人谋取利益，构成犯罪的，依法追究刑事责任；不构成犯罪的，给予行政处分。

第七章　附　则

第七十二条　在城市规划区外的国有土地范围内取得房地产开发用地的土地使用权，从事房地产开发、交易活动以及实施房地产管理，参照本法执行。

第七十三条　本法自1995年1月1日起施行。